D1574377

Spätmittelalter, Humanismus, Reformation
Studies in the Late Middle Ages,
Humanism and the Reformation

herausgegeben von Volker Leppin (Tübingen)

in Verbindung mit

Amy Nelson Burnett (Lincoln, NE), Johannes Helmrath (Berlin),
Matthias Pohlig (Berlin), Eva Schlotheuber (Düsseldorf)

113

Andreas Odenthal

Evangelische Stundenliturgie in Württemberg

Zum Chordienst der Klöster und Klosterschulen
nach Einführung der Reformation

Mohr Siebeck

Andreas Odenthal, geboren 1963; 1996 Priesterweihe; 2002 Habilitation; Inhaber des Lehrstuhls für Liturgiewissenschaft an der Katholisch-Theologischen Fakultät der Universität Bonn.

ISBN 978-3-16-159116-7 / eISBN 978-3-16-159117-4
DOI 10.1628/978-3-16-159117-4

ISSN 1865-2840 / eISSN 2569-4391 (Spätmittelalter, Humanismus, Reformation)

Die Deutsche Nationalbibliothek verzeichnet diese Publikation in der Deutschen Nationalbibliographie; detaillierte bibliographische Daten sind über *http://dnb.dnb.de* abrufbar.

© 2020 Mohr Siebeck Tübingen. www.mohrsiebeck.com

Das Werk einschließlich aller seiner Teile ist urheberrechtlich geschützt. Jede Verwertung außerhalb der engen Grenzen des Urheberrechtsgesetzes ist ohne Zustimmung des Verlags unzulässig und strafbar. Das gilt insbesondere für die Verbreitung, Vervielfältigung, Übersetzung und die Einspeicherung und Verarbeitung in elektronischen Systemen.

Das Buch wurde von epline aus der Bembo gesetzt, von der Druckerei Gulde in Tübingen auf alterungsbeständiges Werkdruckpapier gedruckt und von der Buchbinderei Spinner in Ottersweier gebunden.

Printed in Germany.

Vorwort

Bei einem Besuch der alten Zisterzen Bebenhausen und Maulbronn sowie der ehemaligen Benediktinerabteien Blaubeuren und Alpirsbach stellte sich neben der Bewunderung der Bauwerke sofort Wissensdurst ein. Wenn sich schon in Maulbronn und Blaubeuren noch die wertvollen Chorgestühle befinden: Warum blieben ausgerechnet sie bei den reformationszeitlichen Umgestaltungen der Kirchen erhalten, manches andere der mittelalterlichen Ausstattung wie die Sakramentshäuser aber nicht? Wurden sie etwa weitergenutzt, und falls ja, wie und von wem? Wurde hier etwa weiter Stundenliturgie gefeiert? Erste Recherchen vor Ort blieben erfolglos, was auch den spezifischen Bedingungen der Württembergischen Reformation geschuldet sein könnte. Denn die liturgischen Reformen wurden im Kontext der Württemberger Fürstenreformation zentral geregelt und dekretiert, um dann vor Ort lediglich umgesetzt zu werden. Einen Durchbruch für die Fragestellungen brachte dann, neben mancher Sekundärliteratur zum Thema, der glückliche Fund der zu den liturgischen Reformen der Stundenliturgie in Württemberg gehörenden neu geschaffenen liturgischen Bücher. Er gab den Anstoß, die Zusammenhänge näher zu erforschen, was in diesem Buch zu einem vorläufigen Abschluss gekommen ist.

Die vorliegende Untersuchung wäre ohne vielfältige Mithilfe von außen nicht zustande gekommen. Mein Dank gilt Prof. Dr. Peter Rückert vom Hauptstaatsarchiv Stuttgart und seinen MitarbeiterInnen für die stets zuvorkommenden Hilfestellungen bei der archivalischen Arbeit, ferner Prof. Dr. Hermann Ehmer, Stuttgart, den Professoren Ulrich Köpf, Volker Henning Drecoll, Volker Leppin und Dr. Erwin Frauenknecht, Tübingen, für manche wertvolle Hinweise. Meine Berliner evangelische Kollegin Prof. Dr. Dorothea Wendebourg war so freundlich, das Manuskript nochmals kritisch zu lesen, auch im Hinblick auf weitere gemeinsame Forschungsvorhaben. Das Team der Universitätsbibliothek Tübingen hat mich stets unterstützt, vor allem durch die Digitalisierung des entscheidenden, bislang in der Geschichtsforschung noch nicht bekannten liturgischen Druckwerkes für die Stundenliturgie in den genannten Klöstern, das in diesem Buch näher vorgestellt wird. Dank gilt Herrn Studiendirektor Albrecht Braun von der Turmbibliothek der evangelischen Stadtkirche St. Laurentius in Nürtingen, der mir ebenfalls ein seltenes Druckwerk des dortigen Bestandes zugänglich machte. Dank gilt meinen studentischen und wissenschaftlichen Mitarbeiterinnen und Mitarbeitern in Tübingen und Bonn, die mir die nötigen Bücher besorgten, allen voran meiner Sekretärin Elke Steffen-Bancé, die sorgfältig die Korrekturarbeiten betreute. Dem Verlag Mohr Siebeck mit Dr. Martina Kayser sowie den Herausgebern der Reihe „Spätmittelalter, Humanismus, Reformation", vor allem Eva Schlotheuber und Volker Leppin, sei vielfältiger Dank gesagt, ebenso dem Erzbistum Köln für einen namhaften Druckkostenzuschuss.

Dieses Buch sei den Benediktinerinnen der Abtei zur hl. Maria in Fulda gewidmet, die es bis heute noch schaffen, täglich die Liturgieform des Stundengebetes zu feiern, das auch die Württemberger Reformation in den alten Klöstern durch ihre Umwandlung in Klosterschulen so lange erhalten konnte.

Bonn und Fulda, am Andreastag 2019　　　　　　　　　　Andreas Odenthal

Inhaltsverzeichnis

Vorwort V

Abkürzungen XIII

1. Einleitung 1
1.1. *Fragestellung, Methode und Begrifflichkeit der Untersuchung* 1
1.2. *Forschungsstand* 5
    1.2.1. Untersuchungen zur evangelischen Stundenliturgie 5
    1.2.2. Zu Württembergs Liturgiegeschichte im Hinblick auf die
            Reformation der Klöster 8

2. Der Ausgangspunkt:
     Spätmittelalterliche Praxis der Stundenliturgie 11
2.1. *Mittelalterliche Stundenliturgie im klösterlichen Kontext* 11
2.2. *Stundenliturgie der Stifte und Pfarrkirchen* 19

3. Reformationszeitliche Liturgiereform in Württemberg und
     die Geschichte der Klosterschulen 23
3.1. *Die Klosterordnung von 1535 und ihre Aussagen zum Stundengebet* 24
3.2. *Die Württembergische Kirchenordnung von 1536 und ihre Hinweise
      zum Stundengebet* 32
3.3. *Nach dem Augsburger Interim (1548): Die „Confessio Virtembergica"
      von 1552* 34
3.4. *Die Württembergische Kirchenordnung von 1553* 36
3.5. *Die „Hausordnung zu Alpirsbach" von 1554 sowie die „Statuten für
      das Zisterzienserkloster Herrenalb" von 1556 und ihre Aussagen zur
      Stundenliturgie* 39

3.6.	Die Klosterordnung von 1556 und ihre Aussagen zur Stundenliturgie....	41
	3.6.1 Die „Ordnung für Männerklöster"....................	42
	3.6.2 Die „Ordnung für Frauenklöster"......................	48
3.7.	Die Große Württembergische Kirchenordnung von 1559 und die Stundenliturgie..	55
3.8.	Zum weiteren Verlauf der Klosterreformen und der Einrichtung der Klosterschulen bis zu den „Statuten der Alumnorum" von 1758.......	60
	3.8.1. Die „Statuta particularia" von 1726 aus Bebenhausen........	65
	3.8.2. Die „Statuten der Alumnorum" von 1757................	68
3.9	Zum weiteren Schicksal der Klosterschulen und ihre Säkularisierung bis zur Abschaffung der Horen................................	70
3.10.	Fazit: Theologische Begründungsmuster der Stundenliturgie im Kontext der reformationszeitlichen Liturgiereform.........................	73
	a) Klöster und ihr Gottesdienst als Schulen der Bibellektüre.........	75
	b) Klöster und ihr Gottesdienst als Sprach- und Gesangsschulen.....	76
	c) Psalmensingen als Trost in schweren Zeiten..................	77
	d) Der durch das Chorgebet strukturierte Tag als Teil der (Schul-)Disziplin...	77
	e) Stundenliturgie und Wortverkündigung	78
	f) Stundengebet als Realisierung der Gnade	78
	g) Die Sorge um den täglichen Gottesdienst als Nutzung der Kirchbauten..	79
	h) Das Traditionsargument: Die Kontinuität zur Alten Kirche und den Kirchenvätern	80
4.	Die für die lateinische Stundenliturgie Württembergs konzipierten liturgischen Bücher	83
4.1.	Die „Cantica sacra choralia" von 1618.........................	86
	4.1.1. Inhalt und Aufbau der „Cantica sacra choralia"	87
	4.1.2. Exemplarische Untersuchung aus der Zeit nach Trinitatis	96
4.2.	Die „Psalmodia" von 1658 und 1686..........................	98
	4.2.1. Inhalt und Aufbau	99
	4.2.2. Die Zielsetzungen des Vorwortes	108
4.3.	Zusammenfassung und Bewertung: Beide Liturgica im Vergleich........	110

5.	Die „Cantica sacra choralia" und die „Psalmodia" im Vergleich mit anderen lutherischen Liturgica für die Stundenliturgie	113
5.1.	*Der monastische Typ: Die Ordnungen des Klosters Berge und der Abtei Walkenried*	113
	a) Das Kloster Berge bei Magdeburg und seine Offiziumsordnung ...	114
	b) Liturgische Reformen im Zisterzienserkloster Walkenried	116
5.2.	*Der stiftische Typ: Die Ordnungen des Domkapitels zu Magdeburg und des Stiftskapitels zu Braunschweig*	122
	a) Die liturgischen Reformen des Magdeburger Domstiftes	123
	b) Die lutherische Stundenliturgie im Braunschweiger Stift St. Blasii .	126
5.3.	*Der pfarrliche Typ: Lüneburg und Hamburg*	128
	a) Die Psalmodia des Lucas Lossius für Lüneburg	128
	b) Die Cantica sacra des Franciscus Eler für Hamburg	132
5.4	*Zusammenfassung*	135
6.	Ein Seitenblick auf das Tübinger Stift und das Stuttgarter Residenzstift	139
6.1.	*Die Tübinger Stifte bis zur Reformation*	139
	a) Das „devote Stift" an der Schlosskapelle	140
	b) Das Universitätsstift an der Georgskirche	141
6.2.	*Das Tübinger Evangelische Stift seit 1536*	144
6.3.	*Das Stuttgarter Residenzstift und die Stundenliturgie der Stuttgarter Hofkirchenordnung von 1560*	149
6.4.	*Ergebnis*	153
7.	Bilanz: Gibt es eine evangelische Theologie des Stundengebetes?	155
7.1.	*Das mittelalterliche „sacerdotale" Paradigma: „officium" als Kultus und Stellvertretung*	155
	a) Stundenliturgie als „officium"	155
	b) Stundenliturgie als der dem „Heiligen Ort" mit seinen Reliquien geschuldete Kult	156

	c)	Priesterliche Stellvertretung zur Buße und im Hinblick auf das Jenseits	157
7.2.		Ein neues „pädagogisches" Paradigma? „Lern-Zeiten" als Vorbereitung zum Predigtdienst	158
	a)	Stundenliturgie als Kommunikation des Evangeliums	159
	b)	Stundenliturgie als Lern-Zeiten der Gemeinde	159
	c)	Stundenliturgie unter dem Gedanken des Pensums und des Dienstes	160
7.3.		Ist die damalige Reform der Stundenliturgie mit einem Paradigmenwechsel verbunden?	161

8.	Zusammenfassung und Ergebnis	165

9.	Anhänge		169
9.1.	Tabelle der liturgischen Tages- und Horenstrukturen		169
	Liturgischer Tagesplan einer mittelalterlichen Zisterzienserabtei im Sommer		169
	Struktur der Horen in der Klosterordnung 1535		171
	Struktur der Horen in der Kirchenordnung 1536		171
	Struktur der Horen in der Kirchenordnung 1553		171
	Tagesstruktur in der Hausordnung zu Alpirsbach 1554		171
	Tages- und Horenstruktur in der Kirchenordnung 1556		172
		a) Ordnung für Männerklöster	172
		b) Ordnung für Frauenklöster	172
	Statuten aus Kloster Herrenalb 1556		173
	Große Württembergische Kirchenordnung 1559		173
	Stipendiatenordnung (als Teil der Großen Kirchenordnung) 1559		173
	Stuttgarter Hofkirchenordnung 1560		174
	Psalmodia des Lucas Lossius 1561		174
	Psalmodia des Klosters Berge 1573		174
	Cantica sacra des Franciscus Eler von 1588		175
	Psalmodia des Stiftes St. Blasii in Braunschweig von 1597		175
	Cantica sacra des Magdeburger Domstiftes von 1613		175
	Ordnung des Zisterzienserklosters Walkenried 1617		176
	Cantica sacra choralia 1618: allgemeines Horenschema		177
	Psalmodia 1658: Struktur von Matutin und Vesper		178
	Statuta particularia von 1726 aus Bebenhausen		178
	Instruktion (...) der niederen evangelischen Seminarien 1836		178
9.2.	Liste evangelischer Stifte, Klöster und Pfarreien, an denen Stundenliturgie gefeiert wurde		179

10. Literaturverzeichnis	193
10.1. Gedruckte und ungedruckte Quellen	193
10.2. Sekundärliteratur	200
10.3. Internetquellen	223
Register	225

Abkürzungsverzeichnis

Die Abkürzungen richten sich in der Regel nach Siegfried M. SCHWERTNER, Internationales Abkürzungsverzeichnis für Theologie und Grenzgebiete. Berlin, New York² 1992.

AC	Apologia Confessionis
AFMF	Arbeiten zur Frühmittelalterforschung
AGP	Arbeiten zur Geschichte des Pietismus
AHMA	Analecta Hymnica Medii Aevi, siehe unter Drewes, Blume, AHMA
ALw	Archiv für Liturgiewissenschaft
AntS	Antiphonale Missarum Sextuplex, siehe unter Hesbert, AntS
APrTh	Arbeiten zur praktischen Theologie
ARG	Archiv für Reformationsgeschichte
ASKG	Archiv für schlesische Kirchengeschichte
BBBW	Beiträge zum Buch- und Bibliothekswesen
BDLG	Blätter für deutsche Landesgeschichte
BEL.H	Bibliotheca ‚Ephemerides liturgicae'. Sectio historica
BGAM	Beiträge zur Geschichte des alten Mönchtums und des Benediktinerordens
BHTh	Beiträge zur historischen Theologie
BSELK	Die Bekenntnisschriften der evangelisch-lutherischen Kirche
BThZ	Berliner theologische Zeitschrift
BWKG	Blätter für württembergische Kirchengeschichte
BzG	Beiträge zur Gregorianik
CA	Confessio Augustana
CAO	Corpus Antiphonalium Officii, siehe unter Hesbert, CAO
CCL	Corpus Christianorum. Series latina
CHT	Colloquia historica et theologica
EcclOr	Ecclesia Orans
EKGB	Einzelarbeiten aus der Kirchengeschichte Bayerns
FDA	Freiburger Diözesan-Archiv
FuSt	Fuldaer Studien
GermBen	Germania Benedictina
GermSac	Germania Sacra
GutJb	Gutenberg-Jahrbuch
HAB	Herzog August Bibliothek
HStA	Hauptstaatsarchiv
HUTh	Hermeneutische Untersuchungen zur Theologie
HZ	Historische Zeitschrift
JBrKG	Jahrbuch für brandenburgische Kirchengeschichte
JBTh	Jahrbuch für Biblische Theologie
JLH	Jahrbuch für Liturgik und Hymnologie
JSKG	Jahrbuch für schlesische Kirchengeschichte

JThF	Jerusalemer Theologisches Forum
JusEcc	Jus Ecclesiasticum
KLK	Katholisches Leben und Kämpfen
KO	Kirchenordnung
KuD	Kerygma und Dogma. Zeitschrift für theologische Forschung und kirchliche Lehre
LJ	Liturgisches Jahrbuch
LQF	Liturgiewissenschaftliche Quellen und Forschungen
LuJ	Lutherjahrbuch
LuThK	Lutherische Theologie und Kirche
MGG	Die Musik in Geschichte und Gegenwart. Allgemeine Enzyklopädie der Musik
MGH.SS	Monumenta Germaniae Historica. Scriptores
MGKK	Monatsschrift für Gottesdienst und kirchliche Kunst
MLCT	Monumenta Liturgica Concilii Tridentini
MLST	Mittellateinische Studien und Texte
MusDisc	Musica Disciplina
NDB	Neue Deutsche Biographie
NF	Neue Folge
OR	Ordines Romani, siehe unter Andrieu, OR
PG	Patrologia Graeca
PiLi	Pietas Liturgica
PThe	Praktische Theologie heute
QD	Quaestio disputata
QFRG	Quellen und Forschungen zur Reformationsgeschichte
QFWKG	Quellen und Forschungen zur württembergischen Kirchengeschichte
RBS.S	Regulae Benedicti studia. Supplementa
RED.F	Rerum ecclesiasticarum documenta. Series maior: Fontes
RGST	Reformationsgeschichtliche Studien und Texte
RGVV	Religionsgeschichtliche Versuche und Vorarbeiten
RHPhR	Revue d'histoire et de philosophie religieuses
RSTh	Regensburger Studien zur Theologie
SBVL	Studien zur brandenburgischen und vergleichenden Landesgeschichte
SKGNS	Studien zur Kirchengeschichte Niedersachsens
SLUB	Sächsische Landesbibliothek, Staats- und Universitätsbibliothek Dresden
SMGB	Studien und Mitteilungen zur Geschichte des Benediktiner-Ordens und seiner Zweige
SMHR	Spätmittelalter, Humanismus, Reformation
SpicFri	Spicilegium Friburgense
STAC	Studien und Texte zu Antike und Christentum
StGS	Studien zur Germania Sacra
StPaLi	Studien zur Pastoralliturgie
StudAns	Studia Anselmiana
SuR.NR	Spätmittelalter und Reformation. Neue Reihe
SVRG	Schriften des Vereins für Reformationsgeschichte
ThLZ	Theologische Literaturzeitung
ThViat	Theologia viatorum
UB	Universitätsbibliothek

VD	Verzeichnis der im deutschen Sprachraum erschienenen Drucke
VEGL	Veröffentlichungen der Evangelischen Gesellschaft für Liturgieforschung
VHKNS	Veröffentlichungen der Historischen Kommission für Niedersachsen und Bremen
VIEG	Veröffentlichungen des Instituts für Europäische Geschichte Mainz
VKAMAG	Vorträge und Forschungen. Konstanzer Arbeitskreis für Mittelalterliche Geschichte
VMPIG	Veröffentlichungen des Max-Planck-Intituts für Geschichte
VVKGB	Veröffentlichungen des Vereins für Kirchengeschichte in der evangelischen Landeskirche Badens
WA	Weimarer Ausgabe
WA.B	Weimarer Ausgabe. Briefwechsel
WA.DB	Weimarer Ausgabe. Deutsche Bibel
ZAC	Zeitschrift für antikes Christentum
ZEvKR	Zeitschrift für evangelisches Kirchenrecht
ZHVG	Zeitschrift des Harzvereins für Geschichte und Altertumskunde
ZThK	Zeitschrift für Theologie und Kirche
ZVKGS	Zeitschrift des Vereins für Kirchengeschichte der Provinz Sachsen

1. Einleitung

1.1. Fragestellung, Methode und Begrifflichkeit der Untersuchung

Wer die ehemalige Zisterzienser-Abteikirche zu Maulbronn betritt, kann in den Seitenkapellen abgearbeitete Altarstellen ausmachen[1]. Denn Herzog Ulrich von Württemberg (1487–1550, Regierungszeit 1503–1519 und 1534–1550)[2] verfügte im „Mandat zur Entfernung von Altären und Anschaffung deutscher Bibeln" vom 7. Februar 1540, dass

„alle Altäre (usserhalb eines oder zwaier, sovil man an einem jeden Ort zur raichung unsers Herrn Nachtmals und an dem gelegnesten in der Kirchen zugebruchen, nottûrfftig sein wûrdet) usser den Kirchen gethon werden"[3].

So ließ man nur den alten Hochaltar *in situ* und behielt den (indes heute neu aufgemauerten) Kreuzaltar bei. Alle anderen Altäre aber entfernte man, um sich vom „Messesystem Cluny" abzusetzen, das eine tägliche, ja mehrfache Zelebration der Priestermönche an den vielen Altären einer Kirche in den mannigfachen vom Kloster stellvertretend übernommenen Gebetsleistungen vorsah[4]. Der Altar wird nun nicht mehr als Ort der Einzelmesse des Priestermönches verstanden, sondern als Ort zur Reichung des Abendmahls, und deshalb kann auf die Vielzahl der Altäre verzichtet werden[5]. Eine zweite Änderung im Kontext reformatorischer Umdeutung des Kirchenraumes lässt sich an der Nordwand des Maulbronner Chores ablesen: Die bis heute sichtbaren Fresken mit adorierenden Engeln sowie zwei verbliebene Nischen weisen auf das ebenfalls abgearbeitete Sakramentshaus hin, das sich hier einmal befand[6]. Dessen Beseitigung geht auf das „Mandat zur Entfernung von Sakramentshäuschen" zurück, das Herzog Christoph (1515–1568, Regierungszeit 1550–1568)[7] am 19. August 1556 erließ, da „vor dennselben von vielen leuthen allerley abgöttery getriben

---

[1] Zu Maulbronn vgl. insgesamt den Überblick bei RÜCKERT, Maulbronn.
[2] Vgl. dazu CARL, Ulrich.
[3] MANDAT zur Entfernung von Altären 145. – Zur Rolle der (Seiten-)Altäre in der Wittenberger Reformation vgl. LEPPIN, Kirchenraum und Gemeinde, etwa 492–494.
[4] Vgl. dazu jetzt ausführlich ANGENENDT, Offertorium 286–292; 336–344.
[5] Dass dies auch zu einer Beibehaltung und eventuell Veränderung mittelalterlicher Kelche führte, zeigt FRITZ, Abendmahlsgerät.
[6] Vgl. WILHELM, Wandmalereien.
[7] Zu Herzog Christoph vgl. BRENDLE, Christoph.

werde"⁸. Gemeint ist die mittelalterlich geprägte Eucharistieverehrung außerhalb der Messe, die damals Derivatform für den ermangelnden Kommunionempfang war, die aber mit der Neuordnung des Abendmahlsgottesdienstes und der lutherischen Eucharistieauffassung nicht verträglich war⁹. Vor dem Hintergrund dieser Eingriffe in das mittelalterliche Ausstattungssystem der Abteikirche Maulbronn, die beide eucharistische Liturgie und Praxis betreffen, kommt dem *in situ* verbliebenen Chorgestühl der Priestermönche¹⁰ große Bedeutung zu, denn damit wird signalisiert, dass dieses Gestühl weiter notwendig war und genutzt wurde, wenngleich in etwas anderer Weise als vorher. Hermann Ehmer hat diese Nutzung allein durch die dem Holz des Gestühls beigebrachten Inschriften des 16. und 17. Jahrhunderts bestätigt¹¹. Vor diesem Hintergrund stellt sich die Frage, in welcher Weise das zisterziensisch geprägte Chorgebet damals umgeformt und weitergeführt wurde. Ähnliches gilt vom ehemaligen Benediktinerkloster Blaubeuren¹². Dort kann heute im Kreuzgang auf einer Tafel der Tagesablauf der Schulzeiten im 17. Jahrhundert gefunden werden, und dabei auch der Eintrag „Chorandacht". Es zeigt sich die Unsicherheit, worum es hier eigentlich geht: eine einfache „Andacht" im Chor, also im schönen Chorgestühl der Blaubeurener Klosterkirche. Dass es sich aber, sachgerechter formuliert, um eine in die evangelische Zeit hinüber getragene Form der Stundenliturgie handelt, bleibt verborgen.

Damit ist der Fragepunkt der vorliegenden Untersuchung erreicht. Es werden die Transformationsprozesse samt ihrer Ergebnisse beleuchtet, die aus einer mittelalterlichen Offiziumsliturgie eine Tagzeitenliturgie formten, die im Kontext nachreformatorischer Pfarrerausbildung für tauglich gehalten wurde. Dabei geht es nie nur um formale, äußerliche Änderungen des Rituals, sondern immer auch um die damit verbundenen theologischen Begründungsmuster. Diese geben ihrerseits interessanten Aufschluss über Veränderungen in der Deutung altkirchlicher wie mittelalterlicher Tradition, die man teils aufgreift, von der man sich aber teils

---

⁸ MANDAT zur Entfernung von Sakramentshäuschen 325. Vgl. exemplarisch zur Veränderung der Kirchenausstattung HALBAUER, Marienkirche; MARSTALLER, Peterskirche. Zum disparaten nachreformatorischen Umgang mit den Sakramentshäusern in Siebenbürgen vgl. GERMAN, Sakramentsnischen 147–153.

⁹ Zum Problem ANGENENDT, Offertorium 375–380. – Dass aber in der Wittenberger Reformation zumindest anfänglich die Privatmesse weiterhin bestehen bleiben konnte, zeigt LEPPIN, Kirchenraum und Gemeinde 493–494.

¹⁰ Das Konversengestühl vor dem Lettner blieb nur in einer Hälfte erhalten, die heute im Seitenschiff aufgestellt ist. Damit ist angezeigt, dass es nicht nur um eine Umwandlung der Liturgie und des Kirchenbaues, sondern auch der Konventsstruktur zu tun war: Die Unterscheidung von Priestermönchen und Konversen wurde aufgrund einer neuen Auffassung vom kirchlichen Amt hinfällig.

¹¹ Vgl. EHMER, Vom Kloster zur Klosterschule 74–78.

¹² Zu Blaubeuren und der Einführung der Reformation vgl. EHMER, Blaubeuren und die Reformation. Vgl. auch den allgemeinen Überblick bei GRUBE, Altwürttembergische Klöster. Vgl. auch den Überblick bei EBERL, Blaubeuren.

1.1. Fragestellung, Methode und Begrifflichkeit der Untersuchung

auch abgrenzen wollte. Es wird darum gehen, den Versuch einer Typologie der Stundenliturgie im reformatorischen Kontext zu wagen, die zugleich ein Paradigma für weitere Forschungen darstellt. Im Folgenden geht es deshalb neben der Referierung bereits bekannter Forschungen zur Geschichte der Klosterschulen vor allem um einen Durchgang durch die einzelnen Dokumente der Reformationsgeschichte Württembergs, und zwar im Hinblick auf die Stundenliturgie. Damit soll eine Untersuchung zweier reformatorischer liturgischer Bücher verbunden werden, die ein Produkt der zur Rede stehenden Liturgiereformen waren: Zum einen wird die in der Forschung bereits bekannte „Psalmodia" von 1658 bzw. 1686 vorgestellt, zum andern geht es um einen Fund in der Universitätsbibliothek Tübingen, der den Anstoß für die vorliegende Untersuchung gab, nämlich die Entdeckung der bislang unbeachteten und hier nun vorzustellenden „Cantica sacra choralia" von 1618[13].

Die Untersuchung beginnt mit einer Darstellung des Forschungsstandes in Bezug auf evangelische Stundenliturgie allgemein wie auf die evangelischen Klöster Württembergs (1. Kapitel). Sodann soll ein grober Überblick auf die zugrunde liegende benediktinische bzw. zisterziensische mittelalterliche Stundenliturgie gegeben werden, um die Ausgangsbasis der reformationszeitlichen Veränderungen darzustellen (2. Kapitel). Es folgt die Darstellung der Geschichte der Württembergischen Liturgiereform und der Klosterschulen, und zwar im Hinblick auf das Thema der Stundenliturgie (Kapitel 3). In diesem Kontext sind dann die beiden eigens für Württembergische Stundenliturgie konzipierten Liturgica des 17. Jahrhunderts bedeutsam, die ausführlich vorgestellt (4. Kapitel) und mit entsprechenden vergleichbaren Liturgica aus anderen Kontexten der durch Wittenberg beeinflussten Reformation verglichen werden (5. Kapitel). Nach einem Seitenblick auf die Tübinger Stifte und die Residenzstadt Stuttgart (6. Kapitel) wird der Versuch unternommen, eine Theologie evangelischer Stundenliturgie vorläufig auszuloten (7. Kapitel). Auf eine Zusammenfassung (8. Kapitel) folgt eine Liste der Orte bzw. Institutionen, für die evangelisches Stundengebet gesichert ist (9. Kapitel). Ein Literaturverzeichnis (10. Kapitel) sowie ein Register schließen dieses Buch ab.

Die Untersuchung versteht sich als ein Beitrag zu einer ökumenischen Liturgiewissenschaft, wie sie unter anderen Friedrich Lurz konzipiert hat[14]: Aus konfessioneller Perspektive, aber eben nicht auf diese eng geführt, werden Phänomene der unterschiedlichen gottesdienstlichen Traditionen der Christenheit wahrgenommen, um das eventuell Unverständliche der jeweils anderen Tradition wahr- und ernstzunehmen, es aber auch zugleich zu erhellen. Dass dabei die das gesamte Christentum umtreibenden Probleme einer Zukunft gerade der rituellen Formen berührt werden, steht außer Frage. Im Hinblick auf das hier vorliegende Thema im Kontext einer ökumenischen Liturgiewissenschaft geht es um die

---

[13] Vgl. als ersten Überblick ODENTHAL, Zur evangelischen Stundenliturgie.
[14] Vgl. mit vieler Literatur LURZ, Perspektiven.

Aushandlungsprozesse der Konfessionalisierung, die zwischen dem Festhalten an der bisherigen Tradition (im Hinblick auf das, was man damals jeweils als diese Tradition ansah) und den notwendigen rituellen Neuerungen im Hinblick auf die auch rituell zu schaffende konfessionelle Identität changierten[15]. Gerade in dieser Spannung aber ereignete sich eine ungeahnte Dynamisierung religiöser Wissensbestände samt ihrer rituellen Ausdrucksformen. Eine solche Sicht ermöglicht ein neues Verständnis von Reformation und Konfessionalisierung jenseits der einengenden Alternative, entweder in der Reformation das völlig Neue sehen zu müssen, oder sie *nur* aus dem Mittelalter und der Patristik zu verstehen, die dann als ein „goldenes Zeitalter" der kirchlichen Einheit aufscheinen, welche jetzt hinter sich gelassen wird[16]. Der Begriff der Dynamisierung vermag dabei, jener Qualität des „Ereignisses" gerecht zu werden, die Thomas Kaufmann als Paradigma vorgeschlagen hat: Die Reformation beruht auf der (kontingenten) Kombination von unterschiedlichen Faktoren, denn „ihre historisch primäre Verwirklichung fand die Reformation in einzelnen Städten oder Territorien des Alten Reichs, denen es gelang, ihre Eingriffe in das bestehende Kirchentum politisch hinreichend abzusichern"[17]. Solche Aushandlungsprozesse gilt es zu untersuchen, die zugleich immer auch Zuschreibungsprozesse sind: Einerseits schafft die Tradierung ritueller Bestände Identität als Kennzeichen konfessioneller Existenz, mag sie sich in Pfarreien, Stiften oder gar noch monastisch zeitigen, andererseits geht es um reformatorische Innovationen der theologischen Grundlagen in dem Sinne, dass das Neue an theologischer Erkenntnis auch immer rituell erfahrbar sein muss.

Mit jeder Begrifflichkeit ist immer schon ein Inhalt verbunden. Der Obertitel der Untersuchung arbeitet mit dem Begriff der „Stundenliturgie", der eigentlich als Bezeichnung der römisch-katholischen Version dieser Liturgieform nach den Reformen des II. Vatikanischen Konzils dient[18]. Er bietet sich aber hier aus fol-

---

[15] Vgl. hierzu den methodischen Zugang von KRENTZ, Ritualwandel. Unter den Koordinaten „Ritualwandel und Deutungshoheit" hat sie die besondere Gemengelage der Wittenberger Stadtreformation untersucht, die auch in ihrer rituellen Seite zwischen den Machtzentren Hof, Stadt, Stift sowie dem Einfluss des „charismatischen" Luthers changiert. Die Liturgiereform Wittenbergs insgesamt, nicht nur der Stundenliturgie, erweist sich daher als ein doppelter Distinktionsprozess: Er muss sich zum einen gegen radikale Positionen abgrenzen, indem das Traditionsprinzip zu einer organischen Veränderung des Gottesdienstes führt, der nicht gänzlich neu gedacht werden muss. Zum anderen ist eine Grenze zu den Altgläubigen zu ziehen, damit die gottesdienstlichen Innovationen auf der Grundlage neuer theologischer Positionen erkennbar sind (etwa ebd. 243–324). Damit sind die Koordinaten des Bewahrens und Erneuerns ebenso benannt wie das Ineinander von ritueller Gestalt und theologischer Deutungshoheit. Vgl. zur Wittenberger Liturgie jetzt auch WENDEBOURG, Kultboom.

[16] Vgl. dazu HOLZEM, Wissensgesellschaft, 240–247; umfassend HOLZEM, Christentum 1, 7–32.

[17] Vgl. KAUFMANN, Geschichte der Reformation 30–32, Zitat hier 32.

[18] Zur folgenden Begrifflichkeit vgl. HÄUSSLING, Tagzeitenliturgie 24; HÄUSSLING, Stundengebet 35.

genden Gründen an. Wenn es darum geht, die zur Rede stehenden Veränderungsprozesse im Zeitalter der Konfessionalisierung und ihre rituellen Ergebnisse neu zu fassen und auch neu zu benennen, scheinen die Termini „Tageszeitenliturgie", „Brevier", „Offizium" und „Stundengebet" kaum geeignet, die vielen Phänomene zu bündeln, um die es geht: „Tageszeitenliturgie" meint das über den Tag gelegte System verschiedener Horen, ist aber kaum anwendbar, wenn es sich nur um eine oder zwei Gebetszeiten handelt. „Brevier" meint jene zusammengefasste Form des Privatgebetes der Kleriker, die nun für die reformatorischen Reformen gänzlich untauglich ist. „Offizium" wiederum betont den Verpflichtungscharakter des täglichen Betens, der eben bei den Reformatoren zur Diskussion steht und somit zu klären sein wird. „Stundengebet" vernachlässigt die Tatsache, dass es hier um eine gesungene Gebetsform geht, die eben nicht nur Beten, sondern Liturgie der Kirche, eben auch der durch die Reformation hindurchgegangenen Kirche ist und diese zugleich darstellt. „Stundenliturgie" ist zwar ein neuerer Terminus („Liturgia horarum" als Titel des nachkonziliaren „Breviers"), doch weit und umfassend genug, um die disparaten Phänomene der Württemberger Reformation und ihrer Folgen bündeln zu können.

Der Stundenliturgie wird sodann das Adjektiv „evangelisch" zur Seite gestellt. Denn das Oszillieren der Württemberger Reformation zwischen Züricher und Marburger oder Wittenberger Einflüssen gemahnt zur Vorsicht, vorschnell eine Charakterisierung als lutherisch einzuführen[19].

Der Untertitel präzisiert das Gemeinte: Es geht um Formen des „Chordienstes", der – zumindest über weite Teile – im alten Chorgestühl der verbliebenen Abteien weiterhin gefeiert worden ist, aber trotz des Dienstcharakters kein Brevierbeten im herkömmlichen Sinne mehr ist. In Kapitel 7, wo es um die Frage geht, ob und inwiefern von einer evangelischen Theologie des Stundengebetes die Rede sein kann, wird eine theologische Bilanz gezogen, mit der auf die Begriffe wie die Inhalte zurückzukommen sein wird.

1.2. Forschungsstand

1.2.1. Untersuchungen zur evangelischen Stundenliturgie

Immer noch gilt das Vorurteil, die aus der Alten Kirche über das Mittelalter übernommene Stundenliturgie sei mit der Reformation beseitigt worden und so kon-

---

[19] Es wäre ein eigenes Forschungsprojekt, dem Schicksal der Stundenliturgie im Kontext der Züricher Reformation nachzugehen. Es scheint, dass die „Zürcher Prophezei" in einer gewissen Nähe zur Stundenliturgie steht. Vgl. dazu BRECHT, Reform des Wittenberger Horengottesdienstes; auch die ältere Untersuchung von SCHMIDT-CLAUSING, Zwingli als Liturgiker 142–143. Doch weist EHRENSPERGER, Geschichte 487, deutlich auf den Unterschied von Prophezei und Stundenliturgie hin: „Jedenfalls sind die beiden Liturgieformen derart anders geartet, dass man die Prophezei nicht einfach als ‚Umfunktionierung' des Stifts-Officiums verstehen kann, wie dies noch öfters verstanden wird".

fessionelles Kennzeichen des Katholischen geworden. Vor dem Hintergrund dieser auch in der katholischen Liturgiewissenschaft vorfindlichen Haltung[20] wundert es nicht, dass eine Gesamtdarstellung der Umformung der Stundenliturgie durch die Kirchen der Reformation bislang nicht existiert. Als bester zusammenfassender Überblick über die Stundenliturgie lutherischer Kirchen muss immer noch die Publikation von Herbert Goltzen gelten[21]. Doch nimmt Goltzen hauptsächlich die lutherischen Kirchenordnungen in den Blick, weniger die liturgischen Bücher selbst. In welchem Maße die Frage nach der Stundenliturgie marginalisiert war, zeigt die Darstellung von Paul Graff, der die Horen bezeichnenderweise unter dem Titel „Die Nebengottesdienste" abhandelt[22]. Daneben existieren mannigfache Einzeluntersuchungen, die zum einen die Stundenliturgie in den evangelischen Kirchen grundsätzlich thematisieren[23], zum anderen einzelne Facetten bedenken, so etwa die Neuerung der Volkssprache[24], grundlegende strukturelle Beobachtungen (so eine aus den Kirchenordnungen erschlossene Grundordnung für Matutin und Vesper[25]) oder, dem älteren Paradigma von „Reformation" und „Gegenreformation" verpflichtet, „katholische Überlieferungen" in der lutherischen Stundenliturgie nachweisen[26]. Besonderer Erwähnung bedarf die Studie von Angelus A. Häussling, die fundiert das ambivalente Verhältnis Luthers zur Stundenliturgie in den Blick nimmt, der als Augustinereremit ja eng in das System der Stundenliturgie eingebunden war[27].

Eine Untersuchung, die das Thema Stundengebet im Kontext des späten Mittelalters und der Reformation zwar nicht als Hauptakzent hat, aber oft berührt, findet sich bezeichnenderweise in der Musikwissenschaft, nämlich bei Klaus Wolfgang Niemöller[28]. Diese Studie zeigt zugleich auch die Überfülle an Quellen, die noch lange nicht gesichtet sind. Deshalb möchte eine dieser Unter-

---

[20] Vgl. etwa die Rezension von Martin KLÖCKENER zu ODENTHAL, Ordinatio, in: ALw 55. 2013, 220–221: „... wo – gegen die weit überwiegende Entwicklung in den Kirchen der Reformation – ein luth. Offizium erhalten bleibt". Diese Fehleinschätzung wundert umso mehr, als – neben anderen – Ernst Walter Zeeden bereits 1959 (!) auf die vielen Traditionen aus vorreformatorischer Zeit hinwies. Vgl. ZEEDEN, Überlieferungen, zur Stundenliturgie etwa 19–20.

[21] Vgl. GOLTZEN, Gottesdienst 187–215; bezeichnend ist, dass im neuesten Beitrag zur Liturgie unter dem Einfluss der Reformation dem Thema der Stundenliturgie gerade einmal zweieinhalb Seiten gewidmet werden: vgl. KRANEMANN, Liturgien 448–451.

[22] Vgl. GRAFF, Geschichte 1, 206–221. Zum Ansatz von Graff vgl. CORNELIUS-BUNDSCHUH, Liturgik.

[23] Vgl. ALEXANDER, Luther's Reform; MEYER, L'office; ein Überblick bei TAFT, Liturgy 319–326; vor allem KOCH, Fürbitte.

[24] Vgl. HEIDRICH, Bedeutung der Volkssprache.

[25] Vgl. ARMKNECHT, Vesper-Ordnung 14–15.

[26] Vgl. ZEEDEN, Überlieferungen 14–20.

[27] Vgl. HÄUSSLING, Luther.

[28] Vgl. NIEMÖLLER, Untersuchungen. Niemöller gelingt es, anhand der Lateinschulen das Überleben der Stundenliturgie nachzuvollziehen. Vgl. auch kurz KÜSTER, Musik 70–76.

1.2. Forschungsstand

suchung angegliederte Liste (Kapitel 9) einen vorläufigen und dabei keineswegs vollständigen Anhaltspunkt bieten. Sodann kann an etliche eigene Vorarbeiten zum Thema angeknüpft werden, die zugleich den Forschungsstand einholen, worauf an dieser Stelle verwiesen wird[29]. Hier ist etwa eine Studie über die differenzierte Position Martin Luthers bezüglich der Stundenliturgie zu nennen[30]. Luther selbst, obgleich 1520 „ab horis canonicis" mit Gewalt gerissen, kann dann der Stundenliturgie positive Seiten abgewinnen, wenn sie der Verkündigung der Heiligen Schrift wie der Belehrung der Menschen dient. So vermag er 1521 über das Magnificat zu sagen:

„Es ist auch nit ein unbilliger brauch, das ynn allen kirchen diesz lied teglich ynn der Vesper, datzu mit szonderlicher zimlicher weisz fur anderm gesang gesungen wirt"[31].

Voraussetzung für Luther ist, dass diese Liturgie adäquat vollzogen wird, also nicht im Sinne einer Pensumsabsolvierung:

„Und das Magnificat wirt herlich gesungen, aber daneben zurbarmen, das solch kostlich gesang sol szo gar on krafft und safft von unsz gehandelt werdenn, die wir nit ehr singen, es gehe denn wol, wo es aber ubel gaht, ist das singen ausz, da helt man nichts mehr von got, meynen, got muge odder wolle nichts mit unsz wircken, damit musz das Magnificat auch aussen bleiben"[32].

Luther, geprägt durch seine langjährige Klosterzeit, lehnt generell den Pensumsgedanken als Begründung ab, steht einem Verkündigungs- und Bildungsgedanken, auch und gerade für den lateinischen Choral bei Lateinschulen, jedoch nahe[33]. Dieser hier nur kurz referierten Differenzierung wird auch im Folgenden Rechnung zu tragen sein[34].

Die Linie einer Beibehaltung und konstruktiven Umgestaltung der Offiziumsliturgie in der Wittenberger Reformation konnte anhand mannigfacher Beispiele aufgezeigt werden, die indes an völlig andere Rahmenbedingungen der Tradierung wie Reform gottesdienstlichen Lebens gebunden waren als in Württemberg[35]. Einzelne Forschungen betreffen gemischtkonfessionell besetzte Stifts- oder Domkapitel im Umkreis der Wittenberger Reformation, etwa Halberstadt[36]. Zu

---

[29] Vgl. den Teil C, Liturgie im Zeitalter der Konfessionalisierung, bei ODENTHAL, Liturgie 208–364.
[30] Vgl. dazu ausführlich ODENTHAL, Martin Luther.
[31] LUTHER, Das Magnificat Vorteutschet, in: WA 7, 545$^{25-27}$.
[32] LUTHER, Das Magnificat Vorteutschet, in: WA 7, 554^{37}–555^{4}.
[33] Vgl. RAUTENSTRAUCH, Pflege 6–11. Vgl. zu den Psalmen als Quelle für Luthers Liedschaffen VEIT, Kirchenlied 46–52. Vgl. auch ZIELSDORF, Luther.
[34] Zur Bedeutung der Hymnen für Luther vgl. BROWN, Singing the Gospel; GECK, Lieder; zur Bedeutung der Musik als Medium der Wortverkündigung BEAR, Luther; GILDAY, Context; WEGMAN, Gospel.
[35] Vgl. den Überblick bei ODENTHAL, Umgestaltung.
[36] Vgl. ODENTHAL, Ordinatio. Kritisch dazu KAISER, Ökumene, der zum Schluss gelangt, die Domherren in Halberstadt hätten „wohl nur selten gemeinsam gefeiert" (233). Indes fällt auf,

nennen sind auch die rein lutherischen Stifte Naumburg[37], Brandenburg[38] oder Havelberg[39]. Konnten diese Stätten ihre eigene Ortsliturgie umformen und in die nachreformatorische Epoche überführen, so ist die Sachlage in Württemberg anders: Dort ist es eine Fürstenreformation, die sozusagen von oben für das gesamte Gebiet des Fürstentumes Regelungen schafft[40].

Einige Untersuchungen haben die evangelischen Klöster mit ihrer Stundenliturgie auf sich gezogen, so etwa das Zisterzienserkloster Loccum[41] oder das Benediktinerkloster Berge bei Magdeburg, das eine eigene lutherische Offiziumsordnung schuf[42]. Davon zu unterscheiden sind zum einen die nunmehr evangelischen Damenstifte[43], zum anderen die Gebräuche der einzelnen kleinen wie großen Pfarreien, bei letzteren durch das Junktim mit dem Schulwesen sehr ausgeprägt, wie etwa auch die im Zeitalter der Konfessionalisierung im Umkreis der Pfarreien entstehenden Cantionalien zeigen[44].

Insgesamt wird aber deutlich, dass noch nicht annähernd ein Überblick über das zu bearbeitende Material besteht, eine Forschungslücke, der die dieser Untersuchung angehängte Liste der Orte mit evangelischer Stundenliturgie eine erste, indes vorläufige Abhilfe schaffen möchte.

1.2.2. Zu Württembergs Liturgiegeschichte im Hinblick auf die Reformation der Klöster

Der Übergang von der mittelalterlichen Messe zum evangelischen Predigt- und Abendmahlsgottesdienst ist für Württemberg neben älteren Forschungen[45] jüngst

---

dass Kaiser keinerlei neue Quellen anführt, sondern lediglich bereits benannte Problemstellungen anders gewichtet. Vor allem aber vergisst er die Regelung des Stundengebetes durch Präsenzgelder, die auch die Einführung der Reformation nicht gleich änderte. Vgl. auch BRAUN, Die gemischtkonfessionellen Domkapitel. Indes fragt wie Kaiser auf einer konkreten Ebene nach tatsächlichen Akteuren, ohne in Rechnung zu stellen, dass die Form gemeinsamer Liturgie als solche bereits symbolischen Aussagewert für ein Domkapitel besitzt.

[37] Vgl. ODENTHAL, Offiziumsliturgie.
[38] Vgl. ODENTHAL, Beharrungskraft.
[39] Vgl. ODENTHAL, Vesperale.
[40] Vgl. bereits ODENTHAL, Zur evangelischen Stundenliturgie.
[41] Vgl. HEUTGER, Kloster Loccum, bes. 92–96 (zum Tagesablauf im Mittelalter); 149–156 (Übergang zur Reformation); 164–171 (zur Hora in Geschichte und Gegenwart).
[42] Vgl. dazu ODENTHAL, Umgestaltung 264–267.
[43] Vgl. hierzu etwa KOCH, Damenstifte; OLDERMANN, Leben; zur Liturgie am Beispiel der Calenberger Klöster TALKNER, Stundengebet, und TALKNER, Liedrepertoire, am Beispiel Herfords KLÖCKENER, KRANEMANN, Offiziumsordnung.
[44] Vgl. als Beispiele die Cantionalien CANTICA SACRA 1588 von Franziscus Eler und PSALMODIA 1561 von Lukas Lossius.
[45] Vgl. KOLB, Geschichte. Zur Stundenliturgie findet sich lediglich ein Abschnitt über die Vesperlektion, die am Abend vor einem Sonntag, an dem keine Kommunion stattfand, gehalten wurde. Das Hauptstück dieser 1553 eingeführten Gebetszeit bildete die *lectio continua*, wobei in

1.2. Forschungsstand

in einer Studie von Matthias Figel bearbeitet worden[46]. Doch die Stundenliturgie etwa der Klosterschulen wie der Gemeinden insgesamt geriet bislang eher selten in den Blick[47]. Die große Ausnahme ist hier die Untersuchung von Gustav Lang zur Geschichte der württembergischen Klosterschulen, die nicht nur die Entwicklung der Schulen wissenschaftlich nachzeichnet, sondern auch dem Stundengebet weiten Raum gibt[48]. Lang macht dabei auch auf einzelne Liturgica aufmerksam, ohne dass damit eine spezifische Untersuchung der Stundenliturgie vorläge. An diese Studie soll nun angeknüpft, ihre Hinweise sollen aufgenommen und weitergeführt werden, wobei die inzwischen neu entdeckten Liturgica einbezogen werden sollen. Die folgenden Überlegungen können darüber hinaus an vielfältige Forschungen zur Reformation Württembergs und seiner Klöster anknüpfen[49].

---

den Städten traditioneller vorgegangen wurde, indem Bestandteile der alten Vespern, eventuell lateinische Psalmen und Magnificat, beibehalten wurden (vgl. ebd. 221–227). Im Hinblick auf die Verwendung der lateinischen Sprache und den alten Choralgesang kommt Kolb (ebd. 222) zu folgendem Urteil: „Einen größeren Gewinn hätte die evangelische Kirche davon gehabt, wenn noch mehr Stücke des alten liturgischen Gesangs dem Schülerchor zugewiesen worden und so für Ausübende und Hörende Zusammenhang und Bekanntschaft mit der liturgischen Vergangenheit mehr wäre gewahrt worden". Vgl. auch zur Entstehung des Gottesdienstes in Süddeutschland WALDENMAIER, Entstehung, indes auf den sonntäglichen Hauptgottesdienst und das Abendmahl beschränkt. Auf Kolb aufbauend vgl. MÜLLER, Gottesdienste.

[46] Vgl. FIGEL, Predigtgottesdienst. Kritisch ist anzumerken, dass es dem Autor kaum gelingt, die mittelalterliche Messe als Derivatform jener Eucharistia auszumachen, zu der eigentlich Predigt und Gläubigenkommunion hinzukommen, die den mittelalterlichen Prädikantengottesdienst bilden, an den seinerseits die oberdeutsche Gottesdienstreform anknüpft. Von hierher wären auch nochmals Maßstäbe, die Vf. kritiklos aus der Quellenliteratur übernimmt, zu hinterfragen, so die Rede von der Rückkehr zum urchristlichen Gottesdienst. Figel scheint eher bestrebt, eine Ätiologie und Legitimierung des derzeitigen württembergischen Gottesdienstes vorzunehmen. – Vgl. auch das Verzeichnis der Quellen und Literatur für die Reformation Württembergs und seines Gottesdienstes bei GRAFF, Geschichte 1,55–60.

[47] Ein erstes Beispiel neben vielen anderen mag NOOKE, Planck 20–26, bieten, der zwar im Hinblick auf den Lebenslauf des Theologen Gottlieb Jakob Planck (1751–1833) dessen geistliche Prägung durch die Württemberger Klosterschulen benennt, aber das Chorgebet auslässt. Ein zweites Beispiel findet sich bei FIGEL, Predigtgottesdienst 176, der die Stundenliturgie gar nicht als eigenständigen Zweig gottesdienstlichen Handelns wahrnehmen kann, so dass er sogar die in der Kirchenordnung von 1536 entworfene Vesper auf die Grundstruktur des Predigtgottesdienstes zurückführen zu können glaubt. Vgl. auch zu den musikalischen Dimensionen der Württemberger Reformation den profunden Überblick bei NIEMÖLLER, Untersuchungen 528–578, zu den Klosterschulen bes. 537–538. – Vgl. zur Stundenliturgie Württembergs auch als Vorabveröffentlichung des hier genauer Dargelegten ODENTHAL, Translation.

[48] Vgl. LANG, Geschichte. Zu den Württembergischen Schulen im Vergleich zu Sachsen vgl. HOLTZ, Promotion.

[49] Zu den Klöstern in der Reformationszeit vgl. immer noch grundlegend ROTHENHÄUSLER, Abteien; vgl. auch den Überblick bei EBERL, Die evangelischen Klosterschulen, der (23) bemüht ist, weniger das Verbindende als den „tiefen Einschnitt" der Reformation zu betonen; auch EHMER, Klosterschulen und Seminare. – Vgl. übrigens auch schon die Dokumentensammlung zu den Württembergischen Klöstern bei BESOLD, Documenta (etwa 72–74 zu den Konfessionsverhältnissen der Klöster nach dem Passauer Vertrag).

So liegen neben dem bereits erwähnten Blaubeuren Studien zu Lorch[50], Maulbronn[51], Herrenalb[52], Hirsau[53] und Bebenhausen[54] vor.

Doch auch angesichts der benannten Einzelstudien ist es notwendig, die Beibehaltung und Veränderung der Stundenliturgie im Kontext der Württemberger Reformation noch einmal neu wahrzunehmen. Es geht darum, die paradigmatische Bedeutung dieser Liturgiereform im Kontext von Tradierung und Innovation gegenüber dem mittelalterlichen gottesdienstlichen Erbe in den Blick zu heben, um die damit erfolgten Prägungen der Konfessionskulturen ermessen zu können. Insofern möchte die vorliegende Untersuchung auch weitere Studien anregen, besonders zu den Themenkreisen oder Regionen, die im Folgenden nur am Rande erwähnt werden können. Um das Ausmaß der Tradierung wie Veränderung des Gottesdienstes aber ermessen zu können, sollen zuvor typische Akzentsetzungen des mittelalterlichen Erbes der Stundenliturgie dargestellt werden.

---

[50] Vgl. EHMER, Lorch und die Reformation; vgl. insgesamt den Überblick bei GRAF, Lorch; auch HAAG, Lorch.

[51] Vgl. zu Maulbronn etwa EHMER, Jakob Schropp; FRAUENKNECHT, Kloster.

[52] Vgl. EHMER, Die Reformation in Herrenalb.

[53] Vgl. GREINER, Benediktinerabtei; auch den Überblick bei SCHREINER, Hirsau; MOLITOR, Hirsau.

[54] Vgl. BEUCKERS, PESCHEL, Kloster Bebenhausen; SYDOW, Die Zisterzienserabtei Bebenhausen; SETZLER, Bebenhausen; BRANDENBURG, Reformation.

2. Der Ausgangspunkt: Spätmittelalterliche Praxis der Stundenliturgie

2.1. Mittelalterliche Stundenliturgie im klösterlichen Kontext

Die seit vielen Jahren vorgesehene Studie zur Stundenliturgie im Kontext des Handbuches der Liturgiewissenschaft fehlt bis heute, und das aus gutem Grund: Die Fülle des Materials stellt die Forschung vor mannigfache Schwierigkeiten[1]. Deshalb kann es auch in diesem Kontext nicht darum gehen, eine abgerundete Darstellung monastischer Stundenliturgie des Mittelalters zu verfassen[2]. Nur einige Spuren seien verfolgt. Zunächst sei auf die seit geraumer Zeit in der Liturgiewissenschaft vertretene Arbeitshypothese hingewiesen, zwei Formen täglichen Betens seit der Spätantike anzunehmen[3]. Zum einen ist die bischöflich verfasste und deshalb „kathedral" benannte Form der Stundenliturgie zu nennen, die durchaus von einer Gemeindebeteiligung lebte[4]. Ihre Merkmale sind etwa eine thematische Auswahl der Psalmen, ohne den gesamten Psalter in numerischer Reihenfolge beten zu müssen, aber auch rituelle Elemente wie Lichtfeier (Luzernar) oder ein Weihrauchritus. Zum anderen begegnet die tägliche Liturgie im Kontext des frühen Mönchtums. Hier ist das tägliche Psalmenbeten als Schriftlesung Teil einer asketisch-meditativen Grundhaltung, die sich dabei durchaus der Rezitation des gesamten Psalters der Reihe nach verpflichtet weiß und deshalb auch auf besondere rituelle Inszenierungen verzichten kann. Die entscheidende Hypothese besagt nun, die kathedrale und monastische Tradition hätten sich schon vor dem Mittelalter durchmischt, nicht zuletzt in der Form des „urbanen Mönchtums", also jener Mönchsgemeinschaften, die sich im Schatten großer Basiliken (etwa Roms) mit ihrem Reliquienbesitz ansiedelten, um dort tägliches Gebetsleben zu praktizieren[5]. Man wird nicht fehlgehen zu konstatieren, dass die spezifisch westliche Form des täglichen Stundengebetes in besonderer Weise durch die monastische Tradition geprägt war, mit der Konsequenz, dass Stundenliturgie

---

[1] Vgl. deshalb nach wie vor die Studie von BÄUMER, Brevier.
[2] Vgl. hier den luziden Überblick mit Berücksichtigung neuerer Forschungen bei ZERFASS, Zeit.
[3] Zur wohl auf BAUMSTARK, Werden 66–70, zurückgehenden Unterscheidung vgl. auch die Zusammenfassungen bei TAFT, Liturgy 211–213, und ZERFASS, Zeit 52–54. Vgl. auch BUDDE, Tagzeiten 144–153; 177–181 u. ö.
[4] Vgl. zum „kathedralen" Offizium etwa in Konstantinopel HANKE, Vesper, etwa I, 92–99.
[5] „Diese Basilikaklöster sind als Gemeinschaften von Mönchen oder Klerikern, die an den Patriarchal- und Wallfahrtskirchen Roms Dienst taten, idealtypische Beispiele des oben thematisierten urbanen Mönchtums", so ZERFASS, Zeit 56.

selten als Gemeindeliturgie erschien, sondern – auch im Gemeindekontext – eine Sache für Fachleute wurde, Klerikern wie Musikern. Zunehmend organisierte sich auch der Klerus nach mönchischem Vorbild (Monastisierung des Klerus), wie umgekehrt die Zahl der Priester im monastischen Kontext zunahm (Klerikalisierung der Orden). Für die Stundenliturgie im westlichen Kontext kann also eine deutliche Prägung durch das Mönchtum festgehalten werden, auch im Hinblick auf die Strukturen des täglichen Betens.

„Am Ende des Frühmittelalters war die strukturelle Entwicklung des Stundengebetes faktisch schon abgeschlossen",

so leitet Angelus Häussling seinen Überblick über die Stundenliturgie ein[6]. Er greift sodann die These der benannten beiden Traditionsstränge auf, einer römischen Stundengebetsordnung der Stifte und Pfarreien sowie einer monastischen, etwa das sich zunehmend entwickelnde Benediktinertum betreffend, wobei die monastische Ordung wieder auf die römische eingewirkt und diese verändert habe. Weitere Reformen des Mittelalters hätten als Ziel eine „systematisch betriebene Rückführung auf die (nicht immer klar erkannten) Ursprünge gehabt"[7]. Diese Reformen gingen Hand in Hand mit den vielen Observanzstreitigkeiten, die das Mönchtum des weiteren Mittelalters prägten, und bildeten sozusagen deren liturgische Seite. Dabei hatte die ältere Forschung unter der Führung von Kassius Hallinger die Entwicklung benediktinischen Mönchtums im Mittelalter vor allem zwischen den beiden geistlichen Zentren Gorze und Cluny und ihrem jeweiligen Einfluss verstanden[8]. Die beiden Zentren prägten – so die These – auch unterschiedliche liturgische Stile[9]. Dies wäre für die Klöster Württembergs insofern von Belang, als sich etwa Hirsau cluniazensischem Einfluss erfreute[10]. Doch seit der Kritik von Joachim Wollasch ist Vorsicht geboten, ein etwa im zisterzienserischen Kontext späterer Zeit greifbares Filiationsmodell einfach und unbefragt auf benediktinische Klöster zu übertragen[11]. Die Sachlage ist komplexer, weil der Anschluss an eine Observanz keineswegs völlige Konformität in Fragen der Consuetudines nach sich zog. In den Klöstern aufbewahrte Regelsammlungen gegen Ende des 9. Jahrhunderts etwa sind nicht immer im Sinne konkreter Observanz zu verstehen, sondern auch als Etikett einer sich selbst verliehenen Identität zu werten. Hier begegnet also dasselbe Phänomen, das auch

---

[6] Häussling, Stundengebet 35.
[7] Vgl. Häussling, Stundengebet 35–36, Zitat hier 36.
[8] Vgl. Hallinger, Gorze – Cluny.
[9] Vgl. zur Frage nach dem Einfluss der Reform von Cluny, auch im Hinblick auf das Offizium Angenendt, Offertorium 336–344.
[10] Vgl. hier Heintzer, Liber Ordinarius.
[11] Vgl. Wollasch, Methoden 535–536. Dazu Sellner, Klöster, etwa 71–74 mit Kritik an der These von Kassius Hallinger, der in der Zusammenfassung für ein offeneres Modell plädiert (546–551). Meinem Tübinger Kollegen Steffen Patzold bin ich für mannigfache Hinweise hierzu sehr dankbar.

beim Sacramentar (als dem liturgischen Buch hauptsächlich für die Messe) oder auch bei der Stationsliturgie ausgemacht werden kann:

„Die Berufung auf ein normierendes Vorbild ist für das Mittelalter schon durch die Übernahme eines Teilaspektes hinreichend (...). Das ‚Zitat' eines Teiles rechtfertigt, das Ganze des Vorbildes und seiner Wirklichkeit anwesend zu sehen"[12].

Bei alledem wird die Annahme gelten können, das Grundgerüst monastischer Stundenliturgie basiere durchweg auf der Grundlage der Benediktsregel. Besondere Prägungen indes gelten für Umfang und Gestalt von Zusatzoffizien zum Toten- und Heiligengedenken, die unbeschadet der privaten Gebetsverpflichtungen des einzelnen Mönches etwa im Zuge der Gebetsverbrüderungen der Klöster untereinander und mit den Herrscherhäusern eingeführt wurden[13]. Um ein Beispiel zu bemühen: Im Jahre 863 legt sich das Kloster Fulda auf bestimmte Gebetsleistungen in Stundengebet und Messe fest: Jeder der Priestermönche betet für alle Lebenden, also die Menschen aus den Gebetsverbrüderungen, zusätzlich zum sonstigen Stundengebet zehn ganze Psalter und zehn Messen[14]. Es sind dies Bußleistungen, die zunächst im Rahmen des Stundengebetes mit Hilfe der Zusatzoffizien, etwa ein zehnmaliges Beten aller 150 Psalmen, abgegolten werden. Die aus dem Benediktinertum hervorgehenden Reformorden, die die Radikalität der Frühzeit wiederzuerlangen hofften, setzten jeweils an diesen liturgischen Fragen an. Wie aber immer, ein liturgiebestimmendes Paradigma wird bereits greifbar, nämlich das des Pensums im Sinne einer Gebetsleistung, und dies konnte nur durch die monastische Prägung des täglichen Betens entstehen. Darauf wird zurückzukommen sein.

Für die Württembergische Reformation ist die kurz umrissene geschichtliche Entwicklung des Stundengebetes insofern von Belang, als sie deutlich macht, welche Schwierigkeiten bei historischen Rekonstruktionen dieser Liturgieform bestehen. Für die Stundenliturgie der Klöster Württembergs am Vorabend der Reformation kommt die mangelnde Quellenlage erschwerend hinzu. Von den Liturgica des Mittelalters aus Maulbronn sind nur wenige erhalten, eine Situation, „die Maulbronn im übrigen mit einer Reihe weiterer altwürttembergischen Klöster teilt, die unter den Herzögen Ulrich und Christoph aufgehoben und in evangelische Prälaturen umgewandelt wurden"[15]. Doch kann man sich der Ausgangssituation der Stundenliturgie im spätmittelalterlichen Württemberg in etwa

---

[12] So HÄUSSLING, Mönchskonvent 106–107.

[13] Vgl. den Überblick bei ANGENENDT, Offertorium 138–147; auch SCHMIDT, Zusätze.

[14] „ut unusquisque illorum singulis annis generaliter pro omnibus vivis 10 psalteria vel 10 missas cantet vel perficiat," Appendix von 863 zu den Annales Necrologici Fuldenses. A 1049–1057, in: MGH.SS 13. Hannoverae 1881, 161–218, hier 215$^{45-46}$. – Vgl. zu den durch Bonifatius forcierten Gebetsbünden etwa GERCHOW, Gedenküberlieferung 8–17, zum Phänomen insgesamt ANGENENDT, Offertorium 280–285.

[15] HEINZER, Maulbronn und die Buchkultur 411. Heinzer weist im Anschluss an die Studien von Andreas Traub auf zwei erhaltene Gradualien (ebd. 416), im Anschluss an Eberhard Gohl auf ein Psalterium (ebd. 424) hin, die wohl aus Maulbronn stammen.

nähern. Blaubeuren war eine benediktinische Gründung, und nehmen wir die Zisterzen Bebenhausen und Maulbronn hinzu, so folgten auch sie einer täglichen Stundenliturgie auf der Grundlage der Benediktsregel[16]. Vor diesem Hintergrund wird im Folgenden das Beispiel eines liturgischen Alltags, hauptsächlich der Stundenliturgie, anhand zisterziensischer Gewohnheiten gegeben, die mit geringen Abweichungen auch für benediktinische Klöster anzunehmen sind[17]. Darüber hinaus kann aufgrund der dargestellten monastischen Prägung der gesamten westlichen Stundengebetstradition mittels des zisterzienserischen Idealplanes ein Zugriff auf klösterliches tägliches Beten überhaupt erfolgen. Jenseits jahrhundertealter Observanzstreitigkeiten der Benediktiner entwirft das zisterzienserische Gebräuchebuch des 12. Jahrhunderts zumindest ein Idealbild der Stundenliturgie, das einigermaßen nahe an den Untersuchungszeitraum der Studie heranreicht, die ja die Reformen des 16. und 17. Jahrhunderts untersuchen möchte. Ferner ist bei Zisterzen weniger als bei Benediktinern von ortseigenen Gebräuchen auszugehen. Felix Heinzer kommt insgesamt zu dem Schluss, „dass Maulbronn dem zisterziensischen Ideal absoluter Identität des liturgischen Repertoires und damit der liturgischen Bücher weitgehend entsprochen haben dürfte"[18]. Wenn es also gilt, sich im Kontext der ersten Klosterreformen ein Bild darüber zu machen, *was* eigentlich reformiert wurde, können wir getrost auf das (natürlich wiederum auf der Regel Benedikts aufruhende) allgemeine zisterziensische Gebräuchebuch des 12. Jahrhunderts rekurrieren, dessen Angaben *mutatis mutandis* auch noch im 16. Jahrhundert am Vorabend der Reformation umgesetzt wurden.

Ein idealer liturgischer *Tagesplan einer Zisterzienserabtei* im Sommer sah so aus (vgl. die Tabelle in Kapitel 9.1.)[19]. Gemäß monastischem Brauch finden sich zunächst die nächtlichen Gebetszeiten (Vigilien), die durch den Rhythmus von Psalmgesang, Lesung und Responsorium bestimmt sind (ca. 2 bis 3 Uhr). Den Vigilien als nächtlichem Offizium stehen die sieben Horen des Tages gegenüber, und zwar gemäß dem Psalmvers „Septies in die laudem dixi tibi" („Sieben Mal am Tag singe ich dein Lob", Psalm 118,164)[20]. Es sind dies zunächst die beiden Angelpunkte täglichen Betens, nämlich die Laudes als „Lobgesang" am Morgen und die Vesper als Abendoffizium. Die Laudes folgten nach einer kurzen Unter-

---

[16] Vgl. zur Stundenliturgie in der Benediktsregel den Überblick bei PUZICHA, Kommentar 229–240.

[17] Zur mittelalterlichen Liturgie in Blaubeuren vgl. HEINZER, Karwoche, der in Auswertung eines Blaubeurer Breviers des späten 15. Jahrhunderts trotz des Anschlusses an die Melker Reform Nachwirkungen der Hirsauer Traditionslinie festzustellen vermag; auch HEINZER, Reformliturgie. – Zur benediktinischen Klosterliturgie mit ihren Zusatzoffizien vgl. die Tabellen bei ANGENENDT, Offertorium 145–147.

[18] HEINZER, Maulbronn und die Buchkultur 417.

[19] Vgl. ECCLESIASTICA OFFICIA 34. – Vorbildlich beschreibt und rekonstruiert übrigens STENZIG, Chronik 27–62, die mittelalterliche Ordnung des liturgischen Tages wie der einzelnen Horen im Benediktinerinnenklosters Lüne.

[20] Benedikt zitiert diesen Vers im 16. Kapitel seiner Regel, vgl. PUZICHA, Kommentar 271.

brechung auf die Vigilien (ca. 3.10–3.45 Uhr). Zur Siebenzahl gehören sodann die so genannten kleinen Horen Prim (ca. 4–4.40 Uhr), Terz (ca. 7.45 Uhr), Sext (ca. 10.40–10.50 Uhr) und Non (ca. 14–14.15 Uhr), die nach den Zeiten römischer Tageseinteilung (dritte, sechste und neunte Stunde) benannt sind. Nach der Vesper (ca. 18–18.45 Uhr) schließt das Completorium (complere = anfüllen, ca. 19.50–20 Uhr) den liturgischen Tag ab.

Die Tatsache, dass die Laudes kurz nach den Vigilien erfolgen, zeigt ein Problem der monastischen Tradition: Die Laudes erschienen eher als Anhängsel der Vigilien und konnten kaum als eigenständige Morgenhore wahrgenommen werden. Vielleicht aus diesem Grund entstand im monastischen Kontext die Prim[21]. Sie stand in Verbindung mit dem Kapitel, im Grunde einer ritualisierten „Beratungssitzung" monastischer Kommunitäten, und avancierte so zur Gebetsstunde zum Arbeitseinsatz, verbunden auch mit dem täglichen Totengedenken, worauf eine erste Konventmesse folgte. Eine ähnliche Parallelisierung stellen die abendlichen Horen dar: Die eigentliche Abendhore der Vesper wird ihrerseits ergänzt durch die Komplet als allerletztes Gebet des Tages, ab dem strenges Stillschweigen zu bewahren ist. Das Schema zeigt ferner, wie die eucharistische Liturgie in die durch das Stundengebet bestimmte Tagesstruktur hineinverwoben ist, nämlich zum einen durch die beiden Messen für den gesamten Konvent (die erste nach Prim und Kapitel, die zweite nach der Terz), zum anderen durch die nach der ersten Konventmesse gehaltenen Einzelmessen der Priestermönche an den vielen Altären einer mittelalterlichen Konventkirche, ermöglicht erst durch die benannte Tendenz der Klerikalisierung der Orden[22].

Nicht in diesem Raster aufgeführt sind die gemäß mittelalterlicher Praxis geübten Zusatzoffizien in den spezifischen Anliegen, die dem Mittelalter so wichtig erschienen, nämlich als Umwandlung von Bußleistungen in stellvertretend übernommenes Gebet, als Totenfürsorge, und beides auch im Kontext der Gebetsverbrüderungen, die das Klosterleben so nachhaltig prägten[23]. Die vorgestellte tägliche Struktur der Tagzeitenliturgie auf der Grundlage der Regel Benedikts samt den im Folgenden zur Sprache kommenden Horenstrukturen hatte unter anderem zum Ziel, die wöchentliche Rezitation aller 150 Psalmen zu gewährleisten, und zwar ohne die schon angesprochenen Zusatzoffizien. So wundert es nicht, dass lutherische Kritik am Pensum besonders die Rezitation der Horen als „murmur in choro" betraf[24]. Einer der wichtigsten Reformpunkte war die Reduktion des Pensums, um ein völlig veräußerlichtes Beten zu verhindern. Die Reduktion des

---

[21] Vgl. hierzu TAFT, Liturgy 191–209; auch die ältere Studie von FROGER, Les origines.
[22] Vgl. hier das bereits erwähnte „Messesystem Cluny" bei ANGENENDT, Offertorium 286–292; 336–344.
[23] Vgl. den Überblick bei ANGENENDT, Offertorium 144–147 (mit Tagesplan). Immer noch grundlegend SCHMIDT, Zusätze.
[24] Vgl. ODENTHAL, Martin Luther 218–238. Das Zitat in: „De votis monasticis" (1521), WA 8, 625[28].

Pensums durch die Reformation bezog sich zum einen auf den gesamten Tagesplan und die Anzahl der Horen, zum andern auf die einzelnen Horen und ihre Struktur. Um dies im weiteren Verlauf der Untersuchung ausmachen zu können, seien nun die in mittelalterlicher Zeit feststehenden Strukturen der Vigilien, der Laudes, der kleinen Horen und der Vesper aufgeführt und kurz erläutert. Dabei ist auch die zugrunde liegende Psalmenverteilung zu thematisieren, bei der wiederum zwischen einer römischen Ordnung *(cursus romanus)* und einer monastischen Form *(cursus monasticus)* zu unterscheiden ist[25]. Im Folgenden kommt aufgrund der benediktinischen Prägung der *cursus monasticus* zur Sprache[26]. Für diesen hält Alexander Zerfass grundsätzlich fest:

„Die Psalmenordnung der Regula Benedicti greift das römische System des Wochenpsalters auf und behält es in seinen Grundzügen bei. Doch setzt Benedikt eigene Akzente (…). Zunächst entspricht es seinem Ideal einer maßvollen Gestaltung der klösterlichen Existenz, dass er das Pensum der Psalmodie reduziert"[27].

Dazu gehören etwa die Vierzahl der Psalmen (statt fünf im römischen Usus) in der Vesper oder die Teilung der Psalmen in mehrere Abschnitte, die aber eigens als Psalm gezählt werden, was zu einer Reduktion des Pensums führte. So entsteht für die Württemberger Reformation eine paradoxe Gemengelage: Man geht gegen eine Veräußerlichung des Betens aufgrund eines zu hohen Pensums vor, weiß damals jedoch nicht mehr, dass dieses Motiv schon Benedikt antrieb, die römische Psalmenverteilung nicht unbesehen und unverändert zu übernehmen, wenngleich unter völlig anderen Bedingungen. Zu den Horen im Einzelnen, die hier nur kursorisch dargestellt werden, wäre auf folgende Punkte einzugehen.

Die Struktur der *Vigilien* an Werktagen ist dadurch geprägt, dass mit ihnen das gesamte Tagesoffizium eröffnet wird (vgl. das Schema in Kapitel 9.1.)[28]. Dementsprechend findet sich ein Eröffnungsversikel *(Deus in adiutorium – Domine, labia mea)*, mit dem deshalb um Öffnung der Lippen gebetet wird, weil seit der Komplet des vorangegangenen Tages strenges Stillschweigen befolgt wird. Der folgende „Einleitungspsalm" 3 ist gemäß östlicher Traditionen dem Offizium vorangestellt und sichert den gemeinsamen Beginn des Offiziums mit dem Invitatorium[29]. Diese feierliche Gebetseinladung zu Beginn des Tages besteht traditionell aus Psalm 94 („Kommt, lasst uns jubeln vor dem Herrn" – „Venite exsultemus domino") und einer diesen Psalm umrahmenden und unterbrechenden Antiphon gemäß des Kirchenjahres. Es folgen werktags zwei Nocturnen, deren erste mit einem Hymnus beginnt, einer aus nicht monastischer Tradition stammenden, aber gerade im klösterlichen Kontext tradierten Gebetsform.

---

[25] Vgl. die Tabellen bei ZERFASS, Zeit 57 und 59.
[26] Vgl. hier den Überblick bei ZERFASS, Zeit 55–59 (mit weiterer Literatur).
[27] So ZERFASS, Zeit 58. Vgl. auch PUZICHA, Kommentar 233–235.
[28] Die Angaben nach ECCLESIASTICA OFFICIA 25–26. Vgl. zu den werktäglichen Vigilien in der Benediktsregel PUZICHA, Kommentar 244–252.
[29] Vgl. PUZICHA, Kommentar 245.

Jeweils sechs Psalmen, im Wesentlichen numerisch durch die Woche verteilt, liegen den beiden Nocturnen zugrunde, deren eigentlicher Zielpunkt nach einem Versikel die Lesungen aus der Heiligen Schrift oder der Bibelkommentare der Väter samt den darauf antwortenden Responsorien ist[30]. Beschlossen werden die Vigilien mit einer Litanei, dem *Pater noster* sowie einer Oration. An Sonn- und Feiertagen wird den beiden Nocturnen noch eine dritte Nocturn hinzugefügt, die statt der Psalmen alttestamentliche Cantica als Gebetspensum bietet und mit der Verlesung des Osterevangeliums oder des Tagesevangeliums als Höhepunkt durchaus als Nachwirkung der Jerusalemer Auferstehungsvigil, also einer kathedralen Form der Stundenliturgie, interpretiert werden kann[31]. Damit meldet sich auch im monastischen Kontext der von den Reformatoren stark gemachte Verkündigungsaspekt wieder. Wie das Idealschema des Tagesplanes deutlich machte, werden nach Ende der Vigilien mit einer kurzen Unterbrechung die Laudes angehängt.

In der Struktur der monastischen *Laudes* fällt auf, dass nach dem üblichen Eröffnungsversikel *(Deus in adiutorium)* sich in der Psalmenauswahl „kathedraler" Einfluss zeitigt (vgl. das Schema in Kapitel 9.1.)[32]. Die Psalmodie beginnt nämlich mit den generell verwendeten Psalmen 66, 50 und schließt immer mit den Laudate-Psalmen 148–150. Diese Konstanten umschließen zwei numerisch ausgesuchte Psalmen und das Canticum aus dem Alten Testament. Hier liegt also (auch) eine thematische Psalmenauswahl vor, die diese Hore als „kathedralste" qualifiziert[33]. Nach Kurzlesung, Responsorium, Hymnus und Versikel läuft die Hore auf ihren Höhepunkt zu, den Lobgesang des Zacharias, das *Benedictus* (Lk 1,68–79) als *canticum evangelicum*. Man geht nicht fehl, hierin ein Distinktionskriterium der Laudes zu sehen, das auch im reformatorischen Kontext immer wieder begegnet. Wie üblich schließen sich eine Kyrielitanei, das *Pater noster,* eine abschließende Oration, ein Versikel *(Benedicamus Domino)* sowie die Kommemoration der Gottesmutter an und bilden den Abschluss der Hore. Mit der Vesper bilden die Laudes also die Angelpunkte des liturgischen Tages und setzen sich strukturell gegen die kleinen Horen Prim, Terz, Sext und Non ab. Die Komplet spielt eine Sonderrolle, wie noch zu zeigen ist.

Die „kleinen Horen" *Prim, Terz, Sext, Non* und *Komplet* haben im Gegensatz zu den nächtlichen Vigilien und den beiden Angelpunkten des Tages Laudes und Vesper eine vereinfachte Struktur, die sich in einer kurzen Psalmodie, im Fehlen längerer Lesungen und im Verzicht auf ein Canticum aus dem Evangelium

---

[30] Dazu vgl. PUZICHA, Kommentar 247–250.
[31] Vgl. MESSNER, Wortgottesdienst 81–83.
[32] Nach ECCLESIASTICA OFFICIA 26. Vgl. zu den Laudes in der Benediktsregel PUZICHA, Kommentar 259–267.
[33] So die Wertung bei ZERFASS, Zeit 58.

zeitigt (vgl. das Schema in Kapitel 9.1.)[34]. Nach dem Eröffnungsversikel *(Deus in adiutorium)* steht, im Gegensatz zur Vesper, der Hymnus am Anfang. In der Regel folgen drei Psalmen oder Psalmteile mit Antiphon, wobei Sonntag bis Montag jeweils Abschnitte des Psalmes 118 rezitiert werden, ab Dienstag in den Horen Terz, Sext und Non im Wesentlichen die kurzen Gradualpsalmen 119–127 verwendet werden. Die Prim führt ab Montag (mit Lücken) die Psalmen 1–19 auf[35]. Nach der Psalmodie ist eine Kurzlesung (lectio brevis) vorgesehen, die mit einem Versikel (und keinem Responsorium) beantwortet wird. Es findet sich der übliche Horenabschluss mit Kyrielitanei, *Pater noster*, Oration und Versikel *(Benedicamus Domino)*. Zwei Besonderheiten seien noch eigens erwähnt. Im römischen Offizium hat die Komplet durch den Lobgesang des Simeon, das Canticum des *Nunc dimittis* (Lk 2,29–32), eine Angleichung an Laudes und Vesper erfahren, wohingegen die monastische Tradition das *Nunc dimittis* allenfalls nur im Kontext der Karwoche kennt[36]. Nicht unerwähnt bleiben mag die Tatsache, dass die Prim des Sonntags durch die Rezitation des *Quicumque vult salvus esse* geprägt ist, das auf Athanasius zurückgeführte Glaubensbekenntnis, das auch in den evangelischen Morgenhoren Württembergs gelegentlich begegnen wird[37].

Die Struktur der *Vesper* ist analog zu den Laudes als Angelpunkt des liturgischen Tages zu verstehen (vgl. das Schema in Kapitel 9.1.)[38]. Nach dem Eröffnungsversikel *(Deus in adiutorium)* folgen vier Psalmen oder Psalmteile (gegenüber der Fünfzahl des *Cursus romanus*). Die Kurzlesung wird durch ein Responsorium beantwortet, das auf den Hymnus zuläuft, der die Thematik des liturgischen Tages oder der Abendhore zusammenfasst. Nach einem Versikel weist die Vesper (wie die Laudes) als Höhepunkt ein *Canticum evangelicum* auf, nämlich hier den Lobgesang Mariens, das *Magnificat* (Lk 1,46–55). Wiederum folgt der übliche Abschluss der Hore, nämlich Kyrielitanei, *Pater noster*, Oration und Versikel *(Benedicamus Domino)*, woran die Kommemoration der Gottesmutter *(Salve Regina* etc.) anschließt. Bezüglich der Psalmenverteilung sei noch auf Folgendes hingewiesen: Wie Benedikt die Sonntagsvigil mit Psalm 20 beginnen lässt, so die Sonntagsvesper mit Psalm 109 (Vg), „dessen christologische Obertöne bereits im Neuen Testament breit rezipiert wurden"[39]. Beide Male wird dann der Psalter (mit kleineren Ausnahmen) numerisch verwendet.

Die Struktur der einzelnen zisterzienserischen Horen entspricht somit im Wesentlichen derjenigen Ordnung, wie sie Benedikt in seiner Regel vorgesehen

---

[34] Nach Ecclesiastica Officia 26–27. Vgl. zu den kleinen Horen in der Benediktsregel Puzicha, Kommentar 271–278.

[35] So kann die Sonntagsvigil mit dem 20. Psalm eröffnet werden, woran sich die weitere kurrente Psalmenverteilung der Vigilien anschließt. Vgl. Zerfass, Zeit 58.

[36] Vgl. hierzu insgesamt Lumma, Komplet 133–135.

[37] Vgl. dazu umfassend Drecoll, Symbolum.

[38] Nach Ecclesiastica Officia 26–27. Vgl. zur Vesper in der Benediktsregel Puzicha, Kommentar 277–278.

[39] So Zerfass, Zeit 58.

vielen Pfarrbücher der großen Pfarrkirchen berichten über den Chordienst der Pfarrgeistlichkeit mit ihren vielen Vikaren, unter Umständen gebunden an ein Stiftungswesen[49]. Im Großen und Ganzen lässt sich hier die Tendenz beobachten, dass die großen Pfarreien die reiche Liturgie der Stifte nachahmten[50]. Eigene meist marianische Offizien von an der Pfarrei ansässigen Bruderschaften sind zu ergänzen[51]. Grundsätzlich ist es wiederum das Junktim von Kirche und Schule, das eine reiche musikalische Ausgestaltung des Gottesdienstes möglich macht, ein Zustand, der gerade auch das Zeitalter der Konfessionalisierung und die Folgezeit prägt[52]. Dabei gilt, dass eine solche pfarrliche Stundenliturgie, auch wenn sie keine klösterlichen Trägergruppen hatte, dem an Stiften geübten und bereits monastisch überformten *Cursus romanus* verpflichtet blieb. Strukturell glich sie im Wesentlichen den oben vorgestellten Schemata, mit den benannten Unterschieden in der Psalmenverteilung. Stiftskommunitäten und Pfarrgemeinden lag damit paradoxerweise gerade jene Form von Stundenliturgie zugrunde, die bereits Benedikt aufgrund ihres zu hohen Pensums reformiert hatte. Bedingt durch die skizzierten Entwicklungen aber konnte man damals nicht mehr an die Formen täglicher Stundenliturgie der Frühzeit anknüpfen, die sich weniger durch den Pensumsgedanken als vielmehr durch Symbolreichtum auszeichneten und die in der Spätantike gemeindliches Leben in den Bischofsstädten geprägt hatten[53].

Der grobe Überblick über die Entwicklung der Stundenliturgie in der westlich-römischen Tradition brachte im Wesentlichen zwei Differenzierungen, nämlich zunächst die von „monastischer" und „kathedraler" Stundenliturgie, wobei letztere bereits früh monastisch überformt wurde. Motive beider Stränge finden sich jedoch weiterhin im Stundengebet. In Verbindung damit und zum Teil quer dazu steht die zweite Unterscheidung: Die grundsätzlich eher monastisch geprägte Stundenliturgie des Westens bringt zwei Weisen der Psalmenverteilung hervor, eine umfangreichere römische und eine reduzierte monastische. Letzterer waren die großen Abteien benediktinischer oder zisterzienserischer Prägung verpflichtet, und die dort zugrunde liegenden Ordnungen bestimmten die Ausgangssituation der Stundenliturgie am Vorabend der Reformation in Württemberg. Zugleich

---

[49] Vgl. etwa für das Ingolstädter Pfarrbuch BENINI, Feier 45–47; ein Überblick findet sich bei ODENTHAL, Pfarrlicher Gottesdienst 185–190. Zur Quellengattung vgl. etwa FUCHS, Pfarrbücher.

[50] Vgl. für Köln HEGEL, St. Kolumba 219, wo man eigens Chorsänger anstellte, um zumindest Teile des täglichen Offiziums singend vollziehen zu können.

[51] Die wohlhabenden und gebildeten Bevölkerungsschichten des Spätmittelalters vermochten im Kontext der Laienfrömmigkeit, ein meist marianisches Offizium in lateinischer Sprache zu vollziehen, wie die vielen erhaltenen Stundenbücher demonstrieren. Vgl. dazu etwa DESPLENTER, Salterio; OCHSENBEIN, Privatgebetbücher. Zur Situation der Laien im Spätmittelalter vgl. auch BURGER, Zuwendung.

[52] Vgl. dazu etwa zu Esslingen HOLTZ, Schule und Reichsstadt; für die eidgenössischen Städte ZAHND, Chordienst.

[53] Vgl. zu diesen Formen etwa den älteren Beitrag von WINKLER, Kathedralvesper; auch den Überblick bei TAFT, Liturgy 31–213.

wurde die Schlagseite der typisch westlichen Liturgieentwicklung deutlich: Die Stundenliturgie war durch die Dominanz monastischer Prägung zu einer Sache von Fachleuten geworden. Als ein Paradigma dürfte das des Vollzuges eines Pensums im Vordergrund gestanden haben, das sich klösterlicher Meditatio verdankte. Kaum mehr war die Stundenliturgie Sache der Gemeinde, womit der Aspekt der Verkündigung sowie die Betonung ritueller Elemente in den Hintergrund traten. Mit diesen Themen hatten in der besonderen Situation Württembergs auch die dortigen Reformatoren zu tun, vor allem, wenn sie die Stundenliturgie als Verkündigung des Gotteswortes reformieren, sie im schulischen Kontext situieren und dabei die monastische Tradition ihrer ehemaligen Klöster umformen und nutzbar machen wollten.

3. Reformationszeitliche Liturgiereform in Württemberg und die Geschichte der Klosterschulen

Will man die Besonderheiten der Württembergischen Reformation im Hinblick auf die Neuformung des Gottesdienstes wie der Umformung der Klöster adäquat würdigen, ist zunächst der Tatsache Rechnung zu tragen, dass es in Württemberg keinen eigenen Bischofssitz gegeben hat: „Im Herzogtum Württemberg befand sich kein Bischofssitz, so daß sich ein starkes landesherrliches Kirchenregiment ausbilden konnte"[1]. Das bedingt im Hinblick auf die liturgische Ausgangssituation zweierlei. Zum einen war die liturgische Praxis Württembergs im ausgehenden Mittelalter disparat. Zwar gab es die Gemeinsamkeiten des süddeutschen Raumes[2], aber die Vielzahl der in Württemberg vertretenen Diözesen zog die Vielzahl der unterschiedlichen Diözesan- wie Ordensliturgien nach sich, mit Auswirkungen auch für das Stundengebet[3]. Zum anderen erklärt sich, warum sich keine für Württemberg typische liturgische Lokaltraditionen ausbilden konnten. Es fehlte im Grunde eine eigene kirchlich-institutionelle Größe, die eine territoriale Eigenliturgie allererst hätte hervorbringen können. Vielmehr war man von Würzburg, Straßburg, Augsburg, Speyer und vor allem Konstanz geprägt, zu welch letzterem Bistum ja die größten Teile des Herzogtums gehörten[4]. Es war

---

[1] WOLF, Württemberg 1326. – Vgl. grundsätzlich auch den Überblick bei AREND, Kirchenordnungen 16,II, 17–73; vgl. auch EHMER, Alte Christen, ferner den Überblick bei RUDERSDORF, Lutherische Erneuerung; auch SCHLAICH, Neuordnung. Dass hier im Spätmittelalter ausgeprägte Strukturen greifen, zeigt der Abschnitt „Die Klosterreformen: Kulminationsphasen landesherrlichen Einflusses in den Klöstern" bei STIEVERMANN, Landesherrschaft, 261–289, hauptsächlich für das 15. Jahrhundert. Vgl. auch Stievermann, Die württembergischen Klosterreformen. – Zu Württembergs Reformation allgemein vgl. jetzt auch HOLZEM, Christentum 1, 85–89; zu den Klosterschulen ebd. 484.

[2] Vgl. etwa DASCHNER, Die gedruckten Messbücher.

[3] Allein ein Blick in das entsprechende Werk über die seit dem Spätmittelalter entstandenen Druckbreviere von BOHATTA, Bibliographie, zeigt die Vielzahl der für den Raum Württemberg zu bedenkenden Liturgica im Hinblick auf das Stundengebet. Neben den vielfältigen Ordensliturgien, hauptsächlich der Benediktiner (etwa Lorch) und Zisterzienser (etwa Bebenhausen oder Maulbronn), wären Breviere der in Württemberg vertretenen Diözesen Straßburg (ebd. 168, Nr. 1900 und 1901), Speyer (ebd. 259, Nr. 2748–2751), Würzburg (ebd. 206, Nr. 2269–2274), Augsburg (ebd. 170–173, Nr. 1926–1939) und vor allem Konstanz (ebd. 193–194, Nr. 2159a–2165) in Rechnung zu stellen.

[4] Vgl. hier den Überblick bei BRECHT, EHMER, Südwestdeutsche Reformationsgeschichte 25–29. Zu Konstanz und seiner liturgischen Tradition vgl. DANNECKER, Taufe, Firmung und Erstkommunion.

wohl diese disparate Ausgangssituation, die bei der Reformation des Gottesdienstes aufgrund des landesherrlichen Kirchenregimentes zu „überregionalen", also über die Traditionen etwa der einzelnen Klöster hinausgehenden Liturgica für das gesamte Herzogtum führte. Mit diesem Sachverhalt ist zugleich die Bedeutung der Fürsten benannt, die dann auch die gottesdienstlichen Geschicke der Reformationszeit wesentlich prägen. Sie bildeten, aufbauend auf ihre theologischen Berater, in Form der württembergischen Kirchenbehörde auch die eigentliche Instanz, die liturgische Bücher wie insgesamt liturgisches Recht erließ[5]. Denn „von allem Anfang an stellt sich die württembergische Reformation als eine Fürstenreformation, eine Reformation von oben dar", so resümiert Martin Brecht[6]. Dies gilt auch für die Reformation der Klöster und ihrer Liturgie[7].

3.1. Die Klosterordnung von 1535 und ihre Aussagen zum Stundengebet

Am Anfang der Reformation in Württemberg steht vor allem der personelle Austausch altgläubiger Geistlicher, der sich im „Mandat für die geistlichen Patronatsherren, evangelische Geistliche anzustellen" vom 25. Dezember 1534[8] und im „Mandat für das Kloster St. Georgen, evangelische Lektoren und Prediger zuzulassen" vom 28. Januar 1535[9] zeitigte. Bereits im Juli 1535 folgte sodann eine neue Klosterordnung[10]. Sie leitete die schwierige erste Phase der Reformation der Klöster ein[11]. Die Situation war damals insofern pikant, als es nicht nur um die evangelische Umbildung der Konvente ging, sondern ebenso um das Klostervermögen, das Herzog Ulrich zur Begleichung seiner Schulden dringend benötigte[12]. Werner-Ulrich Deetjen hat die archivalischen Bestände um die Kirchenordnung Herzog Ulrichs untersucht, so etwa die Württembergische Kastenordnung von 1536, ging es doch um „eine Konzentration großer Teile des Kirchengutes in den Armenkästen"[13]. Dabei verweist er im Bezug auf die Reformation und Säkularisation der Klöster auf die theologische Begründung dieser Umwandlung: „Dem

---

[5] Vgl. zu dieser speziellen württembergischen Form der Kirchenverfassung BRECHT, Kirchenordnung und Kirchenzucht 9–17.

[6] BRECHT, Reformation zwischen Politik und Bekenntnis 8. Vgl. auch den Überblick bei RÜCKERT, Württembergische Reformationsgeschichte.

[7] Zur anderen Situation bei den Fürstenschulen Sachsens vgl. EHMER, Gegenstück. – Zum Problem der Säkularisation im 16. Jahrhundert vgl. grundsätzlich HECKEL, Problem; KLUETING, Enteignung.

[8] Vgl. den Text bei AREND, Kirchenordnungen 16.II, 74.

[9] Vgl. den Text bei AREND, Kirchenordnungen 16.II, 75.

[10] Vgl. dazu AREND, Kirchenordnungen 16.II, 20–21. – Vgl. zur Neuordnung speziell der Zisterzienserklöster auch die ältere Studie von WALTER, Cistercienserklöster.

[11] Vgl. dazu den Überblick bei BRECHT, EHMER, Südwestdeutsche Reformationsgeschichte 215–222.

[12] Ein kurzer Überblick findet sich bei FAUST, Die Benediktiner 28–29.

[13] Vgl. DEETJEN, Studien 151.

3.1. Die Klosterordnung von 1535

Vorwurf, der Herzog habe es nur auf das Klostergut abgesehen, konnte durch eine Ordnung, die die reformatorische Neugestaltung der Klöster als eine theologische Notwendigkeit und als Pflicht einer christlichen Obrigkeit darstellte, wirksam begegnet werden"[14]. Welche weiteren theologischen Gründe dabei maßgebend waren, zeigen unter anderem die Pensionsbriefe, die die Mönche von Hirsau im Jahre 1535 unterschreiben mussten:

„NN ist in jugendlichem Alter ins Kloster eingetreten, da er es nicht genügend überdacht hat. Hier hat er einem schrecklichen Götzendienst gehuldigt und sein Gewissen vielfach missbraucht. Jetzt aber ist das wahre Wort Gottes heller als in den vergangenen Jahrhunderten aufgeleuchtet. Da er es nun erkannt hat, will er inskünftig sein Leben in den Stand eines wahren Christenmenschen umändern"[15].

Solche Reversformulare für austretende Mönche gab es auch für andere Klöster, etwa für Bebenhausen[16]. Diejenigen, die in ihrer monastischen Existenz verbleiben wollten, unterzeichneten folgenden Brief:

„NN hat noch nicht von Gott die Gnade erhalten, die Wahrheit des Evangeliums zu erkennen. Indessen gewährt ihm der Herzog doch eine Pension in der Hoffnung, daß er sein Leben und seinen Glauben bessere"[17].

Die in kaum nachzuahmendem Selbstbewusstsein vorgetragene, aber mit erstaunlicher Toleranz verbundene Kritik am bisherigen Klosterleben betrifft also auch und vor allem die spezifisch spätmittelalterliche monastische Liturgiepraxis, die als „Götzendienst" gebrandmarkt und als dem Licht des Evangeliums entgegen abgelehnt wird. Wenn – wie eingangs erwähnt – bereits 1540 die Entfernung der Seitenaltäre in Angriff genommen wird, ist die Zielrichtung dieser Kritik offenbar: Es geht um die vielen Einzelmessen der Priestermönche, die – gemäß dem Messesystem von Cluny – zur Ablösung von Bußleistungen und im Kontext mittelalterlicher Gebetsverbrüderungen dem Seelenheil der Stifter dienten und im reformatorischen Kontext als Werkgerechtigkeit gewertet werden mussten. Der Liturgiehistoriker wird freilich auf das ursprünglich dieser Liturgieform zugrunde liegende frühmittelalterliche Paradigma der Stationsliturgie hinweisen, das die Einzelmessen in den großen theologischen Kontext des konventualen gottesdienstlichen Lebens eintrug. Aber dieses Paradigma stand gegen Ausgang des Mittelalters so nicht mehr zur Verfügung und hätte wohl auch wenig in den theologischen Diskursen ausrichten können[18].

---

[14] Deetjen, Studien 213.
[15] Zitiert nach Schmitz, Geschichte des Benediktinerordens 3, 256. Zu Hirsau in den Wirren der Reformation vgl. Rothenhäusler, Abteien 51–67.
[16] Vgl. das Reversformular 1535a.
[17] Zitiert nach Schmitz, Geschichte des Benediktinerordens 3, 256. Vgl. auch das generelle Württembergische Reversformular 1535b.
[18] In der Stationsliturgie ging es darum, eine Vielzahl von Altären als den „heiligen Orten" mit ihren jeweiligen Patrozinien als Sakraltopographie zu institutionalisieren, was im Ganzen eine abbildende Funktion im Hinblick auf die heiligen Orte Roms wie Jerusalems übernahm. Das Heil

Die Klosterordnung von 1535 selbst geht auf den aus Konstanz stammenden ehemaligen Alpirsbacher Benediktinermönch Ambrosius Blarer (1492–1564) zurück, dessen reformatorischer Ansatz oberdeutsch geprägt war[19]. Er vertrat eine radikalere Position als der aus Heilbronn stammende lutherisch geprägte Marburger Theologieprofessor Erhard Schnepf (1495–1558), der seinerseits durch Johannes Brenz (1499–1570) beraten wurde und in Stuttgart großen Einfluss gewann[20]. Für die weitere Fragestellung ist von Bedeutung, dass die beiden die Reformation Württembergs prägenden Theologen unterschiedliche gottesdienstliche Praktiken forcierten. Während Blarer durch seine oberdeutsche Prägung im Raum Tübingen den Predigtgottesdienst durchsetzte, führte die lutherische Prägung Schnepfs im Stuttgarter Raum zu traditionsstärkeren liturgischen Formen, die sich etwa noch in der Hofkirchenordnung von 1560 niederschlagen (siehe Kapitel 6.3.)[21]. Unbeschadet der Federführung Blarers waren wohl beide Theologen an der Endredaktion der Klosterordnung beteiligt, die eventuell beim Treffen des Herzogs Ulrich mit Blarer und Schnepf im Juni 1535 in Stuttgart vollzogen wurde[22].

Die Klosterordnung hat keinerlei Vorlagen[23]. Doch hat Werner-Ulrich Deetjen auf eine an Martin Luthers „De votis monasticis" orientierte Schrift aus dem Be-

---

lag dann quasi „vor Ort", in der jeweiligen Kirche mit ihren vielen Altären. Vgl. HÄUSSLING, Mönchskonvent 186–202. Zum „Messesystem Cluny" vgl. ANGENENDT, Offertorium 286–292.

[19] Vgl. zur Person und seiner reformatorischen Wende GLUECKLER, Menschensatzung.

[20] Vgl. hierzu BRECHT, Kirchenordnung und Kirchenzucht 18–31. – Zur Rolle Brenz' für die Schwäbisch Haller Kirchenordnung vgl. BRECHT, Anfänge reformatorischer Kirchenordnung 498–499 (zur Haller Frühmessordnung von 1526). Vgl. zu Schnepf und Blarer und dem zwischen ihnen liegenden Konflikt BRENDLE, Dynastie, Reich und Reformation 183–185. Dass Blarer anders als Schnepf und Brenz auch in der Bilderfrage eine eher den Schweizer Reformatoren nahestehende Position bezog, zeigt HENRICH, Bilderdekret; LEPPIN, Theologischer Streit 173–181 mit Verweis auf neue Bildwerke mit reformatorischer Bildidee, die Herzog Ulrich anfertigen ließ. – Zur Rolle Brenz' für Tübingen, wo er 1537 bis 1538 Professor für Theologie war, und Schnepfs, der in Tübingen von 1544 bis 1548 einen der theologischen Lehrstühle besetzte, vgl. KÖPF, Fakultät 103–104. Vgl. auch den Überblick bei EHMER, Martin Luther.

[21] Text der „Hofkirchenordnung" vom 2. Januar 1560 bei AREND, Kirchenordnungen 16.II, 426–428. Dort „hatte der lateinische Gesang eine größere Bedeutung, da in diesen Gottesdienst Elemente der Messe aufgenommen wurden. Auch im Gottesdienst der Klosterschulen hatte das Lateinische noch eine Heimstatt, natürlich ebenfalls aus pädagogischen Gründen", so BRECHT, EHMER, Südwestdeutsche Reformationsgeschichte 347. Vgl. für den eher lutherisch geprägten Heilbronner Raum und seine Ausstrahlung bis ins Kraichgau WALDENMAIER, Mischagende. – Im Süden lässt sich der Einfluss von Oekolampad aus Basel ausmachen, der sich seinerseits an Zwingli hält, so die Hinweise bei DRÖMANN, Abendmahl 245.

[22] So AREND, Kirchenordnungen 16.II, 20–21; DEETJEN, Studien 214. Vgl. auch LANG, Geschichte 25–35.

[23] Vgl. AREND, Kirchenordnungen 16.II, 21. – Es wäre eine eigene Untersuchung, in der Struktur der Horen Einflüsse der ungefähr zeitgleich entstehenden Zürcher Prophezei auszumachen, die in ihrer Kargheit der ersten Reform Württembergischer Stundenliturgie nahesteht. Sie verzichtet zwar auf Psalmengesang, hat aber eine ausführliche Bibellesung, wobei für sie ausdrücklich die Zeit gebraucht werden soll, die man bis dahin „zu der prim, tertz und sext gebrucht hat", so der Text bei SCHMIDT-CLAUSING, Zwingli als Liturgiker 142. Vgl. zur Verbindung

3.1. Die Klosterordnung von 1535

stand des Klosters Lorch aufmerksam gemacht[24]. Sie trägt den Titel „Judicium de votis monasticis" und stammt aus dem Jahr der Klosterordnung, also von 1535[25]. Als ihr Autor kann wohl ebenfalls Ambrosius Blarer angenommen werden, der sich als ehemaliger Benediktiner dazu gut eignete. Die Schrift lässt auch die Liturgie nicht unerwähnt. So finden sich im Abschnitt „Alt preuch" folgende Hinweise:

„Sie sollen nichtz gelten alt preuch, dan Christus unser lieber her nit gewonheit, sondern warheit ist (...)"[26].

Also gelten alte Bräuche nichts gegen die christliche Wahrheit und das göttliche Recht. Allein das göttliche Wort selber ist ein fester Grund und nicht von alters her zuerkannte Heiligkeit, weltliche Weisheit und Macht, wie die Mönche einwenden[27]. Das hat dann auch Auswirkungen auf den Gottesdienst und seine theologische Legitimierung, der am Gotteswort maßzunehmen hat und nicht am Menschenwort:

„Von irem gotsdienst und ungegründt fasten, singen, lesen und anderm seind sie ungezweiffelt durch die predigt götlichs worts gnugsam und nach notdurft bericht worden"[28].

Es geht also um das Anliegen eines in der Schrift begründeten Gottesdienstes. Wie wenig grundsätzlich das Problem des Mönchtums indes gehandhabt wurde, zeigt das Beispiel des Klosters Maulbronn mit seinem ersten evangelischen Abt Valentin Vannius (1475–1567): „Hier blieb ganz im Sinne Luthers ein Konvent bestehen", urteilt Hermann Josef Roth[29]. Mit der Einführung der Reformation wurde die Einrichtung einer Klosterschule verbunden, die dann das monastische Erbe antrat[30]. So geschah es etwa auch in Bebenhausen und Blaubeuren[31].

Die Klosterordnung orientiert sich selbstredend am gewohnten monastischen Tagesablauf, so etwa den Zeiten des Chorgebetes[32]. Bei aller Reform des Gottesdienstes, etwa im Hinblick auf die Abschaffung der Einzelmessen, gilt für die Stundenliturgie: „Die Stundengebete wurden nicht abgeschafft, aber reduziert"[33].

---

der Zürcher Prophezei und ihren Einfluss auf Wittenberg BRECHT, Reform des Wittenberger Horengottesdienstes.
[24] Vgl. DEETJEN, Reformation. – Zum Kloster Lorch in der Reformationszeit vgl. ROTHENHÄUSLER, Abteien 107–116.
[25] Zusammenfassend auch DEETJEN, Der Kampf um die Klosterreformation; auch DEETJEN, Studien 231.
[26] Edition des Originaltextes bei DEETJEN, Reformation 95.
[27] Vgl. die Paraphrase bei DEETJEN, Reformation 79.
[28] Edition des Originaltextes bei DEETJEN, Reformation 95.
[29] ROTH, Zisterzienser 85.
[30] Zu Maulbronn vgl. die Darstellung bei EHMER, Vom Kloster zur Klosterschule.
[31] Vgl. zu Bebenhausen während der Reformation ROTHENHÄUSLER, Abteien 8–21; SYDOW, Auflösung 712, bemerkt für Bebenhausen: „Da die Klosterschule in gewisser Beziehung ebenfalls eine klösterliche Tradition aufnahm, standen sich nun zwei Gemeinschaften gegenüber, nämlich der stark zusammengeschrumpfte katholische Konvent und die evangelische Schule".
[32] So DEETJEN, Der Kampf um die Klosterreformation 34.
[33] BRECHT, EHMER, Südwestdeutsche Reformationsgeschichte 219.

Bereits unter der ersten Überschrift: „Von Singen und leßen der Closterleut in gemain" wird darauf hingewiesen, „das des gesangs un eusserlichen gebetts zevil und der gaist darmit gar überschitt worden", dass ferner „allerlay ungegründter, aberglaubiger sachenn von den seelen der abgestorbnen, von verdienst und anrüffen der hailigen miteingemengt sind worden"[34].

Und so schreibt die Klosterordnung vor:

„Erstlich soll furohin nichts bey inen im Chor oder zů tisch gesungen und geleßen werden dann allain hailige, biblische geschrifft und was in der selbigen satten grundt hatt"[35].

Damit ist ein erster reformatorischer Akzent gesetzt, nämlich die Schriftgemäßheit des Betens, die sich bereits bei Luther selbst findet[36].

Im zweiten Abschnitt „Von der morgen yebung" finden sich dann Hinweise für das Morgenoffizium, die zugleich die Kürzung des gewohnten Gebetspensums anzeigen:

„Da söllen sie nůr zwen oder drey psalmen ungefarlich, teutsch oder latein, singen, auff das selbig ain predig hören, oder, wo sie die teglich nit haben möchten, ain lection auß dem alten testament, wie die biecher des selbigen nachainderen geordnet sind, allwegen uffs wenigest zwey Capittel leßen und als dann widerumb mit ainem teutschen psalmen und gebet beschliessen, also das solchs alles in ainer stundt ungevar vollendet werd. Zů acht uren söllen sy ain lection haben, da inen die hailig, göttlich geschrifft ußgelegt werde, sunderlich aber der psalter, den sie als vil gebraucht und doch gar wenig verstanden haben"[37].

Die Struktur der Morgenhore ist, gemessen an der mittelalterlichen monastischen Tradition, gänzlich gekürzt (vgl. das Schema in Kapitel 9.1.). Nach zwei oder drei Psalmen in deutscher oder lateinischer Sprache ist fakultativ eine Predigt möglich, auf alle Fälle aber eine Lesung aus dem Alten Testament, und zwar ein oder zwei Kapitel. Es folgen ein deutscher Psalm und ein Gebet. Eventuell schließt sich noch ein Hymnus an. Beachtenswert ist die mögliche Verwendung der deutschen Sprache ebenso wie die Bahnlesung der biblischen Bücher, denn an beidem lässt sich eine neue Akzentsetzung des Betens festmachen, nämlich eine Vertiefung der Lektüre der Heiligen Schrift, die eventuell als „pädagogische" Note im Sinne

---

[34] KLOSTERORDNUNG 1535, 148v (76 Arend).

[35] KLOSTERORDNUNG 1535, 148v–149r (76 Arend).

[36] Als ein Beispiel sei Luthers Brief vom 19. August 1523 genannt, den er an Propst, Dekan und Kanoniker des Allerheiligenstiftes in Wittenberg gesendet hat: „Tertio matutinae, horae, vesperae completorium maneant, sic tamen, ut de tempore cantentur solum, ac de nullis sanctis, nisi quos e scriptura habemus, et collectae vel cantica, quae sonant sanctorum suffragia, mutentur collectis et canticis de tempore. Loco autem missarum fiat sub matutinis ante ‚Te Deum laudamus' lectio veteris testamenti cum interpretatione et exhortatione, apostolico ritu, 1. Cor. 14. Hanc praestet Praepositus vel qui placuerit. Vespere itidem lectio novi testamenti cum interpretatione fiat, cui serviat Dominus Amsdorfius vel alius, idque pulchrum esset ante ‚Magnificat' fieri loco hymnorum vel post hymnos. Completorium iure nominis et significati sui post coenam statim ante somnum compleri oportebat", in: WA.B 3, 131$^{27-37}$. Vgl. dazu ODENTHAL, Martin Luther 243–244.

[37] Klosterordnung 1535, 149r–149v, (77 Arend).

3.1. Die Klosterordnung von 1535

einer Kenntnis der Heiligen Schrift wie einer Übung der verwendeten Sprachen gewertet werden kann. Statt des Ableistens eines Gebetspensums wird nun ein neues Paradigma des Stundengebetes bemüht, nämlich Gottesdienst als „Lern-Zeiten" der Gemeinde[38]. Deshalb wird das morgendliche Chorgebet um eine „Lektion" zur Auslegung der Schrift, besonders des Psalters, ergänzt. Auffällig bleibt, dass gewohnte Charakteristika morgendlicher Stundenliturgie, wie etwa der Lobgesang des Zacharias, das *Benedictus*, fehlen, was in der „Ordnung für Männerklöster" von 1556 wieder geändert wird[39]. Die mögliche Verwendung eines Hymnus ergibt sich aus den Angaben zur Nachmittagshore und zur Abendhore, die die Klosterordnung sodann beschreibt:

„Zů drey urn nach mittag sôllen sy abermals in die kirchen zůsamen komen, alda mit ainandern ain psalmen oder drey singen, daruff ain lection auß dem newen testament, ain Capittel oder zwei ungeferlich, daruff aber ain teutschen psalmen und mit dem gebett beschliessen. Sie môgen ouch morgens ain christenlichen Imbs brauchen, des gleichen zůr vesper sampt dem teutschen oder lateinischen Magnificat, dann sollchs nach gelegenhait der personen und Zait allwegen angericht soll werden, also das alles mit kurtzin werd vollendet"[40].

Die entsprechende Struktur der Nachmittagshore und der Abendhore ist also folgende (vgl. das Schema in Kapitel 9.1.). Die Psalmodie besteht aus einem oder drei Psalmen, wohl je nach Länge der entsprechend ausgesuchten Psalmen. Auf die Lesung aus dem Neuen Testament folgt wiederum ein deutscher Psalm, was die Wahl der lateinischen Sprache für den ersten Psalmteil nahelegt. Ein Gebet leitet über zum Hymnus („Imbs"), worauf in der Vesper das *Magnificat,* lateinisch oder deutsch gesungen, den Höhepunkt bildet. Beim „Imbs" handelt sich übrigens um eine verdeutschte Form des Wortes „Hymnus" (über „imnus" oder „ympnus" zu „Imbs")[41]. Der Hinweis auf den „christlichen" Hymnus mahnt hier an, nicht diejenigen zu wählen, die aus Heiligenlegenden komponiert sind, sondern die altkirchlich geprägten Hymnen zu nehmen. Ansonsten bietet die zitierte Passage einige Interpretationsschwierigkeiten. Zunächst ist im Gegensatz zur Morgenhore das traditionelle Kennzeichen der Abendhore, das *Magnificat*, eigens erwähnt. Gustav Lang geht von zwei Horen aus, indem er so interpretiert:

---

[38] Wenn ich recht sehe, geht der Begriff der „Lern-Zeiten" auf Frieder Schulz zurück: SCHULZ, Ordnung 18–20. Vgl. dazu insgesamt ODENTHAL, Martin Luther 239–248 (mit Belegen und Literatur). In Kapitel 7.2 wird dies nochmals zu problematisieren sein, und zwar in dem Sinne, dass es beim grundsätzlichen Lehrcharakter evangelischen Gottesdienstes um Verkündigung und Aneignung der Heiligen Schrift gehe. Dorothea Wendebourg sei hier für manchen Diskussionsbeitrag gedankt.

[39] Damit steht die grundsätzliche Frage im Raum, ob die 1535 konzipierte Morgenhore überhaupt an die Laudes (mit *Benedictus*) anknüpfen will und sich nicht vielmehr die Vigilien zum Vorbild nimmt, die nun aber im Hinblick auf die Schulen handhabbar gemacht werden.

[40] Klosterordnung 1535, 150r (77 Arend).

[41] Der von Sabine Arend (vgl. AREND, Kirchenordnungen 16.II, 77) gegebene Hinweis, mit „Imbs" sei ein Imbiss gemeint, beruht demnach auf einem Missverständnis.

„Herzog Ulrich (...) läßt deshalb vorerst in den Klöstern nur noch zwei Horen zu, die etwa der Mette (Laudes) und der Non entsprechen"[42].

Werner-Ulrich Deetjen kommt zu einem anderen Ergebnis, bei dem er insgesamt drei Horen aus der Klosterordnung herausliest, die Morgenhore, die Non und die Vesper:

„Der bisher übliche Nacht- und Frühgottesdienst mit seinen liturgisch reichen Formen fällt ganz weg. Von den sieben Gebetsstunden am Tage, den Horen, werden Prim, Non und Vesper in vereinfachter Form beibehalten. Sieht man davon ab, so ist eigentlich neu nur die Vorschrift zumindest einzelne Psalmen deutsch zu singen, das Halten einer Predigt bei der Morgenübung (Prim) und die genaue Bestimmung über eine wechselnde Lesung aus AT und NT. Der sonstige Ablauf mit mehrfachem Psalmengesang, nach Belieben auch einem ‚christlichen' Hymnus und dem Magnificat, dazwischen Lesung und am Ende Gebet entspricht deutlich dem benediktinischen Schema des Chorgebets, das freilich (...) reduziert und ‚gereinigt' wurde"[43].

Bei einer grundsätzlichen Zustimmung zur These von Deetjen scheint es mir diskussionswürdig, ob man die verbliebene Morgenhore als Nachfahrin der Prim oder nicht doch der – freilich gekürzten – Vigilien ansprechen soll. Die Frage, ob zwei Nachmittagshoren, nämlich Non und Vesper, oder nur eine zu konstruieren sind, da ja keine eigene Vesperordnung mehr gegeben wird, ist meines Erachtens im Sinne Deetjens zu entscheiden: Die Hinweise der Klosterordnung zur Nachmittagshore beschreiben eine Hore um drei Uhr, die aber zugleich die Struktur für die Vesper vorgibt, die sich indes nur durch das Magnificat von der Nachmittagshore unterscheidet, ohne dass die gesamte Vesperstruktur noch einmal eigens genannt würde. Doch wie auch immer, das Ergebnis ist ähnlich wie bei den Reformen der Stundenliturgie im Kontext der Wittenberger Reformation: Es gibt keinen Gottesdienst ohne Wortverkündigung und eventuell Predigt, man kürzt das Gebetspensum, forciert die Verwendung der Landessprache wegen der Verständlichkeit im Gemeindekontext, des Lateins wegen der Gewohnheit und der Sprachübung für die Schüler[44]. In diesem Kontext soll nicht unerwähnt bleiben, dass für Frauenkonvente die Sprachwahl für das Gebet in der Ordnung des Jahres 1535 radikalisiert wurde:

„Mit den frawen Clöstern soll es auch aller massen wie jetz gemelt gehalten werden, dann allain, das alle ding bey inen in teutscher sprach söllen gesungen und geleßn werden. Sie söllen den beschluss und redfenster und winden eroffnen, auch sonderlich in der kirchen, damit man sehe, wie vleissig sie das gotswort besůchen und hören. Sunst mögen wir wol leiden, das man kain gemainen eingang hinein mach, wan darauß etwan, sonnderlich in den frowen Clöstern, vil args leichtlich volgen mag. Fürohin söllen ouch kaine personen in

---

[42] LANG, Geschichte 345.
[43] So DEETJEN, Studien 219–220. – Vgl. auch LANG, Geschichte 29.
[44] Vgl. ODENTHAL, Ordinatio 59–60; 81–83. In diesem Kontext sei auf das Kloster Berge bei Magdeburg verwiesen, wo man eine benediktinische Ordnung reformierte. Vgl. dazu ODENTHAL, Umgestaltung 264–267.

3.1. Die Klosterordnung von 1535

die Clöster auffgenomen werden, desgleichen ouch in die beginen- und Nollhart haußer. Wa ouch jetzund novitzien, die noch nit profession gethon, vorhanden weren, söllen mit zimlicher zerung iren eltern oder frainden unverzogenlich haimgeschickt werden. Dergestalt söllen ouch haimgewißen werden, wa frembd personen auß andern Clöstern ausserhalb unsers furstenthumbs in unsern Clostern erhalten weren worden"[45].

Nicht nur, dass die Klausur der Frauen problematisiert und eine zumindest teilweise Öffnung angeordnet wird: Vor allem sind die Frauenklöster durch das Verbot der Aufnahme von Novizinnen zum Aussterben verurteilt. Augenscheinlich ist die für die (männlichen) Reformatoren kaum zugängliche Binnenwelt der Frauenklöster eine Gefahr, zumindest suspekt, und zwar deshalb, weil sich die Frauen so schnellem Zugriff entziehen. Die benannten Argumentationsfiguren setzen sich im weiteren Verlauf fort. So verbietet wenige Jahre später auch die Klosterordnung des Zisterzienserinnenklosters Rechentshofen von 1539 lateinisches Chorgebet und gibt stattdessen ein deutsches Psalterbüchlein vor:

„Erstlich solen sie, die Closterfrawen, deß lateinischen Gesangß, betenß undt lesenß, auch aller bäpstlichen undt Closter Cerremonien, so nit grundt ihn der schrifft, erlassen unnd damit nit verstrickt sein. Aber uff dem Chor vor undt nach der Predig mögen sie für sich selber reine teusche Psallmen undt gebet mit einer ordnung, wie ihnen deßhalber gegeben werden solle, syngen, leßen undt betten. Zů dem soll ihnen teutsche Bibell, Postill, Cathechismuß, die Appollogi, Augspurgische Confession, Loci comoness mit teutschen Psalter biechlen zůgestelt werden"[46].

Anlässlich ähnlicher Ausführungen in der Ordnung für Frauenklöster 1556 wird der besondere Umgang mit den weiblichen Kommunitäten noch einmal problematisiert werden (siehe Kapitel 3.6.2).

Es wurde schon darauf hingewiesen, dass es in dieser frühen Phase der Württembergischen Reformation auch um Kriegsschulden ging, die mittels Klosterbesitz gedeckt werden konnten[47]. Doch hat eine Gesamtwertung differenziert vorzugehen: „Alle Vorwürfe (…) wies Ulrich daher nicht unberechtigt mit dem Hinweis zurück, daß er seine Kirche wohlversorgt und ihr in allen Bereichen das Notwendige ebenso habe zukommen lassen wie den abgefertigten Klosterinsassen"[48]. Doch bei allen guten Ansätzen zeichnet sich bereits im Herbst 1535 ab, dass die Klosterordnung als ganze scheitert, und damit auch die Reform der Stundenliturgie[49].

---

[45] KLOSTERORDNUNG 1535, 152v (79 Arend). Die Ordnung zeigt, dass das Urteil bei BOETTICHER, Chorfrauen 230, Herzog Ulrich hätte die meisten Frauenklöster rigoros aufgelöst, in der Tendenz zutrifft. Vgl. auch die vielen Details bei ROTHENHÄUSLER, Standhaftigkeit. – Bislang konnte nicht ausgemacht werden, was mit den „Nollhart-Häusern" gemeint ist.
[46] Ordnung Rechentshofen 682–683 (146 Arend). Eine Edition auch bei RÜCKERT, Streit 93. Zum Kloster und dessen Reformation vgl. auch RÜCKERT, Reformation.
[47] Vgl. BRECHT, EHMER, Südwestdeutsche Reformationsgeschichte 216 und 220.
[48] DEETJEN, Studien 235.
[49] Vgl. DEETJEN, Studien 228.

3.2. Die Württembergische Kirchenordnung von 1536 und ihre Hinweise zum Stundengebet

Ein Jahr nach der Klosterordnung folgte die Württembergische Kirchenordnung von 1536, die wie die Klosterordnung während der Regierungszeit des Herzog Ulrich entstanden ist[50]. Den Ausgangspunkt dieser Kirchenordnung bilden wiederum die benannten unterschiedlichen gottesdienstlichen Praktiken, die oberdeutsche Prägung des Ambrosius Blarer im Tübinger Raum mit der Fokussierung des Predigtgottesdienstes auf der einen Seite, die lutherische Prägung des Erhard Schnepf in Stuttgart mit Beibehaltung der Messform und reicher kirchenmusikalischer Tradition auf der anderen Seite. Die Fragen nach der Form des sonntäglichen Hauptgottesdienstes gehen indes mit Fragen nach den dogmatischen Akzentsetzungen im Kontext des Abendmahls Hand in Hand. Dabei gestalteten sich vor allem die Streitigkeiten im Hinblick auf das Abendmahl schwierig, die indes in der Stuttgarter Konkordie vom 2. August 1534 eine Kompromissformel fanden[51]. Doch Differenzen blieben dadurch, dass Blarer sich nicht an die Abendmahlsauffassung der Stuttgarter Konkordie hielt. Im Süden machte sich der Einfluss von Johannes Oekolampad aus Basel geltend, der sich seinerseits an Zwingli orientierte[52]. Es ist bezeichnend für die oberdeutsche Prägung, dass für den Abendmahlsteil der Kirchenordnung von 1536 die Baseler Ordnung von 1526 zum Vorbild wurde[53]. Für alle Gottesdienstformen aber wurde die Frage der liturgischen Sprache thematisiert. Brenz setzte sich wie Luther „wegen der Schüler für eine teilweise Beibehaltung des Lateinischen im Gottesdienst ein und wies den Vorwurf, dies sei ein papistischer Rest, zurück"[54]. Doch konnte er sich 1536 mit dieser Position noch nicht durchsetzen, so dass die Beibehaltung der lateinischen Sprache lediglich ein Postulat einer von Brenz verfassten Vorrede bleibt[55]:

„Es ist ein gmeiner, ungereumbter won bey den einfeltigen, das gar nahe alles, so under dem Bapstumb gebraucht, bapstlich und derohalb uncristlich sey. Hieruff, dieweyl die lateinisch sprach in dem bapstum breuchlich gewesen ist, so wurdt darfur geacht, als ob es ungotlich sey, die lateinisch sprach in der rechten, christenlichen kirchen under dem teutschen volck

---

[50] Zur Entstehung vgl. FIGEL, Predigtgottesdienst 263–280; AREND, Kirchenordnungen 16.II, 25–27; KOLB, Geschichte 1–4; zu den Hintergründen LEPPIN, Theologischer Streit 167–173.

[51] Vgl. dazu BRECHT, Reformation zwischen Politik und Bekenntnis 11; BRENDLE, Dynastie, Reich und Reformation 186–189; LEPPIN, Theologischer Streit 163–166.

[52] So DRÖHMANN, Abendmahl 245. – Zu Oekolampad vgl. WENDEBOURG, Essen 101–138. – Zu Zwinglis Liturgietheologie vgl. etwa SCHMIDT-CLAUSING, Zwingli als Liturgiker.

[53] Vgl. DRÖHMANN, Abendmahl 246.

[54] BRECHT, EHMER, Südwestdeutsche Reformationsgeschichte 225; auch BRECHT, Anfänge reformatorischer Kirchenordnung 500. Zur Liturgieauffassung von Brenz vgl. die ältere Arbeit von GÜNTHER, Brenzens Anschauung vom Gottesdienst 45–54; 84–92; 132–143. Zu Brenz vgl. auch BRECHT, Brenz, zu dessen Kritik an den kanonischen Horen 291–292, die er gleichwohl als „eine Ordnung zum Studium der Heiligen Schrift" (291) charakterisieren kann.

[55] Vgl. dazu AREND, Kirchenordnungen 16.II, 27.

3.2. Die Württembergische Kirchenordnung von 1536

zu gebrauchen. Damit nun in solcher und der gleichen handlung die recht mittel straß getroffen unnd nicht zůvil zur lincken oder zur rechten seytten außgetretten werde, so ist zůvernemen, das, wiewoll vill Irthum und mißbreuch in den Ceremoniis, so bis anher in ubung gewesen, erfunden werden, so seyen doch der merer teyl der selben Ceremonien keins wegs fur den greuwel des bapstumbs zu achten, dan sie zum theyl von Mose, der vor allen bepsten gewesen, entlehnt, zům teyl von den haylgen vettern, vor dem bracht des bapstumbs auffgericht, zum teyl von der Griechischen kirchen in die lateinische eingefůrt worden sein. (...) Aber der greuwel unnd haupt Irthum des bapstumbs hangt daran, das man gelert und gehalten hatt, die sůnd werd gebuest und die gnad gottes erworben von wegen des verdinsts der werck unserer eigen frumckeit. (...) yedoch wan diser irthum von dem lateinischen singen und lesen durch die predig des hailigen evangelions abgesundert wurdt, so kan man woll ein feinen, nutzlichen gebrauch der lateinischen sprach in der kirchen finden. (...) So seyen in der lateinisch sprach nicht allein die gottlich geschrift des alten und neuwen testaments, sonder auch vill andere treffenliche, hochsinnige kůnsten, die nicht allein zů disem zeitlichen leben, sunder auch zů grundtlicher erfarung gottlicher gschrift hoch dinstlich, verfasset, und zu besorgen ist, die lateinisch sprach aller ding auß der kirchen verworffen, es wurde damit ursach geben, sie auch auß den schulen zůverwerffen oder uff das wenigst vil feiner Ingenia von dem studio der lateinischen sprach ab zů schrecken. Hieruff ist fur nůtzlich und gutt angesehen, das dannocht in der kirchen zur anreytzung und ubung der lieben, zarten Jugendt auch ein brauch der lateinischen sprach, furnemlich in denen kirchen, darin schuler oder andere person in der lateinischen sprach erfaren seyen, bleyb und behalten werde"[56].

Es gelingt Brenz aber nicht, in die Kirchenordnung selbst einzugreifen. So findet sich dort die Betonung der deutschen Sprache:

„Wir haben aber für gůt angesehen, das alle solche Ceremonien in unnser teutschen můtter sprach, die wir alle verstehn, gehandlet werden"[57].

Vor diesem Hintergrund bietet die Kirchenordnung eine entsprechende „Ordnung der Vesper an den Sontagen und Festen", die aber im Hinblick auf pfarrliche Verhältnisse im allgemeinen entworfen worden ist, nicht auf die Klöster und Klosterschulen im speziellen:

„An Sontagen unnd Feyrtagen zů Abent soll anfangs ein teutscher Psalm gesungen werden. Darauff ungevarlich ein halbstund der Catechismus, (das ist) der Glaube, das Vatterunser unnd die zehen gebot, erstlich verlesen unnd darnach ye ein stuck nach dem anndern für die kinder und das Jung volck einfeltiglich unnd der jugendt verstentlich außgelegt werden. Zům beschlůs soll ein Teutscher psalm oder sonst ein geistlich lied gesungen werden und die kirch mit dem segen aus Numeri oder vorgeschribne weys durch den diener gesegnet werden"[58].

Bemerkenswert ist wiederum die eher pädagogische Note, die den Gottesdienst im evangelischen Verständnis prägt. Die Struktur der Gebetsstunde am Sonn- und Feiertagabend ist folgende (vgl. das Schema in Kapitel 9.1.). Nach einem

---

[56] VORREDE zur Kirchenordnung 1535, 230r–231r (131–132 Arend).
[57] KIRCHENORDNUNG 1536, Aiiib (103 Arend).
[58] KIRCHENORDNUNG 1536, Ciia (109–110 Arend).

deutschen Psalm folgt eine Katechismuslesung und -auslegung, worauf wiederum ein deutscher Psalm oder ein Lied gesungen wird. Beschlossen wird die Gebetsstunde mit dem Aaronitischen Segen.

Die Kirchenordnung von 1536 ist somit Beleg der Tatsache, dass die Reformation in Württemberg sich in den theologischen Grundlagen hauptsächlich lutherischen Einflusses verdankt, dass sich aber als Grundmodell des Gottesdienstes hauptsächlich oberdeutscher Einfluss zeitigte[59]. Doch betrifft dies vor allem (und keineswegs grundsätzlich) den Abendmahls- und Predigtgottesdienst. Damit wird wiederum eine Fragestellung dieser Untersuchung virulent, welchen Prägungen denn die verbliebene Stundenliturgie zugeordnet werden kann[60].

Die Durchsetzung der mit den beiden Ordnungen eingeleiteten Liturgiereform erwies sich als schwierig[61]. Als Beispiel diene die Problematik, die sich für Herzog Christoph in Mömpelgard auftat[62]. Dort waren vor allem die abgeschafften Feiertage ein Problem, da die Kirchenordnung wieder mehr Feiertage vorsah als die, die man in Mömpelgard überhaupt noch beibehalten hatte[63]. Wichtig war dabei weniger die theologische Argumentation, als vielmehr die Tatsache, ob am Feiertag gearbeitet wurde oder nicht[64]. Andere Streitfragen traten in der Folgezeit hinzu, so etwa die anhand von Maulbronn bereits thematisierte Bilder- und Altarfrage mit den hierzu unterschiedlichen Standpunkten[65]. Die strikte Entfernung der Altäre etwa zeigt auch hier eine andere Gangart als in der Wittenberger Reformation.

3.3. Nach dem Augsburger Interim (1548): Die „Confessio Virtembergica" von 1552

Der Sieg des Kaisers im Schmalkaldischen Krieg 1546/47 führte zum Augsburger Interim im Jahre 1548 und damit zur Restitution mancher der evangelisch gewordenen Klöster an die Altgläubigen[66]. Das Interimsmandat vom 20. Juli 1548 ergab allerdings ein Nebeneinander von katholischer Messe und evangelischem

---

[59] So AREND, Kirchenordnungen 16.II, 26.

[60] Dabei geht es natürlich nicht an, die Stundenliturgie aus dem oberdeutschen Predigtgottesdienst abzuleiten, wie dies die Synopse bei FIGEL, Predigtgottesdienst 276, insinuiert.

[61] Vgl. dazu den Überblick bei BRECHT, EHMER, Südwestdeutsche Reformationsgeschichte 223–228.

[62] Vgl. BRENDLE, Dynastie, Reich und Reformation 288–300.

[63] Vgl. BRENDLE, Dynastie, Reich und Reformation 292.

[64] Vgl. BRENDLE, Dynastie, Reich und Reformation 297.

[65] Vgl. AREND, Kirchenordnungen 16.II, 29–30.

[66] Vgl. den Überblick bei BRECHT, EHMER, Südwestdeutsche Reformationsgeschichte 298–299; LANG, Geschichte 36–41; HAUG-MORITZ, Der Schmalkaldische Krieg. Zum Interim in Mömpelgard vgl. BRENDLE, Dynastie, Reich und Reformation 309–317; HOLZEM, Christentum 1, 45–51.

Gottesdienst[67]. In Maulbronn etwa zeitigten die konfessionspolitischen Wirrnisse folgende Auswirkungen. Während der ersten Reformation hatte der Großteil des Konventes eine Bleibe in Pairis im Elsass gefunden[68]. Im Interim wird das Kloster wieder 1549 in Besitz genommen, indes nur vorläufig[69]. Denn mit dem Passauer Vertrag von 1552 und den Zugeständnissen an die Evangelischen zur freien Religionsausübung ist eine neue politische Konstellation gegeben, die mit dem Herrschaftswechsel in Württemberg zusammenfällt. Nach dem Tod von Herzog Ulrich im Jahre 1550 übernahm nämlich Herzog Christoph das Regiment und führte die Religionspolitik Ulrichs fort, nun unterstützt durch den Berater von Erhard Schnepf, Johannes Brenz, der die weitere Ausarbeitung der Klosterordnung vornahm[70]. Zugleich wurde ihm auch die Verfassung eines eigenen Württembergischen Bekenntnisses aufgetragen, der *Confessio Virtembergica* von 1552, die nachher Teil der Großen Kirchenordnung von 1559 wurde.

Das Württembergische Bekenntnis von 1552 war übrigens das einzige evangelische Bekenntnis, das am 24. Januar 1552 dem Konzil von Trient übergeben wurde[71]. In Artikel 24 (*Von den siben zeiten*) nimmt die *Confessio Virtembergica* auch zur Stundenliturgie Stellung:

Augustinus schreibt, das Ambrosius Bischoff zů Meilandt angericht hab, in der Kirchen Psalmen zů singen, das die leut dardurch in gfärlichen zeiten sich trösten, und einander das creutz gedultiglich zů tragen auffwecken, das das volck (spricht er) von trawrigkeit nicht verschmacht. Solchen gsang, nach dem er in bekannter sprach geschehen, und nutzlich gebraucht ist worden, soll man billich rümen. (…) Das man aber sonderlich Priester bestelt, die horas canonicas zů singen, und singet sie in frembder sprach, so dem gemeinen man unbekannt, und nicht sein Mütter sprach ist, ja auch an etlichen orten, tag unnd nacht on underlaß, da ein rott cantores gleich auff die ander angehet, und thůt dieser Gotsdienst nicht, das wir durch gedult, unnd trost der schrifft, hoffnung haben, wie Paulus sagt, Sonder das du durch den verdienst dises wercks, Gottes zorn versönest, und der leut sünde vor Gott büssest, das ist doch gar wider die meinung, der rechten waren Catholischen Kirchen"[72].

Die *Confessio Virtembergica* rekurriert hier auf die Bekenntnisse des Augustinus, in denen Augustinus über die emotionale Kraft der neuerdings durch Ambrosius in der Mailänder Kirche eingeführten Hymnen und Gesänge berichtet:

„Quantum fleui in hymnis et canticis tuis suaue sonantis ecclesiae tuae uocibus commotus acriter! Voces illae influebant auribus meis et eliquabatur ueritas in cor meum et exaestuabat inde affectus pietatis, et currebant lacrimae, et bene mihi erat cum eis. Non longe coeperat

---

[67] Vgl. AREND, Kirchenordnungen 16.II, 32–33.
[68] Vgl. EHMER, Vom Kloster zur Klosterschule 62–66.
[69] Vgl. den Überblick bei PECHAČEK, Reformation.
[70] Vgl. zum ganzen AREND, Kirchenordnungen 16.II, 39; 48–49.
[71] Vgl. BRECHT, EHMER, Confessio Virtembergica 5 und 10–13. Dazu auch BRECHT, Bau 101–102.
[72] CONFESSIO VIRTEMBERGICA 24 (Brecht, Ehmer 149).

Mediolanensis ecclesia genus hoc consolationis et exhortationis celebrare magno studio fratrum concinentium uocibus et cordibus"[73].

Anlässlich der Verfolgung des Ambrosius durch die der Lehre des Arius anhängenden Königinmutter Justina hält die ganze Gemeinde die Nacht hindurch in der Kirche mit Ambrosius aus und zieht ihre Kraft aus diesen Hymnen:

„Tunc hymni et psalmi ut canerentur secundum morem orientalium partium, ne populus maeroris taedio contabesceret, institutum est: ex illo in hodiernum retentum multis iam ac paene omnibus gregibus tuis et per cetera orbis imitantibus"[74].

Die Erfahrungen des Augustinus lassen sich als Argumente gut im reformatorischen Kontext ummünzen. Augustin zeigt, wie wenig ein Leistungsdenken jener Form des Betens zugrunde liegt, schließlich geht es um frommes Betroffensein. Die Praxis der Alten Kirche kann somit gut als Traditionsargument dienen: Die lutherische Erneuerung der Form der Stundenliturgie stellt das Ursprüngliche, das Kirchenväterideal wieder her. Zugleich wird damit an Zeiten erinnert, in denen die Liturgie in einer allen verständlichen Sprache gefeiert wurde: Was damals das Latein war, ist nun das Deutsche. So mag zwar Latein zur Bildung in Klosterschulen begründbar sein, für die Pfarrgemeinden aber gelten andere Maßstäbe.

Insgesamt resümieren Martin Brecht und Hermann Ehmer die Haltung der *Confessio Virtembergica* zum Stundengebet so: „Für die ‚sieben Zeiten', also das kanonische Stundengebet, wird an sich durchaus Verständnis aufgebracht, als verdienstlicher Gottesdienst von Priestern in dem Volk unverständlicher lateinischer Sprache sind sie ‚doch gar wider die Meinung der rechten, wahren katholischen Kirchen'"[75]. Es zeigt sich hier eine noch eher strikte Haltung, die unter Herzog Ulrich in Bezug auf Klosterschulen aufgrund pädagogischer Ziele wieder moderater wird. Im Jahr 1552 wurden noch zwei Mandate auf den Weg gebracht, eines zur Abschaffung der Messe, das andere gegen die Aufnahme von Novizen in den Klöstern[76]. Damit wurde den alt- wie neugläubigen Konventen der Todesstoß versetzt.

3.4. Die Württembergische Kirchenordnung von 1553

Das Jahr 1553 bringt eine neue Württembergische Kirchenordnung, die auf Johannes Brenz zurückgeht, der indes weite Teile der von Erhard Schnepf verfassten Kirchenordnung von 1536 übernimmt[77]. Bezüglich des Abendmahls

---

[73] AUGUSTINUS, Confessiones 9,6^{23}–7^{3} (Verheijen 141). Vgl. zum Kontext BRACHTENDORF, Musik, etwa 8–9.
[74] AUGUSTINUS, Confessiones 9,7$^{10-14}$ (Verheijen 142).
[75] So BRECHT, EHMER, Confessio Virtembergica 21. – Vgl. auch CONFESSIO VIRTEMBERGICA 24 (Brecht, Ehmer 148–153).
[76] Vgl. zu beiden AREND, Kirchenordnungen 16.II, 40–41.
[77] Dazu AREND, Kirchenordnungen 16.II, 42–44; KOLB, Geschichte 4–5.

3.4. Die Württembergische Kirchenordnung von 1553

behält Brenz die bisherige Ordnung im Wesentlichen bei, bemüht sich aber, sie als lutherisch auszuweisen. Die Ordnung sieht für den Hauptgottesdienst dabei eine Perikopenpredigt statt der Abendmahlspredigt vor[78]. Immer wieder kommen die verschiedenen Vorreden auf die Riten als „äußerlich" oder „Adiaphora" zu sprechen[79]. Regelungen zum Stundengebet finden sich im Abschnitt „Ordnung der gmeinen Kirchen åmptern, beid, am Feyertag und Wercktag":

„Und anfängklich von der Vesper am Sampstag unnd anderen Fest Abendt: Wie es am Abendt zůr Vesper gehalten werden soll, wann auff den volgenden Sontag oder andern Feyertag das heilig Abentmal Christi zůhalten fürgenommen würdt, ist hieoben bei dem Capitel von der Bůß und Absolution verzeichnet. Allein, das neben demselben auch zůvor ein Christlich gsang, unnd under dem der kirchendiener die leut verhöret, ettlich Psalmen von den schůlern gesungen werden sollen. So aber auff dem volgenden tag kein Communion oder Nachtmal Christi gehalten würdt, sollen in den Stetten die Schůler zůr Vesper ettlich lateinisch Psalmen mit einer lateinischen Antiphona singen. Darauff soll der kirchendiener ein Capitel auß der heiligen schrifft des alten und neuwen Testaments sampt iren Summarien dem gegenwürtigen volck ordenlich zů teutsch fürlesen. Nach dem verleßnen Capitel singe man das Teutsch Magnificat oder ein ander Christlich gsang unnd beschliesse es mit einem gemeinen gebet und segen. In den Dörffern aber mag nach gelegenheit derselbigen Kirchen der pfarher zůr vesper anfengklich mit der kirchen ein teutschen psalmen singen, darnach ein Capitel auß dem alten und neuwen testament, wie jetz bemelt, verlesen, und darauff widerumb ein teutsch geistlich Lied oder Psalmen singen und mit einem gmeinen gebett und segen beschliessen"[80].

Die Struktur der Vesper am Samstag- oder Feiertagvorabend sieht folglich so aus (vgl. das Schema in Kapitel 9.1.). Nach einem Gesang, wohl einem deutschen Lied, folgen lateinische Psalmen mit Antiphon, gesungen durch die Schüler in den Städten, während in den Dörfern die deutsche Sprache verwendet wird. Danach findet eine Bibellesung auf Deutsch statt, gefolgt vom *Magnificat* oder einem anderen Gesang, in den Dörfern stattdessen ein Lied oder Psalmen. Beschlossen wird die Hore mit Gebet und Segen.

Bemerkenswert ist erneut der (lehrhafte) Verkündigungsaspekt im Sinne einer Aneignung des Evangeliums im Kontext des Gottesdienstes, was sich etwa auch in der Verbindung von Sakramentendisziplin und Stundengebet zeitigt: Die Samstags- oder Feiertagsvorabendvesper nämlich ist mit Buße und Absolution verbunden. Der Gottesdienst offenbart so seinen soteriologischen Charakter. Die damit verbundene „Verhörung" dient zugleich zur Vorbereitung des sonn- oder feiertäglichen Abendmahls, denn die Teilnahme am Abendmahl ist an die Buße geknüpft, so dass die Anzahl der Kommunikanten in der Regel mit den zu Absolvierenden identisch ist[81]. Auffällig ist auch die Betonung des deutschen Gesanges,

---

[78] Vgl. DRÖHMANN, Abendmahl 248.
[79] So die KIRCHENORDNUNG 1553, Vorrede der Auflage von 1582 (227 Arendt) und Vorrede der Auflage von 1615 (229 Arendt).
[80] Kirchenordnung 1553, 77r–v (268–269 Arend).
[81] Vgl. WIECKOWSKI, Evangelische Beichtstühle (mit mannigfacher Literatur zum Thema

die an der Anwesenheit der des Lateins unkundigen Laien hängt[82]. Denn die Schüler sollen ruhig lateinische Psalmen singen. „Immerhin hat Brenz wenigstens in der Vesper noch einen Rest liturgischer Gesänge untergebracht, auch der Pflege des lateinischen Gesangs, der sonst nur noch als Introitus zugelassen wird, Raum verstattet"[83]. Die Erwähnung „einer lateinischen Antiphona" ist durchaus wörtlich zu nehmen, wie die Untersuchung anlässlich der *Cantica sacra choralia* von 1618 zeigen wird: Eine auf das Evangelium des Sonntags bezogene Antiphon ist dort durchgängig für alle Psalmen der Vesper vorgesehen. Bemerkenswert ist auch die Differenzierung von Städten und Dörfern: Die Verwendung der lateinischen Liturgiesprache bleibt an die Schulen mit Lateinunterricht gebunden, die zudem, wie etwa bei den Hauptkirchen in Hamburg oder Nürnberg, einen Chor oder eine Schola bereitstellen können. Das Schulsystem also hat Einfluss auf die Liturgie und ihre Sprache.

Auf die Ordnung der Samstagsvesper zur Vorbereitung der Kommunion des Sonntags (oder auch eben nicht) folgt die Ordnung der Kommunion selber sowie Regelungen, die die bereits vorher ergangenen Hinweise zum „Nachtmahl" ergänzen[84], nämlich die „Ordnung der Kirchen ämpter am Sontag und andern Feyrtagen".

„So ein Communio vorhanden, soll dieselb laut des hieoben verzeichneten Capitels ‚ordnung des nachtmals unsers Herrn Jhesu Christi', verrichtet werden. So aber kein Communio gehalten würdt, solle in den Städten die schül anfangs ein lateinisch Introit oder die kirch ein teutsch geistlich lied singen, darauff volget die predig und nach der predig soll widerumb ein Psalm oder ein ander geistlich lied gesungen werden ..."[85].

Dieser Abschnitt, wenngleich er nicht die Stundenliturgie thematisiert, wird hier deswegen zitiert, weil er die weitere Verwendung des lateinischen Introitus für den Sonntagsgottesdienst in den Städten vorsieht, auch wenn man nicht dem Messtyp folgte. So erklärt sich nämlich die Beibehaltung des Gregorianischen Introitus in den *Cantica sacra choralia* von 1618, wie noch zu zeigen ist. Bemerkenswert sind die unterschiedlichen Trägergruppen der einzelnen liturgischen Gesänge: Der lateinische Introitus kommt der Schule zu, der Gemeinde das deutsche Kir-

---

sowie einem Katalog der erhaltenen Beichtstühle). Das Luthertum hielt an der strikten Verbindung von Abendmahl und vorausgehender Beichte bei namentlicher Anmeldung nicht zuletzt deshalb fest, weil „damit unter anderen auch die Anzahl der Communicanten jedes mal im voraus berechnet, Brod und wein darnach abgemessen, und in vorkommenden Fällen von dem religiösen Betragen eines Kirchkindes, die erforderliche nähere Auskunft sicher gegeben werden könne", so die Akten einer Kircheninspektion der Pirnaer Stadtkirche St. Marien vom 7. April 1799, abgedruckt ebd. 31.

[82] KIRCHENORDNUNG 1553, 71r–71v (265 Arend).

[83] So GÜNTHER, Brenzens Anschauung vom Gottesdienst 136. – Zur Sprachenfrage vgl. auch RÖSSLER, Kirchengesangbuch 165.

[84] Vorher bereits KIRCHENORDNUNG 1553, 44v–53r (251–255 Arend).

[85] KIRCHENORDNUNG 1553, 78r (269 Arend).

chenlied. Der Gregorianische Choral ist also kein Gemeindegesang, sondern bleibt auf Fachleute angewiesen, hier die Schüler.

Die Württembergische Kirchenordnung von 1553 wird zur maßgeblichen Richtschnur, weshalb sie im Jahre 1559 auch in die Große Kirchenordnung aufgenommen wird.

3.5. Die „Hausordnung zu Alpirsbach" von 1554 sowie die „Statuten für das Zisterzienserkloster Herrenalb" von 1556 und ihre Aussagen zur Stundenliturgie

Nach dem Scheitern des Interims galt es, die Frage nach der Zukunft der Klöster weiter zu bedenken. So war ein Teil der Religionspolitik von Herzog Christoph, eine zweite Reformation der Klöster durchzuführen, die durch die Klosterordnung von 1556 eingeleitet wurde. Ging Herzog Ulrich noch äußerst energisch gegen Klöster und Stifte vor – es ging hier ja auch um Besitzfragen angesichts hoher Kriegs- und Staatsschulden –, so war Herzog Christophs Lösung moderater und nachhaltiger, indem er einen Teil der Klöster in evangelische Klosterschulen umwandelte[86]. Doch konnte er an manche Vorarbeiten und bereits bestehende Strukturen anknüpfen, die dennoch verändert werden sollten.

In Alpirsbach etwa erließ Abt Jakob schon im Jahre 1554, also nach dem Interim, eine eigene Ordnung, als deren Besonderheit Hermann Ehmer herausgestellt hat, dass sie auch einen Unterricht der Konventualen vorsieht – was indes ja alter klösterlicher Tradition entsprach[87]. Im Hinblick auf das Stundengebet ist diese Hausordnung deshalb interessant, weil der Abt darin – zwei Jahre vor den auch in Alpirsbach übernommenen Herrenalber Statuten (siehe unten) – noch den der mittelalterlichen Tradition entspringenden kompletten liturgischen Tagesablauf schildert und als ureigene Aufgabe der Konventualen einfordert:

„Erstlichen. Sovil meine conventuales belanget, erstlichen zu verantwortung der dienst gottes, darum das wir hie sind, so gib Jch diße ordnung, hora quinta sol man mette läuten und dieweil man läut, sond sich die fratres rüsten und mit Lüchten zu Chor gan, wen usgeleit ist soll die angefangen werden, welcher nit bei dem anfang ist, soll emendirt werden, welcher gar außbleibt, sol auch bestraft werden. Und soll sunlicht beten in der kirchen mit andacht, mit guten gantzen worten vollkommnen paussen und langsam vollbracht werden.

Hora sexta soll man die prim sampt den precioso gehalten werden. Nachgrads die Terz.

Hora septima soll man ain lection halten bis zu halben Nünen.

Hora Nona soll man gehn zu Chor da halten die sext sampt dem ampt, darnach die Non. (...)

---

[86] Vgl. BRECHT, Reformation zwischen Politik und Bekenntnis 17.
[87] Vgl. EHMER, Die Klosterschule 1556–1595, 679. – WERNER, Klosterschule, vertritt die These, die erste evangelische Klosterschule sei 1553 in Denkendorf und eventuell auch in Murrhardt eingerichtet worden. – Vgl. zu Alpirsbach auch den Überblick bei SCHREINER, Alpirsbach, 118–119; HARTER, Alpirsbach; HAHN, Reformation.

Hora tertia soll man zu vesper läuten, und die wyl man lüt, soll der so hebdomadarius ist, alle ding führen so zu singen und zu lesen ist, ja eh (?) und man anfacht, Jtem zu allen zeiten der cursus sampt der vigil gesprochen werden, wie von alter her Nisi Jn vestis mediis summis Item des heilgen Crütztag zu herbst zeit soll angefangen werden die Complet uff die Vesper zu halten, soll weren bis uff Jnuocauit und nit langer"[88].

Die der Hausordnung von Alpirsbach zugrunde liegende Tagesstruktur sieht folglich so aus (vgl. das Schema in Kapitel 9.1.): Nach der Matutin („Mette", mit den Vigilien?) um 5 Uhr folgen die Horen der Prim und Terz um 6 Uhr, die also hintereinander (kumuliert) gesungen werden. Eigens neu eingeführt ist eine Lektion wohl der Bibel (anstelle der Vigilien?) um 7 Uhr, gefolgt von Sext, Hochamt und Non um 9 Uhr. Die Vesper wird um 3 Uhr nachmittags gehalten, anschließend findet die Komplet statt, und zwar im Winter. Etwas unscharf bleibt die Nennung der Vigil, die ja nicht im eigentlichen Tagesverlauf genannt ist, falls sie nicht mit der „Mette" zusammen gebetet wurde. Es ist nicht sicher, was genau hier Aussageabsicht der Quelle ist. Wie auch immer, die Tatsache einer noch fast gänzlich erhaltenen mittelalterlichen Ordnung macht verständlich, warum es zu einer Eingabe des Alpirsbacher Pfarrers zwecks Verringerung der Horen für die Schüler kommen konnte[89]. Und zwei Jahre später wird der Alpirsbacher Konvent die auch für Herrenalb geltenden Statuten mit weitaus geringeren Gebetszeiten übernehmen.

Ins Jahr 1556 datieren die *Statuten für das Zisterzienserkloster Herrenalb*, die aus zwei Gründen von besonderem Interesse sind. Zum einen waren sie über Herrenalb hinaus verbreitet. In den Archivalien des Klosters Alpirsbach etwa fand sich eine Textfassung der Herrenalber Statuten, bei der lediglich der Name des Klosters und des Abtes (für Alpirsbach: Jacobus) von gleicher Hand, indes nachträglich, in die dafür freigelassenen Stellen eingetragen worden ist[90]. Zum anderen wird mit dieser Verbreitung verstehbar, dass sie mehr als die nachfolgend beschriebene *Klosterordnung* von 1556 die *Ordnung der Klosterschulen* in der *Großen Kirchenordnung* von 1559 prägen konnte[91]. Das Gebet begründen die Statuten grundsätzlich wie folgt:

„Erstlichs, dieweil Gott umb alle seine gaben, die er allein dem menschenn usser lauter gnaden gibt, gebettenn sein unnd danckhbarkheit ertzaigt habenn will, so sollenn die Conventuales unnd Novitien altag morgens unnd abends das nachvolgenndt christlich gebeth vonn der Oberkhait, auch irrer selbs wegenn, ieben unnd haltenn, welches gebeth inn die Ordnung auch geschribenn solle werdenn.

---

[88] HAUSORDNUNG ALPIRSBACH 1554, ohne Paginierung oder Foliierung.
[89] Siehe weiter unten 3.7.
[90] STATUTEN ALPIRSBACH 1556, HStA Stuttgart, A 470, Bü 8. – Der Schreibvorgang wäre damit wie folgt zu rekonstruieren: Die Stuttgarter Kanzlei fertigte mehrere gleiche Ausführungen dieser Statuten an, in die dann vom selben Schreiber nachträglich der Name des Klosters und seines Abtes eingetragen worden sind. Freundliche Mitteilung von Professor Peter Rückert, Stuttgart.
[91] So AREND, Kirchenordnungen 16.II, 51.

Praecatio:
Te, deum, patrem domini nostri Iesu Christi, invocamus, ut ecclesiam tuam, in toto orbe dispersam et variis periculis afflictam, quam sibi unigenitus filius tuus, dominus noster Iesus Christus sanguine suo acquisivit spiritu sancto tuo, illustrare et propagare pergas et summos gubernatores romani imperii, imperatorem nostrum Carolum et regem Ferdinandum, ac illustrissimum principem nostrum, dominum Christophorum, ducem Wirtempergensem, et reverendum dominum Philippum, abbatem huius monasterii, potenti tua dextra defendas mentes eorum, ad salutaria reipublicae consilia flectas et administrationem eorum, in conservanda publica tranquillitate, et propaganda gloria nominis tui adiuves, studiis quoque nostris ita faveas, ut incremento tuo non solum nostram ipsorum salutem operemur, verum etiam ecclesiae ac reipublicae usui et possumus. Per dominum nostrum Iesum Christum, qui factus victima pro peccatis nostris ac praecium redemptionis nostrae, tecum una cum spiritu sancto tuo vivit et regnat deus benedictus in saecula, Amen.

Es sollenn alle junge Conventuales unnd Novicien täglich die kürchenn mit singenn unnd lesenn, auch die predig unnd dann die Lectiones, wie sollichs alles unnd jedes unnderschidlich inn der Ordnung vor unnd nach mittag assigniert unnd begriffenn ist, mit vleiß christenlich unnd gehorsamlich besuochenn, unnd dieselbigen kheinswegs versomen, lesternn noch schmehen, sonnder bey dem anfang biß zůo Ennd sein unnd pleibenn"[92].

Zum ersten Mal taucht hier jenes Gebet für die Oberen auf, das wenige Jahre später Teil der Großen Kirchenordnung wird. Nur unbestimmt wird das Stundengebet genannt. Grundsätzlich ist es Teil der Ordnung und wird bei Strafe vorgeschrieben, wie es jedoch im Konkreten aussieht, bleibt offen. Wahrscheinlich wollte man damals den Bräuchen und Ordnungen der einzelnen Klöster noch nicht vorgreifen. Erst die folgenden Ordnungen, die Klosterordnung von 1556 und die „Ordnung der Klosterschulen" als Teil der Großen Kirchenordnung von 1559 führten Näheres über Struktur und Beschaffenheit der einzelnen Horen aus.

3.6. Die Klosterordnung von 1556 und ihre Aussagen zur Stundenliturgie

Mit dem evangelischen Schulwesen war auch die Frage des Gottesdienstes in den alten Klosterkirchen verbunden. Nach dem radikalen Einschnitt der Klosterordnung von 1535 und den nachfolgenden Turbulenzen erhielt der Gottesdienst der Klosterschulen in der Klosterordnung von 1556 eine eher konservative Note: Nicht zuletzt aufgrund der konfessionellen Wirrnisse knüpfte man stärker an die traditionellen Vorgaben der klösterlichen Stundenliturgie an, ohne sie freilich unverändert zu lassen. Immo Eberl wertet so: „Die benediktinische Tradition hat sich dadurch natürlich in vielen Einzelheiten besser fortsetzen können als bei einem völligen Neuanfang der Klosterschulen. Die Forschung hat von dieser an der Wiege der evangelischen Kirche in Württemberg stehenden Tradition nur wenig

---

[92] STATUTEN HERRENALB 1556 (317–318 Arend). Es folgen dann Hinweise für Strafen bei Versäumnis der Horen.

Notiz genommen"⁹³. Dabei gilt, dass die klösterliche Tradition „der künftigen evangelischen Pfarrerschaft Württembergs mitgegeben"⁹⁴ wurde. Auch Hermann Ehmer weist auf den konservativen Zug der Klosterordnung hin, der sich unter anderem daran zeige, dass „die noch vorhandenen Mönche in der Regel in den Klöstern blieben, daß nicht daran gedacht war, sie zu vertreiben"⁹⁵. Damit aber ist mit einem Nebeneinander klösterlicher alter Formen und deren Umwandlung in lutherischen Gottesdienst zu rechnen, was im Folgenden noch begegnen wird.

3.6.1 Die „Ordnung für Männerklöster"

Die nach dem Interim erstellte *Klosterordnung von 1556* umfasst eine *Ordnung für Männerklöster* und eine *Ordnung für Frauenklöster*. Insgesamt trägt sie die Handschrift von Johannes Brenz⁹⁶. Die Umformung der alten Klöster in Klosterschulen und Seminare, übrigens vergleichbar mit den sächsischen Fürstenschulen wie etwa in Pforta vor Naumburg⁹⁷, ging Hand in Hand mit der Schaffung eines evangelischen Prälatenstandes, der nun die alten Dignitäre der Klöster und Stifte ablöste. Die Ordnung für Männerklöster vom 9. Januar 1556 hat zum Ziel, dass die Klosterinsassen „in rechtem, warem Gottes dienst erbauen und erhallten" würden⁹⁸. Für die Jungen aber, die die Oberen bislang „mit glübden und Ceremonien wider unnser Confession beschwerten" wird gefordert, „das sie, prelaten, solchs alles künfftiglich abstellen unnd die personen frey steen lassen wölten"⁹⁹. Die Mönchsgelübde sind also eng mit den Zeremonien verbunden, hier der Stundenliturgie als Offizium. Deshalb ist ein eigener Abschnitt der „Ordnung der Gotsdienst und Lectionen in den Clöstern der Prelaten" gewidmet. Darin heißt es:

„Wiewoll es nůn unlaugbar ist, das in das Closter leben, wie es ettlich hundert Jar vor diser Zeit gehalten, allerlay beschwerliche mißbreuch und schedliche ergernus eingangen, unnd hab gleich ein anfang waher es wöll, so ist es doch auß vilen gůten argumenten unnd kuntschafften offenbar, das die versamlung der Closterleut fürnemlich dahin gemaint, das darinn das Studium der hayligen göttlichen schrifft geübt, der recht Gottes dienst gelert und gelernt wůrde, damit die Closter personen nicht allein zů irem aigen besondern

---

⁹³ EBERL, Vom Kloster zur Klosterschule 21.
⁹⁴ EBERL, Vom Kloster zur Klosterschule 25.
⁹⁵ EHMER, Die Klosterschule 1556–1595, 680. Vgl. zur Klosterordnung auch schon MÜLLER, Gottesdienste 8–10.
⁹⁶ So EHMER, Humanismus 123. Vgl. auch die Zusammenfassung bei AREND, Kirchenordnungen 16.II, 48–51. Vgl. auch LANG, Geschichte 41–68, zum Tagesplan nach der Klosterordnung ebd. 341–347. Vgl. hierzu den Überblick bei BRECHT, EHMER, Südwestdeutsche Reformationsgeschichte 325–331; GREINER, Benediktinerabtei 395–400. – Auch GÜNTHER, Brenzens Anschauung vom Gottesdienst.
⁹⁷ Darauf verweist GRUBE, Altwürttembergische Klöster 145.
⁹⁸ ORDNUNG FÜR MÄNNERKLÖSTER 1556, 1r (296 Arend).
⁹⁹ Beide Zitate in der ORDNUNG FÜR MÄNNERKLÖSTER 1556, 2r (297 Arend).

3.6. Die Klosterordnung von 1556 und ihre Aussagen zur Stundenliturgie

hayll, sonder auch zů dem dienst unnd ambtern der gemeinen, christenlichen Kirchen auffertzogen werden möchten"[100].

Der springende Punkt ist das Studium der Heiligen Schrift, dem die Klöster dienen sollen. Dieses in die Alte Kirche zurück projizierte Begründungsmuster ist ein gängiger Topos in der reformatorischen Diskussion. Bereits 1530 heißt es im Abschnitt „Von Klostergelübden" der *Augsburgischen Konfession*:

„Uber das, wer also gefangen und ins Kloster kommen, lernet wenig von Christo. Etwa hätt man Schulen der heiligen Schrift und anderer Kunste, so der christlichen Kirchen dienlich seind, in den Klöstern, daß man aus den Klostern Pfarrer und Bischofe genummen hat. Jetzt aber hat's viel eine andere Gestalt. Dann vor Zeiten kamen sie der Meinung zusammen im Klosterleben, daß man die Schrift lernet. Jetzt geben sie fur, das Klosterleben sein ein solch Wesen, daß man Gotts Gnad und Frombkeit vor Gott damit verdiene, ja es sei ein Stand der Vollkummenheit"[101].

Vor solchem Hintergrund kann dann auch der klösterliche Gottesdienst nicht mehr als Realisierung christlicher Freiheit verstanden werden, sondern wird durch und durch zum *officium*, zur verdienstlichen Pflichterfüllung. Kritik hieran begegnet bereits im XV. Kapitel „Von den menschlichen Satzungen" der *Apologie der Ausgburgischen Konfession*:

„So singen sie die Psalmen in Stiften, nicht daß sie studieren oder ernstlich beten, (denn das mehrer Teil verstünde nicht ein Vers in Psalmen); sondern halten ihre Metten und Vesper als einen gedingten Gottesdienst, der ihnen ihre Rente und Zinse trägt"[102].

Vor diesem Kontext ist die gedankliche Ableitung der Stundenliturgie in der *Ordnung für Männerklöster* interessant:

„Es ist auch auß den alten canonibus zůvernemen, das die horae canonicae, nach dem sie allso außgetailt, das in ainem Jar die gantz hailig schrifft, baide, altz und news testament, dahin bedacht verordnet und gebraucht worden sein, das in dem studio der hayligen schrifft ein ordnung gehallten werde"[103].

Hier wird ein Idealbild des Stundengebetes als kontinuierliche Lektüre der Heiligen Schrift entworfen, zu dem man damals gerne zurückkehren wollte. Gustav Lang schreibt etwa über die Zisterzienser: „Wenn der Konvent nach dem Samstagskompletorium sich zur Ruhe begab, war jede Woche der ganze Psalter mit seinen 150 Psalmen durchgesungen"[104]. Das stimmt zwar idealtypisch, doch sah

---

[100] ORDNUNG FÜR MÄNNERKLÖSTER 1556, 4r (298 Arend). Vgl. auch LANG, Geschichte 52–53.

[101] CA XXVII, BSELK 112^{18}–113^7.

[102] AC XV, BSELK 305^{9-14}. – Im XXVII. Kapitel „Von den Klostergelübden" der Apologie findet sich zudem noch folgender Gedanke: „Anfänglich sein die Klöster nicht solche Kerker oder ewige Gefängnis gewesen, sondern Schulen, darinne man die Jugend und andere in der heiligen Schrift hat aufgezogen. Nu ist solch edel Gold zu Kot worden und der Wein Wasser worden" (AC XXVII, BSELK 378^{38}–379^3).

[103] ORDNUNG FÜR MÄNNERKLÖSTER 1556, 4v (299 Arend).

[104] LANG, Geschichte 342.

die liturgische Realität am ausgehenden Mittelalter mit an Sicherheit grenzender Wahrscheinlichkeit anders aus, denn durch die Heiligenfeste und ihre Commune-Offizien mit den kürzeren Psalmen als im Wochenschema wurde die im Psalterium vorgenommene Verteilung der Psalmen auf eine Woche empfindlich gestört[105]. Dies hatte zur Folge, dass zum Beispiel nicht damit gerechnet werden kann, Martin Luther habe während seiner Klosterzeit wirklich alle Psalmen in der Liturgie oder dem privaten Breviergebet verwendet[106]. – Wie aber auch immer: Das Ideal des Klosters als Ort des Studiums und der Meditation der Heiligen Schrift bietet eine legitime theologische Grundlage der Beibehaltung bzw. Umformung mancher monastischer Strukturen. Zu diesem in die Alte Kirche zurück verlagerten Idealbild möchte man zurück, vor allem im Hinblick auf die Ausbildung der künftigen Pfarrergeneration. So ist im Abschnitt „Von dem Gottsdienst und Lectionen" der Hinweis zu verstehen, das Psalterium solle nicht nur etliche Male im Jahr, sondern täglich Anwendung finden. Um dies einzulösen, bedarf es natürlich eines größeren gottesdienstlichen Rahmens als noch in der Klosterordnung von 1535, oder, im Klartext, mehr Horen oder mehr Psalmen pro Hore. Vielleicht lässt sich damit auch die konservative Tendenz der Ordnung von 1556 erklären. Sie ist freilich zudem dem Einfluss von Johannes Brenz geschuldet, auch im Hinblick auf eine pädagogische Dimension im Kontext des Lateinunterrichtes[107]. Das folgende Zitat aus der *Ordnung für Männerklöster*, bei dem in Klammern die einzelnen Horen ergänzend bereits ausgewiesen sind, zeigt, in welchem Maße im Gegensatz zur Klosterordnung von 1535 die Zahl der Horen wieder vermehrt und ihre Struktur deutlich traditioneller gehalten worden ist.

„Der Gottes dienst in den Clöstern soll nicht dahin, wie oben vermeldet, vermaint unnd gericht sein, alls were Gott unnd der kirchen gnug geschehen, so in den Clöstern die gesang unnd gebett ordentlich verricht würden, sonnder das alle hanndlung zůr Leer der hayligen, göttlichen schrifft unnd darauß zů rechter Gots forcht, christenlichen tugenden und Zůcht verordnet unnd gezogen werdenn sollen. Hierauff soll volgende ordnung in den kirchendiensten und lectionen gehalten werden:

Nach dem das psalterium Davidis ein kurze summa und Innhalt der gantzen hayligen schrifft ist, so soll dasselb psalterium neben den andern büechern der hayligen schrifft von den Closterleutten nicht schlecht und allein ettlich tag im Jar, sonder teglich mit allem fleiß geüebt unnd nach der allten preuchlichen latinischen translation gelesen oder gesungen werden".

(Laudes:)

„Nemlich ann einem jetlichen werckttag alle morgen, zů sommer Zeit umb vier, zů winter Zeit umb fünff urn, oder wie sich eins jeden Closters gelegenheit nach der prelat sambt unser zůgeordneten vergleichen werden, soll man in dem Chor drei psalmos mit den gewonlichen christenlichen antiphonen de tempore von anfang des psalters nach seiner

---

[105] Zum Problem vgl. HÄUSSLING, Luther 232–233.
[106] Vgl. dazu im Rekurs auf HÄUSSLING, Luther, ODENTHAL, Martin Luther 225.
[107] Vgl. LANG, Geschichte 346.

ordnung singen, und darauf ein gantz Capittell auß dem alten testament, auch von anfanng der Bibel nach seiner ordnung verlesen und dasselb mit dem cantico Zachariae, auch gewonlichen christenlichen antiphonen de tempore beschliessen. Es soll aber im lesen deß Capittels uß der Bibell die ordnung gehallten werden, das ein jetlicher Conventual oder Studiosus, einer nach dem andern, ain gantz Capittell laut, langsam und verstentlich lese, das der lector hiemit vor der gemein ordenlich zůreden gewonet unnd die andern auß dem zůhören ein nutz empfahen mögen"

(Prim:)

„Umb siben urn im sommer unnd umb acht urn im wintter sollen in dem Chor drey psalmen oder, so ain psalm lang were, nůr einer oder zwey so gleich auf die vorgemelte volgen, mit iren gewonlichen antiphonen gesungen und darauf ain gantz Capittel auß dem alten testament, so auch gleich auf das vorig volgt, gelesen unnd mit dem Simbol Athanasii: Quicunque vult salvus esse, auch gewonlichen antiphonen unnd orationen beschlossen werden".

(Sext:)

„Umb zwelff urn nach mittag sollen in dem Chor abermaln zwen oder drey psalmen, nach dem sie lanng oder kurtz sein, die nechsten auf die vorige psalmen gesungen und ein gantz Capittel auß dem newen testament, ann dem Evangelista Matheo anzefahen, gelesen und mit einer antiphonen unnd oration beschlossen werden"

(Vesper:)

„Umb vier urn soll man in dem Chor ein oder zwen die nechste volgende psalmen mit einer antiphonen unnd darauf das mit dem cantico Mariae Magnificat und gewonlichen antiphonen unnd oration beschliessen, unnd nachdem sich dises gsanng ungefarlich auf ain halbe stund lauffen würdt, soll der preceptor Theologiae die ander halb stund ein bůch uß der Bibel, wie es durch den Prelaten unnd unnsere verordneten bestimbt, interpretieren".

(Komplet:)

„Nach dem Nachtessen soll alls bald ein psalm oder zwen sambt dem cantico Simeonis: Nunc dimittis unnd einer precation de tempore gesungen werden"[108].

Die Tagesstruktur der „Ordnung für Männerklöster" besteht somit aus den Laudes (um 4/5 Uhr), der Prim (um 7/8 Uhr), der Sext (um 12 Uhr), der Vesper (um 4 Uhr) sowie der Komplet (nach dem Abendessen). Die Zahl der Horen ist also wieder vermehrt, nicht zuletzt um des Psalters willen, der sich als „summa" der Heiligen Schrift größter Wertschätzung erfreut. Damit folgte man Martin Luther, der diesen Grundsatz in der Rede vom Psalter als „kleiner Biblia" umgesetzt hat – und dabei selbst Athanasius rezipiert, der in der *Epistola ad Marcellinum* diesen Gedanken grundlegt[109].

---

[108] ORDNUNG FÜR MÄNNERKLÖSTER 1556, 6r–7v (300–301 Arend).

[109] „At liber Psalmorum, omnium reliquorum fructus quasi insitos in se continens ...", in: ATHANASIUS, Epistola ad Marcellinum 2 (PG XXVII, 11C). Vgl zum ganzen TETZ, Psalterverständnis, bes. 56; auch BADER, Psalterium 112–138.

Die erste morgendliche Hore besteht aus drei Psalmen mit Antiphonen de tempore, die lateinisch gesungen werden. Es folgt die Lesung eines Kapitels aus dem Alten Testament. Durch das *Benedictus* mit einer Antiphon *de tempore* ist diese Hore als Nachfahrin der Laudes ausgewiesen, wobei deren ausgebauter Lektionsteil eventuell als Überbleibsel der alten Vigilien anzusprechen ist (vgl. für diese und die folgend beschriebenen Horen die Schemata in Kapitel 9.1.).

Die zweite Morgenhore nimmt die Rolle der alten Prim ein, die im klösterlichen Kontext den Arbeitseinsatz markierte[110]. Sie besteht aus einem bis drei Psalmen samt den zugehörenden Antiphonen, einer Lesung eines Kapitels aus dem Alten Testament. Deutlich als Prim ausgewiesen wird die Hore durch das Symbolum Athanasianum *Quicumque vult*, das im monastischen Kontext der Sonntagsprim vorbehalten war. Eine Antiphon und eine Oration schließen die Gebetszeit ab.

Von den drei anderen kleinen Horen ist nur die mittlere als Nachfahrin der Sext übriggeblieben. Sie besteht aus zwei bis drei Psalmen, einem Kapitel aus dem Neuen Testament (einschließlich der Evangelien) und wird durch eine Antiphon und Oration beschlossen. Strukturell neu ist, dass als Lesung das Neue Testament einschließlich der Evangelien dient. Die Evangelien waren in der monastischen Stundenliturgie lediglich der Sonntagsvigil vorbehalten, hatten aber ihren festen Platz als Perikopen in der täglichen Messe. Da diese nun abgeschafft ist, bedarf es einer anderen Leseordnung, um die wertvollen Schrifttexte in der Liturgie präsent zu halten. Zudem waren die Evangelien natürlich täglich in den großen Horen durch die „Cantica evangelica" des *Benedictus*, *Magnificat* und (eventuell) *Nunc dimittis* vertreten, was hier beibehalten wird. Es scheint so zu sein, dass bei der Mittagshore das gesamte Neue Testament gelesen werden kann, nicht nur die Evangelien. Das Prinzip der „lectio continua" würde dann stringent durchgehalten.

Die Vesper besteht aus einem bis zwei Psalmen, gefolgt vom *Magnificat* mit einer entsprechenden Antiphon. An die Oration wird eine Schriftauslegung angeschlossen. Diese Schriftauslegung, die selbstredend mit einer Verlesung des Bibeltextes verbunden ist, bildet die eigentliche Neuerung der Hore. Ihretwegen kann auf eine eigene Schriftlesung vor dem Magnificat verzichtet werden.

Das Schema der Komplet sieht nach einem oder zwei Psalmen einen täglichen Gesang des *Nunc dimittis* vor, während die monastische Tradition dieses Canticum entgegen der weltgeistlichen Breviere nur im Kontext der Karwoche vorsah. Hier scheint sich also die normale mittelalterliche Brevierpraxis gegenüber dem monastischen Kontext durchgesetzt zu haben. Beschlossen wird die Hore mit einem Gebet, und zwar „de tempore". Dieser Zusatz macht deutlich, dass das Kirchenjahr („Proprium de tempore") und nicht das Heiligenjahr („Proprium de Sanctis") prägend ist. Damit besteht kein Zweifel daran, dass ein marianischer

---

[110] Zur schwierigen Frage der Prim vgl. immer noch FROGER, Les origines de Prime.

3.6. Die Klosterordnung von 1556 und ihre Aussagen zur Stundenliturgie

Gesang wie das „Salve Regina" oder ein Suffragium anderer Heiligenfeste nicht mehr vorgesehen war[111].

Die Sonntagsordnung ist im Prinzip die gleiche wie werktags, nur mit zusätzlicher Predigt und „meß oder Communion" nach der Weisung der Kirchenordnung von 1553, bei der „am ersten das Introit und andere gewonliche gesang de tempore" zu singen sind, und zwar unter weitgehender Beibehaltung der lateinischen Sprache[112].

Vergleicht man die Ordnung für Männerklöster von 1556 mit der Klosterordnung von 1535, so fällt auf, dass 1535 im Grunde nur zwei oder – nach der hier vertretenen Interpretation – drei Horen übriggeblieben waren[113]. 1556 sind es wieder fünf Horen, denn die „Verurteilung und Ablehnung des katholischen Kults, die im Jahr 1535 einen so breiten Raum einnehmen, treten im Jahr 1556 in den Hintergrund"[114]. Stellt man sich den Klosteralltag vor Augen, war ja 1556 damit zu rechnen, dass neben evangelischen Schülern und Novizen noch ehemals katholische Konventualen zugegen waren. Maulbronn etwa war zugleich Klosterschule *und* evangelisches Kloster[115]. Dem war Rechnung zu tragen. Zumindest in Blaubeuren gab es neben den Schülern und Kirchenbeamten des neuen Kirchensystems sogar noch altgläubige Mönche[116]. Dies zog zeitweise ein doppeltes Chorgebet nach sich. Die Stundenliturgie nach der Klosterordnung war das eine. Das andere waren die altgläubigen Mönche: „Zur Kirchzeit der Schüler halten sie ihr besonderes Gebet hinter verschlossenen Türen im Siechenstüblein. Man höre sie nur murmeln *und uff minchisch prommen*. Nach dem Nachtessen halten sie im Kapitelhaus ihre Gesänge, nach einer Notiz des Pfarrers Lukas Osiander schreien sie dabei laut, *er wisse nit obs de tempore oder de sanctis seie*"[117]. Denn in Blaubeuren waren noch bei der Visitation am 12. Oktober 1561 der Abt und fünf Konventualen katholisch[118]. Der Hinweis auf das Beten *de tempore* oder *de Sanctis* ist deshalb interessant, weil sich daran wie oben beschrieben die Psalmenauswahl

---

[111] Noch nicht einmal das christologisierte *Salve Regina*, das *Salve Iesu Christe*, wurde gesungen. Vgl. zum Problem FERENCZI, Salve regina; grundlegend FRANDSEN, Salve Regina; FERENCZI, Conditor alme siderum; ERBACHER, Martin Luther; als ältere Darstellung FALK, Gegner; VAN HULST, Antiphona. – Grundsätzlich zur Heiligenverehrung vgl. KÖPF, Protestantismus und Heiligenverehrung.

[112] Zitate aus: ORDNUNG FÜR MÄNNERKLÖSTER 1556, 8r (301 Arend). Arend transkribiert, die Gesänge seien zu vollziehen „bis auf das patrem inclusive" (ebd.) und erklärt, mit dem „patrem" sei das Nizänische Glaubensbekenntnis gemeint. So wird es auch referiert bei LANG, Geschichte 344.

[113] LANG, Geschichte 345, spricht von zwei Horen, nämlich der Mette (Laudes) und der Non, hat aber die Vesper übersehen. Vgl. dazu oben Kapitel 3.1.

[114] LANG, Geschichte 345.

[115] So EHMER, Vom Kloster zur Klosterschule 68–69.

[116] Zur konflikthaften Einführung der Reformation in Blaubeuren vgl. BRECHT, Kloster Blaubeuren (mit der Edition eines Inventars von 1545 und des Silberinventars 1534).

[117] So EHMER, Blaubeuren und die Reformation 285. Auch schon LANG, Geschichte 62 (mit Verweis auf das Archiv Ludwigsburg).

[118] So LANG, Geschichte 366.

und die konfessionelle Prägung manifestiert: *De Sanctis* bedeutet, die Psalmen nach der Auswahl der Commune-Texte der Heiligen zu singen, *de tempore* aber setzt alle 150 Psalmen pro Woche in Kraft. Grundsätzlich kann der Wertung von Gustav Lang in Bezug auf einen Vergleich der Klosterordnung Herzog Ulrichs und der Herzog Christophs zugestimmt werden: „Über konfessionelle Streitfragen wird nicht nur schonend geschwiegen, sondern die neue Klosterordnung läßt sogar mehr das Gemeinsame als das Trennende hervortreten: Dies geschah wohl absichtlich; galt es doch, nicht nur den katholischen Äbten und Pröpsten und den noch verbliebenen alten Konventualen, sondern auch dem Kaiser die Reformation der Klöster annehmbar zu machen und Entgegenkommen zu zeigen"[119].

3.6.2 Die „Ordnung für Frauenklöster"

Zunächst sei darauf hingewiesen, dass die Liturgiewissenschaft erst allmählich versucht, eine gendersensible Geschichte des Gottesdienstes zu entwickeln. Dabei sollen Theologie und Geschichte des Gottesdienstes nicht lediglich aus dem Blickwinkel einer eher männlich geprägten Hierarchie erzählt, sondern auch aus einer weiblichen Perspektive bewertet werden[120]. Dabei gilt es, Phänomene weiblicher Spiritualitäten und ihre Symbolisierung im Gottesdienst wahr- und ernst zu nehmen. Dies ist an dieser Stelle zu bemerken, an der der Blick auf die Württembergischen Frauenkonvente und ihr Schicksal im Kontext der Württembergischen Reformation zu lenken ist[121]. Es geht also um eine doppelte Perspektive, nämlich zum einen um die der Reformatoren auf weibliche Kommunitäten, zum anderen um die Perspektive der Frauenkonvente auf die von außen (und eventuell auch von innen) kommenden Forderungen nach Einführung der Reformation. Diese Spur ist nun zu verfolgen, wobei die Ergebnisse insofern vorläufig bleiben, als sie aus dem vorgestellten Quellenbefund mühsam rückerschlossen werden müssen. Dabei kann an die bereits erwähnten Beobachtungen in der Kirchenordnung von 1535 und in der Klosterordnung des Zisterzienserinnenklosters Rechentshofen von 1539 angeknüpft werden[122]. Hier ist vor allem das Verbot der lateinischen Liturgiesprache wieder aufzugreifen, das die Gestalt des Gottesdienstes massiv betrifft. Die Ordnung für Frauenklöster 1556 liefert den Kontext dieses Verbots, indem sie zunächst mit dem Grundsatzurteil beginnt, die Frauenklöster seien

„der kirchen gemeinem nutz nit fürstendig gewesen noch zů verstand derselbigen darinn schůlen angericht mögen werden, dann nach der leer Pauli sollen die weiber unnder der

---

[119] LANG, Geschichte 345.
[120] Vgl. BERGER, Gender Differences; BERGER, Liturgiegeschichte und Gendergeschichte.
[121] Vgl. zum Thema grundsätzlich etwa den Sammelband CONRAD, Frauen, auch ZINSMEYER, Klosterordnungen.
[122] Zu den Anfängen der Zisterzienserinnenklöster und ihrer Bauten in Schwaben vgl. RÜCKERT, Anfänge.

3.6. Die Klosterordnung von 1556 und ihre Aussagen zur Stundenliturgie 49

gemein schweigenn unnd inen nit zůgelassen werden, das sie reden, sonnder unnderthon sein"[123].

Die Frage ist also die nach der Rolle der Frauenklöster im Kontext der Württembergischen Bildungslandschaft. Das Pauluswort „Mulieres in ecclesiis taceant" (1 Cor 14,34 Vg) dient als biblische Grundlage für das Urteil, dass die Frauenkonvente keinen Schuldienst wahrnehmen könnten. Es geht ja immerhin um die Ausbildung der künftigen Württembergischen Pfarrerschaft, wofür die in ihrem Nutzen fraglichen weiblichen Kommunitäten aus Sicht der Reformatoren nicht taugen. Die Kritik bezieht sich sodann auf die strengen Klausurvorschriften der „eingesperten weiber", was mit Zwang und Gelübden einhergeht, die „mererteils der christenlichen freyhait und Natůr zůwider" sind. Die „plödenn weibs personen", also die schwachen Frauen, die wenig später erneut als „von natůr zůvor plede, forchtsame und versperte weiber" bezeichnet werden, sollen aus diesen Stricken befreit werden, was die Ordnung nun veranlasst[124]. Die Perspektive der Reformatoren ist dabei die einer christlich begründeten Befreiung aus menschlichen Satzungen. Die Konsequenzen aber reichen bis in den Kern und die Identität konventualen wie individuellen klösterlichen Lebens hinein: Aus dem Konvent der Dominikanerinnen in Steinheim wird – um ein Beispiel zu bemühen – nicht nur über massive Änderungen in der Kirche berichtet (Entfernen des Sakramentshauses, der Bilder, der Kerzen, der Gebetbücher und den mit den Objekten verbundenen Frömmigkeitsformen), sondern es geht dort auch um einen Eingriff in die Gepflogenheiten und Identitätsmerkmale klösterlicher Existenz überhaupt, wenn nicht nur die Klausur aufgehoben wird, sondern auch das Schweigen bei Tisch beendet wird[125]. Die Perspektive der Klosterfrauen wird demnach eine andere als die der Reformatoren sein: Mit der „Befreiung" fallen auch geistliche Schutzräume wie Klausur und Stillschweigen. Vielleicht kann aus der Kollision dieser unterschiedlichen Perspektiven auch jener massive Widerstand erklärt werden, den gerade die Frauenkonvente Württembergs der Reformation entgegensetzten.

Von der *Ordnung für Frauenklöster* bleiben ausdrücklich die Klöster Lichtenstern und Rechentshofen (siehe oben) ausgenommen, da sie bereits „nutzlich angericht" sind[126]. Ein besonderes Augenmerk sei nun auf die Theologie des Gottesdienstes geworfen, die auch *ex negativo* entwickelt wird, indem die abzuschaffenden Missbräuche beschrieben werden:

---

[123] ORDNUNG FÜR FRAUENKLÖSTER 1556, 55r (304 Arend).
[124] Alle Zitate in der ORDNUNG FÜR FRAUENKLÖSTER 1556, 55r und 56v (304 und 305 Arend). Zu „plöd" im Sinne von schwach vgl. LEXERS, Taschenwörterbuch 23.
[125] Vgl. zum Dominikanerinnenkloster Steinheim ROTHENHÄUSLER, Standhaftigkeit 5–17, hier 14–15.
[126] ORDNUNG FÜR FRAUENKLÖSTER 1556, 55v (304 Arend).

3. Reformationszeitliche Liturgiereform in Württemberg

„Unnd namlich, nachdem uns die hailig schrifft durch die propheten und apostel klärlich anzaigt, das Gott kain gefallen hab inn eusserlichen Gotsdiensten, außer menschlicher aigen erdichtem won und satzung angericht, noch an betten, singen, lesen inn unbekhanter sprach, fasten, klaydung, glipten und andern dergleichenn eusserlichen, menschlichen Ceremonien, sonder das der recht Gotzdienst bestande inn rechter forcht Gottes, glauben, vertrawen, Erkhantnus seins worts, liebe gegen dem nechsten etc."[127].

Es ist bemerkenswert und charakteristisch, dass der Gottesdienst der Klosterfrauen aus Sicht der Reformatoren als rein äußerlich abgeurteilt wird[128]. Die biblischen Belegstellen dürften etwa bei Paulus zu finden sein, der den Aufbau der Gemeinde als Ziel prophetischen Redens in nötiger Ordnung angibt (1 Kor 14) oder zum vernunftgemäßen, geistigen Gottesdienst mahnt (Röm 12,1). Ein solcher Gottesdienst aber ist:

„Got erkennen, Got glauben und vertrawen, uff Gott hoffen, Gott inn allem anrüeffen, Gottes namen ern und preisen, mit gedult und gehorsam allen unfall aufnemen und gotes Hilff erwarten, dem nechsten allen gepürlichen dienst außer rechter, christenlicher lieb beweisen"[129].

Ein solcher Gottesdienst wird dadurch eingerichtet, dass den

„pleeden, forchtsamen, eingeschloßnen und züvor mit Gottes wort unberichten weibern (…) alle Sontag und Feirtag ain predig und dann inn der wochen auch ain predig vor inen im Closter züthůn (…) und soll alle sontag das sontäglich Evangelium und dann zů andern festen die historien darvon zů predigen" sei[130].

Aus der Perspektive der Reformatoren also eignet dem konventualen Gottesdienst ein wesentlicher Strukturfehler, nämlich der nicht zuletzt aufgrund der Klausurbedingungen fehlende Verkündigungsaspekt im Hinblick auf die Gemeinde. Das aus der Perspektive der Frauen maßgebliche Paradigma, in einem sich in besonderer Weise als mystisch erweisenden Gottesdienst stellvertretendes Beten für die Kirche zu vollziehen, mag dagegen kaum ankommen. Das typisch lutherische Prinzip der Schriftverkündigung und -auslegung ist hier bestimmend, entlanggehend an den Sonntagsevangelien der alten Leseordnung (siehe dazu unten 4.1.2). Dieses Prinzip im Sinne einer Schriftlesung prägt auch die neu zu schaffende Gestalt der einzelnen Horen, wie noch zu zeigen ist. Grundsätzlich schärft die *Ordnung für Frauenklöster* wiederum ein, im Gegensatz zu den Männerklöstern sei die lateinische Liturgiesprache abzuschaffen:

„Erstlichs sollen sie furthin bey inen im Chor oder zů Tüsch nichtz latinisch singen noch lesen, sonder allain, was ußer der hailigen biblischen, prophetischen und apostolischen

---

[127] ORDNUNG FÜR FRAUENKLÖSTER 1556, 55v–56r (305 Arend).
[128] Vgl. hier, nun allerdings im Hinblick auf männliche Spiritualität, aber doch ein grundlegendes spätmittelalterliches Phänomen aufzeigend, ANGENENDT, Heinrich Seuse, dessen mystische Erfahrungen im Bezug zum Offizium stehen.
[129] ORDNUNG FÜR FRAUENKLÖSTER 1556, 58v (306 Arend).
[130] ORDNUNG FÜR FRAUENKLÖSTER 1556, 58v–59r (306 Arend).

3.6. Die Klosterordnung von 1556 und ihre Aussagen zur Stundenliturgie

schrifft ist und inn derselbigen satten grund hatt, inn teutscher, irer bekhanter sprach, nach der Ler Pauli, das fünff wort mit bekhanter sprach nützer seyen, dann tusent mit unbekhandter sprach"[131].

Die paulinische Ordnung des prophetischen Redens und ihre Hinordnung auf den Aufbau der Gemeinde (1 Kor 14) steht hier wiederum Pate. Der für Männerkonvente stark gemachte Lernaspekt, der auch die Fremdsprachen wie das Latein umfasst, kann für die Frauenkonvente aufgrund des fehlenden pädagogischen Auftrages nicht geltend gemacht werden. Die Abschaffung der lateinischen Liturgiesprache mag aus Sicht der Reformatoren ähnlich gelagert sein wie beim Gemeindegottesdienst, insofern es darum geht, den Klosterfrauen endlich einen Zugang zur Heiligen Schrift zu verschaffen. Aus Sicht der Klosterfrauen geht es hier aber um nichts weniger als einen Zugang zur ranghohen kirchlichen Liturgie, deren Gültigkeit auch an die lateinische Sprache gebunden ist[132]. Das aber betrifft das Selbstbewusstsein der geistlichen Frauen, die in ihrem Chorgebet jene Liturgie ohne priesterliche Unterstützung vollziehen können. Von hierher wie vom Blickwinkel einer emotionalen Beheimatung der Frauen in dieser Liturgieform könnte die Frage nach eventuellen Lateinkenntnissen der Frauenkonvente eher nachgeordnet sein. Dieser Sachverhalt mag noch einmal den tiefen Eingriff der reformatorischen Forderungen in die Struktur und den Alltag der Frauenkonvente deutlich machen. Wie auch immer, damit ist zugleich gesagt, dass die im Folgenden vorzustellenden liturgischen Bücher nicht im Kontext der Frauenkonvente Verwendung finden konnten, da sie großenteils in lateinischer Sprache gehalten sind.

Das Maßnehmen an der Gemeinde führt zu einer weiteren Änderung monastischen Betens:

---

[131] ORDNUNG FÜR FRAUENKLÖSTER 1556, 60r–60v (307 Arend). – Hier herrscht wohl das Vorurteil des niedrigen Bildungsstandes der Frauen vor. Dass dies ein Vorurteil war, zeigen die vielen Beispiele bei SCHLOTHEUBER, Gelehrte Bräute. Vgl. im Gegenzug zur Bedeutung der Frauen der Reformatoren BICKHOFF, Frauen. – Übrigens geht die KLOSTERORDNUNG BRAUNSCHWEIG 1569 in dieselbe Richtung, wenn sie das Sprichwort zitiert: „Du liesest eben wie eine nun den psalter, das ist, du liesest und verstehest nicht, was du liesest" (SEHLING, Kirchenordnungen 6.I. 1., 310). – Vgl. exemplarisch für die Reformation eines württembergischen Frauenklosters RÜCKERT, Reformation.

[132] Für Benediktinerinnen und Zisterzienserinnen bedeuten die von den Reformatoren vorgegebenen liturgischen Änderungen zugleich einen Bruch mit den Usancen der Regel Benedikts. Das bedeutet unter Umständen auch, dass die Frauen – je nach mehr oder weniger strenger Auslegung der Benediktsregel – ihrer Verpflichtung zum Stundengebet nicht mehr adäquat nachkommen. Zum Problem der Verpflichtung des Betens nach der Regel Benedikts ist vor allem auf Kapitel 50 zu verweisen, das die Gebetszeiten für Mönche auch außerhalb des Klosters regelt: „Similiter, qui in itinere directi sunt, non eos praetereant horae constitutae, sed ut possunt, agant sibi et seruitutis pensum non neglegant reddere", so die REGULA BENEDICTI, cap. 50^4, in: VOGÜÉ, NEUFVILLE, Règle II, 608. Vgl. dazu PUZICHA, Kommentar 544–547. Zu den rechtlichen Zusammenhängen vgl. MÜLLER, Officium divinum 51–52; auch SALMON, Verpflichtung.

„Am andern soll sollichs alles inn der gmain mit kurtzem geendt, und sie, die Closter frowen, mit nechtlicher langen mettin, bettens, singen und lesen und abergleubischer, cleusterlicher ordens Ceremonien enthept und erlassenn werden"[133].

Die nächtlichen Metten (Matutin) mit ihren zwei bis drei Nocturnen gilt es also ebenso wie das Latein abzuschaffen, und zwar nach dem Vorbild des kürzeren Gemeindegottesdienstes. Die nun neu zu schaffende Struktur kommunitären Betens bedarf dann aber einer eigenen Begründung, nämlich die Betonung der nötigen Ordnung einer christlichen Gemeinschaft:

„Damit sie aber dannocht inn der gemain bey ainander mit singen und lesen auch ain christenlich ordnung und lebung haben mögen, so haben wir volgende ordnung für tauglich zů halten gedacht"[134].

Vor diesem Hintergrund wird folgende Morgenhore entworfen:

„Morgens sollen sie winters zeiten umb sechs, zů Sommers zeit umb fünff ur ufsteen, sich allerdings schicken und berait machen, damit sie auf nachgeende stund inn der Kirchen zůsamen khomen. Da sollen sie erstlichs zům eingang mitainander das vatter unser oder ainen teutschen psalmen ußer dem gmainen psalmen gsang bůechlin singen und daruff nur zwen oder drey psalmen von anfang des psalters nach seiner ordnung, uff zwaien Choren gegenainander und daruff ir aine im alten Testament ain Capittel, alles mit rechter, verstentlicher mensur und erhebter, lautter stimm lesen, das die Leserin und die zůhörerin ain nutz daruß empfahen mögen, und alßdann daruff ain psalmen ußer dem gmainen psalmen bůechlin, wann sie das gelernet und gewon werden, singen und daruff mit ainem christenlichen gebett ußer unser Kirchenordnung oder ainem andern christenlichen bettbůechlin beschliessen, alles in teutscher, ir bekhandter sprach und sollichs inn ainer halben oder dreyen viertail ainer stund ungevar nach gelegenhait vollendt wrd, und alßdann von dannen sich ir jede zů irer arbait, dartzů sie geschickht oder verordnet ist, thon"[135].

Zwei Kriterien bestimmen also Form und Struktur der Morgenhore, nämlich die sprachliche Verstehbarkeit und damit einhergehend die verständliche Verkündigung der Heiligen Schrift. Dies hat dann die Reduktion des Pensums zur Folge (vgl. das Schema in Kapitel 9.1.). Zunächst wird die Hore, wie in der monastischen Tradition üblich, mit dem *Vater Unser* eröffnet[136]. Merkwürdig ist, dass dem von Chor und Gegenchor im Chorgestühl vollzogenen numerisch geordneten Psalmenteil mit zwei oder drei Psalmen ein deutscher Psalm aus dem „gemeinen Psalmenbüchlein" vorangestellt wird. Bislang bleibt unklar, welches Buch damit gemeint ist, ja ob es vielleicht deutsche Psalmlieder enthält, wie dies etwa bei den *Cantica sacra* des Franz Eler der Fall ist, die sich dann von den

---

[133] ORDNUNG FÜR FRAUENKLÖSTER 1556, 60v (307 Arend).
[134] ORDNUNG FÜR FRAUENKLÖSTER 1556, 60v (307 Arend).
[135] ORDNUNG FÜR FRAUENKLÖSTER 1556, 61r–61v (307 Arend).
[136] Das *Pater noster* wurde als eines der stillen Gebete vor dem eigentlichen Beginn der Horen gebetet. Hier nun ist es gemeinsames Gebet geworden. Ich stimme damit nicht mit der Anmerkung bei AREND, Kirchenordnungen 16.II., 307, Anm. 37, überein, es handele sich um Luthers Lied „Vater unser im Himmelreich"

3.6. Die Klosterordnung von 1556 und ihre Aussagen zur Stundenliturgie

chorisch gesungenen Psalmen unterscheiden[137]. Es folgt ein Kapitel aus dem Alten Testament, das wiederum von einem deutschen Psalm aus dem Psalmengesangbüchlein beantwortet wird. Eine Oration aus der Kirchenordnung oder einem anderem Gebetbuch schließt die Hore ab. Vergleicht man die Morgenhore der Frauen mit derjenigen der *Ordnung für Männerklöster*, fällt zunächst ins Auge, dass die Männer, ja als konstitutionell stärker angesehen, früher aufstehen als die Frauen. Zudem gibt es bei den Männern zwei Morgenhoren, weil die Prim beibehalten worden ist. Grundsätzlich ist bei den Männerklöstern eine stärkere Orientierung an der Tradition wahrzunehmen, was das Latein, die beibehaltenen Antiphonen und das beibehaltene *Benedictus* angeht.

Für den Mittag beschreibt die *Ordnung für Frauenklöster* folgende Hore:

„Darnach, auf ain halbe stund vorm essen sollen sie wider uf den Chor geen und mit ainander zůvor inn gmain ain psalmen, als ob, singen und darůff ain psalmen oder zwen, nach dem sie lang oder kurtz, ußer dem psalter, der Ordnung nach, im Chor versickhelsweiß umb ainander mit lauter stimm und dann darůff ain Capittel ußer dem Newen Testament der Evangelisten lesen und darůff mit ainem gebett beschliessen. Uff zwelff ur dergleichen, unnd darnach jede wider an ir arbait gehn"[138].

Die Struktur der Hore sieht so aus: Nach dem gemeinsamen Gesang eines Psalms (wohl als Lied) werden ein oder zwei Psalmen chorisch nach der Ordnung des Psalters gesungen. Auf die Lesung eines Kapitels aus dem Neuen Testament, näherhin aus dem Evangelium, folgt eine abschließende Oration (vgl. das Schema in Kapitel 9.1.). Sah die *Ordnung für Männerklöster* zwei Morgenhoren, aber nur eine Mittagshore vor, so ist dies in der *Ordnung für Frauenklöster* umgekehrt, da zwar nur eine Morgenhore, aber zwei Mittagshoren anvisiert sind, die beide um das Mittagessen situiert sind, insofern deren eine zwischen der morgendlichen Arbeitszeit und dem Mittagessen, deren andere zwischen dem Mittagessen und der nachmittäglichen Arbeitszeit platziert ist. Strukturell haben die Männerklöster ein höheres Gebetspensum, nämlich 2 bis 3 Psalmen, die Frauen nur 1 bis 2 Psalmen. Sodann ist bemerkenswert, dass als Lesung die Evangelien genommen werden, ähnlich wie bei der Mittagshore der Männerklöster, wo allerdings das gesamte Neue Testament zur Verlesung kommen kann. Bei den Frauen wird wohl deshalb ausschließlich das Evangelium verlesen, da man ja in der Abendhore eigens die Briefe Pauli liest, wohingegen die Abendhore der Männerklöster ohne eigene Schriftlesung blieb, denn sie schlossen eine eigene Bibelauslegung an

---

[137] Vgl. etwa CANTICA SACRA 1588, XXVIII–XXXII. Zu denken wäre an Formate eines Psalmenbüchleins wie etwa das von Georg Schmaltzing herausgegebene Werk „Der Psalter Dauids", das in vielen Auflagen erschienen ist (etwa Erfurt 1529; VD16: S 3061, oder Nürnberg 1530; VD16: S 3062) oder vergleichbare Werke. Übrigens erwähnt die *Ordnung für Frauenklöster* auch bei den notwendigen Bücheranschaffungen ein solches „psalmen bůchlin, wie die not jedes Closters erfordert", so die ORDNUNG FÜR FRAUENKLÖSTER 1556, 59r (306 Arend), ohne es indes näher zu spezifizieren.

[138] ORDNUNG FÜR FRAUENKLÖSTER 1556, 61v (307–308 Arend).

die Abendhore an. Die regelmäßige Evangelienlesung mag, wie bereits erwähnt, der Tatsache geschuldet sein, dass durch den Wegfall der täglichen Konventmesse (und den Wegfall der Metten mit der sonntags geübten Evangeliumslesung) kein anderer liturgischer Ort mehr für die tägliche Lesung des Evangeliums zur Verfügung steht, sieht man vom sonntags und gelegentlich werktags geübten Predigtgottesdienst einmal ab[139].

Für den Nachmittag oder frühen Abend wird folgende Hore beschrieben:

„Umd vier ur auf den abent sollen sie wider uf den chor mit ainander inn gmain das vatter unser oder ain psalmen singen und darauff ain psalmen oder zwen, dartzů ain Capittel ußer der Epistel Pauli lesen und mit ainem theutschen hyms oder dem Magnificat und Bettlin beschliessen"[140].

Wie in der Morgenhore beginnt das Gebet am Abend entweder mit dem *Vater Unser* oder einem vom gesamten Konvent gesungenen Psalmlied. Darauf folgen ein oder zwei Psalmen, nun allerdings in altgewohnter Weise von Chorseite zu Chorseite abwechselnd gesungen, indes mit dem Unterschied, dass im Gegensatz zu früher nunmehr die deutsche Sprache zu verwenden ist. Da im Gegensatz zur Praxis der Männerklöster sich keine eigene Schriftauslegung an die Abendhore anschließt, bleibt bei den Frauen die Schriftlesung Teil der Abendhore, und zwar mit der Lektüre der Paulusbriefe. Bemerkenswert ist, dass diese Hore als einzige einen nunmehr deutschen Hymnus kennt, der alternativ zum Magnificat zu verwenden ist. Auch das Magnificat ist als einziges der drei Cantica aus dem Evangelium (Benedictus, Magnificat, Nunc dimittis) erhalten geblieben. Eine Oration schließt die Hore ab (vgl. das Schema in Kapitel 9.1.). Bei den Männerklöstern kann anders als bei den Frauen zumindest ein Teil der Antiphonen beibehalten werden, da man ja – bei der lateinischen Sprache bleibend – auf den alten Schatz der liturgischen Tradition zurückgreifen kann, was beim deutschen Liturgiegesang so nicht möglich ist. Ansonsten fallen keine gravierenden Unterschiede zwischen der Praxis der Frauen und der Männer auf, weil die Abendhore der *Ordnung für Frauenklöster* durch das, wenngleich nun wahrscheinlich in deutscher Sprache vollzogene, aber beibehaltene *Magnificat* sehr der traditionellen Form verpflichtet bleibt.

---

[139] Ausdrücklich ordnet die *Ordnung für Frauenklöster* die Abschaffung der Messe an: Es solle „… das Nachtmal Christi bey inen (…) wie inn unser kirchenordnung ußgetruckht, gehalten werden, dargegen die meß, wie die bißanher gehalten worden, auch alle abergleubische und abgöttische Bülder, die sie veneriern und anbetten, inn alweg abgeschafft werden", ORDNUNG FÜR FRAUENKLÖSTER 1556, 63r (308 Arend). – Über den sonntäglichen und (wohl nicht täglich gehaltenen) werktäglichen Predigtgottesdienst vermerkt die *Ordnung für Frauenklöster*: „Aber an dem Sontag und werckhtag, so man die predig halt, sollen sie auf dem Chor allwegen vor der predig zůvor den glauben oder: Khum hailiger gaist oder ain andern gesang oder psalmen singen und daruff ain psalmen außer dem psaltter, mit der ordnung als ob, lesen und mit ainem gebett beschliessen und auff vollendter predig wider ain psalmen singen und ainem Betth beschliessen", ORDNUNG FÜR FRAUENKLÖSTER 1556, 62r (308 Arend).

[140] ORDNUNG FÜR FRAUENKLÖSTER 1556, 62r (308 Arend).

Die Nachthore (Komplet) ist im Unterschied zur *Ordnung für Männerklöster* interessanterweise gänzlich in den privaten Raum verlegt:

„Nach dem nachtessen mag ain jede für sich selber inn ir Cammern betten und lesen, das christenlich und rain ist"[141].

Damit ergibt sich folgender Tagesablauf für die Frauenkonvente (vgl. das Schema in Kapitel 9.1.): Von 6–7 Uhr wird die Morgenhore vollzogen, eine halbe Stunde vor dem Mittagessen die erste Mittagshore, nach dem Mittagessen die zweite Mittagshore. Um 4 Uhr folgt die Abendhore, und nach dem Abendessen ist den Klosterfrauen privates Beten anempfohlen.

3.7. Die Große Württembergische Kirchenordnung von 1559 und die Stundenliturgie

Die *Große Württembergische Kirchenordnung* datiert ins Jahr 1559[142]. Sie ist zu verstehen als ein umfangreiches Sammelwerk, das die bisher ergangenen Ordnungen bündelt[143]. Somit bildet sie den Abschluss der Neuordnung des Kirchenwesens unter Herzog Christoph[144]. In überarbeiteter Form, nämlich modifiziert durch die *Statuten für das Zisterzienserkloster Herrenalb* von 1556, wurde auch die *Ordnung für Männerklöster*, die ja Teil der Klosterordnung von 1556 war, eingefügt, nämlich als *Ordnung der Klosterschulen*[145]. Damit wird die sukzessiv erfolgte Akzentverlagerung vom evangelischen Kloster zur Klosterschule deutlich. Es wurden „die Erfahrungen und Fortschritte der drei letzten Jahre berücksichtigt und verwertet"[146]. Bezüglich des Gottesdienstes fällt auf, dass die liturgischen Passagen zum Teil wörtlich, zum Teil in Orientierung an den Formulierungen aus der *Ordnung für Männerklöster* von 1556 übernommen sind. Als ein erstes Beispiel diene die bereits oben aus der *Ordnung für Männerklöster* zitierte Begründung für die liturgische Verwendung des Psalteriums[147]. Da es eine „kurtze Summa" der Heiligen Schrift sei, solle es

---

[141] ORDNUNG FÜR FRAUENKLÖSTER 1556, 62r (308 Arend). Die „Reinheit" der Lektüre gilt auch für die Tischlesung im Refektorium: „... das inn iren Zellen, auch uber thisch etwas rains und christenlichs von inen geleßen und gebettet werde", ORDNUNG FÜR FRAUENKLÖSTER 1556, 62v (308 Arend).
[142] Vgl. hierzu den Überblick bei BRECHT, EHMER, Südwestdeutsche Reformationsgeschichte 337–339; LANG, Geschichte 68–79; AREND, Die Große Kirchenordnung.
[143] Vgl. hier etwa die Anfrage Kurfürst Friedrichs II. von der Pfalz aus dem Jahre 1555, dem die gebündelten Ordnungen geschickt wurden. Vgl. dazu AREND, Kirchenordnungen 16.II, 54; BRECHT, Bau.
[144] Vgl. hierzu BRECHT, Kirchenordnung und Kirchenzucht 32–52.
[145] Vgl. dazu AREND, Kirchenordnungen 16.II, 56–57; EHMER, Blaubeuren und die Reformation 284–286; EHMER, Lorch und die Reformation 247.
[146] So die Wertung von LANG, Geschichte 347.
[147] In diesem Kontext ist der Hinweis von LANG, Geschichte 69, beachtenswert, Johannes Brenz habe bei seinen Visitationen der Klöster jeweils Vorlesungen über einen Psalm gehalten, die

täglich mit allem Fleiß „nach der alten, gebreuchlichen Lateinischen Translation gelesen und gesungen"[148] werden. Sodann wird eine Tagesordnung entworfen, die sich indes von der *Ordnung für Männerklöster* von 1556 unterscheidet[149]. Der Abschnitt rekurriert auf die *Statuten des Klosters Herrenalb* von 1556, führt indes im Unterschied zu den Statuten näher aus, wie die einzelnen Horen auszusehen haben. Er sei hier (mit den Textabweichungen des bereits in Kapitel 3.5 aufgeführten Gebetes *Te Deum Patrem*) vorgestellt. Ein erstes kurzes Morgengebet beginnt um 4 bzw. 5 Uhr:

„Anfaenglichs, dieweil Gott umb alle seine Gaaben, die er dem Menschen allein ausser lauttern Gnaden gibt, gebetten sein unnd Danckbarkeit erzeigt haben will, Bevelhen wir hiemit unnd meinen es ernstlich, das alle Tag, es seien Feyer- oder Wercktag, vor Mittag, morgendts im Winter umb fünffe, im Sommer aber nach vier Uhrn, ungefahrlich, so sie durch des Klosters geleutte Glocken auffgemundert, Preces samentlich gehalten, und einer auß den Studiosen mit erhebter Stimm verstentlich einen Psalmen ex ordine, wie es die Ordnung geben würdt, lese. Darauf nachvolgend Christenlich Gebett von der Oberkeit auch ir selbs wegen spreche:

Precatio:
Te Deum Patrem Domini nostri Iesu Christi invocamus, ut Ecclesiam tuam, in toto orbe dispersam & variis periculis afflictam, quam sibi unigenitus Filius tuus Dominus noster Iesus Christus, sanguine suo acquisivit, Spiritu sancto tuo illustrare & propagare pergas. Et summos Gubernatores Romani Imperii, Caesarem nostrum una cum Electoribus & Proceribus Imperii nec non Illustrissimum Principem nostrum, Ducem Wirtembergensem, & Reverendum Dominum N., Praelatum huius monasterii, potenti tua dextera defendas, mentes eorum ad salutaria Reipublicae consilia flectas & administratorem eorum in conservanda publica tranquillitate & propaganda gloria nominis tui adiuves. Studiis quoque nostris ita faveas, ut incremento tuo, non solum nostram ipsorum salutem, operemur, verumetiam Ecclesiae ac Reipublicae usui esse possimus, per Dominum nostrum Iesum Christum, qui factus victima pro peccatis nostris ac precium redemptionis nostrae, tecum una cum Spiritu sancto tuo vivit & regnat Deus benedictus in secula. Amen.

Und dann das Gebett Oratione Dominica beschliessen, die überigen aber, bey inen selbst gesetzt Gebett und Orationem Dominicam, nichtdestweniger auch nach betten"[150].

Die Struktur des (ersten) Morgengebetes ist also schlicht (vgl. das Schema in Kapitel 9.1.): Nach einem Psalm folgt das Gebet für die Obrigkeit *Te Deum Patrem Domini*[151]. Das Gebet wird mit der „Oratio Dominica", dem *Vater Unser,* beschlossen. Es folgt eine zweite Hore, die, vom gerade beschriebenen Gebet abgesehen, doch eigentlich als die Morgenhore anzusprechen ist, und die um 8 oder 9 Uhr zu beten ist:

---

er in seiner „Brevis et perspicua explicatio Psalmorum Davidis, Tubingae 1567" zusammengefasst habe.
[148] ORDNUNG DER KLOSTERSCHULEN 1559, 147v (365 Arend).
[149] Vgl. auch die Darstellung bei LANG, Geschichte 347–354.
[150] ORDNUNG FÜR KLOSTERSCHULEN 1559, 147v–148r (365 Arend).
[151] Text in: ORDNUNG FÜR KLOSTERSCHULEN 1559, 148r (365 Arend).

3.7. Die Große Württembergische Kirchenordnung von 1559

„Hernach an einem jettlichen Wercktag alle Morgen, zů Sommers zeitten nach acht, Wintters zeit umb neun Uhr (oder wie sich eines jeden Klosters gelegenheit nach der Prelat sampt dem General Superattendenten vergleichen werden), zween oder drey Psalmos, nach dem sie lang oder kurtz seind, mit den gewonlichen Christlichen Antiphonen des Tempore singen und darauff ein gantz Capitel auß dem alten Testament von anfang der Bibel nach seiner Ordnung verlesen und dasselbig mit dem Benedictus oder Symbolo Athanasii, alternis ein tag umb den andern, auch gewonlichen Christlichen Antiphonen de Tempore und Collect beschliessen"[152].

Diese Morgenhore beginnt mit zwei bis drei Psalmen samt den Antiphonen *de tempore*. Es folgt die Lesung eines Kapitels aus dem Alten Testament. Alternierend werden dann das *Benedictus* und das *Quicumque vult* mit einer Antiphon *de tempore* gesungen. Eine Collecta beschließt die Gebetzeit (vgl. das Schema in Kapitel 9.1.). Die alternativ zu nehmenden Gesänge des *Benedictus* und *Quicumque vult* zeigen, dass Laudes und Prim, die in der Ordnung für Männerklöster noch unterschieden wurden, hier miteinander verschliffen sind.

Die Mittagshore wird im Gegensatz zur *Ordnung für Männerklöster* von 1556 nicht mehr erwähnt, sondern an deren Stelle wird eine Unterrichtsstunde eingerichtet, wie einst in der Klosterordnung von 1535 unter Herzog Ulrich[153].

Die Vesper beschreibt die *Ordnung für Klosterschulen* so:

„Unnd dann nach Mittag die Wercktag Sollen umb vier Uhr in dem Chor einer oder zwen die naechsten auff die darvor vor Mittag absolvierte Psalmen volgende Psalmen mit einer Antiphona de Tempore gesungen und darauff ein Capittel ausser dem newen Testament, vornen anzůfahen, gelesen, darnach mit dem Cantico Mariae Magnificat oder Nunc dimittis, alternis umb einander, und gewonlichen Antiphonen und mit einer Christlichen unnd reinen Collect von der zeit beschliessen"[154].

Die Abendhore beginnt wiederum mit ein oder zwei Psalmen samt der Antiphon *de tempore*, worauf ein Kapitel aus dem Neuen Testament gelesen wird. Das *Magnificat* wird alternierend mit dem *Nunc dimittis* im Kontext der gewohnten Antiphonen gesungen. Eine Collecta beschließt die Vesper (vgl. das Schema in Kapitel 9.1.). Auch hier werden die Abend- und die Nachthore über ihre Cantica *Magnificat* und *Nunc dimittis*, die alternativ genommen werden, zusammengelegt. Wenige Zeilen später wird dann aber nach dem Muster des ersten Morgengebetes ein eigenes Nachtgebet angeordnet:

„Nach dem nachtessen aber zům abend Gebett wider ein Psalm und der naechst, an dem sie es vor essens gelassen, gelesen, die sonder gestelte, oben Inserierte Precation und Dominica oratio gebettet werden, alles in massen, zůvor von dem Fruegebett gesetzt"[155].

---

152 ORDNUNG FÜR KLOSTERSCHULEN 1559, 148v (366 Arend).
153 Vgl. LANG, Geschichte 351.
154 ORDNUNG FÜR KLOSTERSCHULEN 1559, 148v (366 Arend).
155 ORDNUNG FÜR KLOSTERSCHULEN 1559, 149r (366 Arend).

Die Struktur ist wie beim Morgengebet (vgl. das Schema in Kapitel 9.1.): Auf einen Psalm folgt das Gebet für die Obrigkeit *Te Deum Patrem Domini*[156], das mit der Oratio Dominica, dem *Vater Unser*, beschlossen wird.

Es kann also festgehalten werden, dass neben der Reduzierung der Psalmenzahl die Horen auf eine Morgen- und eine Abendhore zusammengeschmolzen worden sind[157]. Sie werden ergänzt durch ein kurzes Morgen- und Abendgebet, das sich an den Horen orientiert. Die Frage, ob dieses Morgen- und Abendgebet überhaupt in der Kirche stattfindet, wird durch eine Passage weiter unten positiv zu beantworten sein:

„Und damit die morgen und abend preces, auch lectiones, in der Kirchen dest ordenlicher verricht, so solle zů einem jeden, namlich einer zů den precibus und ein sonderer zů den lectionibus der Kirchen hebdomadarius von dem Kloster Praeceptoribus deputiert unnd under den Jungen per ordinem abgewechßlet werden"[158].

Zur Vesper finden sich noch zwei Hinweise, einmal die Betonung, sie solle auch an den Sonn- und Feiertagen in Maßen gehalten werden[159], sodann werden nochmals die Samstage und besonderen Feiertage erwähnt, zu denen man

„zů dem Magnificat ein rainen und Goettlichen Wort gemesen Hymnum oder Responsorium singen"

soll[160]. Die schon öfters begegnete Schriftgemäßheit des Betens – gegen alle Dichtung etwa zu Heiligenfesten durchzusetzen – zeigt sich auch hier. Zum sonntäglichen Hauptgottesdienst, der das alte Hochamt beerbt, sind wiederum lateinische Gesänge vorgesehen, ein Introitus, ein Graduale, eine Sequenz sowie das lateinische Evangelium[161]. Die Feier des Abendmahles im Rahmen des Hauptgottesdienstes ist mindestens sechs Mal im Jahr vorgesehen[162].

Im Vergleich zu 1556 lässt sich festhalten: „Die klösterliche Gottesdienstordnung entfernt sich wieder mehr von der katholischen (…), eine Rücksichtnahme auf Interimsprälaten und alte Konventualen war jetzt nicht mehr geboten"[163]. Denn die Zahl der alten Konventualen nahm stetig ab. In Maulbronn etwa gab es 1557 nur noch zwei[164]. Wie die Ordnungen in den einzelnen Klöstern umgesetzt wurden, zeigt das Beispiel Alpirsbach. Hermann Ehmer weist auf eine Eingabe des Pfarrers Johann Steudlin von Alpirsbach aus dem Jahre 1556 hin, die Zahl der

---

[156] Text in: ORDNUNG FÜR KLOSTERSCHULEN 1559, 148r (365 Arend).
[157] Vgl. auch LANG, Geschichte 75.
[158] ORDNUNG FÜR KLOSTERSCHULEN 1559, 149v (367 Arend).
[159] Vgl. ORDNUNG FÜR KLOSTERSCHULEN 1559, 149v (367 Arend).
[160] ORDNUNG FÜR KLOSTERSCHULEN 1559, 149r (366 Arend).
[161] Vgl. ORDNUNG FÜR KLOSTERSCHULEN 1559, 149r (366 Arend). Vgl. dazu FIGEL, Predigtgottesdienst 279–280.
[162] Vgl. LANG, Geschichte 350.
[163] So LANG, Geschichte 351–352.
[164] So PECHAČEK, Reformation 239.

3.7. Die Große Württembergische Kirchenordnung von 1559

Gottesdienste doch zu verringern. Dabei reiche auch ein geringeres Pensum der Psalmen[165]:

„Derhalben mein underthenig gut gedunkhen wer, dass uss gehörten ursachen man die stunden der gottesdienste minderte, oder von den täglichen funff ecclesiasticis conventibus zween oder drey uffs es wenigst zween fallen ließe. Ich halte auch darfur, wan die jungen knaben des tags zween mall zur kirchen giengen, uff 7 uhrn 2 capitl uß dem Alten testament mit den psalmis maioribus und dem Symbolo Athanasii, zur vesper 1 capitl ußer dem Newen testament lesen, alweg mit 3 gsungnen Psalmen, es were gnug. Das alt Convent hat auch etlich horas zsamen gstossen vesper vnd complet, Matutin und ampt"[166].

Bemerkenswert ist die im letzten Satz formulierte Begründung der Pensumsreduktion. Der Pfarrer verweist auf die im gesamten Mittelalter üblich gewordene Kumulation der Horen, die zwar im eigentlichen Sinne nicht das zu betende Pensum reduzierte, aber doch zu einer Entlastung des Tagesablaufs führte. Waren es im Ursprung vier Anlässe, die Kirche aufzusuchen, nämlich Vesper, Komplet, Matutin und Hochamt, so zog schon der alte Konvent Vesper und Komplet sowie Matutin und Hochamt zusammen. Dabei blieb zwar das zu betende Pensum gleich, doch man konnte insofern Zeit einsparen, als nun bei *einer* Versammlung in der Kirche zwei Horen bzw. Hore und Hochamt „persolviert" wurden. Die Einlassung des Alpirsbacher Pfarrers zeigt, in welchem Maße die Tendenz der Kirchenordnung zur Reduktion des zu betenden „Offiziums" auch in Alpirsbach Befürworter fand. Solche sicherlich auch außerhalb von Alpirsbach da und dort geäußerten Anliegen wurden mit der Kirchenordnung von 1559 umgesetzt[167].

Eine letzte Beobachtung bleibe nicht unerwähnt. Die *Ordnung für Klosterschulen* birgt auch Angaben zur Unterrichtslektüre. Herrmann Ehmer hat diese im Unterricht der Klosterschulen verwendete Literatur näher untersucht[168]. Dabei fallen zwei Namen auf. Die lateinischen Grammatiübungen wurden wohl nach Lukas Lossius[169] vorgenommen, der zugleich Verfasser einer *Psalmodia* von 1561 ist, auf die noch zurückzukommen sein wird[170]. Dann wird David Chyträus[171] genannt, der vom Havelberger Domdechant Matthäus Ludecus um ein Vorwort für sein lutherisches Doppelwerk des *Missale* und *Vesperale* gebeten wurde, welch letzteres ebenfalls noch begegnen wird[172]. Es sind also Namen von Theologen präsent, die auch im Kontext einer sich ausbildenden evangelischen Stundenliturgie als Schöpfer oder zumindest Befürworter neuer liturgischer Bücher von Bedeutung waren.

---

[165] Vgl. EHMER, Die Klosterschule 1556–1595, 696.
[166] HStA Stuttgart A 470 Bü 8: Eingabe des Pfarrers von Alpirsbach.
[167] LANG, Geschichte 351, weist darauf hin, dass in den Klosterschulen aufgrund der Chorandachten nur vier, nicht sechs tägliche Unterrichtsstunden stattfinden.
[168] Vgl. EHMER, Humanismus. Vgl. jetzt auch HOLTZ, Legitimation.
[169] So EHMER, Humanismus 127.
[170] PSALMODIA 1561.
[171] Vgl. EHMER, Humanismus 129.
[172] Vgl. VESPERALE 1589, 24–28.

Damit stellt sich die Frage, welche Liturgica eigentlich an den Klosterschulen in Württemberg verwendet wurden. Bevor dieser Frage aber nachgegangen wird, soll noch ein kursorischer Blick auf die weitere Entwicklung der Stundenliturgie an den Klosterschulen geworfen werden.

3.8. Zum weiteren Verlauf der Klosterreformen und der Einrichtung der Klosterschulen bis zu den „Statuten der Alumnorum" von 1758

Die eingangs erwähnten Einritzungen, die die Klosterschüler ins Chorgestühl der Maulbronner Klosterkirche eingebracht haben, datieren ins späte 16. und 17. Jahrhundert[173]. Sie zeugen so von der weiteren Nutzung des Gestühls für das tägliche Gebet der Klosterschulen, das die Kirchenordnung von 1559 regelt. Nachfolgende Druckausgaben der Kirchenordnung wiederholen in der Regel denselben Wortlaut, so dass die Ordnung von 1559 das Chorgebet der nächsten Jahre prägte[174]. Doch gibt es auch kleinere Veränderungen: Die Sonntagsordnung etwa ist in der Neuauflage der *Großen Kirchenordnung* von 1582 dadurch entlastet, dass der „Chor" vor der Morgenpredigt und der Psalmenerklärung am Nachmittag erlassen wird[175]. Doch bei all diesen Wandlungen bot die grundsätzliche Beibehaltung der Stundenliturgie im Chor unter Nutzung der alten Chorgestühle (so in Blaubeuren und Maulbronn) eine Konstante in der Entwicklung der Klosterschulen als Nachfolgeinstitutionen der alten Klöster. Die weitere wechselhafte Geschichte der Klosterschulen und Klöster im 17. Jahrhundert vom Prager Frieden (1635) bis zum Westfälischen Frieden (1648) ist ausführlich durch Andreas Neuburger dokumentiert[176]. Hier seien nur die wichtigsten Eckdaten dieser Geschichte erwähnt, um die sodann vorzustellenden Liturgica in ihre Erscheinungszeit einordnen zu können. Vor allem ist auf die Verringerung der Klosterschulen am Ende des 16. Jahrhunderts hinzuweisen, die den notwendigen Sparmaßnahmen geschuldet war[177].

Zunächst ist im Jahre 1556 von insgesamt 13 Klosterschulen auszugehen: Niedere Klosterschulen sind Adelberg, Alpirsbach, Anhausen, Blaubeuren, Denkendorf, St. Georgen, Königsbronn, Lorch und Murrhardt, höhere Klosterschulen

---

[173] Vgl. EHMER, Vom Kloster zur Klosterschule 75–77.
[174] Vgl. LANG, Geschichte 80, 87; RÖSSLER, Gesangbuch 139. Die Tendenz zur Reduktion des Pensums setzt sich in der Neuauflage der Kirchenordnung von 1582 unter Herzog Ludwig (1554–1593) nicht fort. Die Ausgabe von 1582 wiederholt denselben Text von 1559 Vgl. KIRCHENORDNUNG 1582, 231–266 („Klöster Schulen. Ordnung der kirchenübung vnd Schulen / bey den Prelaturen Mans Klöstern"), hier „Von Kirchenübungen" (237–240), die die Klosterordnung 1556 wiederholt.
[175] So LANG, Geschichte 354.
[176] Vgl. hierzu NEUBURGER, Konfessionskonflikt.
[177] Vgl. EHMER, Klosterschulen und Seminare 18–20.

Bebenhausen, Herrenalb, Hirsau und Maulbronn[178]. Das sogenannte Bedenken von 1569 schlug dann eine Reduktion der Klosterschulen vor[179]. In der Folge kam es 1583 zur Schließung von Lorch, Anhausen[180] und Denkendorf[181].

Mit dem Regierungsantritt von Herzog Friedrich I. von Württemberg (1557–1608, Regierungszeit 1593–1608)[182] kam es zu einer Reform der Klosterschulen, die sich einer weiteren Reduktion der Standorte zeitigte. So wurden die Schulen in Murrhardt[183], Hirsau[184], Herrenalb[185], St. Georgen[186], Königsbronn[187] und Alpirsbach[188] geschlossen. Das Ergebnis war, dass nur Bebenhausen und Maulbronn[189] als höhere Klosterschulen, Adelberg[190] und Blaubeuren[191] als niedere Klosterschulen erhalten blieben[192]. Abt Konrad Weiß von Herrenalb protestierte damals mithilfe einer in diesem Kontext bemerkenswerten Argumentation: Der Gottesdienst der Schüler nämlich stelle diejenige Liturgie dar, die mit der Stiftung des Klosters eingerichtet worden sei. Die Einstellung dieses seit Gründungszeiten geübten Gottesdienstes sei darum ein Skandal bei Evangelischen wie Katholischen. Der Einspruch richtete nichts aus, sondern führte letztlich zur Absetzung des Abtes[193].

---

[178] So die Liste bei HAUER, Schulentwicklung 161–162; vgl. auch bereits WUNDERLICH, HAUFF, KLAIBER, Klosterschulen 9.

[179] Vgl. LANG, Geschichte 81.

[180] Vgl. zur Abtei in den Wirren der Reformation ROTHENHÄUSLER, Abteien 68–80.

[181] Vgl. zum Ganzen LANG, Geschichte 92–107; vgl. auch bereits WUNDERLICH, HAUFF, KLAIBER, Klosterschulen 20, der allerdings das Jahr 1584 nennt. – Zur Geschichte der bis heute in Stuttgart erhaltenen alten Liturgica aus Lorch vgl. WEISSENBERGER, Handschriften; HEINZER, Chorbücher; HEINZER, Reform und Reformation; vgl. auch den Sammelband bei HAAG, Chorbücher. Vgl. zum Kloster Denkendorf in den Wirren der Reformation ROTHENHÄUSLER, Abteien 178–187; insgesamt den Überblick bei KITTELBERGER, Denkendorf.

[182] Vgl. STIEVERMANN, Friedrich I.

[183] Vgl. zur Abtei in den Wirren der Reformation ROTHENHÄUSLER, Abteien 117–138.

[184] Vgl. zur Abtei in den Wirren der Reformation ROTHENHÄUSLER, Abteien 51–67.

[185] Vgl. zur Abtei in den Wirren der Reformation ROTHENHÄUSLER, Abteien 22–36; insgesamt den Überblick bei ANDERMANN, Herrenalb.

[186] Vgl. zur Abtei in den Wirren der Reformation ROTHENHÄUSLER, Abteien 166–177.

[187] Vgl. zum Kloster in den Wirren der Reformation ROTHENHÄUSLER, Abteien 98–106.

[188] Zur Klosterschule Alpirsbach vgl. EHMER, Die Klosterschule 1556–1595, zu ihrer Schließung 700–702; Zur Abtei in den Wirren der Reformation vgl. ROTHENHÄUSLER, Abteien 147–165.

[189] Vgl. zu Maulbronn EHMER, Vom Kloster zur Klosterschule; ROTHENHÄUSLER, Abteien 37–50; zu Bebenhausen SYDOW, Die Zisterzienserabtei Bebenhausen 69–78.

[190] Vgl. zum Kloster in den Wirren der Reformation ROTHENHÄUSLER, Abteien 81–97.

[191] Vgl. zur Abtei in den Wirren der Reformation ROTHENHÄUSLER, Abteien 139–146.

[192] Zum Ganzen vgl. LANG, Geschichte 107–129; vgl. EHMER, Klosterschulen und Seminare 20; auch bereits WUNDERLICH, HAUFF, KLAIBER, Klosterschulen 20–21, allerdings mit dem Unterschied, dass sie auch Hirsau noch als niedere Klosterschule (mit Unterbrechung durch das Interim) bis zur Zerstörung 1692 nennen.

[193] Vgl. zum Ganzen EHMER, Die Reformation in Herrenalb 164–165; GRUBE, Altwürttembergische Klöster 145; LANG, Geschichte 107–129.

In die Regierungszeit des Herzogs Johann Friedrich (1582–1606, Regierungszeit 1608–1628)[194] fallen die später vorzustellenden *Cantica sacra choralia* von 1618, die im Hinblick auf die Klosterschulen konzipiert wurden und als Ergänzung des Gesangbuches von 1583 (Nachdruck 1591) gesehen werden können, das für Pfarreien bestimmt ist und eine Anzahl deutscher Psalmen enthält[195]. Die *Große Kirchenordnung* von 1559 wird ab 1611 einer Revision unterzogen, neue Klosterreformen ab 1619 projektiert[196]. Erneut flammt der Kampf um die Klöster aufgrund der Restitutionsforderungen der Katholiken auf. Bevor Herzog Eberhard III. (1614–1674, Regierungszeit 1633–1674)[197], vom Kaiser für volljährig erklärt, 1633 die Regierung übernehmen konnte, leiteten die jüngeren Brüder Johann Friedrichs, nämlich Ludwig Friedrich (1586–1631)[198] von 1628–1631 und Julius Friedrich (1588–1635)[199] von 1631–1633 die Regierungsgeschäfte. In dieser Zeit kommt es 1629 zum kaiserlichen Restitutionsedikt[200]. Doch mehrfach noch wechseln die Machtverhältnisse bis zum Westfälischen Frieden[201]. Denn strittige Fragen umgaben das kaiserliche Restitutionsedikt, das anordnete, alle nach dem Passauer Vertrag von 1552 durch die Evangelischen eingezogenen Kirchengüter seien zurückzugeben[202]. Dies führte zur altgläubigen Wiederbesiedelung von Bebenhausen durch Salem, Maulbronn durch Lützel, wobei Denkendorf ans Bistum Konstanz ging, um einige Beispiele zu nennen[203]. Strittig blieb die Frage, ob die bereits im Jahre 1534 erfolgte Reformation der Klöster als Rechtsgrundlage zu werten sei oder erst die durch das Interim Karls V. von 1548 veranlasste Rückgabe an die Katholiken, die dann tatsächlich erst zu einer Reformation der Klöster nach dem Passauer Vertrag geführt hätte[204]. Durch die Oberhand der Schweden im Jahre 1632 räumten die Mönche wiederum die Klöster[205]. Doch bald kam es zu einer Restauration und abermaligen Restitution aufgrund des Sieges König Ferdinands, des Sohnes des Kaisers, im Jahre 1634[206].

---

[194] Vgl. dazu GOTTHARD, Johann Friedrich; insgesamt GOTTHARD, Konfession und Staatsräson 442–469.

[195] Vgl. dazu BOSSERT, Wie entstand das erste württembergische Gesangbuch. Zum Buchdruck im 16. Jahrhundert in Württemberg vgl. den Überblick bei SCHLECHTER, Buchdruck; KREMER, Weichenstellungen.

[196] Vgl. LANG, Geschichte 137–165.

[197] Vgl. FISCHER, Eberhard III.

[198] Vgl. DEBARD, Ludwig Friedrich.

[199] Vgl. SCHUKRAFT, Julius Friedrich.

[200] Vgl. hierzu FRISCH, Restitutionsedikt, zu Württemberg ebd. 69–81.

[201] Vgl. die Übersicht bei GRUBE, Altwürttembergische Klöster 146.

[202] Vgl. hierzu NEUBURGER, Konfessionskonflikt, vor allem 26–33.

[203] Vgl. hierzu NEUBURGER, Konfessionskonflikt 47–51.

[204] Vgl. dazu LANG, Geschichte 150–165.

[205] Vgl. ROTHENHÄUSLER, Abteien 7.

[206] Zu den komplexen Zusammenhängen vgl. LANG, Geschichte 165–179.

3.8. Zum weiteren Verlauf der Klosterreformen 63

Nach dem Prager Frieden von 1635 wurde der protestantische Besitz nach dem Stand vom 12. November 1627 wiederhergestellt[207]. Nun konnten auch die nach dem Passauer Vertrag von 1552 in den Händen der Protestanten befindlichen Klöster und Stifte in deren Besitz bleiben, sofern sie dies auch am genannten Stichdatum waren. Dies war in Württemberg nicht problemlos. Und doch kam es im Jahre 1638 unter Herzog Eberhard III. zur Restitution der Klöster[208]. Dabei blieb die Klosterfrage politisch zunächst in der Schwebe. Erst mit dem Westfälischen Frieden von 1648 wurde Württemberg definitiv in die Restitutionen des Prager Friedens einbezogen[209]. Und erst mit dem Westfälischen Frieden verließen die Mönche gänzlich die Klöster[210]. In der Folge kam es zu einem schwierigen Wiederaufbau der vier Klosterschulen Blaubeuren, Bebenhausen, Maulbronn und Hirsau[211]. Am Ende des Dreißigjährigen Krieges kann vom Scheitern der württembergischen Klosterinhaber sowie vom Ende der „Gegenreformation" gesprochen werden[212].

Zehn Jahre nach dem Westfälischen Frieden und der definitiven Zuschreibung der Klöster an die Evangelischen wird die vorzustellende *Psalmodia* in ihrem Erstdruck von 1658 auf den Weg gebracht, um dann 28 Jahre später mit dem Druck von 1686 weite Verbreitung zu finden. Dies fällt in die Regierungszeit von Wilhelm Ludwig (1647–1677, Regierungszeit 1674–1677)[213], der dann durch den Administrator Friedrich Carl (1652–1698, Regierungszeit 1677–1693)[214] abgelöst wird, bis 1693 Herzog Eberhard Ludwig (1676–1733, Regierungszeit 1693–1733)[215] volljährig wird. Mit Hilfe der *Psalmodia* wollte man den Vormittags- und den Nachmittagschor wieder in Gang setzen[216]. Lang resümiert über den Schulbetrieb als solchen, die Wiederaufrichtung der Klosterschulen hätte dabei keinerlei pädagogische Fortschritte gebracht[217]. Erst in den achtziger Jahren war die innere Verbesserung in Disziplin und Lehre Thema, wie ein Gutachten der Prälaten von Bebenhausen und Maulbronn von 1684 über die „künftige Einrichtung der Klosterpromotionen" zeigt, auf dessen Grundlage die Bildung ver-

---

[207] Vgl. hierzu NEUBURGER, Konfessionskonflikt 38–46.
[208] Vgl. hierzu NEUBURGER, Konfessionskonflikt 67–72.
[209] Vgl. LANG, Geschichte 183. Vgl. hierzu NEUBURGER, Konfessionskonflikt, bes. 452–455.
[210] Vgl. ROTHENHÄUSLER, Abteien 7.
[211] Vgl. LANG, Geschichte 180–211; 374. Zu Bebenhausen vgl. SYDOW, Die Zisterzienserabtei Bebenhausen 78.
[212] Vgl. hierzu NEUBURGER, Konfessionskonflikt, bes. 533–539. – Als Beispiel für eine durch die benannten Wirren geprägte Biographie mag Johann Valentin Andreä gelten, der Ende 1636 unter Eberhard dem III. Hofprediger in Stuttgart wird, 1650 zum Abt in Bebenhausen ernannt wird, dort aber bereits 1651 scheitert. Vgl. dazu LANG, Geschichte 181–182; 190–191; 197.
[213] Vgl. FISCHER, Wilhelm Ludwig.
[214] Vgl. EBERLEIN, Friedrich Carl.
[215] Vgl. Vgl. STIEVERMANN, Eberhard Ludwig. Vgl. insgesamt LANG, Geschichte 211–227.
[216] Vgl. LANG, Geschichte 375.
[217] Vgl. LANG, Geschichte 380.

bessert wurde[218]. Immer ist auch die Disziplin im Gottesdienst Thema. In Hirsau ergeht in den zwanziger Jahren des 17. Jahrhunderts die Mahnung, auch die Praeceptoren sollten zu den „preces chorales" kommen, da diese dann würdiger vollzogen würden[219]. Zur gleichen Zeit werden auch in Blaubeuren Klagen laut, die Schüler würden die Samstagsvesper nicht besuchen[220].

Das Auf und Ab der politischen Wirrnisse Württembergs mit Frankreich am Ende des 17. Jahrhunderts berührte die Klosterschulen zutiefst. Im Jahre 1693 existierten nur mehr zwei Klosterschulen, nämlich die niedere in Blaubeuren, die höhere in Bebenhausen[221]. Unter Herzog Eberhard Ludwig kam es im Oktober 1697 zwar zur Beendigung des neunjährigen Krieges mit Frankreich[222]. Doch die zu Beginn des 18. Jahrhunderts aufflammende kriegerische Auseinandersetzung um die spanische Thronfolge zog ihre Kreise bis nach Württemberg. War Adelberg noch im Jahre 1648 zerstört worden, so wurde Hirsau 1692 von den Franzosen in Schutt und Asche gelegt. Dafür konnten als Ersatz ab 1713 Denkendorf, ab 1703 Maulbronn und ab 1705 Blaubeuren wieder eröffnen[223]: Denn aufgrund der ständigen Gefahren waren 1703 die Alumnen von Blaubeuren ins seit Herbst 1692 leerstehende Maulbronn verlegt worden. Nach der Wende im Krieg wurde dann als dritte Klosterschule 1705 Blaubeuren wieder eröffnet, nach den ab 1712 stattfindenden Planungen konnte eine vierte Schule in Denkendorf 1713 eingerichtet werden. Am Anfang des 18. Jahrhunderts finden sich also vier Schulen: Zwei höhere Schulen in Bebenhausen und Maulbronn, zwei niedere Schulen in Blaubeuren und Denkendorf. Angesichts der schwierigen Aufgabe, die Schulen überhaupt zu retten, verwundert es nicht, wenn der inneren Struktur des Schulwesens kaum Aufmerksamkeit zuteil werden konnte. Aber gerade dieser Sachverhalt sicherte die Beibehaltung der traditionellen Tageseinteilung mit ihrem ebenso traditionellen Gottesdienst. Lang fasst zusammen: „Man ersieht hieraus, daß auch im 18. Jahrhundert die Ordnungen, die Herzog Christoph um die Mitte des 16. Jahrhunderts festgesetzt hatte, im großen und ganzen noch immer in Geltung waren"[224].

---

[218] Vgl. LANG, Geschichte 214–215.
[219] So LANG, Geschichte 369.
[220] So LANG, Geschichte 371.
[221] Vgl. LANG, Geschichte 219–227.
[222] Vgl. zum Folgenden LANG, Geschichte 227–244.
[223] Vgl. EHMER, Klosterschulen und Seminare 20–21. – HAUER, Schulentwicklung 164 nennt andere Jahreszahlen, nämlich 1656 für die Wiederaufnahme des Schulbetriebes in Maulbronn, 1662 in Hirsau.
[224] LANG, Geschichte 244. So beschreibt Lang (ebd. 414) den Tagesablauf für Blaubeuren um 1725, der eine morgendliche und abendliche Chorandacht sowie das Nachtgebet umfasst. – Ein Erlass Herzogs Eberhard Ludwig vom 3. Februar 1708, der im Jahre 1714 erneuert wurde, betrifft hauptsächlich den Hauptgottesdienst und kann deshalb hier außer acht bleiben. Er ist abgedruckt bei MÜLLER, Gottesdienste 26–27. – Bezüglich der Aufsichtsstruktur vgl. das „Organogramm" der geistlichen Führung in Altwürttemberg bei HAUER, Schulentwicklung 158–159.

3.8. Zum weiteren Verlauf der Klosterreformen 65

Zu Anfang des 18. Jahrhunderts traten die Klosterschulen in Kontakt mit dem Pietismus[225]. August Hermann Francke, der Stifter des Pädagogiums in Halle, besuchte die württembergischen Klosterschulen und ihre Chorandachten. Dabei fiel das besondere Augenmerk auf die Sprachenvielfalt: griechische Lektionen eines Kapitels der Heiligen Schrift, lateinische Ansprachen[226]. In diese Situation passt der weiterhin lateinische Chordienst zwar gut. Doch wurde in der Folgezeit die Mahnung laut, den Gottesdienst nicht bloß wie im Katholischen „ex opere operato", sondern mit dem Herzen zu vollziehen[227]. Für Blaubeuren etwa ist in diesem Kontext der Einfluss des „Hallischen Gesangbuches" mit Liedern aus dem pietistischen Dichterkreis nachzuweisen[228].

Die Zeit der katholischen Herzöge von Carl Alexander (1648–1737, Regierungszeit 1733–1737)[229] bis zum Tode von Ludwig Eugen (1731–1795, Regierungszeit 1793–1795)[230] bringt zwar keinerlei konfessionelle Änderungen, jedoch fällt in die Regierungszeit von Carl Eugen (1728–1793, Regierungszeit 1744–1793)[231] eine seit 1720 angedachte Revision der Klosterstatuten, die nun vorzustellen ist[232].

3.8.1. Die „Statuta particularia" von 1726 aus Bebenhausen

Im Kontext schon länger angedachter und ersehnter Revisionen der Klosterordnungen sind auch eigenständige Bemühungen etwa aus Bebenhausen zu werten. Dort wird eine *Receß- und Observanzmäßige Statuta particularia der alumnorum im Kloster Bebenhausen* von 1726 erlassen[233]. Dabei fällt auf, dass alle Bestimmungen über den Gottesdienst sich noch eng an die *Große Kirchenordnung* von 1559 anschließen: Das 1. Kapitel *Von dem Gottesdienst* schildert die Morgen- und Abendandacht, den Vormittags- und Nachmittagschor an den Werktagen, sowie den Hauptgottesdienst und die Vesperlektion am Sonntag. Doch zusätzlich zu den

---

[225] Vgl. den Überblick bei HOLZEM, Christentum 2, 667–721.
[226] Vgl. LANG, Geschichte 390–396.
[227] So LANG, Geschichte 398.
[228] Vgl. LANG, Geschichte 418, der als Erscheinungsjahr 1697 angibt. Doch dürfte das erstmals 1704 erschienene „Geist=reiche Gesang=Buch" des Halleschen Pietisten Johann Anastasius Freylinghausen gemeint sein, vgl. dazu den Sammelband MIERSEMANN, BUSCH, Singt dem Herrn; auch MEYER-BLANCK, Gebet 184–185. – Vgl. zum Einfluss des Pietismus insgesamt auch BRECHT, Die Geschichte der Klosterschulen 78–82.
[229] Vgl. HAUG-MORITZ, Carl Alexander.
[230] Vgl. HAUG-MORITZ, Ludwig Eugen; insgesamt LANG, Geschichte 248–273.
[231] Vgl. HAUG-MORITZ, Carl Eugen; insgesamt zu den politischen Umständen der Zeit Carl Eugens etwa PELIZAEUS, Aufstieg 166–235. – Übrigens wurden alte Liturgica aus Lorch 1783 vom Neresheimer Konvent an Karl Eugen übergeben und befinden sich heute in der Landesbibliothek Stuttgart, vgl. dazu WEISSENBERGER, Handschriften 315; HEINZER, Chorbücher; HEINZER, Reform und Reformation.
[232] Vgl. dazu LANG, Geschichte 258–262.
[233] Vgl. dazu insgesamt mit Edition LANG, Geschichte 422–432.

66   3. Reformationszeitliche Liturgiereform in Württemberg

Angaben der *Großen Kirchenordnung* findet sonntags um zwei Uhr eine Chorandacht statt:

„Am Sonntag praecise um 2 Uhr soll der Lector, nach vorher getaner Anfrage bei dem Praeceptore hebdomadario was man singen, beten und lesen solle, abermal Chor halten und darvon bei harter Straf keiner ausbleiben"[234].

Zur Vesperlektion erklären die Statuten:

„In der Vesperlection sollen die Alumni besonders bald gegenwärtig sein, damit die Gemein nicht mit Unwillen durch ihr Verweilen aufgehalten werde; derjenige, welcher die Vesperstund zu halten hat, kommt sogleich nach dem andern Läuten auf die Prälatur und hat gebührend anzufragen, was man singen, beten und lesen solle"[235].

Die Hinweise sind nicht leicht zu harmonisieren. Zunächst beziehen sich die Hinweise auf den Chordienst in der Kirche, zu dem auch die Gemeinde zugegen ist. Es lässt auf eine wohl große Variabilität in der Gestaltung schließen, wenn die einzelnen Gebete und Lieder immer neu angefragt werden. Zusätzlich dazu findet sonntags um 5 Uhr an Stelle des sonst üblichen Katechismusgottesdienstes eine Betstunde statt:

„Um 5 Uhr gibt der Lector ein zeichen zum Gebet ins Collegium, darbei das Betstundengebet oder die Wirtembergische Collect gesprochen wird"[236].

Hier ist wohl nicht mehr an einen gemeinsamen Chordienst in der Kirche gedacht, vielmehr an dessen Ergänzung mittels Andachten, die wohl eher im Hörsaal oder auf der Zelle gehalten werden. Die Tendenz zum Privatgebet greift zunehmend Raum:

„Des Morgens sollen die Alumni sogleich nach den precibus publicis ihren Morgensegen, ein Capitel aus dem Alten Testament und einen Psalmen in ihren Museis privatim, und zwar laut lesen. Des Abends aber solle man ohnfehlbar eine halbe Stund eher, als es Nacht wird, zu denen precibus läuten, wie solches nicht nur allezeit in diesem Closter observiert, sondern von der letzten hochlöblichen Clostersvisitation mit großem Ernst befohlen worden, daß die Alumni noch bei Tag in dem Collegio ihre preces publicas und auch noch bei Tag ihren privat Abendsegen samt einem griechischen Capitel aus dem Neuen Testament (und einen Psalmen lesen, publice oder privatim ein gesang singen oder ein Stück aus des Arnds Christentum) lesen, nach den precibus aber ganz still sein ..."[237].

Im Collegium also, nicht mehr in der Kirche, finden diese Gebete statt, die indes durch die klösterliche Lebensweise mit erinnerndem Läuten und der Stille nach der Komplet geprägt sind. Von Interesse ist die Kautele, privat oder öffentlich einen Gesang zu singen, denn dies zeigt die Tendenz, das öffentliche Chorgebet

---

[234] STATUTA PARTICULARIA 1726, 1.4. (LANG, Geschichte 424).
[235] STATUTA PARTICULARIA 1726, 1.5. (LANG, Geschichte 424).
[236] STATUTA PARTICULARIA 1726, 1.7. (LANG, Geschichte 424–425).
[237] STATUTA PARTICULARIA 1726, 1.9. (LANG, Geschichte 425).

3.8. Zum weiteren Verlauf der Klosterreformen

durch privates zu ergänzen, wenn nicht sukzessive ins Private zu verlegen[238]. Doch werden zwei öffentliche Betstunden, *exercitia choralia* benannt, weiterhin wohl in der Kirche beibehalten:

„Die beeden Exercitia Choralia betreffend, so wird neben Lesung eines Teutschen Capituls aus dem Alten Testament in dem Morgenchor, auch ein Psalm Hebräisch (und Teutsch) gelesen, darauf ein Gebet aus Arnds Paradiesgärtlein ernstlich und andächtig verrichtet, vorher und nach aber der Introitus: Deus in adjutorium nostrum intende: und die Antiphona: Dominus nobiscum etc. samt einem geistlichen Lied aus dem Hallischen über 20 Jahre her recipierten Gesangbuch also und dergestalten gesungen, daß, weilen dieser Cultus der Alumnorum Hauptexercitium ascetium nach denen hochfürstlichen Recesspunkten sein solle, nicht nur etwa 2 oder 3 Gesätz, sondern wenigstens 4 oder 5 Gesätz vor dem Chor und 1 oder 2 nach dem Chor sollen gesungen und damit von denen Alumnis bezeugt werden, daß die Gott verhaßte Acedia und Faulheit zum Guten ferne von ihnen sei, und daß sie schuldig, dem Closter ein gut Exempel zu geben"[239].

Bemerkenswert ist die Erwähnung der Gebete aus dem *Paradiesgärtlein* von Johann Arndt aus dem Jahre 1612[240]. Es ist dies eine Gebetssammlung, die das Luthertum des 17. Jahrhunderts stark beeinflusst hat und große Wirkungen auf den Pietismus ausübte[241]. Dabei ist in unserem Kontext bemerkenswert, in welchem Maße das Paradiesgärtlein von der Mystik des Bernhard von Clairvaux beeinflusst war und so Motive aus der Zisterziensermystik, etwa das Bild der Braut, in das Luthertum und auch den Pietismus zu übermitteln vermochte[242]. Bei allen Wandlungen wird so auch in Bebenhausen weiterhin zisterzienserisches Erbe bewahrt. Mit dem *Hallischen Gesangbuch* dürfte übrigens das erstmals 1704 erschienene „Geist= reiche Gesang=Buch" des Pietisten Johann Anastasius Freylinghausen aus Halle gemeint sein[243]. Es gibt aber auch einen Hinweis für die Tatsache, dass die noch vorzustellende *Psalmodia* von 1686 prägend wirkte. Denn neben dem „Introitus", gemeint ist wohl das *Deus in adiutorium*, wird die „Antiphona" erwähnt. Dabei bleibt unklar, ob damit der folgende Versikel *Dominus nobiscum* gemeint ist oder aber ob diese Passage aufzählend zu verstehen ist, so dass der Versikel auf eine

---

[238] Die Verlegung weg von der Kirche mag in Bebenhausen eventuell auch der Tatsache geschuldet sein, dass die Klosterkirche nur mehr zur Hälfte zur Verfügung steht und kein Chorgestühl mehr birgt.
[239] STATUTA PARTICULARIA 1726, 1.10. (LANG, Geschichte 426–427).
[240] Vgl. hierzu die umfassende Untersuchung von PARK, Paradiesgärtlein. – Zu Arndt vgl. etwa WALLMANN, Johann Arndt.
[241] Vgl. PARK, Paradiesgärtlein 197–220. – Auf katholischer Seite wäre hier als ein vergleichbares Gebetbuch das „Himmlisch Palm-Gärtlein" (1664) des Wilhelm Nakatenus SJ zu nennen, das Elemente des Stundengebetes enthält. Vgl. dazu KÜPPERS, Palm-Gärtlein, 125–160. Auch Nakatenus rekurrierte auf Bernhard von Clairvaux (vgl. ebd. 106–107).
[242] Vgl. PARK, Paradiesgärtlein 72–154; 206–220; auch WALLMANN, Johann Arndt 78–82. – Zur theologischen Nähe von Bernhard von Clairvaux und Martin Luther vgl. KÖPF, Theologie, etwa 407–415.
[243] Vgl. dazu den Sammelband MIERSEMANN, BUSCH, Singt dem Herrn; auch MEYER-BLANCK, Gebet 184–185; auch bereits LANG, Geschichte 418. Mit „Gesätz" ist wohl die Strophe gemeint.

Antiphona folge. Wie aber immer, die spezifische Wortwahl des *nobiscum* begegnet in der *Psalmodia* und wird weiter unten noch dargestellt. Wenn auch keine direkte Prägung durch das konkrete liturgische Buch besteht, so zeigt sich doch der gelebte Traditionsstrom, in dem die Gebetszeiten noch stehen. Die Struktur dieser Gebetszeit ist also folgende (vgl. das Schema in Kapitel 9.1.): Nach dem Eröffnunsversikel *Deus in adiutorium* folgt eine deutsche Lesung aus dem Alten Testament, worauf ein Psalm hebräisch und deutsch zu vollziehen ist. Auf das Gebet aus Arndts Paradiesgärtlein folgt das *Dominus nobiscum*. Abgeschlossen wird die Gebetszeit mit einem Lied aus dem Hallischen Gesangbuch.

Die Verwendung des Lateins ist als Vehikel der lutherischen Orthodoxie äußerst eingeschränkt. Damit fällt zugleich auch eine der Erinnerungen an das Mönchtum. Die biblischen Sprachen hingegen finden im Pietismus große Beachtung, weshalb dem Hebräischen auch im Gottesdienst Raum gegeben wird[244]. Bei alledem dient die entsprechende Hore als asketische Übung.

3.8.2. Die „Statuten der Alumnorum" von 1757

Zu Anfang des Jahres 1757 erschien dann eine revidierte Klosterordnung, die

„Statuten Der Alumnorum in den vier besetzten Clöstern des Herzogthums Würtemberg, Wie solche Auf Gnädigsten Befehl Des Durchlauchtigsten Herzogs, Karls, zu Würtemberg etc. etc. Aus der Kirchen=Ordnung, und samtlich zuvor ertheilten Recessen zusammen gezogen, und auf gegenwärtige Zeit eingerichtet, auch von Seiner Hoch=Fürstlichen Durchlaucht bestättiget worden, Jm Jahr Christi 1757"[245].

Im Grunde bieten diese Statuten nichts Neues, nur Ehrfurcht und Disziplin bei den *preces publicae* werden angemahnt, die keine Verminderung, sondern Verstärkung durch pietistische Andachtsbücher und die Privatandacht erfahren. So heißt es im 1. Kapitel:

„Von den Pflichten und dem rechten Bezeugen der Alumnorum. Und zwar I. Was Sie fürnehmlich gegen Gott zu beobachten haben":

„§. 2. Um auch in der wahren Gottseligkeit und thätigen Christenthum täglich zuzunehmen, und Gottes Gnade über sich zu vermehren, sollen Sie sich die fleißige Ubung im Gebet nicht nur offentlich bey denen zu solchem Ende gemeinschafftlich angestellten Precibus, sondern auch privatim höchlich lassen angelegen seyn, selbiges niemals anderst als mit der erforderlichen wahren Andacht verrichten; anbey sicher glauben, daß je mehr sie dieses einigen Mittels zur Erlangung Göttlichen Seegens vergessen oder nicht gehörig gebrauchen werden, desto weniger all ihr übriges Thun und Bemühen vor Gott und Menschen taugen werde.

---

[244] Meiner Berliner Kollegin Dorothea Wendebourg sei für mannigfaltige Hinweise hierzu Dank gesagt.
[245] Vgl. dazu LANG, Geschichte 432–440; auch bereits WUNDERLICH, HAUFF, KLAIBER, Klosterschulen 33–36.

§. 3. Zu dem Ende sollen noch weiter Unsere Alumni bey jeglichem Gottes=Dienst und Behandlung Göttlichen Worts allen Ernst, Andacht und Ehrfurcht beweisen; denselben fleißig besuchen, und keineswegs versaumen, sondern bey dem Anfang bis zu End seyn und bleiben, auch auf alle und jede Ritus und Cerimonias Ecclesiae acht haben, und mit ihrem stillen und Christlichen Bezeugen, wie billig, auch andern erwecklich, und sich selbst zum Guten förderlich seyn …"[246].

Bemerkenswert ist die theologische Begründung: Das ehrfürchtige Beten dient dazu, des göttlichen Segens teilhaftig zu werden und Gottes Gnade zu vermehren. Zugleich ist es Übung im Gebet. Diese aszetische Dimension bestimmt auch das 3. Kapitel *Von der Closter=Disciplin*. Dort wird hinzugefügt:

„§. 1. Sollen alle und jede Alumni des Morgens, so bald das Zeichen der gesetzten Zeit, nehmlich Sommers um 5. Uhr, und Winters um 6. Uhr, gegeben wird, unverweilt und zumal in gehörigem Habit geziemend erscheinen, und die Preces publicae von allen mit Ehrfurcht und Devotion zu Erbittung nöthigen Seegens verrichtet; die muthwillige Versaumniß aber als eine offenbahre Verachtung Gottes und seines Seegens ohnfehlbar gestraffet werden.
§. 2. Nicht weniger solle der Chor, als das alte Exercitium asceticum, wobey jedesmal auch aus dem Würtembergischen Schatz=Kästlein einige Sprüche zu verlesen sind, samt den Bet=Stunden und Vesper-Lectionen zu rechter Zeit und von allen gebührend und andächtig, auch andern zu gutem Exempel gehalten, und von keinem ohne Strafe versäumet werden"[247].

Man geht nicht fehl, die Betonung des öffentlichen Gottesdienstes als Korrektiv angesichts des Erstarkens der Privatandachten auf Kosten des Chorgebetes zu verstehen[248]. Der 1779 bis 1783 in Bebenhausen weilende Christian Jakob Zahn charakterisiert den Chordienst übrigens wie folgt: „Dieser Chor war ein wohlerhaltenes Erbstück der Möncherei, nämlich ein unter Anführung des Präcentors nach einer Melodie, welche ziemlich katholisch klang, abgesungenes Gebet"[249]. Diese auch anderswo, etwa in Havelberg anzutreffende Einschätzung kann die Form des Chorgebetes nur noch als typisch katholisch erachten[250]. Dass sie starker Teil des eigenen lutherischen Selbstbewusstseins im Umgang mit dem Wort Gottes war, ist vergessen.

---

[246] STATUTEN 1757, 5–6, auch bei REYSCHER, Gesetze 11/2, 238–239.
[247] STATUTEN 1757, 32–33, auch bei REYSCHER, Gesetze 11/2, 248–249.
[248] Was mit dem „Württembergischen Schatzkästlein" gemeint ist, muss offen bleiben. Ein „Biblisches Gebet-Schazkästlein" von Johann Albrecht Bengel erschien in Stuttgart erst 1766, so ein freundlicher Hinweis von Dorothea Wendebourg. Das Werk ist verzeichnet in VD 18: 13965239 (25.6.2019). Eventuell kann das Werk des ehemaligen Tübinger Stiftlers Johann Reinhard HEDINGER, Biblisches Schatzkästlein oder vollständiges Spruchbuch. Stuttgart 1701, gemeint sein (ohne Eintrag in VD 18). Vgl. zur Person SCHÖLLKOPF, Hedinger, das genannte Werk ebd. 60.
[249] LANG, Geschichte 538–539.
[250] Vgl. ODENTHAL, Gewohnheiten 308–309.

3.9 Zum weiteren Schicksal der Klosterschulen und ihre Säkularisierung bis zur Abschaffung der Horen

Im Blick auf die weitere Geschichte der Stundenliturgie wurde die Epoche unter Herzog Friedrich II. (1754–1816, Regierungszeit 1797–1816, seit 1806 König von Württemberg) entscheidend[251]. Zunächst lässt sich für die alten Klöster Württembergs zusammenfassend konstatieren, „daß auch im 18. Jahrhundert die Ordnungen, die Herzog Christoph um die Mitte des 16. Jahrhunderts festgesetzt hatte, im großen und ganzen noch immer in Geltung waren"[252]. Doch meldete sich gegen Ende des 18. Jahrhunderts allmählich Widerstand gegen die verbliebenen monastischen Formen, und zwar in Bezug auf das Stundengebet ebenso wie das „Kuttentragen" der Alumnen[253]. Es war gerade der mönchische Zuschnitt des Chorgebetes, der die Kritik auf sich zieht[254]. Ein Antrag des Kirchenrates aus dem Jahre 1799, das Kuttentragen der Schüler als Überbleibsel des Mönchtums abzuschaffen, blieb indes ohne Folgen[255]. Allgemeiner noch kann diagnostiziert werden, dass Württemberg sich zu dieser Zeit in Bezug auf Bildungsformen und so auch das Schulwesen eher abschirmte und abschottete[256]. Und doch kam es zu ersten Änderungen. Im Jahre 1792 wurden in Blaubeuren und Denkendorf statt des „Arndtschen Paradiesgärtlein" nun auch die „Morgen- und Abendandachten auf alle Tage"[257] des bekannten rationalistischen Theologen Georg Heinrich Müller eingeführt, wohl nicht nur in Ergänzung, sondern statt der bisherigen lateinischen Morgen- und Abendgebete[258]. In Maulbronn jedoch blieb das lateinische Chorgebet bis ins 19. Jahrhundert üblich und machte noch im Jahre 1806 auf den in Maulbronn weilenden König Friedrich stärksten Eindruck[259]. Doch setzte im gleichen Jahr die Säkularisierung der evangelischen Klöster ein, die zu einer Umbildung der Klosterschulen in neuzeitlich geprägte evangelisch-theo-

---

[251] Vgl. dazu SIEMANN, Friedrich II./I.; insgesamt LANG, Geschichte 273–301. Zu den politischen Umständen vgl. PELIZAEUS, Aufstieg 235–288.

[252] LANG, Geschichte 244. So beschreibt Lang (ebd. 414) den Tagesablauf für Blaubeuren um 1725.

[253] So LANG, Geschichte 455.

[254] Beispiele bei LANG, Geschichte 440–453. Noch im Jahre 1717 war man stolz auf die spezifisch evangelische Ausprägung der ehemaligen Klöster. Vgl. etwa die Nennung der evangelischen Äbte bei FRISCHLIN, Monasteria.

[255] Vgl. dazu LANG, Geschichte 277.

[256] Vgl. LANG, Geschichte 441.

[257] Es handelt sich um Georg Heinrich MÜLLER, Tägliche Morgen- und Abendandachten auf das ganze Jahr, über auserlesene Sprüche der heiligen Schrift, zur Beförderung des thätigen Christenthums und reiner Anbetung Gottes 1–2. Tübingen 1793, erwähnt bereits bei NICOLAI, Bibliothek 561–564. Vgl. dazu EHMER, Klosterschulen im Übergang 136, der in der Einführung dieses Werkes den Einfluss des Neuhumanismus ausmachen kann.

[258] So LANG, Geschichte 455.

[259] Beleg bei KOLB, Geschichte 68.

3.9 Zum weiteren Schicksal der Klosterschulen und ihre Säkularisierung

logische Seminare Anlass gab[260]. Die Fusionierung von Bebenhausen und Maulbronn führte im Jahre 1807 zu den „Vorschriften für die neuen Einrichtungen des combinierten Seminariums zu Maulbronn"[261]. Die Säkularisierung der evangelischen Klöster brachte mit sich, dass die Leitung vom Oberkonsistorium an die Oberstudiendirektion überging und somit der kirchliche Einfluss mit Äbten und Prälaten in der Mehrzahl beseitigt wurde. Zugleich wurden die vier Klosterschulen über einige Zwischenschritte in zwei neuzeitliche evangelisch-theologische Seminare umgebildet. Zunächst wurden Bebenhausen und Maulbronn fusioniert, im Jahre 1810 wurde Denkendorf vorübergehend mit Blaubeuren in Kloster Schöntal zusammengelegt[262]. Das höhere Schulwesen hatte seinen Ort in Maulbronn, das niedere in Schöntal. Die 1807 für Maulbronn erlassene neue Hausordnung wurde sukzessive auch von den anderen Einrichtungen übernommen, im gleichen Jahr im noch existierenden Blaubeuren, ein Jahr später in Denkendorf 1808, schließlich nach der Fusion 1810 in Schöntal[263]. Mit dieser neuen Hausordnung fielen die bisherigen Chorandachten[264]. Nur die bisher zusätzlich zu den zwei Chorandachten übliche Morgen- und Abendandacht blieben erhalten[265]. Sie sollten aber kein mechanisch erzwungenes *opus operatum* sein, sondern wurden als Erbauung und Erweckung religiösen Lebens motiviert[266]. Damit aber ist das geschichtliche Ende der vorliegenden Untersuchung erreicht, denn die letzten Reste des Chorgebetes monastischer Tradition wurden beseitigt. Gustav Lang kommentiert dies so:

„Auch die Abschaffung des Horensingens wurde von manchen nicht ohne Grund bedauert. Noch 1840 erinnerten sich ältere Geistliche gern an den lateinischen Chor mit seinen Soli und Antiphonen, den sie in den Klosterschulen noch mitgesungen hatten, und erzählten sich, wie sogar König Friedrich, als er im Sommer 1806 Maulbronn wegen der Einrichtung des Klosters für zwei Promotionen besichtigte und dem Chor anwohnte, aufmerksam zuhörte und sich nachher günstig darüber aussprach (...) Die liturgische Bewegung der neuesten Zeit weiß diese alte Einrichtung wieder zu schätzen und stimmt in jenes Bedauern ein"[267].

Mit der im Jahre 1816 beginnenden Regierungszeit König Wilhelms I. (1781–1864, Regierungszeit 1816–1864)[268] kam eine weitere Seminarreform zur Aus-

---

[260] Vgl. EHMER, Klosterschulen und Seminare 29–30.
[261] Damit war das Ende von Bebenhausen im Jahre 1807 besiegelt. Vgl. SYDOW, Die Zisterzienserabtei Bebenhausen 78.
[262] Vgl. dazu LANG, Geschichte 280; 286–301; auch bereits WUNDERLICH, HAUFF, KLAIBER, Klosterschulen 43. – Zu Schöntal vgl. den Überblick bei RÜCKERT, Schöntal.
[263] Vgl. dazu LANG, Geschichte 478; 480–481.
[264] Vgl. dazu LANG, Geschichte 285 und 468; auch bereits WUNDERLICH, HAUFF, KLAIBER, Klosterschulen 43.
[265] Vgl. dazu LANG, Geschichte 285 und 468.
[266] Vgl. dazu LANG, Geschichte 484.
[267] LANG, Geschichte 491.
[268] Vgl. dazu ELIAS, Wilhelm I.; insgesamt LANG, Geschichte 301–319.

führung. Am 9. November 1817 dekretierte der König, dass nun neben Maulbronn wieder Blaubeuren einzurichten sei[269]. Am 6. Juli 1818 wurde Maulbronn in ein niederes Seminar umgewandelt, zusätzlich Urach als ein viertes Seminar eingerichtet[270]. Das Kloster Schöntal blieb zunächst provisorisch, Blaubeuren jedoch endgültig erhalten[271]. Doch bestand bei allen Wirrungen mindestens bis ins 19. Jahrhundert ein gemeinschaftliches Morgen- und Abendgebet in den niederen Seminaren. Die „Statuten für die Zöglinge der niedern Seminarien" vom 10. Juni 1836 sahen ein solches „auf dem Hôrsaal" vor[272]. Interesse verdient hier eine die Statuten ausdeutende „Instruktion für den Vorstand und die Professoren der niederen evangelischen Seminarien" vom 23. Dezember 1836[273]. Denn in §. 12 wird unter Abschnitt 3 mit genauerer Angabe des Inhaltes der Morgen- und Abendgebete zugleich eine theologische Begründung gemeinsamen täglichen Betens gegeben:

„die täglichen Morgen- und Abend-Andachten. Bei diesen wird ein Gebet und darauf ein biblischer (nicht allzulanger) Abschnitt, nach der Ordnung der biblischen Bücher aus der lutherischen Uebersetzung (mit Weglassung der minderpassenden) vorgelesen, und Abends etliche Verse aus dem Würtembergischen Gesangbuch gesungen. Auch können von Zeit zu Zeit, um das Interesse bei diesen Andachts-Uebungen zu beleben und zu erhöhen, Hauptstellen aus dem Grundtext des Alten und Neuen Testaments (begleitet von kurzen erläuternden Winken oder einer deutschen Uebersetzung des Lehrers vorgelesen), zum Memoriren aufgegeben und deklamirt werden. Außer andern Veranlassungen werden besonders auch diese täglichen Andachten als ein sehr schickliches Mittel zur Herbeiführung ächter Erbauungsmomente, und zur Erweckung des religiösen Lebens gebraucht werden. Man vertraut dem religiösen Sinn der Lehrer, daß sie es sich zu einer Angelegenheit machen werden, diesen Uebungen überhaupt so viel möglich eine solche Einrichtung zu geben, daß sie nicht blos als ein mechanisches erzwungenes Opus operatum behandelt werden, daß dabei auf eine schickliche, die Andacht befördernde Abwechslung geistvoller Gebete und Lieder, so wie auf Vervollkommnung und Würde des Gesangs, dieses trefflichen Erhebungsmittels für das Gemüth, der ernstlichste Bedacht genommen, daß endlich der Anlaß, den diese tägliche Andachtsübungen darbieten, besonders auch zu eindringenden mit Liebe und Würde ausgesprochenen, herzlichen, religiösen Erinnerungen nach Zeit und Umständen benutzt, der Gegenstand der Morgen- und Abendbetrachtung aus den Lebensverhältnissen der Jünglinge genommen, und diese allseitig unter religiöse Gesichtspunkte kurz und erbaulich gebracht werden"[274].

---

[269] Vgl. dazu LANG, Geschichte 309.

[270] Vgl. EHMER, Klosterschulen und Seminare 30–31; auch bereits WUNDERLICH, HAUFF, KLAIBER, Klosterschulen 54.

[271] Vgl. dazu LANG, Geschichte 313–314.

[272] STATUTEN 1836, 660.

[273] Diese Instruktion geht auf eine frühere des Jahres 1818 zurück, vgl. INSTRUKTION 1836, 673, Anm. 373.

[274] INSTRUKTION 1836, 685. Vgl. dazu bereits WUNDERLICH, HAUFF, KLAIBER, Klosterschulen 67.

Die Struktur der projektierten Andacht ist denkbar einfach (vgl. das Schema in Kapitel 9.1.): Nach einem Gebet folgt die Bibellesung, und mit einem Lied aus dem Württembergischen Gesangbuch wird die Andacht abgeschlossen. Die entscheidenden Stichworte zur Begründung sind Erbauung und Bildung der Jugend, nach denen der Gottesdienst auszurichten ist. Man grenzt sich damit von einem *opus operatum* ab, das, so jedenfalls die damalige Zuschreibung, rein äußerlicher Gottesdienst und eben keine Erbauung sei[275].

Nur kurz angedeutet seien Versuche des 19. und frühen 20. Jahrhunderts, die Seminare mittels einer Evangelischen Seminarstiftung wieder unter eine kirchliche Aufsicht zu bringen[276]. Eine Revision der Seminarordnung im Jahre 1932 führt dazu, „daß jetzt wohl die letzten Spuren des mönchischen Ursprungs der Klosterschulen getilgt sein dürften"[277].

In seinem 1906 erschienenen Roman „Unterm Rad" schildert Hermann Hesse unter anderem den Alltag der Schüler des Klosters Maulbronn, wie er sich Ende des 19. und Anfang des 20. Jahrhundert gestaltet haben dürfte – mit aller Disziplin und allem Druck, die dem Schul- und Internatssystem innewohnten[278]. Interessant ist, dass ein Bereich gänzlich unerwähnt bleibt, nämlich der nach der Reformation ja beibehaltene tägliche liturgische Chordienst in der alten Klosterkirche. Der Grund hierfür ist nach den benannten geschichtlichen Daten sofort einsichtig: Zu den Schulzeiten von Hermann Hesse war der Chordienst in der Kirche einfach nicht mehr üblich.

3.10. Fazit: Theologische Begründungsmuster der Stundenliturgie im Kontext der reformationszeitlichen Liturgiereform

Die Sichtung der Kirchenordnungen sowie der Statuten für die Klöster bzw. die Klosterschulen erbrachte ein disparates Bild: Die *Klosterordnung* Herzog Ulrichs aus dem Jahre 1535 schneidet tief in das Traditionsgefüge der überkommenen

---

[275] Es stellt sich dabei schon die Frage, aufgrund welcher religiöser oder kulturpolitischer Konstellationen diese Abgrenzung nötig ist.

[276] Zur jüngeren Geschichte vgl. LANG, Geschichte 329–340.

[277] LANG, Geschichte 340.

[278] Vgl. die hochambivalente Beschreibung bei HESSE, Unterm Rad 46–47: „Zugleich sind dort die jungen Leute den zerstreuenden Einflüssen der Städte und des Familienlebens entzogen und bleiben vor dem schädigenden Anblick des tätigen Lebens bewahrt. Es wird dadurch ermöglicht, den Jünglingen jahrelang das Studium der hebräischen und griechischen Sprache samt Nebenfächern allen Ernstes als Lebensziel erscheinen zu lassen, den ganzen Durst der jungen Seele reinen und idealen Studien und Genüssen zuzuwenden. Dazu kommt als wichtiger Faktor das Internatsleben, die Nötigung zur Selbsterziehung, das Gefühl der Zusammengehörigkeit (…) Mit Ausnahme der Wildlinge, die sich je und je einmal losreißen, kann man auch jeden schwäbischen Seminaristen sein Leben lang als solchen erkennen". – WUNDERLICH, HAUFF, KLAIBER, Klosterschulen 21, urteilen bereits 1833: „Das Hauptgebrechen der Kloster-Schulen war die naturwidrige Strenge der Anforderungen an Knaben und Jünglinge".

Stundenliturgie ein und kürzt die Horen radikal auf eine Morgenhore und eine Nachmittagshore samt der Vesper zusammen. Doch schon die Epoche unter Herzog Christoph geht moderater vor: Nicht zuletzt aufgrund mannigfacher Widerstände sieht die *Klosterordnung* von 1556 wieder eine größere Zahl von Horen vor und ermöglicht so die reichere Tradierung monastischer Stundenliturgie. Es findet sich nun wieder die an Laudes, Prim, Sext, Vesper und Komplet orientierte Fülle des Chordienstes. In diesem Auf und Ab zeigten sich unterschiedliche theologische Akzentsetzungen, vertreten durch unterschiedliche Interessengruppen. Wie bei den Auseinandersetzungen um die Stuttgarter Konkordie deutlich wurde, stoßen besonders in der Abendmahlsfrage zwei Positionen aufeinander, die lutherische Prägung bei Erhard Schnepf und Johannes Brenz, die eher zwinglianische Prägung bei Ambrosius Blarer. Diese Gemengelage prägte auch die Aushandlungsprozesse um den Fortbestand monastischer liturgischer Traditionen. Einen gewissen Endpunkt stellt dann die *Große Württembergische Kirchenordnung* von 1559 dar, in die die *Ordnung für Männerklöster* von 1556 in stark modifizierter Form einging. Die nun erreichte Gestalt der Stundenliturgie sieht zwei große Horen als Nachfolgerinnen von Laudes und Vesper sowie zwei kleinere Morgen- und Abendhoren vor, die den Tag beginnen und beschließen und aus einem Psalm, dem Gebet für die Obrigkeit sowie dem *Vater Unser* bestehen. Sie sind wohl nicht mehr unbedingt an den gemeinsamen Vollzug im Chor gebunden. Im Gegensatz zur *Klosterordnung* von 1556 fehlt nunmehr die Mittagshore. Dieses System prägt die weiteren Ordnungen bis zur Aufhebung der Stundenliturgie, wobei die jeweiligen Gebete zu Beginn und Abschluss des Tages im Laufe vor allem des 18. Jahrhunderts zunehmend privatisiert werden, was durchaus im Kontext einer pietistisch geprägten „neuen Innerlichkeit" gewertet werden darf[279]. Zugleich zeigt sich darin die Variabilität innerhalb des durch die Kirchenordnungen geregelten Rahmens. Auch die vorzustellenden Liturgica des 17. Jahrhunderts belegen übrigens die Freiheit, innerhalb vorgegebener Formen die Stundenliturgie situativ den Bedingungen und Möglichkeiten anzupassen, etwa im Hinblick auf die Auswahl der Schriftlesungen. Deshalb bieten sie eine Grundstruktur der (ehemals) großen Horen monastischer Stundenliturgie (Laudes bzw. Vesper), die nun im Wesentlichen als monastisches Erbe beibehalten wurden.

Von besonderem Interesse sind die innerhalb der Ordnungen auftauchenden theologischen Begründungsmuster der Stundenliturgie, die im Kontext der Reformation bemüht werden. Sie sind vor dem mittelalterlichen Hintergrund des Stundengebetes als „officium", als geschuldete Pflicht zu werten, wie sie etwa die Regel Benedikts vorgibt:

---

[279] Beim „Vater der pietistischen Frömmigkeit", Johann Arndt, findet sich indes beides: „Anleitung zum Gebet und ein Gebetbuch", also das freie wie das durch eine Vorgabe geregelte Beten, so WALLMANN, Herzensgebet 293.

3.10. Fazit: Theologische Begründungsmuster der Stundenliturgie

Qui septenarius sacratus numerus a nobis sic implebitur, si matutino, primae, tertiae, sextae, nonae, uesperae conpletoriique tempore nostrae seruitutis officia persoluamus[280].

Dieses *officia persolvere* ist im Ursprung zunächst an das Oratorium des Klosters gebunden, während die Mönche auf Reisen die Gebetsstunden feiern, so gut es geht[281]. Seit der Spätantike kommt ein weiterer Strang hinzu, nämlich die Bedeutung eines Kirchengebäudes aufgrund des in ihm geborgenen Märtyrergrabes[282]. Dieser Ort war es wert, tägliches Stundengebet auf sich zu ziehen, worauf noch zurückzukommen ist (siehe Kapitel 7). Schließlich wurde aus der monastischen oder an einer bestimmten Kirche haftenden Verpflichtung zunehmend eine Schuldigkeit der einzelnen Geweihten[283]. Die Brevierpflicht des einzelnen Klerikers ist dabei vor dem Versuch zu verstehen, auch das Leben der Weltkleriker nach monastischem Vorbild zu organisieren[284]. Doch die im späten Mittelalter aus dem Boden sprießenden Druckbreviere machen ex eventu deutlich, dass es mit dieser Brevierpflicht im Sinne eines einheitlichen Betens des Klerus nicht gut bestellt gewesen war: Erst durch das Druckverfahren bot sich die gute Möglichkeit einer zumindest diözesanen Vereinheitlichung der Breviere mit erneuter Betonung der Brevierpflicht, auch für den niederen Klerus[285]. Vor diesem Hintergrund sind es im Kontext der Reformation Württembergs und ihrer Liturgiereform sieben Argumentationsstrukturen, die zugunsten der Beibehaltung der Stundenliturgie in den bemühten Quellen begegneten. Sie seien hier nochmals zusammengefasst und mit Rekursen auf andere Quellen versehen, etwa die lutherischen Bekenntnisschriften.

a) Klöster und ihr Gottesdienst als Schulen der Bibellektüre

„das psalterium Davidis ein kurze summa und Innhalt der gantzen hayligen schrifft"[286].

Wie gezeigt werden konnte, betonte bereits die *Klosterordnung* von 1535 die Bedeutung des Psalters und forcierte deshalb zusätzlich zu seinem Vollzug im Chordienst die Auslegung der Psalmen. Die *Ordnung für Männerklöster* von 1556 räumte zwar Missbräuche des Klosterlebens ein, vor deren Hintergrund aber hebt sich das Idealbild der Frühzeit ab: Klöster dienten einstmals dem Studium der

---

[280] REGULA BENEDICTI, cap. 16[1-2], in: VOGÜÉ, NEUFVILLE, Règle II, 524. Vgl. dazu PUZICHA, Kommentar 271–274.
[281] „Similiter, qui in itinere directi sunt, non eos praetereant horae constitutae, sed ut possunt, agant sibi et seruitutis pensum non neglegant reddere", so die REGULA BENEDICTI, cap. 50[4], in: VOGÜÉ, NEUFVILLE, Règle II, 608. Vgl. dazu PUZICHA, Kommentar 544–547.
[282] Vgl. zu diesen Zusammenhängen HÄUSSLING, Mönchskonvent 213–297.
[283] Vgl. PASCHER, Stundengebet 56.
[284] Vgl. zu den hier nur kurz angedeuteten Zusammenhängen MÜLLER, Officium divinum 51–52; vgl. auch SALMON, Verpflichtung.
[285] So ist etwa für Halberstadt das Reformbrevier des Kardinals Albrecht von Brandenburg aus dem Jahre 1515 zu nennen. Vgl. dazu ODENTHAL, Ordinatio 33–40.
[286] ORDNUNG FÜR MÄNNERKLÖSTER 1556, 6r (300 Arend).

Heiligen Schrift. Dieses Argument impliziert eine Verfallshypothese: Ursprünglich waren die Klöster Orte der Meditation und des Studiums der Heiligen Schrift, sind dann aber durch Gelübde und Werkgerechtigkeit verkommen. Der Offiziumscharakter im Kontext der Ordensgelübde führte, so die These, zu einer Veräußerlichung des Gottesdienstes. Dieser Sachverhalt ging Hand in Hand mit detaillierten Systemen der Finanzierung mittels der Pfründe und Präsenzgelder: Verdienstlichkeit führte zur Kumulation von Gebeten statt zur Konzentration auf die Heilige Schrift selbst. Desweiteren hat die Überlagerung durch Heiligenfeiern zu einer Minimierung der umfänglichen Psalterauswahl und zur Einführung theologisch zweifelhafter Texte, etwa den Heiligenviten und -hymnen geführt. Die lutherische Reform möchte dies wieder bereinigen und führt so das Klosterleben zu seinem eigentlichen Kern zurück. Der ursprüngliche Charakter der Klöster als Orte des Bibelstudiums soll durch die Reformation der Klosterschulen wieder hergestellt werden. Das geschieht zum einen im Unterricht, zum anderen in der Stundenliturgie als einer täglichen gemeinsamen Einübung in die Heilige Schrift. Ihr kommt dabei zugute, dass sie vom Ursprung her maßgeblich aus dem Psalter als Teil der Heiligen Schrift besteht. Seit den Zeiten der Kirchenväter (Athanasius) bis hin zu Luther selbst kann der Psalter als „summa" der gesamten Heiligen Schrift gelten, wie dies die *Ordnung für Männerklöster* von 1556 formuliert[287]. Wer Stundenliturgie feiert, übt sich so über den Psalter in die gesamte Heilige Schrift ein. Dass dies aus dem evangelischen Geist der Freiheit zu geschehen hat, liegt dabei auf der Hand.

b) Klöster und ihr Gottesdienst als Sprach- und Gesangsschulen

„nach der allten preuchlichen latinischen translation gelesen oder gesungen"[288]

Die Tradition monastischer Offiziumsliturgie, die Psalmen lateinisch und im Modus des Gregorianischen Chorals gesungen zu vollziehen, kann nicht nur aus Gewohnheit beibehalten werden. Sie ist zudem im Hinblick auf die schulische Ausbildung der Alumnen höchst wünschenswert, da so der Gottesdienst zugleich als Ergänzung des Latein- und Musikunterrichtes konzipiert werden kann. Die Kenntnisse der Heiligen Schrift, der Musiktradition wie der lateinischen Sprache sind im Kontext des Humanismus ein erstrebenswertes Bildungsideal. Dabei fiel auf, dass für die Frauenklöster die lateinische Sprache deshalb nicht vorgesehen war, weil ihnen (nicht immer zu Recht, wie wir heute wissen)[289] ein geringerer Bildungsgrad unterstellt wird. Die Verständlichkeit des Gotteswortes ist das Leitbild für Gemeinden im allgemeinen wie für die Frauen, weil es um das Hören des

---

[287] „At liber Psalmorum, omnium reliquorum fructus quasi insitos in se continens ...", in: ATHANASIUS, Epistola ad Marcellinum 2 (PG XXVII, 11C). Vgl zum ganzen TETZ, Psalterverständnis, bes. 56; auch BADER, Psalterium 112–138.
[288] ORDNUNG FÜR MÄNNERKLÖSTER 1556, 6r (300 Arend).
[289] Vgl. etwa SCHLOTHEUBER, Klostereintritt; SCHLOTHEUBER, Gelehrte Bräute.

Gotteswortes geht, das zum Glauben führt. Anders kann bei denjenigen verfahren werden, die im kirchlichen Dienst einmal leitende Aufgaben übernehmen werden. Sie lernen die Heilige Schrift, die zugehörigen Sprachen und die Musik, „damit die Closter personen nicht allein zŭ irem aigen besondern hayll, sonder auch zŭ dem dienst unnd ambtern der gemeinen, christenlichen Kirchen auffertzogen werden möchten"[290]. Kurz: Sie bedürfen im Hinblick auf die Auferbauung des neuen evangelischen Kirchenwesens einer gediegenen intellektuellen Ausbildung, und dies ist fortan Ziel der (ehemaligen) Männerklöster.

c) Psalmensingen als Trost in schweren Zeiten

„die leut dardurch in gfärlichen zeiten sich trösten"[291].

Jenseits aller abzulehnenden Werkgerechtigkeit behält der tägliche Gottesdienst im Luthertum seinen Sinn, gerade auch das Chorgebet mit dem Psalmensingen. Denn das Psalmensingen ist Trost in schweren Zeiten, wie das Württembergische Bekenntnis von 1552 darstellt. Die *Confessio Virtembergica* erinnerte ja an die in den *Confessiones* des Augustin überlieferte Bedeutung des Psalmengesanges während der Bedrohung der Mailänder Kirche unter Ambrosius, da sie Trost und Halt spendeten. Die Erfahrungen des Augustinus lassen sich als Argumente gut im reformatorischen Kontext ummünzen, geht es doch um frommes Betroffensein (affectus pietatis), das bei Augustin deshalb eintreten konnte, weil damals das Latein die allen gemeinsame und verständliche Sprache war. Die Praxis der Alten Kirche kann damit gut als Traditions- wie Innovationsargument dienen: Die lutherische Erneuerung der Form der Stundenliturgie stellt das Ursprüngliche, das Kirchenväterideal wieder her. So ist zwar einerseits die Beibehaltung des Lateins zur Bildung in Klosterschulen begründbar, andererseits gelten für die Pfarrgemeinden andere Maßstäbe. Dort ist die deutsche Sprache als Sprache von Liturgie und Verkündigung unverzichtbar. Damit ist zugleich der Unterschied zur kritisierten zeitgenössischen monastischen Praxis benannt und ein Kriterium reformatorischen Gottesdienstverständnisses gegeben.

d) Der durch das Chorgebet strukturierte Tag als Teil der (Schul-)Disziplin

„alle hanndlung zŭr Leer der hayligen, göttlichen schrifft unnd darauß zŭ rechter Gots forcht, christenlichen tugenden und Zŭcht verordnet"[292].

Das gemeinsame Stundengebet hilft zudem im schulischen System, den Alltag zu strukturieren. Insofern ist diese Form von Liturgie für die Kandidaten der zu-

---

[290] ORDNUNG FÜR MÄNNERKLÖSTER 1556, 4r (298 Arend). Vgl. auch LANG, Geschichte 52–53. – Zur pädagogischen Dimension der Gesänge für den Klerus, mittels derer im Luthertum eine gewisse Traditionsstärke erzielt wurde, vgl. grundsätzlich LEAVER, Luther's Liturgical Music 191–193.
[291] CONFESSIO VIRTEMBERGICA 24 (Brecht, Ehmer 149).
[292] ORDNUNG FÜR MÄNNERKLÖSTER 1556, 6r (300 Arend).

künftigen Württembergischen Pfarrerschaft ein Teil der zu erlernenden Ordnung. Der strukturierte Tagesablauf findet sich auch in den bereits dargestellten „Statuta particularia" von 1726 aus Bebenhausen: Sie haben vor allem das Ziel, jedweder Form von Nachlässigkeit in Verrichtung der Predigerpflichten zuvorzukommen, fügen aber eigens hinzu, dass so Acedia und Faulheit zu überwinden seien[293].

e) Stundenliturgie und Wortverkündigung

„ut verbum dei im schwang gehe"[294].

Ein neuer Akzent wird gesetzt, wenn der Schriftlesung und auch ihrer Auslegung innerhalb des Chorgebetes neue Bedeutung zuerkannt wird. Neben den Psalmen werden so ganze Kapitel des Alten wie Neuen Testamentes zum Bestandteil der Horen, eventuell als Bahnlesung, was bis dahin lediglich idealiter bei den Vigilien der Fall war. So wird neu und konsequenter als bisher das zitierte Lutherwort aus seiner Predigt zum 2. Advent des Jahres 1523 eingelöst, das Wort Gottes müsse im Schwange sein[295]. Jedwedes gottesdienstliche Tun erhält von hierher seinen Sinn.

f) Stundengebet als Realisierung der Gnade

„Gottes Gnade über sich zu vermehren"[296].

Ein bemerkenswertes und im lutherischen Kontext seltenes Argument für das gemeinsame Beten bringen die Statuten von 1757, indem sie von der Vermehrung der Gnade Gottes sprechen, ja einem Teilhaftwerden an Gottes Segen. Das Argument ist insofern beachtenswert, als es sich an dem von der lutherischen Reformation besonders betonten Gabegeschehen des Gottesdienstes orientieren muss, das ja gegen ein etwa im späten Mittelalter paradigmatisches Leistungsprinzip mittels einer gezählten Frömmigkeit gesetzt wurde[297]. Doch zeigt das Motiv der Vermehrung der Gnade durch Beten zum einen das Gnadenprinzip selbst, um das es geht, zum anderen, in welchem Maße der Gottesdienst als Dienst des Menschen und Dienst Gottes am Menschen notwendig ist, vor allem in Bezug auf das, was aus Glaube und Liebe geschieht[298]. Diese Konnotation ist hier wohl vorausgesetzt. Dabei darf auch die Legitimierung des gesamten Klosterbetriebes

---

[293] STATUTA PARTICULARIA 1726, 1.10. (LANG, Geschichte 425–426).

[294] LUTHER, Predigt am 2. Advent (1523), in: LUTHER, WA 11, 207–210, hier 209^1.

[295] Dies entspricht natürlich auch den theologischen Grundlagen, die Luther in seiner Schrift „Von ordenung gottis dienfts ynn der gemeyne" (1523) legt: „Darumb wo nicht gotts wort predigt wirt, ists besser, das man widder singe noch leße, noch zu samen kome" (LUTHER, WA 12, 35$^{24-25}$). Mit der Predigt ist zugleich ein Unterschied zu den Klöstern und Stiften benannt, „da sie nur die wende haben angeblehet" (LUTHER, WA 12, 36$^{1-2}$).

[296] STATUTEN 1757, 5, auch bei REYSCHER, Gesetze 11/2, 238.

[297] Vgl. hier etwa SAARINEN, God and the Gift; auch ODENTHAL, Die Eucharistiefeier als Gabe.

[298] Vgl. SPEHR, Gottesdienst, vor allem 18–24.

samt Erhalt der großen Kirchen interesseleitend sein: Schon vor den *Statuten* von 1757 wurde den Klöstern eine besondere Verantwortung für diesen Dienst Gottes zugeschrieben, wie die *Hausordnung von Alpirsbach* von 1554 sagt (siehe Kapitel 3.5). Anders gewendet, und zwar biblisch: Gott will um seine Gnade gebeten sein, und er will Dankbarkeit erzeigt haben, die die Antwort der Menschen auf seine Gnade darstellt, so jedenfalls der theologische Duktus in den *Statuten für das Zisterzienserkloster Herrenalb* von 1556, was dann auch in die *Große Württembergische Kirchenordnung* von 1559 eingeht (siehe Kapitel 3.5 und 3.7). Zusammengefasst kann das Argument also so lauten: Die immer schon geschenkte Gnade Gottes verlangt nach einer Antwort aufseiten der Menschen, und dies ist unter anderem in der Stundenliturgie verwirklicht. Sich solchermaßen unter das Wort Gottes zu stellen, ist dann selbst Realisierung und Vermehrung der Gnade.

Schauen wir über die Württembergische Reformation hinaus, gibt es im lutherischen Kontext durchaus vergleichbare Argumentationsmuster, so etwa bei der Reformation der Liturgie des Halberstädter Domes, für die der damalige Bischof Heinrich Julius in seiner Rede vor dem Domkapitel von 1591 gerade das Stundengebet anmahnt:

„Damit es aber gleichwohl in der Kirche möge ordentlich zugehen, daß gleichwohl die Canonici und Vicarii dahin gehalten werden, tägliches fleißig in die Kirchen zu gehen und daselbst Psalmen und andere reine der Heiligen Schrift gemäßige Gesänge brauchen, christliche Lectiones lateinisch und teutsch um der Laien willen lesen und also Gott loben, vor die erzeigte Wohltaten danken und vor die ganze Christenheit ihn anrufen, wie dann dasselbige zu Magdeburg und in andern reformierten Stiften und Klostern also gehalten wird"[299].

Ist einmal der Gnadencharakter des Gottesdienstes geklärt, sind einmal seine Texte bereinigt, dann kann er getrost Dank- und Fürbittfunktionen übernehmen[300].

g) Die Sorge um den täglichen Gottesdienst als Nutzung der Kirchbauten

Im Kontext des Rekurses auf Halberstadt darf mit aller Vorsicht noch ein weiteres Argument für die Beibehaltung des Chordienstes angefügt werden. Es findet sich zwar nicht explizit in den Quellen Württembergs, kann aber insofern hinzugedacht werden, als es ja auch um die Legitimierung der weiteren baulichen Erhaltung der großen Klosterkomplexe Württembergs ging. Dabei sind nicht nur die für schulische Zwecke benutzten Räumlichkeiten im Blick, sondern auch die für die Pfarrerausbildung eigentlich überdimensionierten Kirchenbauten. Vor ähnlichen Herausforderungen standen auch die Stifte im Kontext der Wittenberger Reformation, denen am institutionellen und baulichen Fortbestand gelegen war. Anlässlich der Einführung der lutherischen Reformation im Magdeburger Domstift findet sich eine bemerkenswerte Argumentationslinie, die die Beibehaltung

---

[299] ODENTHAL, Ordinatio 236.
[300] Vgl. KOCH, Fürbitte.

des Magdeburger Domkapitels mit seinen liturgischen Funktionen zusammendenkt und dies auf die Nutzung des Domes selbst hin auslegt. Es hat sich ein Brief des Dr. Melchior Kline vom 24. Juni 1564 erhalten, welcher die konservative Linie eines gemäßigten Luthertums betont und einfordert:

„Und achte, wen ich mein gewissen nach reden und schreiben sollte, die missal und breviaria vohr die hand zu nehmen, zu bewegen, was drin unrecht befunden, hinweck zu thun und das ander, was recht ist, bleiben zu lassen und zu brauchen, dann besser ordenunge wirdt man nimmer erdencken, zu forderst, weill der thumb keine pfarrkirchen ist"[301].

Es geht also, wie so oft, zunächst und zuerst um eine Bereinigung der bisherigen Breviertexte, aber unter Wahrung der besonderen Situation des Domes, der eben keine Pfarrkirche sei und nach einer besonderen Liturgie verlange. In einem weiteren Schreiben vom 2. August 1564 wird dieser Gedanke präzisiert: Es ist die Stundenliturgie, die das Besondere des Domes ausmacht und der Pflege bedarf. Deshalb sei nicht zu raten, den Chordienst der Domherren abzuschaffen und durch Chorschüler zu ersetzen:

„Zum andern wurde volgen, dass die kirche das mehrer teil des Tages ledick stunde, das sie pflegen mit den schuelern nicht viel zu singen, dann allein des sontags und feste die messe und vesper und fruhe etzliche psalmen, aber uff die anderen tage singen sie nicht mehr dann etzliche psalmen, einen himnum und responsorium, sonsten wird nichts gesungen und kommen die horae Canonicae gar abe"[302].

Es ist ein nicht zuletzt alltagspraktisches Argument, die bisherige Infrastruktur der Stundenliturgie aufrechtzuerhalten. So legitimieren sich die großen Kloster- und Domstiftskirchen, die man für pfarrliche Verrichtungen eigentlich nicht braucht, durch das tägliche Singen der Stundenliturgie.

h) *Das Traditionsargument: Die Kontinuität zur Alten Kirche und den Kirchenvätern*

In den bisherigen Motiven klang ein Argument durch, das aber noch einmal eigens genannt werden soll, nämlich das Traditionsargument. Die lutherische Reformation stellte sich und ihre Liturgie nicht nur fest auf biblische Grundlagen, sondern knüpfte zum Teil auch an die Praxis der Alten Kirche an. So konnten etwa die Klöster als ein Ort des Bibelstudiums nach dem Vorbild der Alten Kirche beschrieben werden (siehe oben unter a), ferner rekurrierte die *Confessio Virtembergica* zur Begründung der Stundenliturgie auf Augustin (siehe Kapitel 3.3.) Hinzugefügt werden kann im Vorgriff auf die vorzustellenden liturgischen Bücher auch die aus der Alten Kirche herrührende Benennung der Cantica nach Athanasius oder Augustinus, so in der Psalmodia von 1686 (siehe Kapitel 4.2). Dies war durchaus auch anderswo Praxis: In den damals neu konzipierten Liturgica des Havelberger Domstiftes etwa suchte man die liturgischen

---

[301] Zitiert nach HERTEL, Annahme 23.
[302] Zitiert nach HERTEL, Annahme 24.

Gesänge auf Ambrosius und andere Kirchenväter zurückzuführen, um sie so zu legitimieren[303].

Keines der vorgetragen Argumente darf isoliert betrachtet werden, um die Spannung zwischen der Tradierung einer aus der Alten Kirche herkommenden Liturgieform und ihrer Erneuerung auf der Grundlage einer neuen Theologie des Gottesdienstes nicht aufzuheben[304]. In ihrer Gänze weisen die vorgebrachten Argumente einen eigenen neuen evangelischen Weg zur Begründung der Stundenliturgie in den benannten kirchlichen Kontexten.

---

[303] So etwa beim Adventshymnus *Conditor alme siderum,* der eigens als ambrosianischer Hymnus kenntlich gemacht ist. Vgl. ODENTHAL, Vesperale 65.

[304] Zur Diskussion in der frühen Wittenberger Reformation vgl. hier KRENTZ, Gottlos oder nützlich.

4. Die für die lateinische Stundenliturgie Württembergs konzipierten liturgischen Bücher

Der Blick auf die Entwicklung der Württembergischen Kirchenordnungen hat eine wechselvolle Geschichte von Tradierung und Neuanfang mit auch politisch bedingten Brüchen zutage gefördert. Die Skala reichte von der Beschlagnahme des gesamten Klosterbesitzes über die parallele Existenz von alten Konventen und neuer Schulform bis zur vorübergehenden Restitution mancher Klosteranlagen, bis sich denn im Verlauf des 17. Jahrhunderts eine politisch und kirchlich halbwegs stabile Situation herausgebildet hatte. Da dieses Auf und Ab auch, wie gezeigt wurde, die Stundenliturgie selbst betraf, darf man sich den Umgang mit den für die Stundenliturgie nötigen liturgischen Büchern ebenso uneinheitlich und ungleichzeitig vorstellen. Ungeklärt ist bislang etwa die Frage, welche liturgischen Bücher eigentlich nach der Einführung der Reformation für die Stundenliturgie in den Klöstern Verwendung fanden, und welche musikalische Ausgestaltung den Horen tatsächlich zukam. Wie anderswo könnte man in einer ersten Phase zunächst an die weitere, aber etwa im Hinblick auf Pensum und Heiligenverehrung veränderte Nutzung mittelalterlicher Liturgica denken[1]. Doch dies ist angesichts der wenigen überkommenen Liturgica etwa aus Maulbronn und anderswo kaum mehr zu verifizieren und somit vielleicht auch gar nicht wahrscheinlich[2]. Felix Heinzer spricht bezüglich des Verlustes mittelalterlicher Liturgica von einer Situation, „die Maulbronn im übrigen mit einer Reihe weiterer altwürttembergischen Klöster teilt, die unter den Herzögen Ulrich und Christoph aufgehoben und in evangelische Prälaturen umgewandelt wurden"[3]. Augenscheinlich bestand in diesem Kontext kaum Interesse an der Bewahrung mittelalterlicher Liturgica.

Mehrere in diesem Kontext wichtige Hinweise liefert die zweite Auflage der Großen Kirchenordnung, die 1582 unter Herzog Ludwig (1554 – 1593) heraus-

---

[1] So etwa in Halberstadt, vgl. dazu ODENTHAL, Ordinatio 85–87.
[2] Lediglich aus Kloster Lorch sind noch Chorbücher bekannt, deren Nutzung nach der Reformation im lutherischen Kontext allein deshalb fraglich ist, weil sie in den Besitz der Abtei Neresheim gelangten. Vgl. HEINZER, Chorbücher; WEISSENBERGER, Handschriften. Gegen eine weitere Nutzung sprechen auch die vielen makulierten Liturgica, vgl. TRAUB, MIEGEL, Musikalische Fragmente.
[3] HEINZER, Maulbronn und die Buchkultur 411.

gegeben worden ist[4]. Dort findet sich erstens ein Zusatz zu den Vorschriften des Horensingens:

„Demnach das Exercitium musicae in Unsern Klöstern in Gebrauch, sollen der Prälat und die Praeceptores anordnen, daß das Gesang auf das Contrapunctum gericht werde, damit es dadurch um so lieblicher und verständlicher sei"[5].

Im Kontext dieser Anordnung kann man etwa von der Verwendung des sogenannten Hemmelschen Psalters von 1569 ausgehen[6]. Dieser Psalter von Sigmund Hemmel, der als Mitherausgeber Lukas Osiander hat, enthält 153 deutsche Psalmen in mehrstimmigen Sätzen und erfreute sich weiter Verbreitung[7]. Sodann gibt die Kirchenordnung in ihrer Fassung von 1582 einige Hinweise auf Planungen für ein eigenes württembergisches Landesgesangbuch[8]. Denn in den Abschnitt *Von dem Kirchengesang*, der ansonsten nahezu wörtlich aus der Kirchenordnung von 1553 übernommen wird[9], fügt man 1582 einen eigenen Abschnitt ein:

Damit auch nicht mit der zeit / etliche Gsang / so nicht allerdings rein / bey vnsern Kirchen heimlich möchten einschleichen / Seind wir bedacht / fürderlich / etliche der bessern vnd reinesten Teutschen Gsäng zusamen trucken zulassen / deren sich bißher die Kirchendiener vnd Schulmeister / vnsers Fürstenthumbs / bey den Christlichen Gemeinden gebraucht / auch füraus gebrauchen sollen[10].

Gemeint ist sicherlich das im Jahre 1583 unter der Autorität von Herzog Ludwig erschienene Gesangbuch[11]. Wie rasch es verbreitet war, zeigt der Umstand, dass bereits 1591 eine Neuauflage erstellt wurde[12]. Martin Rössler hat verschiedene Motive der Gesangbuchkonzeption herausgestellt, die bereits bei der Reform der Stundenliturgie begegneten, nämlich die Reinheit des Betens, die Reduktion des Pensums, die Korrektur des verderbten Gebets- und Liedgutes sowie die Praktikabilität des Betens und Singens selbst – alles also Beweggründe aus der Sicht der sich reformierenden Kirchen[13]: „Nirgends wird so sinnenfällig wie hier, daß Württemberg eine ‚lutherische' Kirche sein will", so die Wertung von Martin

---

[4] Die Vorrede bei ARend, Kirchenordnungen 16.II, 460–461.
[5] Zitiert nach Lang, Geschichte 354, leider ohne Beleg.
[6] Vgl. dazu Hori, „der gantz psalter Dauids".
[7] Vgl. die Inhaltsübersicht bei Hori, „der gantz psalter Dauids" 8–14; Rössler, Gesangbuch 96.
[8] Die württembergischen Gesangbücher selber sind im Kontext anderer Liturgica zu sehen, so etwa dem „Christenlich Gesangbuch" von 1559 oder dem Kirchengesangbuch von 1616 der Markgrafschaft Baden-Durlach, um nur zwei zu nennen. Vgl. hier Erbacher, Choralbücher, in Bezug auf die Abhängigkeit dieser Region von der Württembergischen Kirchenordnung ebd. 24, zum „Christenlich Gesangbuch" ebd. 32–34, zum Kirchengesangbuch von 1616 ebd. 35–37. – Zu untersuchen wäre freilich die Vernetzung mit dem Hemmelschen Psalter Davids von 1569.
[9] Vgl. Kirchenordnung 1553 (265 Arend).
[10] Kirchenordnung 1582, 136.
[11] Zum Ganzen auch Rössler, Kirchengesangbuch.
[12] Vgl. Rössler, Gesangbuch 97.
[13] So in Kommentierung zu Kolb Rössler, Gesangbuch 127.

4. Die für die lateinische Stundenliturgie Württembergs konzipierten liturgischen Bücher   85

Rössler[14]. Das heißt aber zugleich, „daß die Liturgie keineswegs so reformiert kühl war, wie es dem oberflächlichen Betrachter erscheint"[15]. Die Akzentsetzungen des Gesangbuches grenzen sich dabei eher vom oberdeutschen Einfluss als vom Katholizismus ab[16]. Die Einlösung des 1582 angekündigten Gesangbuchdruckes wird dann in der Neuauflage der Kirchenordnung von 1615 aktenkundig. Dort wird der 1582 eingefügte Abschnitt entsprechend geändert:

> Damit auch nicht mit der Zeit / etliche Gsang / so nicht allerdings rein / bey vnsern Kirchen heimlich möchten einschleichen / als seind vor dieser Zeit in Vnserm Hertzogthumb grosse vnnd kleine Gesangbücher getruckt / vnd darinnen / neben den Psalmen Davidis / etliche der bessern vnd reinesten Teutschen Gsang zusamen getragen worden / deren sich bißher die Kirchendiener vnd Schulmeister / bey den Christlichen Gemeinden gebraucht / auch fürauß in allweg gebrauchen sollen[17].

Bemerkenswert ist der Umstand, dass mehrere Gesangbücher erwähnt werden. Dabei ist indes vor allem an die deutschen Gesangbücher für den Gebrauch in den Gemeinden zu denken. Die *Kirchenordnung* von 1553 betonte ja bereits im Abschnitt *Von dem Kirchengesang* die Bedeutung der deutschen Sprache gegen eine an und für sich betriebene Unverständlichkeit liturgischen Tuns durch die Verwendung des Lateins, was dann von den folgenden Kirchenordnungen übernommen wurde. Und doch lässt sie eine Ausnahme zu, und das ist die pädagogisch begründete Verwendung des Lateins in den Schulen:

„so mögen die schüler zů zeiten ein lateinischen gsang auß der heiligen schrifft oder der selben gmeß, inen zůr ůbung, in der kirchen singen"[18].

Die Produktion liturgischer Gesangbücher durfte sich so nicht nur auf den Gemeindegesang beziehen, sondern musste sich, um die Reinheit und Schriftgemäßheit auch des lateinischen Kirchengesangs sicherzustellen, ebenso auf die lateinischen Liturgica erstrecken. So wundert es nicht, dass die ersten neuen Liturgica für die Stundenliturgie der Schulen und Klosterschulen nur wenig später als die gemeindlichen Gesangbuchausgaben erscheinen, nämlich zu Beginn des 17. Jahrhunderts. Sie sollen nun vorgestellt werden, weil sie nach einer Epoche des Umbruchs und mancher Ungleichzeitigkeiten zum ersten Mal einen liturgischen, theologischen und musikalischen Standard erkennen lassen, der als Umsetzung der in den Kirchenordnungen umrissenen lutherischen Liturgiereform angesehen werden kann.

---

[14] RÖSSLER, Gesangbuch 128.
[15] RÖSSLER, Gesangbuch 129.
[16] Vgl. RÖSSLER, Gesangbuch 99.
[17] KIRCHENORDNUNG 1615, 188.
[18] KIRCHENORDNUNG 1553 (265 Arend).

4.1. Die „Cantica sacra choralia" von 1618

Die *Württembergische Kirchenordnung* von 1553 projektierte eine differenzierte liturgische Praxis für Dörfer oder für Städte. In den Städten sah sie neben dem lateinischen Introitus die Beibehaltung lateinischer Psalmen zur Vesper vor, und zwar unter einer Antiphon. Dass dieser Hinweis durchaus wörtlich zu nehmen ist, zeigen die *Cantica sacra choralia* von 1618, ein bislang kaum beachtetes liturgisches Buch, von dem ein Exemplar in der Universitätsbibliothek Tübingen ausgemacht werden konnte und nun näher vorzustellen ist[19]. Es ist eines von wenigen Druckwerken, die eigens für die Stundenliturgie Württembergs nach Einführung der Reformation verfasst und erstellt worden sind. Wir gehen nicht fehl, den Gebrauch dieser Druckwerke neben den Städten auch in den Klosterschulen Württembergs anzunehmen.

Cantica sacra choralia, quae per totius anni curriculum in Templis & Scholis Ducatus Würtembergici cantari solent, Notis Figuralium Cantuum descripta. Stutgardiae, Typis Iohannis Vuyrichii Rößlini, Anno M. DC. XVIII (1618)[20].

Es scheinen sich nur wenige Exemplare erhalten zu haben, denn bislang ist nur das in der Universitätsbibliothek Tübingen erhaltene Exemplar im Verzeichnis der im deutschen Sprachraum erschienen Drucke des 17. Jahrhunderts (VD 17) vermerkt[21]. Insofern der Titel des Buches eine Nutzung in den Schulen Württembergs voraussetzt, darf man auch auf einen Gebrauch in den Klosterschulen schließen. Die Planung und Entstehung des gänzlich in lateinischer Sprache gehaltenen Buches fällt in die Amtsperiode des 7. Herzogs von Württemberg, Johann Friedrich (1608–1628, Herzog seit 1608)[22]. Seine Regierungszeit war wiederum durch einen konfessionell bedingten Streit um die Klöster geprägt, der auch Fragen der Kirchenordnung mit einschloss. Schon 1611 beabsichtigte man eine Revision der Großen Kirchenordnung, seit 1619 ging man erneut Klosterreformen an[23]. Hintergrund waren die Restitutionsforderungen der Katholiken, die dann durch das kaiserliche Restitutionsedikt von 1629 Auftrieb bekamen, bis die Klöster nach mehrfach wechselnden Machtverhältnissen im Westfälischen Frieden 1648 endgültig der evangelischen Seite zuerkannt wurden[24]. Man darf

---

[19] Die einzige mir bekannte kurze Nennung des Werkes findet sich im 19. Jahrhundert bei KOCH, Geschichte 440.

[20] Tübingen Universitätsbibliothek, Signatur L XIII 18. Das Tübinger Exemplar mit neuem Schweinsledereinband. Im Einbanddeckel innen der Eintrag: Geschenk von Frau Pfarrer Strebel, Tübingen. Das Exemplar ist online verfügbar: http://idb.ub.uni-tuebingen.de/diglit/LXIII18. Zum Buchdrucker Johann Weyrich Rößlin dem Älteren (1610–1644) vgl. BENZING, Buchdrucker 457; RESKE, Buchdrucker 911.

[21] VD 17: 21:730379N (16.12.2018).

[22] Vgl. dazu insgesamt GOTTHARD, Konfession und Staatsräson 442–469.

[23] Vgl. LANG, Geschichte 137–165.

[24] Vgl. hierzu NEUBURGER, Konfessionskonflikt 26–33; 47–51. – Vgl. auch die Übersicht bei GRUBE, Altwürttembergische Klöster; LANG, Geschichte 150–179.

in den *Cantica sacra choralia* also ein liturgisches Buch sehen, das im Kontext der Etablierung des erneuerten Gottesdienstes in den Schulen im Allgemeinen, aber sicher auch in den Klosterschulen im Besonderen entstanden ist. Es ist im Kontext anderer Liturgica zu sehen: Zu nennen sind das „Christenlich Gesangbuch" von 1559 oder das Kirchengesangbuch von 1616 der Markgrafschaft Baden-Durlach, um nur zwei zu nennen[25]. Doch gibt es einen wesentlichen Unterschied: Während die genannten Gesangbücher für die Gemeinde bestimmt sind, sind die *Cantica sacra choralia* gänzlich für die Schulen eingerichtet. Im Gegensatz zum Hemmelschen Psalter und zu den für den Gemeindegesang bestimmten Gesangbüchern ist das Buch deshalb gänzlich in lateinischer Sprache gehalten und verzichtet auf chorisch gesetzte Gesangsstücke.

4.1.1. Inhalt und Aufbau der „Cantica sacra choralia"

Im Folgenden werden die rubrikalen Anweisungen samt den Textinitien der Gesangsstücke erwähnt, die in den „Cantica sacra choralia" natürlich ausgeschrieben und unter einem Fünfzeilensystem vertont sind. Die Textinitien werden mittels der gängigen Repertorien belegt[26].

A: Wiedergabe der Stundengebetsordnung

Hic versus ante Intonationes, Psalmos, Antiphonas, etc. cantari solet
    Deus in adiutorium (…) (p. 1–2).
Post hunc versum, canuntur prima verba alicujus Antiphonae, usque ad lineolam deorsum per Systema deductam, ut Tonus cantandorum Psalmorum, vel Canticorum, deprehendi possit. Sequuntur tres Psalmi usitatiores.
    Psalmus 110 (p. 3–4).
    Psalmus 113 (p. 5–6).
    Psalmus 96 (p. 6–8).
Post Psalmum, canitur Antiphona. Post Antiphonam, Hymnus. Post Hymnum recinuntur verba prima Antiphonae, uti supra; et subjiciuntur Canticum Beatae Mariae Virginis, vel Zachariae, vel Simeonis (p. 8).
    Canticum B. Mariae Virginis, Luc. 1 (Magnificat) (p. 9–10).
    Canticum Zachariae. Luc. 1 (Benedictus) (p. 10–12)
    Canticum Simeonis. Luc 2 (Nunc dimittis) (p. 12).

---

[25] Vgl. hier ERBACHER, Choralbücher, in Bezug auf die Abhängigkeit dieser Region von der Württembergischen Kirchenordnung ebd. 24, zum „Christenlich Gesangbuch" ebd. 32–34, zum Kirchengesangbuch von 1616 ebd. 35–37.

[26] Die liturgischen Texte werden auf der Grundlage von www.cantusindex.org (abgerufen am 22.12.2018) mit den Nummern der entsprechenden Cantus-ID belegt. Nur kurz sei darauf hingewiesen, dass bei den Antiphonen die Nummern grundsätzlich mit CAO (HESBERT, Corpus Antiphonalium Officii) übereinstimmen, denen hier lediglich zwei Nullen vorangestellt sind.

B: Schematische Darstellung des weiteren Inhaltes:

Advent
>Hymnus[27] (p. 13–17) *Veni redemptor* (ah02021)[28];
>>*Conditor alme* (008284).

1. Advent (p. 295–296; 18–21):
>Antiphon *Veni Domine* (005320);
>*Ecce Dominus veniet* (002509).
>Introitus *Ad te levavi* (g00489)[29].

2. Advent (p. 21–24):
>Antiphon *Zion noli timere* (004969)[30].
>Introitus *Populus Sion* (g00495).

3. Advent (p. 25–29):
>Antiphon *Johannes autem* (003496)
>Introitus *Gaudete* (g00501)

4. Advent (p. 30–31):
>Antiphon *O Emmanuel* (004025)

Weihnachtszeit

In Vigilia Festi Nativitatis Christi (p. 31–37):
>Antiphon *Tecum principium* (005127).
>*O admirabile commercium* (003985).
>Hymnus *A solis ortu* (008248.1)[31].

In Festo Nativitatis Christi (p. 38–40):
>Introitus *Puer natus est* (g00553).

In Vigilia Epiphaniae (p. 41–42)[32]:
Antiphon *Tecum principium* (005127)
>*O Admirabile* (003985).
>Hymnus *Hostis Herodes* (830364).
>Introitus *Puer natus* (g00553).

In Feriis Epiphaniae (p. 43):
>Introitus *Puer natus* (g00553).

---

[27] Handschriftlicher Zusatz: „in Adventu Domini".

[28] Handschriftlicher Zusatz der 7. Strophe „Praesepe iam fulget tuum"; Unten auf der Seite: „13. n. 7 = doxologie Wackernagel, den, 7. Vers (unleserlich) cf. oben".

[29] Mit handschriftlichen Zusätzen: „+ duas Antiphonas in 1. Adv. vide p. 205. 296".

[30] In CAO ist diese Antiphon für den Freitag und Samstag der 1. Adventswoche vorgesehen.

[31] Ohne Strophe 5 und 6 sowie mit geänderter Schlussstrophe. Es finden sich handschriftliche Zusätze p. 35: „Hymnus de nativitate domini. acrostichio, totam vitam Xiro (…) (Caelius Sedulis) cf. Wackern. nro: 48". Am Seitenende und p. 36 und 37 finden sich weitere Strophen (zum Teil beschnitten): „Wackernagel: *Creator cuncti generis orbis quem totus non capit* …" (008305k). Beachtlich ist, dass die liturgische Tradition diese Strophen dem Fest Assumptio Mariae zuordnet.

[32] Handschriftliche Zusätze p. 41: „(Coelius Sedulius). In epiphania domini, ad vesperas".

Nach Epiphanie bis Quadragesima
Dominica 1. post Epiphaniam (p. 43–46):
    Antiphon *Salva nos* (204361).
    Introitus *In excelso throno* (g00613).
Dominica 2. Epiphaniae (p. 47–50):
    Antiphon *Deficiente vino* (002138).
    Introitus *Omnis terra* (g00619).
Dominica 3. Epiphaniae (p. 50–53):
    Antiphon *Domine non sum dignus* (002363)
    Introitus *Adorate Deum* (g00625).
Dominica 4. Epiphaniae (p. 54–55):
    Antiphon *Surgens Jesus imperavit ventis* (005074).
    Introitus *Adorate* (g00625).
Dominica 5, Epiphaniae (p. 55–56):
    Antiphon *Domine nonne bonum semen* (002364).
    Introitus *Adorate* (g00625).
Dominica Septuagesima (p. 57–60):
    Antiphon *Ite et vos in vineam* (003461).
    Introitus *Circumdederunt me gemitus* (g00631.1).
Dominica Sexagesima (p. 61–65):
    Antiphon *Jesus hęc dicens clamabat* (003490);
    Qui Verbum Dei (004503).
    (p. 63–64 fehlen).
Dominica Quinquagesima (p. 65–71):
    Antiphon *Caecus magis ac magis* (001751).
    Hymnus *Christe qui lux es & dies* (830070).
    Introitus *Esto mihi* (g00648).
Dominica Invocavit (p. 72–75):
    Antiphon *Non in solo pane* (003919).
    Introitus *Invocavit me* (g00675).
Dominica Reminiscere (p. 75–80):
    Antiphon *O mulier, magna* (004046).
    Introitus *Reminiscere* (g02020).
Dominica Oculi (p. 80–84):
    Antiphon *Qui non colligit mecum* (004486).
    Introitus *Oculi* (g00744).
Dominica Laetare (p. 84–89):
    Antiphon *De quinque panibus* (002117).
    Introitus *Laetare Jerusalem* (g00776).
Dominica Judica (89–94):
    Antiphon *Tulerunt lapides* (005233).
    Introitus *Judica me Deus* (g00800).

Dominica Palmarum (p. 94–98):
    Antiphon *Pater juste* (004234).
    Introitus *Domine ne longe* (g00845).

Osterzeit

In vigilia Festi Paschatis (p. 98–102):
    Antiphon *Alleluja.*
    Hymnus *Vita sanctorum* (008412).

In Festo Paschatis (p. 103–110):
    Introitus *Resurrexi* (g01007).
    Sequentia in Feriis Paschatis *Victimae paschali laudes* (508002).

Dominica Quasimodo (p. 111–113):
    Antiphon *Alleluia.*
    Introitus *Quasimodo geniti* (g01049).

Dominica Misericordia (p. 113–116):
    Antiphon *Ego sum Pastor bonus* (002597).
    Introitus *Misericordia Domini* (g01053).

Dominica Jubilate (p. 116–121):
    Antiphon *Amen amen dico vobis* (001375).
    Introitus *Jubilate* (g01058).

Dominica Cantate (p. 121–125):
    Antiphon *Vado ad eum* (005306).
    Introitus *Cantate* (g01063).

Dominica vocem Jucunditatis (p. 126–130):
    Antiphon *Usquemodo non petistis* (005284).
    Introitus *Vocem iucunditatis* (g02089).

In vigilia Festi Ascensionis Christi (p. 130–135):
    Antiphon *Elevata est* (002634).
    Hymnus *Festum nunc celebre* (008303).

In festo Ascensionis (p. 136–138):
    Introitus *Viri Galilaei* (g01079).

Dominica Exaudi (p. 139–142):
    Antiphon *Elevata* (002634).
    Introitus *Exaudi Domine* (g01084).

In Vigilia Festi Pentecostes (p. 142–148)[33]:
    Antiphon *Veni sancte Spiritus* (005327).
    Hymnus *Veni Creator Spiritus* (008407).

In Festo Pentecostes (p. 149–151):
    Introitus *Spiritus Domini* (g01090).

---

[33] Mit handschriftlicher Verbesserung zweier Druckfehler.

Dominica Trinitatis (p. 152–165):
    Antiphon *Te invocamus* (005119).
    Hymnus *O lux beata Trinitas* (008358)[34].
    Introitus *Benedicta sit* (g01116).
    Sequentia de Trinitate: *Benedicta semper* (ah53081).

Sonntage nach Trinitatis
Dominica 1 post Trinitatis (p. 166–169):
    Antiphon *Servite Domino* (004876).
    Introitus *Domine, in tua misericordia* (g01122).
Dominica 2 post Trinitatis (p. 170–173):
    Antiphon *Dico autem vobis* (002207).
    Introitus *Factus est Dominus* (g01133).
Dominica 3 Trinitatis (p. 174–179):
    Antiphon *Quae mulier habens* (004426).
    Introitus *Respice in me* (g01145).
Dominica 4 Trinitatis (p. 179–183):
    Antiphon *Estote ergo misericordes* (002682); (MRom 1570 Nr. 1921: Lc 5,1–11, Ant. Lc 6,36).
    Introitus *Dominus illuminatio mea* (g01151).
Dominica 5 Trinitatis (p. 183–187):
    Antiphon *Praeceptor, per totam noctem* (004356); (MRom 1570 Nr. 1931: Mt 5,20–24, Ant. anders).
    Introitus *Exaudi Domine* (g01155).
Dominica 6 Trinitatis (p. 187–192):
    Antiphon *Audistis, quia dictum* (001519).
    Introitus *Dominus fortitudo* (g01158).
Dominica 7 Trinitatis (p. 192–195):
    Antiphon *Erant autem qui* (002646).
    Introitus *Omnes gentes* (g01161).
Dominica 8 Trinitatis (p. 195–199):
    Antiphon *Non potest arbor* (003928).
    Introitus *Suscepimus Deus* (g01167).
Dominica 9 Trinitatis (p. 200–204):
    Antiphon *Dixit Dominus villico* (002291).
    Introitus *Ecce Deus adiuvat me* (g01173).
Dominica 10 Trinitatis (p. 204–208):
    Antiphon *Domus mea* (002428).
    Introitus *Dum clamarem* (g01178).

---

[34] Mehrere handschriftliche Zusätze auf p. 153: „Dominica II post octavam epiphaniae"; „Doxologia i"; „Wackernagel, Kirchenlied nro: 238. Nur der Anfang ‚O lux beata Trinitas' gleich. 13.700".

Dominica 11 Trinitatis (p. 209–213):
    Antiphon *Stans a longe* (005013).
    Introitus *Deus in loco sancto* (g01183).
Dominica 12 Trinitatis (p. 214–217):
    Antiphon *Bene omnia fecit* (001681).
    Introitus *Deus in adiutorium* (g02026).
Dominica 13 Trinitatis (p. 218–223):
    Antiphon *Magister quid faciendo* (003658).
    Introitus *Respice Domine* (g01194).
Dominica 14 Trinitatis (p. 223–228):
    Antiphon *Unus autem* (005276).
    Introitus *Protector noster* (g01200).
Dominica 15 Trinitatis (p. 228–233):
    Antiphon *Quaerite primum regnum Dei* (004431).
    Introitus *Inclina Domine* (g01206).
Dominica 16 Trinitatis (p. 233–237):
    Antiphon *Propheta magnus* (004391).
    Introitus *Miserere mihi* (g01212).
Dominica 17 Trinitatis (p. 238–241):
    Antiphon *Cum vocatus fueris* (002055).
    Introitus *Justus es Domine* (g01216).
Dominica 18 Trinitatis (p. 242–246):
    Antiphon *Magister, quod est* (003659).
    Introitus *Da pacem* (g01229).
Dominica 19 Trinitatis (p. 246–251):
    Antiphon *Dixit Dominus paralytico* (002288).
    Introitus *Salus populi* (g01233).
Dominica 20 Trinitatis (p. 251–256):
    Antiphon *Dicite invitatis* (002202).
    Introitus *Omnia quae fecisti* (g01237)[35].
Dominica 21 Trinitatis (p. 256–261):
    Antiphon *Erat quidam Regulus* (002661).
    Introitus *In voluntate tua* (g01241).
Dominica 22 Trinitatis (p. 262–266):
    Antiphon *Serve nequam* (004873).
    Introitus *Si iniquitates* (g01247).
Dominica 23 Trinitatis (p. 266–270):
    Antiphon *Magister scimus* (003661).
    Introitus *Dicit Dominus* (g01253).

---

[35] Irrtümlich mit „Antiphona" statt „Introitus" überschrieben.

4.1. Die „Cantica sacra choralia" von 1618

Dominica 24 Trinitatis (p. 270–272):
Antiphon *Si tetigero* (004914).
Introitus ut supra *Dicit Dominus* (g01253).
Dominica 25 Trinitatis (p. 271–272):
Antiphon *De quinque panibus* (002117).
Introitus *Dicit Dominus* (g01253).
Dominica 26 Trinitatis (p. 273–275):
Antiphon *Visionem quam vidistis* (005465)
Introitus *Dicit Dominus* (g01253).
In Feriis Apostolorum (p. 274–279):
Antiphon *Estote fortes* (002684);
Secundum multitudinem (004846).
Introitus *Mihi autem* (g00005).

Symbolum Nicenum (p. 279–288).
Kyrie Dominicale (mit Gloria, p. 288–294)[36].
Index Canticorum in hoc libello contentorum (p. 297-[303]).

Die *Cantica sacra choralia* bieten zunächst ein Muster für die Hore des Stundengebetes, sei sie als Laudes, Vesper oder Komplet gefeiert, und zwar nach folgender Struktur (vgl. das Schema in Kapitel 9.1.)[37]: Auf das Eröffnungsversikel *Deus in adiutorium* folgen die ersten Worte der Antiphon, die die drei Psalmen 110, 113, 96 umrahmt und nach den Psalmen – wie auch im monastischen Kontext üblich – ganz gesungen wird. Ein Hymnus wird angeschlossen, nach dem dann wiederum die ersten Worte der Antiphon gesungen werden, worauf das Canticum evangelicum folgt, und zwar entweder das *Magnificat*, das *Benedictus* oder das *Nunc dimittis*, je nachdem, welche Hore nun gefeiert werden soll. Die gänzlich gesungene Antiphon schließt die Hore ab. Diese am Anfang des Buches stehende Grundordnung jedweder Hore ist insofern interessant, als sie ein vereinfachtes, aus der Vesper gewonnenes Schema nun zur grundsätzlichen Struktur des Chorgebetes macht. Dabei verdienen die angegebenen Psalmen 110, 113 und 96 Aufmerksamkeit. Die ersten beiden Psalmen 110 und 113 lassen darauf schließen, dass dem Redaktor noch die Vesper der Sonn- und Feiertage vor Augen stand. Denn beide Psalmen, in der Vulgatazählung 109 und 112, bilden den ersten und letzten Psalm der monastischen Ordnung der Sonntagsvesper[38]. Bemerkenswert ist die Nennung von Psalm 96, der im benediktinischen Kontext in der 2. Nocturn des

---

[36] Es handelt sich hier also um die noch im 18. Jahrhundert üblichen Kurzmessen im Luthertum, die aus Kyrie und Gloria bestanden. Vgl. dazu HEIDRICH, Kirchenmusikanschauung 101–104.
[37] CANTICA SACRA CHORALIA 1618, p. 1–12.
[38] Vgl. das Schema bei PASCHER, Stundengebet 47; vgl. auch Regula Benedicti, cap. 18$^{12-13}$, in: VOGÜÉ, NEUFVILLE, Règle II, 530–532. Vgl. dazu PUZICHA, Kommentar 279–287.

Freitags Verwendung findet[39]. Doch darf die Nennung der drei Psalmen insofern nicht überstrapaziert werden, als sie hier wohl lediglich als Beispiele gemeint sind. In diesem Falle wären aber die *Cantica sacra choralia* durch die üblichen Psalterien, eventuell noch aus vorreformatorischer Zeit, zu ergänzen. Diese These kann durch einen Vorausblick in die später darzustellende *Psalmodia* erhärtet werden, die anlässlich der einzelnen Psalmtöne verschiedene andere Psalmen darbietet und, in der Version von 1658, am Ende ein eigenes kurzes Psalterium anhängt. Wie sehr die Vesper für die Grundstruktur der Hore Pate steht, mag auch an der Tatsache ermessen werden, dass der Hymnus den Psalmen nachgeordnet wird und ihnen nicht, wie etwa in den kleinen Horen benediktinischer Tradition üblich, voransteht. Ferner fällt auf, dass keine Schriftlesung vorgesehen ist, entgegen etwa den Angaben der *Klosterordnung* von 1535 oder der *Großen Württembergischen Kirchenordnung* von 1559. Doch kann dies vor dem Hintergrund der Regelungen der Klosterordnung von 1556 verstanden werden. Dort ist für die Horen generell eine Schriftlesung vorgesehen, modifiziert nur bei der Vesper. Denn nach der Vesper ist für die Dauer einer halben Stunde die Auslegung eines biblischen Buches vorgesehen, was aber eine Verlesung des auszulegenden Textes voraussetzt. Ganz in den Bahnen der liturgischen Tradition ist die rituelle Linie der Horenstruktur, die im *Canticum evangelicum* zu ihrem Höhepunkt findet. Hingewiesen sei noch auf die anscheinend nicht stringent redigierte Ordnung der Adventszeit. Denn die zum ersten Advent zugeordneten zwei Antiphonen bilden – statt der sonst jeweils üblichen einen Antiphon – zusammen mit der Vigil des Weihnachtsfestes und dem Commune der Apostel eine Ausnahme. Zudem sind beide Antiphonen erst am Ende des Buches abgedruckt.

Im Anschluss an das vorgestellte Grundmuster einer Hore hält das Buch die einzelnen Texte für die unterschiedlichen Zeiten des Kirchenjahres bereit, zunächst die jeweiligen Hymnen, sodann für jeden Sonntag eine Antiphon, und zwar die alte Magnificatantiphon, sodann den Introitus[40].

Die Wahl der Magnificatantiphon als Kennzeichen eines jeden Sonntags bedeutet, dass alle anderen, von alters her zu den einzelnen Psalmen gesungenen Antiphonen wegfallen. Sonntag für Sonntag ist nur eine einzige Antiphon zur entsprechenden Hore zu singen, und zwar die alte Magnificatantiphon. Sie wurde wahrscheinlich deshalb gewählt, weil sie jeweils einen zentralen Vers aus dem im Hauptgottesdienst verlesenen Sonntagsevangelium zum Inhalt hat, der nun die gesamte Stundengebetszeit rahmt. Damit wird die Forderung nach der Schriftgemäßheit des Betens eingeholt: Man etablierte die ehemalige Magnificatantiphon nun als grundsätzlich verwendete Antiphon dieses Sonntages, um das verlesene Evangelium besonders hervorzuheben und auch in der Stundenliturgie stärker als

---

[39] Vgl. PSALTERIUM MONASTICUM 1981, 216.
[40] Vgl. CANTICA SACRA CHORALIA 1618, p. 13–279. – Darauf folgen weitere Gebete sowie schließlich der Index (p. 279-[303]).

bisher zu repräsentieren. Zugleich damit geben die Antiphonen der *Cantica sacra choralia* einen Einblick in die damalige evangelische Leseordnung, die die alte vortridentinische Leseordnung weiterführte und so einen konservativen Grundzug der gesamten Reform offenbart, wie im folgenden Abschnitt noch dargestellt wird (Kapitel 4.1.2.).

Mit der Angabe des lateinischen Introitus verlassen die *Cantica sacra choralia* die Gattung der Stundenliturgie und fügen ein Relikt der ehemaligen Messliturgie ein, das somit auch dann weiterhin im evangelischen Hauptgottesdienst vorgesehen war, wenn man nicht mehr dem Messtyp folgte[41]. Die *Cantica sacra choralia* führen grundsätzlich die alten Introiten der Messe auf, mit Ausnahmen nur des 4. Advents, der Vigil von Weihnachten, gemäß der liturgischen Tradition der Osternacht sowie den beiden Vigilien von Christi Himmelfahrt und Pfingsten[42]. Zeigt sich etwa bei den Vigilien die im lutherischen Kontext gängige Praxis, die Abendmahlsliturgie oder den Predigtgottesdienst vor allem an Sonn- und Feiertagen zu üben, so fällt doch auf, dass für die Apostelfeste ein eigenes Modell dieser Gottesdienstform vorgesehen ist: „In feriis apostolorum". Die Aposteltage indes bilden hier die einzige Form des Heiligengedenkens[43]. Alle diese Gesangsstücke befinden sich in der alten liturgischen Reihenfolge, wie für die Introiten die Belegnummern aus dem *Antiphonale Missarum Sextuplex* zeigen.

Zusammenfassend kann festgehalten werden, dass, obgleich das in den *Cantica sacra choralia* vorangestellte Muster der Hore für alle Stundengebetszeiten gilt, es sich doch in der Struktur, der Hymnen- und Antiphonenauswahl eher an der Vesper orientiert. Die jeweils aufgeführten Introiten machen zudem darauf aufmerksam, dass das Buch nicht nur der Stundenliturgie als Grundlage dient, sondern auch zumindest den ersten Teil des Abendmahls- oder Predigtgottesdienstes im Blick hat[44].

---

[41] Vgl. KIRCHENORDNUNG 1553, 78r (269 Arend): „So ein Communio vorhanden, solldieselb laut des hieoben verzeichneten Capitels ‚ordnung des nachtmals unsers Herrn Jhesu Christi', verrichtet werden. So aber kein Communio gehalten würdt, solle in den Städten die schül anfangs ein lateinisch Introit oder die kirch ein teutsch geistlich lied singen, darauff volget die predig und nach der predig soll widerumb ein Psalm oder ein ander geistlich lied gesungen werden …".

[42] Das Fehlen eines Introitus am Sonntag Sexagesima dürfte der Tatsache geschuldet sein, dass in dem einzig bekannten Exemplar der *Cantica sacra choralia* die Seiten 63–64 fehlen.

[43] Vgl. zum Problem und Phänomen im Luthertum allgemein LANSEMANN, Heiligentage 135–143. Zum Festkalender der Kirchenordnungen vgl. BRECHT, EHMER, Südwestdeutsche Reformationsgeschichte 348. Vgl. zur Neuordnung des Kirchenjahres in den Kirchen der Reformation grundsätzlich auch SCHULZ, Ordnung.

[44] Vgl. zum württembergischen Hauptgottesdienst FIGEL, Predigtgottesdienst; zum Forschungsproblem der Predigt allgemein vgl. WALLMANN, Prolegomena, auch den Sammelband von TAYLOR, Preachers.

4.1.2. Exemplarische Untersuchung aus der Zeit nach Trinitatis

Die folgende Detailuntersuchung widmet sich einem Phänomen aus der Zeit nach Trinitatis und fokussiert dafür einige der in den *Cantica sacra choralia* für diese Zeit vorgesehenen Antiphonen, die, wie bereits betont wurde, aus dem Corpus der alten sonntäglichen Benedictus- bzw. Magnificatantiphonen übernommen worden und *mutatis mutandis* in der alten Reihenfolge (vor allem der Zeit nach Trinitatis) stehen geblieben sind. Sie sind deshalb von großer Aussagekraft, weil sie in der Regel auf die Sonntagsevangelien Bezug nehmen, wodurch wiederum einige Rückschlüsse auf die nach der Einführung der lutherischen Reformation geübte Perikopenordnung gezogen werden können. In diesem Kontext ist die Untersuchung der vortridentinischen Missalien Süddeutschlands durch Dominik Daschner erhellend, der die in den süddeutschen Diözesen einheitlich übliche Perikopenordnung rekonstruiert hat[45]. Gleich welchem Bistum die Gebiete Württembergs also auch angehörten, diese einheitliche vortridentinische Leseordnung war Grundlage und Ausgangspunkt der reformationszeitlichen Liturgiereform. Zum Vergleich wird das von Papst Pius V. im Jahre 1568 herausgegebene nachtridentinische Breviarium Romanum herangezogen, das bezüglich der Perikopen und der darauf beruhenden Magnificatantiphonen einer durchaus von mittelalterlichen lokalen Traditionen abweichenden Ordnung verpflichtet bleibt[46]. Dabei ist in Rechnung zu stellen, dass die nachpfingstliche Ordnung im Trienter Brevier von 1568 noch nicht systematisiert ist: Zum einen findet sich dort eine Lesungsordnung „Post octavam Pentecostes", die die Lesungen auf die Sonntage nach Monatszählung verteilt[47], zum anderen aber werden die „Homiliae in dominicis per ordinem dispositae a secunda post Pentecosten usque ad Adventum" eigens aufgeführt, und zwar mit den in Frage kommenden Antiphonen[48]. Deshalb wird zu untersuchen sein, in welchem Maße die Antiphonenreihe der *Cantica sacra choralia* der damals im Unterschied zu Trient geübten, also noch vortridentinischen Leseordnung verpflichtet war[49]. Es wird sich zeigen, dass die *Cantica sacra choralia* ein Zeugnis für die „bewahrende Kraft des Luthertums" im Hinblick auf die Perikopenordnung darstellen[50].

---

[45] Vgl. DASCHNER, Die gedruckten Meßbücher 342–455. – Die süddeutsche Ordnung folgte dem römisch-fränkischen Lesesystem, wie es der sogenannte Comes Murbach (spätes 8. Jahrhundert) überliefert.

[46] Zu diesem sog. Pianischen Brevier vgl. BÄUMER, Geschichte 438–457, zur Leseordnung 447–448.

[47] BREVIARIUM ROMANUM 1568, 482–681 (Nr. 3103–4092).

[48] BREVIARIUM ROMANUM 1568, 682–705 (Nr. 4093–4248).

[49] Zum Problem der Perikopenordnung im Luthertum vgl. WENDEBOURG, Reformation und Gottesdienst 326–328. – Nur nebenbei sei vermerkt, dass die Melodiegestalt der *Cantica sacra choralia* dem „germanischen" Choraldialekt verpflichtet ist, wie das Initium der Antiphon *Quaerite primum* im 1. Modus auf p. 228 durch das hierfür typische Intervall a-c anzeigt.

[50] Vgl. hier den programmatischen Titel von FRITZ, Kraft.

Am 2. Sonntag nach Trinitatis ist in den *Cantica sacra choralia* die Antiphon *Dico autem vobis* vorgesehen: „Dico autem vobis, quod nemo virorum illorum, qui vocati sunt, gustabit coenam meam"[51]. Dieser Vers Lk 14,24 entstammt der Perikope Lk 14,16–24 über die zum Gastmahl eingeladenen Gäste, die sich aber alle entschuldigen lassen. Deshalb bestimmt nun der Gastgeber, Arme, Blinde, Krüppel und Lahme zu holen, da keiner von den Eingeladenen das Gastmahl kosten werde. Seit der fränkisch-römischen Perikopenordnung des 8. Jahrhunderts war dieses Evangelium nicht nur in allen süddeutschen Diözesanliturgien für den 2. Sonntag nach Trinitatis vorgesehen[52], sondern wurde auch vom Trienter Missale von 1570 so übernommen[53]. Es zeigt sich damit, dass bei der reformationszeitlichen Liturgiereform die alte Perikopenordnung der Sonntage zumindest zunächst grundsätzlich beibehalten worden ist, und dies wohl nicht nur in den Klöstern und ihren Schulen[54]. Deshalb etablierte man die ehemalige Magnificatantiphon nun als grundsätzlich verwendete Antiphon dieses Sonntages, um das verlesene Evangelium besonders hervorzuheben und auch in der Stundenliturgie zu repräsentieren. Dieselbe Beobachtung kann man auch für den 3. Sonntag nach Trinitatis machen[55]. Bezüglich des 4. und 5. Sonntags nach Trinitatis ist die Sachlage indes anders. Am 4. Sonntag sehen die *Cantica sacra choralia* die Antiphon *Estote ergo misericordes* vor: „Estote ergo misericordes sicut et Pater vester misericors est, dicit Dominus"[56]. Dieser Vers Lk 6,36 enstammt der Perikope von der Begegnung Jesu mit der Sünderin, die unter Tränen Jesu Füße mit Öl salbt. Dieses Evangelium ist die am 4. Sonntag gemäß der fränkisch-römischen Leseordnung vorgesehene Perikope (Lk 6,36–42)[57]. Für diesen Sonntag ist nun interessant, dass sich die Leseordnung des Trienter Missale von 1570 von der alten, in den süddeutschen Diözesanliturgien beibehaltenen Perikopenordnung unterscheidet: Abweichend von der späteren Trienter Ordnung wird Lk 5,1–11 vorgesehen, die Berufung der ersten Jünger[58]. Wenn aber die *Cantica sacra choralia* nun mittels der benannten Antiphon auf Lk 6 verweisen, wird deutlich, dass sich in diesem lutherischen Liturgiebuch des frühen 17. Jahrhunderts die ältere, durch Trient abgelöste Perikopenordnung der Diözesanliturgien erhalten hat – und somit eine konservative Tendenz zutage tritt[59]. Die solchermaßen „bewahrende Kraft des Luther-

---

[51] Vgl. CAO 2207.
[52] Vgl. die Übersicht bei DASCHNER, Die gedruckten Meßbücher 388.
[53] Vgl. MRom 1570, Nr. 1901.
[54] Vgl. die Übersicht über die Perikopen bei KOLB, Geschichte 419–426, der (ebd. 421) die Perikope Lk 14 ebenfalls nachweist.
[55] Antiphon *Quae mulier habens* (CAO 4426). MRom 1570 Nr. 1911: Lc 15,1–10, Ant. V. 8, vgl. DASCHNER, Die gedruckten Meßbücher 388.
[56] Vgl. CAO 2682.
[57] Vgl. die Übersicht bei DASCHNER, Die gedruckten Meßbücher 388.
[58] MRom 1570 Nr. 1921.
[59] Auch KOLB, Geschichte 421 weist für den 4. Sonntag nach Trinitatis Lk 6 nach. Nur kurz hingewiesen werden soll auf den Sachverhalt, dass alle Bräuche, die älter als 200 Jahre sind, durch

tums"⁶⁰ erstreckte sich also auch auf die alte Perikopenordnung, die eventuell auch deshalb beibehalten wurde, weil die vorhandenen, aus dem Mittelalter überkommenen Bücher noch zur Verfügung standen. Im Unterschied zur sich nun tridentinisch umformenden römischen Tradition wurde im evangelischen Kontext die Sonntagsordnung nicht durch bedeutende Heiligenfeste außer Kraft gesetzt. Auffällig bleibt indes die grundsätzliche Tatsache, dass man auf die aus dem jeweiligen Psalm genommenen Antiphonen zugunsten der am Sonntagsevangelium ausgerichteten verzichtete⁶¹.

4.2. Die „Psalmodia" von 1658 und 1686

Auf ein weiteres Buch für die Stundenliturgie Württembergs haben zuerst Christoph Kolb im Jahre 1913⁶² und dann Gustav Lang im Jahre 1938⁶³ aufmerksam gemacht, nämlich die

*Psalmodia. Hoc est, Cantica Sacra Veteris Ecclesiae selecta; Quo Ordine ac Melodiis, per totum Annum, in Scholis Monasteriorum Ducatus Würtembergici, decantari solent. Tubingae, Typis Johann: Alexandri Celli, Anno M. DCLVIII (1658)*⁶⁴.

Ein Exemplar des Druckes von 1658 konnte in der Turmbibliothek der evangelischen Stadtkirche St. Laurentius in Nürtingen aufgefunden werden⁶⁵. Schon

---

die Trienter Liturgiereform nicht abgelöst werden brauchten. Vgl. dazu KLÖCKENER, Bulle 46: Die römische, nun neu geordnete Liturgie braucht dort nicht beachtet zu werden, wo Riten in Übung sind, die „aufgrund einer Gewohnheit 200 Jahre lang bei der Feier der Messe in diesen Kirchen ununterbrochen beobachtet worden sind".

⁶⁰ So der programmatische Buchtitel bei FRITZ, Kraft.

⁶¹ Wie sehr die schriftgemäße Fundierung des Gottesdienstes auch die Kirchenmusik prägte, zeigt anhand der Dialogkompositionen auf der Grundlage des Evangeliums MÄRKER, Dialogkomposition 46–75.

⁶² Vgl. KOLB, Geschichte 68. Kolb verweist auf einen Hinweis des Musikdirektors Bopp in Urach, der Zugang zu einem Exemplar des Jahres 1658 hatte. In Urach als Depositum der Pfarrbibliothek Metzingen (leider ohne Nennung des genauen Ortes), entdeckte Martin Rössler auch 1971 ein Exemplar der Erstausgabe des Württembergischen Gesangbuches von 1591. Vgl. RÖSSLER, Gesangbuch-Geschichte 29.

⁶³ Vgl. LANG, Geschichte 375.

⁶⁴ Nürtingen, Turmbibliothek der evangelischen Stadtkirche St. Laurentius, Signatur NTB 4° 109. Bislang sind beide Ausgaben des Werkes nicht in VD 17 verzeichnet. Zum Drucker Johann Alexander Cellius (1604–1625) vgl. BENZING, Buchdrucker 466; RESKE, Buchdrucker 927. Nach seinem Tode heiratet die Witwe Philibert Brunn (1625–1647), der das Geschäft weiterführt. Nach dessen Tode gibt es noch 1651–1654 Druckwerke mit dem Vermerk „Typis Joh. Alex. Celli", so BENZING, Buchdrucker 467. Das hier vorgestellte Werk ist ein Beleg für die Beibehaltung der Drucktypen noch vier Jahre später.

⁶⁵ Vgl. hier den Hinweis bei KOLB, Geschichte 69, der ehemalige Klosterpräzeptor J.J. Grammer habe das Exemplar im Jahre 1670 (wohl aus Bebenhausen) nach Nürtingen verkauft.

4.2. Die „Psalmodia" von 1658 und 1686

28 Jahre später kam es zu einer überarbeiteten Neuauflage dieses Werkes in einem anderen Druckhaus, die wesentlich stärker verbreitet war:

Psalmodia, hoc est: Cantica Sacra Veteris Ecclesiae selecta; quo ordine ac melodiis per totum annum, in scholis monasteriorum ducatus Wirtembergici, decantari solent. Stuttgardiae, Typis Viduae Johannis Weyrichii Rösslini. Anno Domini DC. LXXXVI. (1686)[66].

Die Vorbereitung und die Durchführung dieses liturgischen Buches fällt in die Regierungszeit von Herzog Eberhard III. (1628–1674) respektive – nach der Amtszeit von Wilhelm Ludwig (1674–1677) – in die Zeit des Administrators Friedrich Karl (1677–1693)[67]. Damit aber kann die Besitzklärung im Hinblick auf die konfessionelle Zuordnung der Klöster durch den Westfälischen Frieden vorausgesetzt werden, und man kann das neue liturgische Buch als eine Art und Weise verstehen, mittels derer man den Vormittags- und den Nachmittagschor der Klosterschulen wieder in Gang setzen wollte[68]. Dementsprechend liefert der erste Teil der Psalmodia den Aufbau von Matutin und Vesper[69], wobei jeweils ein Verweis auf die dem Kirchenjahr entsprechenden Hymnen eingetragen ist. In einem zweiten Teil folgen einzelne mehrstimmig vertonte Psalmen, und zwar jeweils exemplarisch für einen der jeweiligen Psalmtöne[70]. Den dritten Teil machen die vertonten Symbola, Hymnen und andere Gebetstexte aus[71]. An den Druck von 1658 ist dann noch eine Auswahl von Psalmen angeschlossen[72].

4.2.1. Inhalt und Aufbau

Im Folgenden soll ein Überblick über den Aufbau der *Psalmodia* gegeben werden, wobei allerdings die Druckfassung von 1686 zugrunde gelegt wird, und zwar aus zwei Gründen. Zum einen war sie die stärker verbreitete, zum anderen war der Erstdruck aus dem Jahre 1658 von der Konzeption her noch fehlerhaft, etwa was eine stringente Paginierung angeht. Doch sind einige Abweichungen bemerkenswert, weshalb in den Fußnoten die wichtigsten Divergenzen des Erstdruckes vermerkt werden.

---

[66] Stuttgart, Württembergische Landesbibliothek, drei Exemplare: Sch.K. M.oct. S 104/4000 (mit Besitzvermerk M. Pfaff 1816, Stempel: Stiftsmusik Stuttgart aus dem 19. Jahrhundert); HBF 4578; Theol.qt.5669 (ebenfalls nicht in VD 17 verzeichnet). Zum Drucker Weyrich Rößlin dem Jüngeren (1649–1684), dessen Witwe das Geschäft bis 1690 weiterführt, vgl. BENZING, Buchdrucker 458; RESKE, Buchdrucker 912.
[67] Vgl. LANG, Geschichte 211–227. Der Administrator regierte, bis Herzog Eberhard Ludwig 1693 volljährig wurde.
[68] Vgl. LANG, Geschichte 375.
[69] PSALMODIA 1658, p. 3–4; PSALMODIA 1686, p. 3–4.
[70] PSALMODIA 1658, p. 5–25; PSALMODIA 1686, p. 5–25.
[71] PSALMODIA 1658, p. 26–147; PSALMODIA 1686, p. 26–133.
[72] PSALMODIA 1658, p. 148–157.

100   4. Die für die lateinische Stundenliturgie Württembergs konzipierten liturgischen Bücher

A: Wörtliche Wiedergabe des Vorwortes und der Stundengebetsordnung[73]

/p. 2/ Christiano Lectori Salutem. Musicam Practicam[74] choralem & Figuralem usitate distingui, notum est. Illa antiquitus sola in Ecclesiis, piorumque Christianorum congressibus locum habuit, quarum Ecclesiarum Antistites plurima spiritualia Cantica composuerunt, quae salutares doctrinas in se continent, & ob id in Ecclesiis retineri merito deberent: Quae tamen hodierna Musica Figuralis fere eliminavit, nisi quod, in Scholis & Monasteriis quibusdam, aliquis eis locus relictus fuit.

Cum autem apud Christianos finis Musicae fit, aut[75] esse certe debeat, non ut aures duntaxat dulcibus Melodiis demulceantur, sed potissimum, ut pii motus ad ardentiorem invocationem & celebrationem divini nominis, in animis nostris excitentur; nescio, illane Choralis, an haec nostra figuralis Musica, ad hunc finem consequendum, aptior fit: praesertim si hodiernam respiciamus, qua Textus sacer, crebris Verborum fractionibus, ita distrahitur, ut Auditores necquicquam de eo percipere possint, nihilque nisi aures inani sono repletas inde reportent.

Ne itaque veteris Ecclesiae suavissima, & ad pios animorum motus excitandos aptissima Cantica, quae sub proximis bellicis tumultibus, quibus etiam Scholae nostrae misere dissipatae fuerunt, fere in oblivionem venerunt, prorsus interciderent, sed postliminio quasi in Scholas Monasticas revocarentur: visum est, praecipua eorum, prout olim in usu fuerunt, hoc libello comprehendere, cum ut idem canendi modus in nostris Scholis Monasticis observaretur, tum ut describendi labor discipulis adimeretur &.

/p. 3/ Ordo solennis Cantionum & Lectionum, in Monasteriis Würtembergicis, per totum annum, usitatus

I.   In Precibus Matutinis.
I.   Praecentor solus, Exordii & Antiphonae loco, intonat congruentem versiculum ex Psalmis Davidis, ad exhibendum Tonum.
II. Huic respondet Chorus: in eodem Tono, *Gloria Patri & Filio*, &c. *Sicut erat in principio, &c. Amen.*
III. In eodem Tono, intonat praecentor dimidium versiculum Psalmi, quem ordo requirit, integre decantandi.
IV. Alterum dimidium adjicit Chorus, & sic totum Psalmum prosequitur, quem claudit eum: *Gloria Patri*, &c.
V.   Hinc praelegitur Caput ex Veteri Testamento.
VI. Finita Capitis V(eteris) T(estamenti) lectione canitur, pro ratione Temporis:

---

[73] Die liturgischen Texte werden wie oben auf der Grundlage von www.cantusindex.org (abgerufen am 23.12.2018) mit den Nummern der entsprechenden Cantus-ID belegt. Nur kurz sei darauf hingewiesen, dass bei den Antiphonen die Nummern grundsätzlich mit CAO (HESBERT, Corpus Antiphonalium Officii) übereinstimmen, denen hier lediglich zwei Nullen vorangestellt sind.

[74] PSALMODIA 1658 ergänzt: in.

[75] PSALMODIA 1658: aut fehlt.

1. *Grates nunc omnes* (ah53010): Sequentia sive Prosa B. Gregorii
2. *Dies est laetitiae* (ah54188?)[76]
3. *Resonat in laudibus* (kein Beleg)[77]
4. *Pange lingua gloriosi* (008367)[78] (alle voranstehenden Gesänge mit einer Klammer versehen:) circa Ferias Natalitias[79]
5. *Surrexit Christus Dominus* (kein Beleg)[80]. Tempore Paschali.
6. *Veni Sancte Spiritus* (g01444)[81]
7. *Veni maxime Spiritus*[82]
8. *Benedicta semper S. Trinitas* (ah53081)[83] (die drei voranstehenden Gesänge mit einer Klammer versehen:) Circa Pentecosten.
9. *Magnificat anima mea Dominum*. Canticum Mariae (Lc 1,46–55)[84]
10. Canticum Zachariae. *Benedictus Dominus Deus Israel* (Lc 1,68–79)[85]
11. Canticum Simeonis. *Nunc dimittis* (Lc2,29–32)[86]
12. Symbolum Apostolicum[87]
13. Symbolum Nicenum[88]
14. Symbolum Athanasii[89]
15. *Te Deum laudamus* &c.[90]
16. Litania latina[91]
17. *Da pacem Domine* (002090)[92] (die voranstehenden Gesänge mit einer Klammer versehen:) Per reliquum annum.

/p. 4/ II. In Precibus Vespertinis
I. Praecentor intonat: *Deus in adiutorium meum intende*.
II. Respondet Chorus: *Domine ad adjuvandum me festina. Gloria Patri,* &c.
III. Praecentor intonat dimidium versiculum alicuius Psalmi, in certo Tono.
IV. Hunc integrum prosequitur Chorus, in Tono eodem, eumque claudit cum: *Gloria Patri & Filio*.

---

[76] Vgl. zum Gesang KEYTE, PARROTT, Book of Carols 50–53 (Nr. 18).
[77] Vgl. zum Gesang KEYTE, PARROTT, Book of Carols 173–183 (Nr. 55).
[78] PSALMODIA 1658 stattdessen: *Puer natus in Betlehem* (kein Beleg).
[79] Dabei ist letztgenannter Hymnus zur Passionszeit irrtümlich mit erfasst.
[80] PSALMODIA 1658 fügt vorher mit entsprechender Änderung der Zählung ein: 5. *Paßio Domini nostri Jesu Christi*. 6. *Victimae paschali laudes*. 7.
[81] PSALMODIA 1658: 8.
[82] PSALMODIA 1658: 9. Es handelt sich um eine Oration.
[83] PSALMODIA 1658: 10.
[84] PSALMODIA 1658: 11.
[85] PSALMODIA 1658: 12.
[86] PSALMODIA 1658: 13.
[87] PSALMODIA 1658: 14.
[88] PSALMODIA 1658: 15.
[89] PSALMODIA 1658: 16.
[90] PSALMODIA 1658: 17.
[91] PSALMODIA 1658: 18.
[92] PSALMODIA 1658: 19.

V. Praelegitur Caput ex Novo Testamento.
VI. Quo finito, canitur Hymnus aliquis, pro ratione Temporis:
  1. *Veni Redemptor Gentium* (008408a), B. Ambrosii;
  2. *Conditor alme syderum* (008284), Ejusdem.
  3. *A Solis ortus cardine* (008248).
  4. *Christe, qui lux es & dies* (830070) (die voranstehenden Gesänge mit einer Klammer versehen:) In Feriis Nativitatis.
  5. *Iesu nostra Redemptio* (008331). Tempore Paschali.
  6. *Veni creator Spiritus* (008407). In Feriis Pentecostes.
  7. *O lux beata Trinitas* (008358). In Feriis Trinitatis.
  8. Hymni septem de Creatione Mundi; ad singulos hebdomadis dies:
     1. *Lucis Creator optime* (008337).
     2. *Immense coeli conditor* (008320).
     3. *Telluris ingens conditor* (008401).
     4. *Coeli Deus sanctissime* (008283).
     5. *Magnae Deus potentiae* (008341).
     6. *Plasmator hominis Dominus* (008371).
     7. *Deus Creator omnium*, &c (008292) (alle Hymnen mit einer Klammer versehen:) Per reliquum annum.
  9. *Serva Deus verbum tuum* (kein Eintrag[93]).
VII. Absoluto Hymno, finitur Chorus, modulis sequentibus:
  1. Praecentor solus canit: *Kyrie ελεησον*. Chorus respondit: *Christe ελεησον: Kyrie ελεησον*.
  2. Praecentor recitat Orationem Dominicam, & canit: *Et ne nos inducas in tentationem*. Respondit Chorus: *sed libera nos a malo*.
  3. Praecentor canit: *Dominus nobiscum*! Respondit Chorus: *Et cum Spiritu suo*.
  4. Praecentor recitat Collectam de Tempore, eamque claudit canendo: *Per Christum Dominum nostrum*. Respondit Chorus: *Amen*.
  5. Praecentor repetit: *Dominus nobiscum*! Respondet Chorus: *Et cum Spiritu suo*.
  6. Praecentor canit: *Benedicamus Domino*. Respondit Chorus: *Deo dicamus gratias*. Praecentor: *Amen*. Respondit Chorus: *Amen*.

B: Schematische Darstellung des weiteren Inhaltes:

Psalmi Cum eorum Intonationibus & Praefationibus ad singulos Tonos (alle Psalmen und Hymnen sind in Hufnagelnotation und fünfzeiligem Liniensystem vierstimmig gesetzt).

---

[93] Es handelt sich um die lateinische Fassung des Luther'schen Liedes „Erhalt uns, Herr, bei deinem Wort".

Primus Tonus[94]. Intonatio Praecentoris. *Laetifica animam servi tui. Quoniam ad te levavi animam meam* (Ps. 85,4 Vg). Chorus: *Gloria Patri*, und zwar für Discantus, Altus, Tenor und Bassus (p. 5–6)

Psalmus CX *Dixit Dominus* (Ps. 109,1 Vg) (p. 7[95])

Secundus Tonus[96]. Intonatio Praecentoris. *Ad te Domine clamabo, ne sileas a me: Nequando taceas a me* (Ps. 27,1 Vg). Chorus: *Gloria Patri* (wie oben) (p. 8–9)

Psalmus CXLVII *Lauda Hierusalem Dominum* (Ps. 147,12 Vg) (p. 9–10)

Tertius Tonus[97]. Intonatio Praecentoris. *Exaudi Deus orationem meam, & ne despexeris deprecationem meam* (Ps. 54,2 Vg). Chorus: *Gloria Patri* (wie oben) (p. 11–12)

Psalmus CXV *Credidi propter quod locutus sum* (Ps. 115, 10 Vg) (p. 12–13).

Tonus quartus[98]. Intonatio Praecentoris ex Psal. 66 vi. *Deus misereatur nostri, & benedicat nobis: illuminet vultum suum super nos, & misereatur nostri* (Ps. 66,2 Vg). Chorus: *Gloria Patri* (wie oben) (p. 13–15)

Psalmus CXXX *De profundis* (Ps. 129,1 Vg) (p. 15)

Tonus quintus[99]. Intonatio Praecentoris, ex. Psal. 121. *Laetatus sum in his quae dicta sunt mihi; in domum Domini ibimus* (Ps. 121,1 Vg). Chorus: *Gloria Patri* (wie oben) (p. 16–17)

Psalmus VIII *Domine Dominus noster* (Ps. 8,1 Vg) (p. 17–18).

Tonus sextus[100]. Intonatio Praecentoris, ex Psal. 24.1. *Ad te Domine levavi animan meam; Deus meus in te confido non erubescam* (Ps. 24,1–2 Vg). Chorus: *Gloria Patri* (wie oben) (p. 18–19)

Psalmus II *Quare fremuerunt gentes* (Ps. 2,1 Vg) (p. 20–21)

Tonus septimus[101]. Intonatio Praecentoris, ex Psal. 33. *Benediam Domino in omni tempore, semper laus ejus in ore meo* (Ps. 33,2 Vg). Chorus: *Gloria Patri* (wie oben) (p. 21–22)

Psalmus CXII *Laudate pueri Dominum* (Ps. 112,1 Vg) (p. 22–23)

Tonus octavus[102]. Intonatio Praecentoris, ex Psal. 117. *Confitemini Domino quoniam bonus, quoniam in seculum misericordia ejus* (Ps. Ps. 117,1 Vg). Chorus: *Gloria Patri* (wie oben) (p. 23–24).

Psalmus CXXXII *Ecce quam bonum* (Ps. 132,1 Vg).

NB. Vt et caeterorum Psalmorum Textus ad hos octo Modulos recte accomodentur, observabunt Cantores, ubi attollenda vel deprimenda vox fit, ne dissona confusio oriatur (p. 25).

---

[94] PSALMODIA 1658 ergänzt: Dorius.
[95] PSALMODIA 1658: p. 6–7.
[96] PSALMODIA 1658 ergänzt: Hypodorius.
[97] PSALMODIA 1658 ergänzt: Phrygius.
[98] PSALMODIA 1658 ergänzt: Hypo-Phrygius.
[99] PSALMODIA 1658 ergänzt: Lydius.
[100] PSALMODIA 1658 ergänzt: Hypolydius.
[101] PSALMODIA 1658 ergänzt: Myxo-Lydius.
[102] PSALMODIA 1658 ergänzt: Hypomyxolydius.

Sequentia sive Prosa B. Gregorii *Grates nunc omnes* (ah53010) (p. 26–27).
Canticum veteris Ecclesiae De Nativitate Christi *Dies est laetitiae* (ah54188?) (p. 28–29)[103].
Aliud *Resonet in laudibus* (p. 30–31)[104].
Hodie apparuit (cf. 202990) (p. 32–33)[105].
Hymnus de Passione Domini *Pange lingua gloriosi Praelium certaminis* (008367) (p. 34–36)[106].
Canticum vetus de Resurrectione Christi *Surrexit Christus Dominus* (kein Eintrag) (p. 37–38)[107].
Invocatio ad Spiritum Sanctum *Veni sancte Spiritus, reple tuorum corda fidelium* (g01444) (p. 39–41)[108].
Sequentia de Sancta ac Veneranda Trinitate *Benedicta semper sancta sit Trinitas* (ah53081) (p. 42–49)[109].
Symbolum Apostolicum *Credo in Deum* (p. 50–55)[110].
Symbolum *Credo in unum Deum* (p. 56–62)[111].
Symbolum Athanasii Episcopi Alexandrini *Quicunque vult salvus esse* (p. 62–65)[112].
Canticum Zachariae *Benedictus* (Lc 1,68–79) (p. 66–67)[113].
Cancticum Beatae Virginis Mariae *Magnificat* (Lc 1,46–55) (p. 68–69)[114].
Idem Canticum quatuor vocibus ab Orlando Lasso compositum. Praecentore choraliter & choro figuraliter singulos versus alternatim canentibus (p. 70–75)[115].
Canticum Simeonis *Nunc dimittis* (Lc 2,29–32) (p. 76–77), zugleich:
Oratio pro Pace *Da pacem Domine* (002090) (p. 76–77)[116].
Cancticum B. Ambrosii & Augustini *Te Deum laudamus* (p. 78–91)[117].

---

[103] PSALMODIA 1658 ergänzt: Aliud in Eadem: *Puer natus in Betlehem* (p. 30–31).

[104] PSALMODIA 1658: p. 32–33. – Vgl. zum Gesang KEYTE, PARROTT, Book of Carols 173–183 (Nr. 55).

[105] PSALMODIA 1658: p. 34–35. Es handelt sich um ein auf der Grundlage der genannten Antiphon (202990) erstelltes Weihnachtslied.

[106] Fehlt in der PSALMODIA 1658. Stattdessen: Historia Passionis Christi: *Passio Domini nostri Jesu Christi secundum Matthaeum* (p. 36–59, p. 60 leer). Sequentia de Resurrectione Christi: *Victimae paschali laudes* (p. 61–63). – Zu einer *Historia des Leidens Christi* in einem Cantionale von 1573 in Barth, St. Marien vgl. VOLKHARDT, Historia.

[107] PSALMODIA 1658: p. 62–63 (falsche Paginierung!). – Es handelt sich um einen litaneiartigen Gesang mit immer wiederkehrendem Halleluja.

[108] PSALMODIA 1658: p. 64–65, danach Sprung in der Zählung: p. 68 leer.

[109] PSALMODIA 1658: p. 69–73, bei Fehlern in der Zählung.

[110] PSALMODIA 1658: p. 74–77.

[111] PSALMODIA 1658: p. 78–84.

[112] PSALMODIA 1658: p. 84–87.

[113] PSALMODIA 1658: p. 88–89.

[114] PSALMODIA 1658: p. 88–90.

[115] PSALMODIA 1658: p. 90–95.

[116] PSALMODIA 1658: p. 96–97.

[117] PSALMODIA 1658: p. 98–109.

Litania (p. 92–97)[118].

In precibus vespertinis ex Psalmo 69. intonat Praecentor *Deus in adjutorium ...* (p. 98–99)[119].

Am unteren Ende beider Seiten: Praecentor intonat dimidio versiculo alicujus Psalmi, quem ordo requirit ad quemcunque Tonum, quem persequitur chorus, & claudit cum Gloria: & praelegitur capitulum ex N. T. post lectionem Capitis ex N. T. canitur a toto choro aliquis, pro ratione temporis, ex sequentibus hymnis.

In Adventu Domini Hymnus S. Ambrosii *Veni Redemptor gentium* (008408a) (p. 100–101)[120].

Alius eodem Authore *Conditor alme syderum* (008284) (p. 102–103)[121].

In Nativitate Domini Hymnus Sedulij *A Solis ortus cardine* (008248) (p. 104–105)[122].

Hymnus de Passione Christi *Rex Christe factor omnium* (008384) (p. 106–107)[123].

Hymnus de passione, morte ac Resurrectione Christi *Jesu nostra redemptio* (008331) (p. 108–109)[124].

Hymnus de Spiritu Sancto *Veni creator Spiritus* (008407) (p. 110–111)[125].

Oratio ad Spiritum Sanctum *Veni maxime Spiritus* (p. 112–113)[126].

Hymnus de S. Trinitate *O lux beata Trinitas* (008358) (p. 114–115)[127].

Hymnus Vespertinus *Christe qui lux es & dies* (830070) (p. 116–117)[128].

Pro conservatione Verbi Dei contra hostes Ecclesiae *Serva Deus verbum tuum* (kein Eintrag) (p. 118–119)[129].

Hymnus Philippi Melanchthonis *Aufer immensam Deus aufer iram* (kein Eintrag) (p. 120–121)[130].

Hymnus alius cadente Sole *Te lucis ante terminum* (008399) (p. 122–123)[131].

Hymni de Opere Creationis Primae diei Dominicae *Lucis creator optime* (008337) (p. 124–125)[132].

---

[118] PSALMODIA 1658: p. 110–113.
[119] PSALMODIA 1658: p. 114–115.
[120] PSALMODIA 1658: p. 116–117.
[121] Im Druck von 1686 sind beide Seiten vertauscht. PSALMODIA 1658: p. 118–119.
[122] PSALMODIA 1658: p. 120–121.
[123] PSALMODIA 1658: p. 122–123.
[124] PSALMODIA 1658: p. 124–125.
[125] PSALMODIA 1658: p. 126–127.
[126] PSALMODIA 1658: p. 128–129.
[127] PSALMODIA 1658: p. 130–131.
[128] PSALMODIA 1658: p. 132–133.
[129] PSALMODIA 1658: p. 134–135. Es handelt sich bei diesem Gesang um die lateinische Fassung des Luther'schen Liedes „Erhalt uns, Herr, bei deinem Wort". Vgl. dazu KORTH, Lieder 280–286 (Nr. 35).
[130] PSALMODIA 1658: fehlt. – Kein Eintrag bei MELANCHTHON, Carmina.
[131] PSALMODIA 1658: p. 136–137.
[132] PSALMODIA 1658: p. 138–139.

De Opere secundae diei *Immense coeli conditor* (008320) (p. 126)[133].
De Opere tertiae diei *Telluris ingens conditor* (008401) (p. 126)[134].
De Opere quartae diei *Coeli Deus sanctissime* (008283) (p. 126)[135].
De Opere quintae diei *Magnae Deus potentiae* (008341) (p. 126–127)[136].
De Opere sextae diei *Plasmator hominis Deus* (008371) (p. 127)[137].
Hymnus Sabbatho canendus *Deus creator omnium* (008292) (p. 127)[138].

Finito hymno canit Praecentor: *Kyrie Eleison*. Chorus *Christe Eleison* … (p. 128)[139].

Recitat orationem Dominicam & canit … (p. 129)[140].

Praecentor *Dominus nobiscum*. Chorus *Et cum Spiritu suo* … (p. 130)[141].

Recitat Collectam de tempore, eamque claudit canendo *Per Christum Dominum nostrum*. Chorus *Amen* (p. 131)[142].

Praecentor *Dominus nobiscum*: Item: *Benedicamus Domino*. Chorus *Et cum Spiritu suo. Deo dicamus gratias* (p. 132)[143].

Praecentor *Amen*. Chorus *Amen, Amen, Amen*. Finis. Soli Deo Gloria (p. 133)[144].

An die Ausgabe von 1658 ist ein kurzes Psalterium angehängt, das aus folgenden drei Teilen besteht, innerhalb derer die Psalmen mit den Ordnungsnummern 1 bis 8 versehen sind:

1. Teil: Psalmen 1, 3, 4, 6, 11, 12, 13 und 14 (Nr. 1–8, p. 148–151)
2. Teil: Psalmen 15, 16, 17, 19, 117, 129, 131 und 134 (Nr. 1–8, p. 151–155)
3. Teil: Psalmen 120, 121, 123, 124, 125, 126, 127 und 128 (Nr. 1–8, p. 155–157).

Der Aufbau der beiden Horen sieht so aus (vgl. die beiden Schemata in Kapitel 9.1.)[145]: Die Matutin beginnt der Kantor mit einem Versikel aus dem folgenden Psalm, und zwar anstelle der Antiphon, die gänzlich wegfällt. Der Chor antwortet mit dem *Gloria Patri*. Der Psalm wird von Kantor und Chor im Wechsel gesungen und mit dem *Gloria Patri* abgeschlossen. Auf eine Lesung aus dem Alten Testament folgt ein Hymnus oder alternativ das Canticum evangelicum, das Symbolum Nicenum, Apostolicum, Athanasianum, das *Te Deum*, eine Litanei oder die Antiphon *Da pacem*. Unklar bleibt der Gebetsabschluss, der eventuell wie in der Abendhore gestaltet war. Die Vesper beginnt wiederum der Kantor mit dem *Deus*

---

[133] PSALMODIA 1658: p. 140.
[134] PSALMODIA 1658: p. 140.
[135] PSALMODIA 1658: p. 140.
[136] PSALMODIA 1658: p. 140–141.
[137] PSALMODIA 1658: p. 141.
[138] PSALMODIA 1658: p. 141.
[139] PSALMODIA 1658: p. 142.
[140] PSALMODIA 1658: p. 143.
[141] PSALMODIA 1658: p. 144.
[142] PSALMODIA 1658: p. 145.
[143] PSALMODIA 1658: p. 146.
[144] PSALMODIA 1658: p. 147.
[145] PSALMODIA 1658, p. 3–4; PSALMODIA 1686, p. 3–4.

4.2. Die „Psalmodia" von 1658 und 1686

in adiutorium, worauf der von Kantor und Chor im Wechsel gesungene Psalm folgt. Nach einer Lesung aus dem Neuen Testament wird der Hymnus gemäß des Kirchenjahres gesungen. Auf das *Kyrie* und das *Vater Unser* folgt der Abschlussdialog, den der Kantor mit *Dominus nobiscum* beginnt, worauf der Chor *Et cum spiritu suo* antwortet. Nach einer Collecta singt der Kantor das *Benedicamus*.

Bei gleicher Struktur der Horen ist ein entscheidender Unterschied in den beiden Druckausgaben von 1658 und 1686 bemerkenswert. Als Abschluss der Ausgabe von 1658 findet sich nämlich ein angehängtes Psalterium, das nur einige Psalmen birgt. Dieses Auswahl-Psalterium umfasst in einem ersten Teil die Psalmen 1, 3, 4, 6, 11, 12, 13 und 14[146], in einem zweiten Teil die Psalmen 15, 16, 17, 19, 117, 129, 131 und 134[147] sowie in einem dritten Teil die Psalmen 120, 121, 123, 124, 125, 126, 127 und 128[148]. Den einzelnen Psalmen sind in jedem der Teile die Ordnungsziffern 1 bis 8 beigefügt. Bei dieser Psalmauswahl gibt es leider keinen Hinweis auf ihre tatsächliche Verwendung, ob etwa die dreimalige Auswahl von jeweils acht Psalmen einen Drei-Wochen-Rhythmus mit jeweils einem Psalm beschreibt[149]. Vielleicht sind die Ordnungsziffern 1 bis 8 aber auch als Hinweis zu verstehen, welcher der vorangestellten acht Psalmtöne auf den jeweils abgedruckten Psalm zu beziehen sei. Wie auch immer, die Tatsache dieses angehängten Psalteriums zeigt, dass die eingangs vertonten Psalmen lediglich als Melodiemuster zu verstehen sind, nach denen andere Psalmen einzurichten wären, die dann bei Nutzung der späteren Druckausgabe einem anderen liturgischen Buch, etwa einem kompletten Psalterium, zu entnehmen wären[150].

Im Unterschied zu den *Cantica sacra choralia* von 1618 fällt auf, dass die Horen keine eigentlichen Antiphonen mehr kennen. Damit entfällt auch ein Bezug auf die sonntägliche Leseordnung, der in den *Cantica sacra choralia* ja durch die Wahl der Magnificatantiphon noch hergestellt worden war. Vielleicht verdankt sich diese Änderung der Tatsache, dass im sonntäglichen Predigtgottesdienst die mittelalterliche Perikopenordnung zunehmend aufgegeben oder durch Alternativen ergänzt wurde, weshalb der Bezug auf das Evangelium durch die Antiphonen sinnlos wurde. An die Stelle der Antiphonen tritt jetzt das Anstimmen durch den Kantor, die *Intonatio Praecentoris*. Textgrundlage bildet dabei jeweils ein Vers eines anderen Psalmes als desjenigen, der anschließend gänzlich zu singen ist. Diese *Intonatio* ist sodann vom Chor mit dem *Gloria Patri* zu beantworten.

Vergleicht man die zugrunde liegende Struktur mit den Angaben der *Großen Kirchenordnung* von 1559, so fallen Parallelen ins Auge, etwa die geringe Psalmen-

---

[146] PSALMODIA 1658 (Nr. 1–8), p. 148–151.
[147] PSALMODIA 1658 (Nr. 1–8), p. 151–155.
[148] PSALMODIA 1658 (Nr. 1–8), p. 155–157.
[149] Übereinstimmungen mit anderen Ordnungen lutherischer Prägung finden sich nicht. Vgl. das Schema bei ODENTHAL, Umgestaltung 270.
[150] Ein gänzlich eigenständiges lateinisches Psalterium ist mir bisher im Württemberger Kontext nicht begegnet. Häufig taucht es im Raum der Wittenberger Reformation auf, so etwa für das Domstift St. Blasius in Braunschweig. Vgl. PSALMODIA BRAUNSCHWEIG 1597.

anzahl oder die Lesungen aus dem Alten Testament (morgens) und dem Neuen Testament (abends). Sieht die Kirchenordnung indes noch eine Zuordnung des *Benedictus* zur Morgenhore sowie des *Magnificat* zur Abendhore vor, wobei ersteres durch das *Quicumque vult* der alten Prim, letzteres durch das *Nunc dimittis* der alten Komplet abgelöst werden kann, so tut die Psalmodia einen weiteren Schritt aus den gewohnten Bahnen mittelalterlicher Tradition. Zwar werden *Benedictus* und *Magnificat* aufgeführt, indes nicht mehr als Kennzeichen der Morgen- oder Abendhore sowie nicht mehr als deren eigentliche Höhepunkte. Vielmehr sind beide Cantica in der Morgenhore situiert, und zwar alternativ zu den Hymnen, dem Glaubensbekenntnis usw. Damit aber ist eine theologisch signifikante Strukturveränderung vorgenommen: Die Cantica des Lukasevangeliums werden nicht mehr als gesungene „Evangelienlesung" der Morgen- und Abendhore verstanden, sondern anderen Hymnen der Kirchenväterzeit gleichgestellt. Dies ist aber keineswegs als eine Abwertung biblischer Texte zu lesen, sondern vor dem Hintergrund zu verstehen, dass nunmehr die Schriftlesungen aus dem AT oder NT den Höhepunkt der entsprechenden Hore bilden. Hinweise auf Heiligenfeiern finden sich im Gegensatz zu den *Cantica sacra choralia* nicht.

Schließlich ist der Schlussdialog zwischen Cantor und Chor bemerkenswert, der zwar lediglich für die Abendhore ausformuliert ist, indes wohl so oder ähnlich auch für die Morgenhore vorausgesetzt werden darf. Denn zuerst bittet der Cantor um die Gegenwart des Herrn für die Versammelten (*Dominus nobiscum* statt *vobiscum*). Und der Chor antwortet: *Et cum spiritu suo* statt *tuo*). Man mag darin vielleicht ein Anzeichen evangelischen Amtsverständnisses erblicken, dass die hauptberuflichen Amtsträger „nie sacerdotes, sondern ministri" sind[151]. Entscheidend aber wird die Tatsache sein, dass der Cantor nicht ordiniert war. Deshalb verzichtet er darauf, im Sinne eines Amtsträgers der Gemeinde die Gegenwart Christi zuzusprechen, sondern unterstellt auch seine Person der Bitte um die Gegenwart des Herrn. In derselben Weise antwortet der Chor ihm nicht direkt, sondern erbittet die Gegenwart Christi für ihn[152].

4.2.2. Die Zielsetzungen des Vorwortes

Die *Psalmodia* sieht keine eigenen Antiphonen mehr vor, sondern die Psalmen werden mittels eines ihrer Verse intoniert. Deshalb ist an dieser Stelle keine Einzeluntersuchung der Antiphonen möglich, die in Parallele zur obigen Untersuchung der *Cantica sacra choralia* stehen könnte. Vor diesem Hintergrund soll nun eine andere Besonderheit der *Psalmodia* zur Sprache kommen, nämlich das Vorwort,

---

[151] So etwa die Position von Brenz, vgl. BRECHT, Brenz 286. – Zum Ursprung der liturgischen Grußformeln und ihrer unterschiedlichen Semantiken vgl. JONAS, Mikroliturgie 280–309.

[152] Ein deutsches Pendant dieser Formulierungen findet sich im 19. Jahrhundert. Vgl. FENSKE, „Und mit seinem Geiste", allerdings ohne dass er eine hinreichende theologische Interpretation anzugeben imstande sei.

das die Begründungsmuster der weiter geübten Stundenliturgie in den Klosterschulen bereithält, denn Vorworte können wie Widmungen „Forum der Theologie" sein[153]. Die dort niedergelegten Zielsetzungen sollen nun paraphrasiert und kontextualisiert werden, wobei drei Abschnitte des Vorwortes ausgemacht werden können. Zunächst unterscheidet der Autor zwischen dem gewohnten Gregorianischen Choral und dem neueren Figuralstil: Der Choral hat seinen Ort von alters her („antiquitus") im Raum der Kirche. Normgebend ist hier die Kirchenväterzeit, denn einige der Bischöfe haben geistliche Gesänge komponiert, die heilbringende Lehren („salutares doctrinas") in sich enthalten und deshalb beibehalten werden sollen. Hier meldet sich als Liturgie bestimmendes Prinzip das der „ehrwürdigen Norm der Väter", das einhundert Jahre vorher übrigens auch im Kontext des Konzils von Trient bei der Messbuchrevision bemüht worden war: Beiden konfessionellen Positionen war an einer Legitimierung durch die Kirchenvätertradition gelegen[154]. Der Autor betont die Bedeutung der Klosterschulen vor diesem Hintergrund: Sie waren (und sind!) die Orte, an denen die alte Tradition des Chorals (mit seinen geistlichen wie musikalischen Schätzen) erhalten blieb. Sodann folgt ein eher „kulturkritischer" Abschnitt, innerhalb dessen der Autor seine Zweifel im Hinblick auf die Figuralmusik äußert. Sie vermag zwar die Ohren zu streicheln („ut aures ... dulcibus Melodiis demulceantur"), aber ihr Ziel sei doch eigentlich, der Anrufung und Feier des Namens Gottes zu dienen[155]. Das Problem der Figuralmusik aber sei, dass der „heilige Text" durch die vielen musikalisch bedingten Brüche der Worte zerrissen werde, dass ein Verstehen erschwert bis unmöglich sei. Das Argument ist bemerkenswert, weil es zum einen den zeitgenössischen Diskurs über die Probleme und Chancen der Figuralmusik spiegelt, der überkonfessionell geführt wurde[156]. Doch scheint es hier einer für die Württemberger Situation kennzeichnenden zunächst ablehnenden Haltung der Figuralmusik gegenüber geschuldet zu sein[157]. Zum anderen gehen die Argumente mit neueren Forschungen zum Gregorianischen Choral zusammen: Es ist gerade das Wort-Ton-Verhältnis im Gregorianischen Choral,

---

[153] So bei REDEKER, Widmungsvorreden 181–196.

[154] Das Trienter Missale von 1570 etwa wurde wiederhergestellt „nach der ursprünglichen Norm und dem Ritus der heiligen Väter" („ad pristinam ... sanctorum Patrum normam ad ritum"). Der Text bei KLÖCKENER, Bulle 44–45.

[155] Dass dies einem Anliegen der lutherischen Reformation folgt, zeigt etwa der Ausspruch Luthers in seinen Tischreden des Jahres 1531: „Sic Deus praedicavit euangelium etiam per musicam, ut videtur in Iosquin, des alles composition frolich, willig, milde heraus fleust, ist nitt gzwungen und gnedigt per regulas, sicut des fincken gesang", in: LUTHER, WA Tischreden 2, 11–12 (Nr. 1258). Vgl. auch die Grundlinien von Luthers Vorreden zu Gesangbüchern bei REDEKER, Widmungsvorreden 197–217.

[156] Vgl. zur Neuorganisation des protestantischen Musiklebens nach dem Dreißigjährigen Krieg und der Rezeption etwa venezianischer und römischer Einflüsse vgl. WOLLNY, Studien 32–41. Vgl. hier auch den Hinweis auf die Ablehnung weltlichen Einflusses auf die Kirchenmusik im Calvinismus bei REDEKER, Widmungsvorreden 185–186.

[157] Vgl. dazu NIEMÖLLER, Untersuchungen 568–570.

das diese Musikgattung als geradezu theologisch qualifiziert[158]. Genau dies aber ist damals wie heute einer Gottesdiensttheologie, die das Wort Gottes ins Zentrum setzt, naturgemäß wichtig. Vor diesem Hintergrund ist die besondere Konzeption der *Psalmodia* zu verstehen: Hält sie auch keine Gregorianischen Antiphonen mehr bereit wie noch die *Cantica sacra choralia*, so bewegt sie sich dennoch auf der Höhe der Zeit, indem sie vierstimmig gesetzte Hymnen zum Inhalt hat. Ein Figuralstil jedoch, der die Verstehbarkeit des Textes durch zu große Auszierungen beeinträchtigt, wird zugunsten der Verständlichkeit in der Regel gemieden[159]. Schließlich charakterisiert der Autor nochmals die Gesänge der Alten Kirche, die zu frommen Bewegungen der Seele („ad pios animorum motus") geeignet sind und die er deshalb in den Wirren der Zeit, die auch die Klosterschulen nicht verschonen, gerettet wissen möchte. Sie haben ein Rückkehrrecht („postliminium") in die Klosterschulen, weshalb jenes liturgische Buch zusammengestellt wurde. Es ist bestechend, in welcher Weise der Autor somit Teile der monastischen Gebetstradition zum einen als Kontinuität zur Alten Kirche, zum anderen als eine prägende Konstante in den damaligen Wirren und auf Zukunft hin auslegt, was er freilich mit dem Schriftprinzip lutherischen Gottesdienstes verbindet. Dies ist Sinn und Zweck des neu geschaffenen liturgischen Buches wie der beibehaltenen Stundenliturgie.

4.3. Zusammenfassung und Bewertung: Beide Liturgica im Vergleich

Der Vergleich der Horenstrukturen (vgl. die Schemata in Kapitel 9.1.) in den beiden vorgestellten Büchern für die Stundenliturgie Württembergs offenbart zunächst eine gewisse Vielfalt, die schon alleine aufgrund der Wahlmöglichkeit zum Canticum aus dem Evangelium gegeben ist, wie sie die *Cantica sacra choralia* vorsehen. Das dort verzeichnete Grundschema jeder Hore ist mit drei Psalmen, dem Hymnus und dem Canticum noch sehr an der Struktur der monastischen Vesper orientiert. Mit den drei Psalmen ist zugleich ein größeres Pensum pro Hore zugrunde gelegt, was auch an der traditionellen Kombination von Hymnus und Canticum statt einer Alternative von beiden liegt. Hier sind die Horenstrukturen der *Psalmodia* mehr gestrafft. Wahrscheinlich nurmehr ein Psalm ist vorgesehen, wenn nicht der Anhang eines Psalteriums in der Ausgabe von 1658 – wie oben dargestellt – auf anderes schließen lässt. Hymnus und Canticum sind

---

[158] Vgl. hier neben vielen anderen JOPPICH, Bivirga.
[159] Eine Ausnahme bildet die Alternativversion des Magnificat in der Vertonung des Orlando di Lasso (p. 70–75), das aber insofern möglich ist, als der Text des Magnificat allen Sängern zur Genüge bekannt ist. Das Beispiel zeigt zudem, wie schwierig eine Abgrenzung konfessioneller Positionen durch die Kirchenmusik und ihr Repertoire ist. Denn: „Kunstvolle Kirchenmusik war konfessionsübergreifend Bestandteil der Repräsentation", so NIEMÖLLER, Reformation 7–12, Zitat hier 9.

in der Morgenhore mit Glaubensbekenntnis, Te Deum, Litanei etc. alternativ zu wählen, während die Abendhore kein Magnificat oder ein anderes Canticum mehr kennt, sondern nur noch den Hymnus bereitstellt.

Zwei besondere Kennzeichen wurden den beschriebenen Liturgica zugeordnet: Die *Cantica sacra choralia* stellen weiterhin die alten Gregorianischen Magnificatantiphonen bereit, die auf das sonntägliche Evangelium Bezug nehmen. Doch dienen sie nun grundsätzlich für die gesamte Psalmodie. Die *Psalmodia* kennt diese Antiphonen nicht mehr. Ihr Vorwort zeigt zwar eine Wertschätzung des Gregorianischen Chorals sowie der Hymnen der Alten Kirche, führt aber die alten Hymnen in vierstimmigem Satz auf und trägt zugleich im Hinblick auf die Figuralmusik Bedenken vor. Vor diesem Hintergrund stellt sich die Frage, warum die Konzeption der *Psalmodia* die Gregorianischen Antiphonen, die den Evangeliumstext vertonen, nicht wie die *Cantica sacra choralia* weiter aufführt. Eine Lösung dieser Frage bestünde in der Annahme, die beiden vorgestellten Liturgica keinesfalls alternativ zu denken. Es gäbe ja die Möglichkeit, dass beide Liturgica im konkreten Chordienst zusammen benutzt worden seien. Dann nämlich würde die Differenziertheit des Vorwortes der *Psalmodia* im Hinblick auf die Bewertungen der musikalischen Stile erst verständlich: Der Gregorianische Choral liefert den Grundbestand der Ordnung, wird indes durch zeitgemäße musikalische Ausformungen ergänzt. Allerdings steht dieser Lösung entgegen, dass die Psalmodia ausdrücklich eine Ersetzung der Antiphonen durch die Intonation des Kantors vorsieht („Exorii & Antiphonae loco"). Vor diesem Hintergrund könnten die beiden liturgischen Bücher Ausdruck einer Weiterentwicklung sein, die zum einen Indiz für ein langsames Zerbrechen der alten liturgischen Ordnung wäre, und zwar in dem Sinne, dass die vortridentinische Leseordnung nicht mehr die alleinige Grundlage der Schriftlesungen im lutherischen Gottesdienst Württembergs bildete. Dann aber wären die biblisch fundierten Antiphonen ohne Rückhalt im Predigtgottesdienst geblieben und wurden dadurch verzichtbar. Zum anderen würde sich gerade hierin die neue konfessionelle Identität gezeigt haben, die sich zwar durch einen Rekurs auf das Beten der Alten Kirche legitimierte, indes neue Wege zu gehen bereit war. Dem enstpricht auch die vorsichtige und durchaus ambivalente Öffnung auf neue musikalische Stile: Im Jahre 1618 war man mit dem Schwerpunkt auf der Gregorianik noch traditioneller, während man sich in den Jahren 1658/86 musikalisch aufgeschlossener gab, indem die Polyphonie einbezogen wurde. Diese Tendenz kann mit der prägenden Größe des Stuttgarter Hofes zusammenhängen (siehe unten Kapitel 6.3.). Insgesamt ergibt sich aber, und das ist ein interessanter Befund, keinerlei lückenlose Übereinstimmung eines der in den beiden Liturgica vermerkten Horenschemata mit den in den einzelnen Kirchen- oder Klosterordnungen vorgesehenen Strukturen: Wollte man diese Formen ausüben, mussten die beiden Liturgica adaptiert werden. Deshalb ist damit zu rechnen, dass sie gerade als Repertorium des Gebetsmaterials dienen sollten, das dann konkret nach den örtlichen Gebräuchen umzusetzen war.

5. Die „Cantica sacra choralia" und die „Psalmodia" im Vergleich mit anderen lutherischen Liturgica für die Stundenliturgie

Im Folgenden soll ein erster Schritt auf dem Weg zu einer Typologie der Transformationen mittelalterlicher Stundenliturgie durch die Kirchen der lutherischen Reformation versucht werden, soweit dies beim gegenwärtigen Forschungsstand überhaupt schon möglich ist. Drei Typen einer Adaptation der liturgischen Traditionen durch die Reformation sollen unterschieden werden. Einen ersten Typus bilden die Umwandlungen im monastischen Kontext, hier exemplarisch vertreten durch das Benediktinerkloster Berge bei Magdeburg und die Zisterze Walkenried. Als zweiter Typ soll die Umwandlung der Stundenliturgie im Kontext eines Dom- oder Stiftskapitels stehen, hier repräsentiert durch das Domstift Magdeburg sowie das Braunschweiger St. Blasii-Stift. Den dritten Typ schließlich bilden die Pfarrgemeinden vor Ort, die hier am Beispiel von Lüneburg und Hamburg dargestellt werden sollen. Erkenntnisleitend ist dabei die These, dass die drei vorgestellten Typen aufgrund des jeweils unterschiedlichen institutionellen Kontextes auch divergierende Interessen bei der Umformung der Stundenliturgie vertraten, die sich etwa in der Horenstruktur wie im verwendeten Gebetsmaterial äußerten. Es ist Ziel des Abschnittes, die solchermaßen zu beobachtenden Liturgiereformen mit den Württemberger Aushandlungsprozessen um die Stundenliturgie zu vergleichen. Eine Sonderstellung nehmen dabei die Traditionen der lutherisch gewordenen Frauenklöster und -stifte ein. Da aber für die Frauenstifte und -abteien Württembergs ebenfalls ein eigener Weg eingeschlagen wurde, der die Transformationsprozesse im Hinblick auf die Klosterschulen nicht tangierte, kann hier davon abgesehen werden, auch diese Traditionen zum Vergleich heranzuziehen.

5.1. Der monastische Typ: Die Ordnungen des Klosters Berge und der Abtei Walkenried

Die Reform der Württemberger Klöster hin zu evangelischen Klosterschulen und die damit einhergehenden Gebetsordnungen können – neben vielen damaligen realpolitischen wie finanziellen Überlegungen – auch als ein Versuch verstanden werden, monastisches Erbe umzuwandeln und für die Zukunft der evangelischen Kirche fruchtbar zu machen. Insofern werden zunächst zwei vergleichbare Modelle solcher Liturgiereformen vorgestellt, nämlich die des Benediktinerklosters Berge bei Magdeburg und die der Zisterze Walkenried im Harz.

a) Das Kloster Berge bei Magdeburg und seine Offiziumsordnung

Neben den Württembergischen Initiativen ist das Kloster Berge bei Magdeburg einer der Versuche, spezifisch benediktinisches Erbe im Kontext der Wittenberger Reformation in die nun neu entstehende Kirchenstruktur hinüberzutragen[1]. Dass diese Reform im Kloster Berge letztlich keinen Bestand hatte, sondern das Kloster im Laufe des 17. Jahrhunderts sukzessive unterging, schmälert nicht die Bedeutung dieses Umwandlungsversuchs benediktinischer Tradition. Nach dem Anschluss an die Reformation im Jahre 1565 wurde das Kloster nicht nur zu einem Zentrum der Reformation, sondern diente – den Württembergischen Klöstern vergleichbar – als „Schulkloster" zur Ausbildung evangelischer Theologen[2]. Die Umgestaltung der Offiziumsordnung dieses Klosters wurde bereits andernorts auf seine Umstände wie seine Auswirkungen untersucht, weshalb hier nur die Ergebnisse festgehalten werden können[3]. Im Jahre 1573, also vor den Württemberger Liturgica, wurde im Kloster Berge eine eigene handschriftliche *Psalmodia* gemäß der Confessio Augustana für die Offiziumsliturgie eingerichtet, nämlich die

Psalmodia Ecclesiastica. Hoc est Cantiones sacrae et spirituales veteris Ecclesiae ex sacris literis desumtae. Quo ordine et melodiis per totitus anni circulum, in Templis, Collegiis atque Monasteriis secundum Augustanam Confessionem reformatis, usitato more cantari solent. Anno Domini 1573.[4]

Der Aufbau des Buches entspricht auch sonst üblichen Gewohnheiten: Nach dem Proprium de tempore[5], das in die „pars hiemalis"[6] und die „pars aestivalis"[7]

---

[1] Vgl. zu Kloster Berge insgesamt RÖMER, Kloster; auch SITZMANN, Mönchtum 195–200. – Grundsätzlich zum Problem des Mönchtums im Kontext der lutherischen Reformation vgl. die Studien von JASPERT, Mönchtum; LOHSE, Mönchtum; auch den Sammelband LEXUTT, MANTEY, ORTMANN, Reformation und Mönchtum; WENDEBOURG, Mönch. Speziell zu Hessen vgl. SCHILLING, Klöster, hier zur Argumentationslinie der Reformation gegen den Sonderweg des Mönchtums (120–158) und zur Auflösung der Klöster (205–225).

[2] Vgl. RÖMER, Kloster 13.

[3] Vgl. ODENTHAL, Umgestaltung 264–267.

[4] Das Exemplar befindet sich in der Herzog August Bibliothek Wolfenbüttel, Signatur: Cod. Guelf. 168 Helmst. Vgl. dazu DIVINA OFFICIA 191–195. – Es handelt sich um ein durch und durch auf konventuale Gegebenheiten hin konzipiertes Antiphonar.

[5] Vgl. PSALMODIA 1573, fol. 2r–144r, mit deutschem Benedictus in der Matutin an Weihnachten.

[6] Vgl. PSALMODIA 1573, fol. 2r–66r.

[7] Vgl. PSALMODIA 1573, fol. 67r–144r, wiederum mit deutschem Benedictus und deutschem Nunc Dimittis an Ostern sowie dem *Laetemur in Christo* fol. 84v.

5.1. Der monastische Typ: Die Ordnungen des Klosters Berge und der Abtei Walkenried

aufgeteilt ist, folgt die „pars tertia continens cantica veteris Ecclesiae selecta de praecipuis festis Sanctorum per totum Annum"[8]. Dann beginnt der vierte Teil: „Sequuntur Cantica aliquot generalia quae per annum certis suis temporibus cantari consueverunt"[9]. Es geht um Antiphonen zur Samstagsvesper wie zur Matutin, das *Te Deum* wird ebenso aufgeführt wie das *Salve Iesu Christe*, das christologisierte *Salve Regina*[10]. Hier finden sich aber auch deutsche Gesänge, so das verdeutschte *Te Deum*, *Benedictus*, *Magnificat* und der verdeutschte Komplethymnus *Christe qui lux es* sowie das deutsche *Nunc dimittis*. Ein fünfter Teil schließt sich an: „Sequuntur Cantica aliquot specialia, quae cantari possunt, quando vel Litaniae seu supplicationes vel publicae preces pro variis necessitatibus fiunt"[11], wiederum auch mit deutschen Gesängen. Ein sechster Abschnitt, eine Begräbnisordnung, beschließt den eigentlichen Antiphonarsteil[12]. Nun folgen das Psalterium[13], ein Hymnar[14], schließlich der Invitatoriumspsalm 94 in verschiedenen Vertonungen[15]. Zwei liturgische Befunde sind bemerkenswert: Zunächst begegnet die Beibehaltung einiger durchweg biblisch begründeter Heiligentage, wie es für das Luthertum nicht unüblich ist[16]. Es sind dies die Heiligenfeste Andreas, Thomas, Conversio Pauli, Purificatio Mariae, Matthias, Annuntiatio Mariae, Marcus, Philippus und Jacobus, Johann Baptist, Peter und Paul, Visitatio Mariae, Maria Magdalena, Jacobus, Bartholomäus, Decollatio Johannis, Matthaeus, Michael, Lucas, Simon und Judas sowie schließlich Allerheiligen. Sodann spiegelt sich in der Struktur des Psalteriums noch die alte benediktinische Psalmenordnung wider[17]. Man behält also die Struktur des liturgischen Tages wie die Horenstruktur im Prinzip bei, verringert aber das Pensum[18]. Für die Matutin ist ein Acht-Wochen-Rhythmus erstellt worden, und zwar so, dass in der ersten Woche mit wenigen Ausnahmen diejenigen Psalmen zu beten sind, die Benedikt noch für die Prim in seinem Wochenschema vorgesehen hatte. Die Psalmen der zweiten Woche sind im We-

---

[8] Vgl. PSALMODIA 1573, fol. 148r–203r.
[9] Vgl. PSALMODIA 1573, fol. 205r–227v.
[10] Solche Textänderungen waren verbreitet, etwa auch bei der Mariensequenz *Ave praeclara maris stella*, die Lossius zur „Sequentia ad Christum" korrigiert: *Ave praeclarum mundi Lumen*, so PSALMODIA 1561, p. 258–261. Vgl. zum Problem FERENCZI, *Salve regina*; grundlegend FRANDSEN, *Salve Regina*; FERENCZI, *Conditor alme siderum*; ERBACHER, *Colligite fragmenta* 125–129.
[11] Vgl. PSALMODIA 1573, fol. 228r–248r.
[12] Vgl. PSALMODIA 1573, fol. 248r–253r.
[13] Vgl. PSALMODIA 1573, fol. 260r–283v.
[14] Vgl. PSALMODIA 1573, fol. 284r–331r.
[15] Vgl. PSALMODIA 1573, fol. 332r–351r.
[16] Vgl. zum selten beachteten Phänomen evangelischer Heiligenverehrung etwa LANSEMANN, *Heiligentage*; BARTH, *Ort der Heiligen*.
[17] Vgl. Regula Benedicti, cap. 8–18, in: VOGÜÉ, NEUFVILLE, *Règle* II, 508–535. Vgl. dazu PUZICHA, *Kommentar* 233–240.
[18] Durch die Beibehaltung der Horenstruktur im Kloster Berge kann hier auf eine schematische Darstellung wie in den anderen Abschnitten verzichtet werden, denn diese findet sich – bei leichten Abweichungen – bereits in Kapitel 2.1.

sentlichen die der Sonntagsvigil bei Benedikt, nun aber auf alle Wochentage verteilt, die der dritten Woche sind die der Montagsvigil, die vierte Woche bedient sich der Psalmen von Benedikts Dienstagsvigil und so fort. Für die Kleinen Horen übernahm man die in der Regel Benedikts von der Prim des Sonntags bis zur Non des Montags üblichen „Divisiones" des Psalms 118, nun aber, da sieben an der Zahl, auf die einzelnen Wochentage verteilt. Mit den Vesperpsalmen verfuhr man so, dass sie nun auf zwei Wochen verteilt wurden, mit Ausnahme des Psalms 109 (Vg.), der die Sonntagsvesper der ersten wie zweiten Woche eröffnet. Das System der Regel Benedikts, eine (durchaus mit Ausnahmen) numerische Psalmenverteilung, wurde also im Prinzip beibehalten, jedoch auf einen anderen Zeitraum verteilt, was zu einer deutlichen Pensumsminderung führte. Die Frage bleibt indes, ob das Psalmensystem Benedikts – wenngleich in anderer Verteilung – tatsächlich im wörtlichen Sinne beibehalten wurde, oder ob es allererst – in anderer Verteilung – wieder in Kraft gesetzt wurde, da ja nun die Heiligentage mit den Communetexten reduziert wurden[19]. Die letztbenannte Möglichkeit würde aber voraussetzen, dass man an der Bedeutung der Benediktsregel mit ihrer Psalmenverteilung und deren Durchsetzung interessiert gewesen war[20]. Vor allem aber zeigt sich im Kloster Berge der Einfluss Wittenbergs, während für Württemberg ja eher eine oberdeutsche und Schweizer Prägung auszumachen ist.

Vergleicht man vor diesem Hintergrund die Neuordnung der Stundenliturgie im Kloster Berge mit der vorgestellten Württemberger Reform, so wird ein gravierender Unterschied schnell deutlich. Im benediktinischen Kontext des Klosters Berge ging es zunächst darum, auf der Grundlage der Benediktsregel die Stundenliturgie als „Offizium" zu bereinigen, das Pensum handhabbar zu machen, dabei aber die grundlegende Struktur in klösterlichem Kontext beizubehalten. Insgesamt wurden die überkommenen Paradigmen kaum verändert und die Stundenliturgie so weitergeführt. In Württemberg jedoch war bei aller Traditionsstärke die Tendenz eine andere, nämlich die Stundenliturgie im Kontext der Ausbildung der zukünftigen Pfarrerschaft zu situieren. Damit war die Stoßrichtung doch eher „weg vom Kloster und hin zur Schule"[21].

b) Liturgische Reformen im Zisterzienserkloster Walkenried

Anders vollzogen sich die liturgischen Reformen im Zisterzienserkloster Walkenried. Dort ging es weniger darum, ein benediktinisch geprägtes System umzuformen, sondern die Horen im Hinblick auf den im Jahre 1557 eingerichteten Schuldienst beizubehalten[22]. Dementsprechend, in großer Nähe zu den in Würt-

---

[19] Vgl. zum Problem HÄUSSLING, Luther, etwa 232.
[20] TIGGEMANN, Psalterium 45, Tabelle 46–47 und 60, macht auf verschiedene andere Psalterien dieser Epoche aufmerksam, darunter eines von 1540 des Abtes Herbord von Holle für das Michaeliskloster zu Lüneburg.
[21] EBERL, Die evangelischen Klosterschulen 23.
[22] Vgl. HEUTGER, Kloster Walkenried 170–176.

5.1. Der monastische Typ: Die Ordnungen des Klosters Berge und der Abtei Walkenried

temberg vollzogenen Schritten, kam es zu einer radikalen Pensumsreduktion. Eine Offiziumsordnung aus dem Jahre 1617, kein im eigentlichen Sinne liturgisches Buch, findet sich im

CHRONICON VVALKENREDENSE, siue Catalogus Abbatum, qui ab anno Christi MCXXVII continua serie Monasterio VValkenredae hucusque praefuerunt, in secula sex tributus. (...) Omnia ex archiuis, & fide dignis monumentis collecta, in quem ordinem redacta studio et opera M. Henrici Eckstormii, P. Cor. Prioris ibidem & Parochi. Cum Indice rerum, personarum & locorum. Addita est Appendix. Cum licentia Superiorum. Helmaestadii, Typis haeredum Iacobi Lvcii, Anno 1617.

Der Appendix (ohne Paginierung) beschreibt die „Exercitia pietatis religiosae in VValkenredensi Coenobio a multis iam annis assidue continuata", und damit auch eine Ordnung des Stundengebetes für die Feiertage („Diebus Festis") und die Werktage („Diebus Profestis")[23]:

Diebus festis. In vigiliis festorum seu vespera prima hora tertia, campanis secundo impulsis, Scholastici cum Conuentualibus & Praeceptoribus aedem sacram adeunt, ibique post vsitatum ex Psalmi 70 versiculo primo introitum clare & perspicue canunt.
1. Antiphonam de tempore
2. Ex Psalmis Dauidis ordine vnum atque alterum,
3. Hymnum te tempore
4. Caput ordinarium seu textum feriis conuenientem ex sacris Bibliis cum summariis Germanice vnus ex Scholasticis clare & distincte legit.
5. Beatae Virginis Mariae, (interdum etiam D. D. Zachariae & Simeonis) Canticum, praemisso versu & antiphona de tempore altera.

Subiungitur tandem Collecta, cum gratiarum actione, & audiuntur a Parocho feriis sequentibus ad sacram συναξιν venturi[24].

Die erste Vesper halten die *scholastici* mit den *conventualibus* an den Vortagen der Festtage um 3 Uhr. Sie besteht nach dem Einleitungsversikel aus einer *Antiphona de tempore*, auf die zwei Psalmen folgen. Danach singt man den *Hymnus de tempore*, gefolgt von einer Bibellesung in deutscher Sprache. Dann wird das *Magnificat*, zuweilen auch das *Benedictus* oder das *Nunc dimittis* angeschlossen, eingeleitet durch eine zweite Antiphon. Hier zeigt sich eine für Württemberg vergleichbare Ordnung, die drei biblischen Cantica aus ihrer Bindung an Laudes, Vesper und Komplet zu lösen und alternativ zu verwenden. Beschlossen wird die Vesper durch eine *Collecta* und Danksagung.

Das Chronicon hält sodann die Ordnung für die zweite Vesper der Sonn- und Feiertage fest (vgl. das Schema in Kapitel 9.1.):

In secundis vesperis hora sacunda, ad secundum campanae sonitum in templo fit congressus, & praemisso versiculo primo Psalmi 70. canitur.

---

[23] Vgl. hierzu bereits HEUTGER, Kloster Walkenried 172–173.
[24] CHRONICON VVALKENREDENSE. Die liturgischen Anordnungen sind ohne Seitenangabe, weshalb sie im Folgenden nicht einzeln belegt werden.

1. Antiphona pro tempore,
2. Psalmus vnus atque alter ordinarius Dauidis,
3. Hymnus pro tempore,
4. Cantio Germanica pro tempore, cui per estatem praemittitur pars Catechismi cum explicatione S. Lutheri lingua vernacula.
5. Legitur Caput ordinarium ex sacris Bibliis cum summariis.
6. Canitur B. Virginis canticum praemisso versu & Antiphona de tempore, sequente collecta & gratiarum actione[25].

Der Unterschied zur oben dargestellten Vesperstruktur besteht lediglich darin, dass nach dem Hymnus ein deutscher Gesang mit vorausgehender Lesung aus dem Katechismus samt Luthers Auslegung eingebaut ist. Als Canticum findet ausschließlich das *Magnificat* Verwendung, nicht mehr die beiden anderen Cantica.

Sodann wird die Morgenhore der Feiertage beschrieben:

In Matutinis precibus hora quinta, post alterum campanae pulsum, ad aedem sacram itur, & initio facto ex Psalmi 51. versiculo 16. nec non Psalmi 70. versiculo 1. canitur.
1. Antiphona de tempore,
2. Cantica tria a Reuerendo Domino Cistertii pro tempore ordinata, ea sunt a Paschate ex D. Esaiae cap. 63. a. 1.v. vsque ad 6. Oseae 6. a vers. 1. vsque ad 7. Sophon. 3, a vers. 8 vsque ad 14. A Trinitate ex Esaiae cap. 33 a vers. 14 vsque ad 20. A Natali Domini ex Esaiae cap. 9. a vers. 2. vsque ad 8. Cap. 26. a vers. 1 vsque ad 13. & Cap. 66. a vers. 10. vsque ad 17.
3. Caput ordinarium seu textus festo conueniens ex sacris Bibliis cum summariis legitur.
4. Canticum BB. Ambrosii & Augustini decantantur, cui succedit Collecta & δοξολογια vsitata[26].

Für die Morgenhore um 5 Uhr morgens steht die alte monastische dritte Nocturn Pate, denn sie besteht nach dem Eröffnungsversikel aus einer *Antiphona de tempore*, auf die drei alttestamentliche Cantica folgen, abgerundet durch das Canticum des Ambrosius, das *Te Deum* (vgl. das Schema in Kapitel 9.1.). Damit ist auch ein Grund benannt, das eigentlich den Laudes zugeordnete Canticum des Zacharias, das *Benedictus*, als Alternative zum Magnificat in die erste Vesper zu platzieren[27].

Wenige Seiten später folgen weitere Ordnungen, die wohl im Hinblick auf die Schüler konzipiert sind, deren Teilnahme ausdrücklich erwähnt wird. So gibt es zunächst eine regelmäßige Hore am Donnerstag (vgl. das Schema in Kapitel 9.1.):

---

[25] CHRONICON V VALKENREDENSE (Ohne Paginierung). Es folgt nun eine Liste der an den einzelnen Festtagen zu verwendenden Psalmen und Lesungen.

[26] Ebd.

[27] Hier wird eine lange sich anbahnende Veränderung greifbar, dass nämlich bereits im monastischen Offizium des Mittelalters die Laudes insofern an Kraft eingebüßt hatte, als sie zum Anhängsel an die Vigilien geworden war und nicht mehr als eigene Morgenhore verstanden werden konnte. Vgl. hierzu etwa ODENTHAL, Martin Luther 220.

5.1. Der monastische Typ: Die Ordnungen des Klosters Berge und der Abtei Walkenried

Diebus profestis.
Singulis feriis 5. seu diebus Iouis hora octaua ad secundum campanae pulsum templum petitur in quo[28] eo sacra peraguntur in hunc modum:
1. Canitur, Kom Heiliger Geist / Herre Gott /
2. Canitur Litania lingua vernacula, praeeuntibus aliquot pueris, & tota Ecclesia succinente. A prima aduentus ad natalem Domini: A natali Domini ad Septuagesimam: A paschate ad pentecostem pro Litania canuntur cantiones tempori congruentes, & Symbolum Apostolorum Germanicum.
3. Habetur concio de Epistola Dominicali, seu Euangelio dicto memoriae sanctorum, si quae forte in septimanam incidit. Ad finem concionis fit exhortatio ad pias preces eodem, quo die Dominica, modo, quam excipit oratio Dominica.
4. Canitur oda Germanica de tempore, & legitur collecta cum benedictione & δοξολογια vsitata[29].

Regelmäßig am Donnerstag zur achten Stunde wird diese Gebetszeit gehalten, die hauptsächlich durch deutsche Gesänge geprägt ist. Es fällt auf, dass im Zentrum dieser Gebetsordnung – wie übrigens in der Zürcher Prophezei[30] – die Schriftlesung steht, eingerahmt durch deutsche Gesänge und Litaneien. Diese Horenform trägt der Klosterschule mit ihren Bedürfnissen Rechnung.

In der Fastenzeit wird zur dritten Stunde am Nachmittag eine tägliche Gebetszeit vorgesehen (vgl. das Schema in Kapitel 9.1.):

A Dominica inuocauit ad palmarum singulis diebus profestis a tertia vespertina, ad datum per campanum signum, in templo frequenter conuenitur & canitur,
1. Salue Rex misericordiae,
2. Cantio Germanica conueniens cum parte Catechismi recitanda,
3. Recitatur pars Catechismi cum explicatione Theandri Lutheri lingua vernacula: cui adduntur selecta sacrae scripturae dicta ad istam partem pertinentia.
4. Canitur hymnus feria secunda: Christe der du bist Tag und Liecht / feria 3. Christ der du bist der helle Tag / feria 4. Herr Christ der einige Gottes Sohn / feria 5. Allein zu dir Herr Jesu Christ. feria 6. Herr Gott erhalt vns für und für / etc.[31].

Auf das christologisierte „Salve" folgt ein deutscher Gesang mit einer Lesung aus dem Katechismus samt einer Auslegung. Nach einer Litanei oder dem Glaubensbekenntnis beschließt ein deutscher Hymnus die Gebetszeit.

---

[28] Die Auflösung des gedruckten Kürzels ist unsicher, zumindest liegt an dieser Stelle unreines Latein vor.

[29] CHRONICON VVALKENREDENSE (Ohne Paginierung).

[30] Wie bereits an anderer Stelle erwähnt wurde, verzichtet die Zürcher Prophezei zwar auf Psalmengesang, hat aber eine ausführliche Bibellesung, wobei für sie ausdrücklich die Zeit gebraucht werden soll, die man bis dahin „zu der prim, tertz und sext gebrucht hat", so der Text bei SCHMIDT-CLAUSING, Zwingli als Liturgiker 142. – Anzufragen wäre indes, ob man in Zürich nicht lediglich die alten Zeiten beibehalten hat, aber doch eine neue Gottesdienstform schuf, die nicht mehr als „Stundenliturgie" zu kennzeichnen wäre. Für diesen Hinweis, der sich mit der Einschätzung bei EHRENSPERGER, Geschichte 487, deckt, danke ich Dorothea Wendebourg, Berlin.

[31] CHRONICON VVALKENREDENSE (Ohne Paginierung). Es folgen Angaben zur Karfreitagsliturgie.

In Spannung dazu steht eine weitere tägliche Gebetsordnung mit einer Morgen- und einer Abendhore, die „in schola", nicht mehr in der Kirche angesiedelt sind[32]. Gingen die zunächst dargestellten Horenordnungen von einem Konvent und *auch* von Schülern aus, scheinen die anderen Ordnungen nun mehr als bisher auf Schüler ausgerichtet zu sein. Vielleicht spiegeln sich in diesen Ordnungen zugleich die Entwicklungsschritte des Konvents: Die ersten Ordnungen könnten nach Einführung der Reformation im Konvent im Jahre 1546 konzipiert worden sein und konventuale Bräuche normieren, die anderen Ordnungen könnten mit der Einrichtung der Klosterschule im Jahre 1557 zusammenhängen und dortige Gegebenheiten berichten[33]. Das Morgengebet sieht so aus (vgl. das Schema in Kapitel 9.1.):

Diebus profestis singulis hora quinta matutina tintinnabuli sonitu Pueri Scholastici excitantur vt surgant, sese mundent & ad studia praeparent. Hora sexta tintinnabulo impulso conueniunt in Schola, vbi recitatur.
1. Precatio matutina,
2. Pars Catechismi Latini,
3. Legitur Caput ex Nouo Testamento Germanice,
4. Dicuntur consuetae preces pro Imperatore Romano, Sacri Imperii Principibus & inprimis Nutritio nostro clementißimo.
5. Oratio Dominica,
6. Erhalt vns, Herr bey deinem Wort[34].

Nach einer „Precatio matutina" folgt eine lateinische Katechismuslesung, die durch eine Lesung aus dem deutschen Neuen Testament ergänzt wird. Auf das Gebet für die Herrscher folgt das *Vater Unser,* bevor mit dem Gesang *Erhalt uns Herr bei deinem Wort* die Hore beendet wird. Demgegenüber wird das Abendgebet so beschrieben:

Hora octaua vespertinae preces fiunt tam festis quam profestis diebus hoc modo, alumnis per tintinnabuli sonum congregatis,
1. Recitatur oratio vespertina,
2. Cantatur Symbolum Nicaenum,
3. Legitur caput ex veteri Testamento Germanice,
4. Canitur hymnus, vtpote feria 1. pro tempore, feria 2. Herr Gott erhalt vns für und für / feria 3. Ades pater supreme, feria 4. Curarum, feria 5. Domine ad quem ibimus. feria 6. Christe qui Lux es & dies, feria 7. Dicimus grates:
5. Recitatur oratio Dominica.
6. Erhalt vns Herr bey deinem Wort[35].

---

[32] Indes ist hier auch in Rechnung zu stellen, dass die Walkenrieder Klosterkirche seit 1525 nach den Zerstörungen der Bauernkriege kaum mehr oder nur eingeschränkt benutzbar war. Vgl. dazu HEUTGER, Kloster Walkenried 154–157.

[33] Die Daten bei HEUTGER, Kloster Walkenried, 166–170.

[34] CHRONICON V VALKENREDENSE (Ohne Paginierung). Es folgen Angaben zur Lektion und Mittagspause.

[35] CHRONICON V VALKENREDENSE (Ohne Paginierung).

5.1. Der monastische Typ: Die Ordnungen des Klosters Berge und der Abtei Walkenried 121

Die Abendhore ist also parallel strukturiert (vgl. das Schema in Kapitel 9.1.): Auf eine „oratio vespertina" folgt das Glaubensbekenntnis, das durch eine Lesung aus dem deutschen Alten Testament ergänzt wird. Nach einem deutschen Hymnus und dem *Vater Unser* wird die Hore wiederum mit dem Gesang *Erhalt uns Herr bei deinem Wort* abgeschlossen.

Unklar bleibt, was mit der „Precatio matutina" bzw. „oratio vespertina" eigentlich gemeint ist. Die Tatsache, dass das Gebet in der Schule stattfindet, verbietet es, jenes Gebet im Anschluss an das oben beschriebene Chorgebet des Konventes zu situieren. Vielmehr scheint sich hier ein Zeugnis verschiedenster Gebetsordnungen erhalten zu haben, die nicht zu synchronisieren sind, sondern vielmehr alternativ gelesen werden müssen. Die Ordnung des Morgengebetes enthält das tägliche Gebet für die weltliche wie kirchliche Obrigkeit *Te Deum Patrem*, das bereits aus Württemberg bekannt ist und hier in der Walkenrieder Lesart nochmals abgedruckt sei[36]:

Precatio in singvlos dies dicenda alumnis Scholarum, ex Constitutionibus Ecclesiasticis Illustrissimi Ducis Brunsuicensis, loco von den Kloster-Schulen. Te Deum patrem Domini nostri Iesv Christi invocamus, vt Ecclesiam tuam, in toto orbe dispersam, & variis periculis afflictam, quam sibi vnigenitus filius tuus Dominus noster Iesvs Christvs, sanguine suo acquisiuit, Spiritu sancto tuo illustrare & propagare pergas. Et summos gubernatores Romani Imperii, Caesarem nostrum vna cum Electoribus & Proceribus Imperii, nec non Illustrißimum Principem ac Dominum nostrum Fridericum – Huldericum, Ducem Brunsuicensem & Lunaeburgensem Dominum & Administratorem huius Monasterii clementissimum, & Reuerendos Superiores nostros, potenti tua dextera defendas, mentes eorum ad salutaria Reipublicae consilia flectas, & administrationem eorum in conseruanda publica tranquillitate, & propaganda gloria nominis tui adiuues. Studiis quoque nostris ita faveas, vt adiumento tuo non solum nostram ipsorum salutem operemur, verumetiam Ecclesiae & Reipub. Vsui esse possimus, per Dominum nostrum Iesvm Christvm, qui factus victima pro peccatis nostris, ac precium redemptionis nostrae, tecum vna cum Spiritu sancto tuo, viuit & regnat Deus benedictus in secula, Amen[37].

Es bleibt unklar, auf welche Braunschweigische Kirchenordnung sich der Hinweis konkret bezieht, denn in der Braunschweiger Kirchenordnung des Johannes Bugenhagen von 1528 findet sich zwar ein Abschnitt „Van den scholen", indes ohne jenes Gebet[38].

---

[36] Im Hinblick auf die Verbindungen zwischen Niedersachsen und Württemberg sei zum einen auf die Tatsache aufmerksam gemacht, dass der Tübinger Propst und Kanzler Jacob Andreae die Klosterordnung für Braunschweig aus dem Jahre 1569 verfasst hat (vgl. KLOSTERORDNUNG BRAUNSCHWEIG 1569). Zum anderen gab es intensive Beziehungen durch die Mitarbeit von Andreae an der Konkordienformel im Fürstentum Braunschweig-Wolfenbüttel. Vgl. dazu MAGER, Konkordienformel 58–86; 186–199 u. ö. Zu Andreae vgl. auch kurz LEPPIN, Jakob Andreae.

[37] Der erwähnte Friedrich Ulrich (1591–1634) war Herzog von Braunschweig – Lüneburg – Wolfenbüttel, vgl. dazu BRAUCH, Friedrich Ulrich.

[38] Vgl. KIRCHENORDNUNG BRAUNSCHWEIG 1528, bei SEHLING, Kirchenordnungen 6.I.1., 362–371.

Abschließend sei noch erwähnt, dass die Walkenrieder Ordnung auch noch einige wenige, wiederum strikt biblische Heiligenfeiern kennt, wie aus dem Anhang zum Chronicon zu erschließen ist, und zwar anlässlich der Ordnung für die Schriftlesungen einschließlich der Psalmen. Neben dem Tag der Purificatio und Annuntiatio Mariae werden der Geburtstag Johannes' des Täufers, der Tag der Visitatio Mariens sowie der Michaelstag aufgeführt.

Damit fallen die Unterschiede und Gemeinsamkeiten zu den Württembergischen Ordnungen und ihren Liturgica ins Auge. Zunächst sind die Klöster Berge wie Walkenried mit ihren grundsätzlich unterschiedlichen Ansätzen Zeuginnen für die Tatsache, dass hier *vor Ort* eine Umformung bestehender Ordnungen an durch die lutherische Lehre gebotene Gebetsformen vollzogen wurde. Zwar konnte und musste auf durch die Obrigkeit erlassene Kirchenordnungen Bezug genommen werden, doch entstand nicht wie in der Württemberger Fürstenreformation eine für alle Klöster bzw. Klosterschulen gleichermaßen verbindliche Ordnung. Die sich in Württemberg etablierende Ordnung oszilliert in ihrer Entstehung zwar zwischen Traditionsbewahrung und Neuerung. Von ihrem Ergebnis her ist sie aber mit dem Walkenrieder System sehr verwandt, das deshalb hier so ausführlich dargestellt wurde: Interesseleitend ist eine Ausrichtung auf den Schuldienst, der die Tatsache geschuldet ist, dass die Hinweise gelegentlich zueinander in Spannung stehen. Positiv gewendet könnte dies auf eine gewisse Flexibilität der Ordnung hindeuten, die lateinische wie deutsche Gesänge, Schriftlesung und Katechismus als Mittelpunkt hat. Denn Ziel des Betens und Singens ist *auch* das Lernen. Die Ordnung vom Kloster Berge zeigt sich demgegenüber viel stärker traditionsgebunden. Ein großer Unterschied zu Württemberg besteht nicht nur in der stringenten Ordnung des Psalmodie, sondern auch in den in Berge beibehaltenen, biblisch begründeten Heiligenfeiern: Nur in den Württemberger *Cantica sacra choralia* von 1618 werden Aposteltage („in feriis Apostolorum") vorgesehen, die *Psalmodia* von 1658 bzw. 1686 kennt keine Heiligentage mehr.

5.2. Der stiftische Typ: Die Ordnungen des Domkapitels zu Magdeburg und des Stiftskapitels zu Braunschweig

Die Klöster konnten also durch die Einrichtung des Schulbetriebes ihre Existenz im Kontext lutherischer Reformen zumindest vorerst noch retten und stellten ihre Stundengebetspraxis entsprechend um. Einen anderen institutionellen Kontext aber bildeten die Domstifte sowie die anderen (meist städtischen) Kanonikerstifte. Durch die fehlenden Klostergelübde standen sie nicht im selben Maße unter theologischem Rechtfertigungsdruck wie die Klöster. Zudem waren sie als Institutionen ins politische und gesellschaftliche Leben einer spätmittelalterlichen Stadt ganz anders eingebunden als diese. Dementsprechend hielten sich stiftische Strukturen in wesentlich stärkerem Maße als klösterliche, und damit auch tradi-

5.2. Der stiftische Typ: Die Ordnungen des Domkapitels zu Magdeburg

tionelle Formen der Stundenliturgie, die rechtlich in den jeweiligen Stiftsstatuten verankert waren[39]. Zwei Beispiele sollen hier vorgestellt werden, nämlich die Offiziumsordnung des Domkapitels zu Magdeburg und die des Kanonikerstiftes St. Blasius zu Braunschweig.

a) Die liturgischen Reformen des Magdeburger Domstiftes

Die vielfältigen Wirren um die Reformation des Magdeburger Domstiftes sind andernorts dargestellt worden und brauchen hier nicht eigens erwähnt zu werden[40]. Im Hinblick auf den Gottesdienst des Domstiftes ist die Tatsache von Bedeutung, dass im Jahre 1613 völlig neue Liturgica gedruckt worden sind, die neben reiches Material der liturgischen Tradition liturgische Neuschöpfungen im lutherischen Geiste setzten, indes zumeist unter Beibehaltung des Gregorianischen Chorals und der lateinischen Liturgiesprache. Im Jahre 1613 erschien ein neues Antiphonar für die Offiziumsliturgie wie für die (nunmehr evangelische) „Messe" des Magdeburger Domkapitels:

Cantica sacra, quo ordine et melodiis, per totius anni curriculum, in Matutinis et Vespertinis, itemque intermediis precibus cantari solent, una cum lectionibus et precationibus, in unum volumen congesta pro S. Metropolitana Magdeburgensi Ecclesia, excusa Magdeburgi sumtibus praedictae Ecclesiae etc. Typis Andreae Bezeli, Anno Christi MDCXIII[41].

Bereits ein Jahr vorher war das Psalterium mit einem Beiheft für die biblischen Cantica erschienen:

Psalterium Davidis, Prophetae et regis, juxta veterem translationem alicubi emendatam, cum canticis selectis veteris et novi Testamenti ad usum S, Metropolitanae Magdeburgensis Ecclesiae, excusum Magdeburgi eiusdem Ecclesiae impensis, Typis Andreae Bezeli, Anno Christi MDCXII. Cantica veteris et novi Testamenti selectiora, ad usum S. Metropolitanae Magdeburgensis Ecclesiae excusa Magdeburgi Eiusdem Ecclesiae impensis. Typis Andreae Bezelii, Anno Christi MDCXII[42].

---

[39] Damit kommt auch den etwa im Umfeld der Stifte eingerichteten Schulen eine andere Rolle zu als den Klosterschulen, die sozusagen eine Existenzberechtigung der Institution darstellen.

[40] Vgl. dazu ODENTHAL, Beharrungskraft 423–427.

[41] Ein Exemplar befindet sich in der Bibliothek des Klosters Unserer Lieben Frauen in Magdeburg, Signatur VI C. c. 3 fol. Es hat den Eintrag: Caenobio B. Mariae Virgin. Magdeburg, donatus hic Liber d. 21. September Dei 1675, der ein zusätzlicher Beleg für die Nutzung des Werkes auch außerhalb des Magdeburger Domstiftes ist. – Vgl. insgesamt FISCHER, Ordnung. – Bei www.vd17.de (19.6.2006): VD 17: 14:684027E zu einem Exemplar in der Sächsischen Landesbibliothek Dresden (Signatur Liturg. 86).

[42] Auch von diesen Psalterien sind etliche im Evangelischen Dompfarramt St. Mauritius und Katharina vorhanden (ohne Signatur). Bei www.vd17.de (19.6.2006): VD 17 23:27189B zu Exemplaren in Berlin, Dresden, Halle und Wolfenbüttel.

Die Grundordnung der einzelnen Horen blieb dabei weitestgehend dem aus der Spätantike über das Mittelalter überkommenen Schema verpflichtet, wie die *Dispositio* der Cantica sacra zeigt:

Generalis Dispositio seu Ordo ceremoniarum in S. Metropolitana Magdeburgensi Ecclesia

In precibus vespertinis
1. Initio canitur: *Deus in adiutorium meum intende: Domine ad adiuvandum me festina. Gloria Patri* etc.
2. Antiphonae, quae sunt Dominicae, Festi, vel Feriae propriae, ante Psalmorum intonationem praecinuntur usque ad lineam transverse ductam.
3. Psalmi in Dominicis, Festis seu Feriis notati.
4. Post Psalmos Antiphonae a toto choro repetuntur.
5. Responsorium, idque solum in Sabbathis, Dominicis et festis diebus.
6. Hymnus de tempore.
7. Caput quoddam ex sacris Bibliis legitur.
8. Antiphona super *Magnificat* a praecentore canitur usque ad lineam transverse tractam.
9. *Magnificat*.
10. Post *Magnificat*, Antiphona repititur a choro, vel organo.
11. Dominicis et Festis diebus post Orationem pueri canunt *Benedicamus* Dominicale, vel quod diei festi est proprium.
12. Deinde concio sacra; post quam tota Ecclesia canit hymnum aliquem germanicum.
13. In Feriis vero, statim post Antiphonam ad Magnificat repetitam, Completorium, ut vocatur, canitur, hoc ordine.
    Psalmus 4: *Cum invocarem exaudivit*.
    Psalmus 30: *In te Domine speravi*, usque ad V. 7.
    Psalmus 90: *Qui habitat in adiutorio altissimi*.
    Psalmus 133: *Ecce benedicite Domino*.
14. Hymnus.
15. Caput antea latine recitatum germanice legitur.
16. Canticum Simeonis Luc. 2. *Nunc dimittis* etc. cum Antiphona ordinaria.
17. Preces Vespertinae Oratione et *Benedicamus* concluduntur.

In Precibus Matutinis
1. Preces matutinae inchoantur cum versiculis: *Domine labia mea aperies: Et os meum annuntiabit laudem tuam. Et: Deus in adiutorium meum intende, Domine ad adiuvandum me festina. Gloria Patri* etc.
2. Invitatorium ad *Venite*, quod Dominicae, Festi vel Feriae proprium est.
3. Antiphonae ad Psalmos in diebus Dominicis, Festis et Feriis praescriptae praecinuntur usque ad lineam transverse ductam.
4. Finitis Psalmis Antiphonae repetuntur.
5. Diebus Festis et Dominicis tres lectiones et tria Responsoria: In Feriis vero una lectio, et unum Responsorium sumuntur.
6. Canticum seu Symbolum Ambrosii et Augustini: *Te Deum laudamus*, iis solummodo diebus, in quibus annotatum reperitur.
7. Laudes cum suis Antiphonis et Psalmis.
8. Hymnus de tempore.
9. Antiphona super *Benedictus* a Praecentore inchoatur.
10. *Benedictus*.

11. Post repetitam Antiphonam Horae cum suis Hymnis, Psalmis et Responsoriis usitatis peraguntur.
12. Finitis Horis Euangelium vel caput ordinarium germanice legitur.
13. Suffragii Antiphona suo loco annotata. NOTA: Feria sexta Suffragii loco canitur psalmus aliquis de passione Christi, cum Responsorium *Tenebrae factae sunt*, et Oratione absque *Benedicamus*.

Zwei tägliche Gebetszeiten vereinen die unterschiedlichen Horen. Am Morgen sind es die Vigilien und die Laudes, an die die kleinen Horen angeschlossen werden, am Abend sind es Vesper und Komplet (vgl. die Schemata in Kapitel 9.1.). Die abendliche Hore beginnt mit der bekannten Eröffnung *Deus in adiutorium*, auf die die Antiphonen mit den Psalmen folgen. Interessanterweise wird nun keine eigene Lesung erwähnt, sondern sogleich das Responsorium, auf das ein Hymnus (de tempore) folgt. Wie in der benediktinischen Tradition bis heute steht der Hymnus also nach Lesung und Responsorium. Erst jetzt ist die Lesung eines Kapitels der Bibel in lateinischer Sprache vorgesehen. Soll das vorhergegangene Responsorium, das ja eigentlich auf eine Kurzlesung antworten soll, nicht strukturell in der Luft hängen, ist der Ablauf wohl so zu rekonstruieren: Das Responsorium antwortet auf die in der Tradition an dieser Stelle übliche *lectio brevis*, die aber, um der Wortverkündigung willen, nach dem Hymnus durch eine ausführliche Bibellesung in lateinischer Sprache im Hinblick auf die Domherren ergänzt wird. Danach folgen wie gewohnt die entsprechende Antiphon und das *Magnificat*. Auf eine Oration folgt der Abschluss der Hore durch das *Benedicamus*. Angehängt wird eine Predigt mit deutschem Lied sowie werktags die Komplet, und zwar nach dem *Magnificat*. Sie beginnt wiederum mit der Psalmodie und dem Hymnus, worauf dann das in der Vesper lateinisch gelesene Kapitel der Bibel nun deutsch wohl im Hinblick auf eine etwa anwesende Gemeinde wiederholt wird. Nach dem *Nunc dimittis* folgt die Oration, wonach die Hore mit dem *Benedicamus* abgeschlossen wird.

Die Morgenhore beginnt mit der gewohnten Eröffnung *Domine labia mea,* worauf das Invitatorium gesungen wird. Es folgen die Antiphonen mit der Psalmodie. Sonntags werden drei Lesungen mit ihren Responsorien vollzogen, werktags eine Lesung mit Responsorium. Auf das abschließende *Te Deum* folgen die Laudes mit der Psalmodie, dem Hymnus (de tempore), der Antiphon und dem *Benedictus*. Nun werden die kleinen Horen („Horae") mit Hymnen, Psalmodie und Responsorien angeschlossen. Auf ein deutsches Evangelium folgen eventuelle Suffragien, etwa freitags das Responsorium *Tenebrae* zum Gedächtnis der Passion Christi. Mit einer Oration und dem *Benedicamus* wird die Hore abgeschlossen.

Bemerkenswert ist nicht nur, dass man an der Zuordnung von Antiphonen und Psalmen festhielt, auch das Gebetspensum des gesamten Psalters in einer Woche wurde beibehalten. Damit blieb aber auch die Praxis der Kumulation der einzelnen Horen unverändert, schließlich dienten zwei Gebetszeiten pro Tag dazu, das gesamte „Pensum" täglichen Betens abzuleisten. Was die Psalmenordnung angeht, wurde streng numerisch vorgegangen, nämlich so, dass sonntags in der Matutin mit Psalm 1 begonnen wird und nun fast alle Psalmen bis zum 108. Psalm der Matutin zugeordnet werden, damit die Vesperreihe mit dem üblichen 109. Psalm beginnen kann (Zählung nach der Vulgata)[43]. Die Psalmen 117 und 118 blieben in dieser Reihe allerdings ausgespart, da sie, in einzelne Abschnitte unterteilt, den kleinen Horen Prim, Terz, Sext und Non zugeordnet wurden[44]. Denn wie übrigens auch in Havelberg vermerkt die *Dispositio* ja die Möglichkeit der kleinen Horen, wie die unter der Morgenhore zu findenden Bemerkungen über die an diese angehängten kleinen Horen zeigen (Nr. 11).

Auch die lutherische Magdeburger Domliturgie behielt einige durchweg biblisch begründete Heiligenfeiern bei, nämlich Andreas, Thomas, Unschuldige Kinder[45], Conversio Pauli, Purificatio Mariae, Matthias, Annuntiatio Mariae, Markus, Philippus und Jakobus, Geburtsfest Johannes' des Täufers, Peter und Paul, Visitatio Mariae, Divisio Apostolorum, Maria Magdalena, Jakobus, Bartholomäus, Enthauptung Johannes' des Täufers, Matthäus, Mauritius (als des Dompatrones), Michael, Lukas, Simon und Judas und Allerheiligen[46].

Die Unterschiede des Systems zu den Württemberger Liturgica sind eklatant, vor allem die richtungsweisende Entscheidung Magdeburgs, den gesamten Psalter pro Woche beizubehalten. Lediglich wenige Neuerungen sind aufzufinden, etwa die wenigen deutschen Texte, vor allem in der Schriftverkündigung. Änderungen finden sich hauptsächlich in den lutherisch veränderten Antiphonen und Hymnen sowie in der Dezimierung der Heiligentage. Dies alles dürfte seinen Grund darin finden, dass hier ein traditionsbewusstes Domkapitel den Weg einer Reformierung seiner Liturgie beschritt. Zugleich damit beabsichtigte man wohl, die aus der Vergangenheit des Domstiftes herrührende Machtposition auch innerhalb des städtischen Gefüges zu demonstrieren. Die Bedingungen und Anforderungen der Württemberger Klosterschulen hingegen führten, wie wir sahen, zu völlig anderen Ergebnissen des täglichen Gottesdienstes.

b) Die lutherische Stundenliturgie im Braunschweiger Stift St. Blasii

Einen ähnlichen, in Nuancen anderen Weg wie in Magdeburg beschritt das St. Blasii-Stift in Braunschweig. Die Einführung der Reformation vollzog sich

---

[43] Dies ist übrigens schon die Psalmenordnung des von Paul Eber eingerichteten Psalteriums des Buchdruckers Laurentius Schwenck von 1564. Vgl. KOCH, Fürbitte 89.

[44] Vgl. hier die Tabelle bei ODENTHAL, Umgestaltung 270.

[45] Wie üblich ist dieser Heiligentag im *Proprium de tempore* notiert. Dabei fällt auf, dass am zweiten und dritten Weihnachtstag zugunsten des Weihnachtsoffiziums der Stephanus- bzw. der Johannestag bis auf wenige Spuren eliminiert wurden.

[46] Anlässlich des Festes Mariae Aufnahme in den Himmel findet sich übrigens der Vermerk, anstelle dieses Festes werde das Festum Trinitatis gefeiert. Vgl. zum Brauch ODENTHAL, Ordinatio 138–139.

5.2. Der stiftische Typ: Die Ordnungen des Domkapitels zu Magdeburg 127

hier wie andernorts erst allmählich, wobei das hier kurz vorzustellende Psalterium wohl einen ersten, noch traditionsstarken Schritt darstellte. Erst im 17. Jahrhundert erfolgten dann stärkere und massive verändernde Eingriffe, die die Liturgie ebenso betrafen wie die Kirchenausstattung[47]. Die Braunschweiger Stiftsherren gaben im Jahre 1597 eine eigene Psalmodia in Druck:

Psalmodia continens Davidis Prophetae Regii Psalmos Vna cum Canticis, Hymnis, et Orationibus purioribus in S. Sanctae et individvae Trinitatis lavdem et Collegii Blasiani, Quod est Brunsuigae, VSVM eiusdem impensis edita. Helmstadii Excudebat Iacobus Lucius, Anno M. D.XCVII[48].

Täglich bleiben Matutin, Vesper und Komplet in ihrer üblichen Struktur erhalten, die deshalb nicht eigens dargestellt und schematisiert werden müssen. Die kleinen Horen werden jeweils auf einzelne Wochentage verteilt, und zwar so, dass montags die Prim, dienstags die Terz, mittwochs die Sext und donnerstags die Non gesungen wird. Der Freitag hat mit dem Responsorium *Tenebrae* ein besonderes Passionsgedenken, der Samstag einen zusätzlichen Psalm „loco Nonae". Die hochkomplexe Psalmenverteilung sieht für die Sonntagsmatutin zugunsten eines tragbaren Pensums einen 12-Wochen-Rhythmus vor, für die Matutin der Werktage einen 6-Wochen-Rhythmus. In der Vesperordnung ist nur der Samstag in einen solchen 6-Wochen-Zyklus aufgegliedert, wogegen der Sonntag einen 3-Wochen-Rhythmus hat, der Montag, Donnerstag und Freitag einen 2-Wochen-Zyklus. Ziel der ansonsten streng numerischen Verteilung der Psalmen ist es, die Vesperordnung am Sonntag der ersten Woche mit Psalm 110 beginnen zu lassen. Wie auch in Magdeburg kennt die Braunschweiger Psalmodia noch einige der im Luthertum verbliebenen, durchweg biblisch begründeten Heiligentage, wie anhand des Hymnars und Collectars festgestellt werden kann, nämlich (neben den eigentlich Christusfeste darstellenden Tagen der Purificatio und Annuntiatio Mariae) Unschuldige Kinder, Conversio Pauli, die Geburt Johannes' des Täufers, Visitatio Mariae, Magdalena, das Engelfest und Allerheiligen, dann allgemein Apostelteile und Märtyrer. Die grundlegende Ordnung der Psalmodie wird bei diesen Tagen wohl beibehalten, da es keinerlei Commune-Offizien gibt.

Vergleicht man nun die beiden vorgestellten Liturgica aus dem Domstift Magdeburg und dem St.-Blasii-Stift zu Braunschweig mit den Württemberger Liturgica, fallen Parallelen und Unterschiede in den Blick. Gemeinsam ist den liturgischen Büchern der Versuch, die lateinische Stundenliturgie in eine neue Zeit zu tragen und dabei auch dem Axiom gerecht zu werden, im Gesang des Psalters

---

[47] Zum mittelalterlichen Stift vgl. HAAS, Leben. Die reformatorischen Weichenstellungen im Hinblick auf den Kirchenraum kommentiert sie (ebd. 413) so: „Den endgültigen Traditionsbruch für das Kollegiatstift St. Blasii brachten erst die radikalen Veränderungen unter den Herzögen Rudolf August und Anton Ulrich seit der zweiten Hälfte des 17. Jahrhunderts, durch die der mittelalterliche liturgische Raum unwiderruflich zerstört wurde".

[48] Vgl. VD 16: ZV 2499. Ein Exemplar in Wolfenbüttel, Herzog-August-Bibliothek S 474, 2° Helmst. (http://diglib.hab.de/drucke/s-474-2f-helmst/start.htm, Zugriff am 26.6.2016).

die Heilige Schrift zum Klingen zu bringen, gemäß des folgenden Lutherwortes aus seiner „Formula Missae" von 1523:

> Sed per partes distributum totum psalterium in usu maneat, et universa scriptura in lectiones partita perseveret in auribus Ecclesiae[49].

Der Unterschied beider vorgestellten Liturgica zu Württemberg dürfte vor allem im Pensum liegen: In Württemberg waren es eben keine Stifte, für die eine neue Ordnung konzipiert wurde, sondern Schulen. Legitimierten sich die Stifte vor allem durch die gemeinsame Liturgie, so mag das geringere Pensum in Württemberg pädagogischen Überlegungen geschuldet sein, da man einer Legitimation der eigenen Institution durch das gemeinsame Beten weniger bedurfte. Es ist die schulische Situation, die Grundlage auch des Stundengebetes ist, das nun in den Kontext des Schulwesens eingebracht und durch dieses neu geformt werden kann. Die geringere liturgische Wertschätzung der Heiligen in Württemberg wurde bereits als Distinktionskriterium zur Ordnung aus Kloster Berge ausgemacht und zeigt sich auch beim Vergleich mit den überkommenen Bräuchen im Kontext der Stifte. Dass auch das aus dem Mittelalter herkommende Wesen und die Funktion der Stifte und Stiftskirchen in Württemberg anders gelagert waren als andernorts, wird weiter unten wieder aufgegriffen werden, wenn unter anderem die Tübinger Stiftskirche in den Fokus der Überlegungen gerät (siehe Kapitel 6.1.).

5.3. Der pfarrliche Typ: Lüneburg und Hamburg

In einem dritten Schritt sollen die Württemberger Liturgica mit zwei Vertretern pfarrlicher Liturgie verglichen werden, nämlich der von Lucas Lossius in Lüneburg herausgegebenen, aber in Wittenberg aufgelegten *Psalmodia* von 1561 sowie den von Franz Eler in und für Hamburg herausgegebenen *Cantica sacra* von 1588[50].

a) Die Psalmodia des Lucas Lossius für Lüneburg

Zunächst sei die *Psalmodia* des Lucas Lossius für Lüneburg vorgestellt, die zuerst im Jahre 1553 erschien und mehrmals danach wieder aufgelegt wurde. Sie wird hier in der Ausgabe des Jahres 1561 vorgestellt, und zwar nicht nur deshalb, weil diese als Reprint vorliegt und somit komfortabler zu nutzen ist, sondern auch weil sie im Vergleich zur Ausgabe von 1553 geordneter erscheint, ohne dass hier freilich ein intensiver Vergleich der einzelnen Druckausgaben erfolgen kann.

> Psalmodia, hoc est, Cantica sacra veteris ecclesiae selectae, quo ordine et melodiis per totius anni curriculum cantari usitate solent in Templis de Deo, & de Filio eius Jesu Christo, de

---

[49] LUTHER, Formula Missae (WA 12, 219$^{19-21}$).
[50] Vgl. hierzu bereits ODENTHAL, Umgestaltung 258–262.

regno ipsius, doctrina, vita, Passione, Resurrectione, & Ascensione, & de Spiritu Sancto. Item des Sanctis, & eorum in Christum fide & cruce, ad Ecclesiarum et Scholarum usum diligenter olim collecta, & brevibus ac piis Scholiis illustrata. Nunc autem recens accurata diligentia & fide recognita, & multis utilibus ac piis cantionibus aucta per Lucam Lossium Luneburgensem. Cum praefatione Philippi Melanthonis. Wittebergae apud Haeredes Georgii Rhau, 1561[51].

Dieses Werk des Lucas Lossius ist das wohl erste umfassende lutherische „Cantionale," nämlich ein „Liber usualis"[52]. Vorangestellt ist für dieses Druckwerk aus der Offizin von Georg Rhau ein Vorwort von Philipp Melanchthon[53]. Die Messe wird ebenso beschrieben wie die Horen, und zwar nach Luthers Maßgabe[54]. Es handelt sich hier nicht um ein Offizienbuch für Stiftsherren, sondern um ein auf die Gemeinde und das Schulwesen hin konzipiertes Gebetbuch für die Kirche in Lüneburg[55]. Vier große Teile machen dieses Cantionale aus: Der *Liber Primus* hat neben Angaben zur Struktur der Horen (s. u.) wie der Messe die Antiphonen, Responsorien, Hymnen und Sequenzen der Sonntage und Feste Christi zum Inhalt (fol. 1r–188v), der *Liber Secundus* dient als Heiligenteil, jedoch nach sorgfältiger Auswahl (fol. 189r–264v). Das Sanctorale der Psalmodia führt zunächst die Marienfeste auf, und zwar in folgender Rangordnung: Annuntiatio, Purificatio, Visitatio und Nativitas Mariae[56]. Es folgen die anderen Heiligentage: Conversio Pauli, Philippus und Jacobus, Nativitas Ioannis, Peter und Paul, Maria Magdalena, Decollatio Ioannis, Michael und Allerheiligen. Die nun angehängten Communeoffizien für Apostel und Martyrer lassen darauf schließen, man habe nicht nur etwa die genannten Aposteltage begangen, sondern auch alle anderen. Interesse verdient in diesem Kontext ein mit vielen deutschen Antiphonen ausgestaltetes Offizium der hl. Ursula, das aus stadtpolitischen Gründen durch die Reformatoren beibehalten worden ist. Denn am Ursulatag, dem 21. Oktober 1371 behaupteten die Lüneburger Bürger ihre Freiheiten und Stadtrechte gegen Herzog Magnus, womit eine selbständige städtische Politik beginnen konn-

---

[51] Vgl. VD 16: L 2829 (20.2.2019). Das Exemplar von 1561 aus dem Stadtarchiv Heilbronn (Signatur LII) wurde als Reprint ediert bei Schrenk, Psalmodia. Vgl. Schrems, Geschichte 22–24; Graff, Geschichte 1, 220–221; Merten, Psalmodia I–III; Wackernagel, Bibliographie 253–254 (Nr. DCXLV); Odenthal, Umgestaltung 98–100.

[52] So Merten, Psalmodia I, 1. Zu Lossius vgl. auch Merten, Lossius; Niemöller, Reformation 15–18.

[53] Ohne dass in diesem Kontext darauf näher eingegangen werden kann, sei verwiesen auf frühere Vorreden des Melanchthon zu ähnlichen Musikdrucken bei Redeker, Widmungsvorreden 219–253. – Rhau hatte bereits in den Vesperarum precum officia 1540 ein liturgisches Buch zum Stundengebet geliefert, das die Psalmen vierstimmig setzt (vgl. Vesperarum Precum Officia 1540). Vgl. zu Rhau Redeker, Widmungsvorreden 273–344, zum benannten Buch 280–287; auch Küster, Musik 32–34.

[54] Vgl. etwa Merten, Psalmodia I, 10.

[55] Die theologisch bedingten Änderungen sind ähnlich wie in Halberstadt. Vgl. die Beispiele bei Merten, Psalmodia II, 72–90.

[56] Vgl. zur Rolle Mariens in den Lutherischen Kirchen auch Kreitzer, Reforming Mary, etwa 136 u. ö.

te⁵⁷. Dieses stadtpolitische Ereignis bildete also die Motivation, den Ursulatag als Heiligenfeier weiter zu begehen. Den dritten Teil, den *Liber Tertius*, könnte man als Kyriale ansprechen: Er enthält alle zur evangelischen „Missa" notwendigen Gesangsstücke außer den bereits im Proprium de tempore abgedruckten Gesängen, erweitert indes um lateinische und deutsche Litaneien, lateinische Praefationen sowie sonstige Gesangsstücke bis hin zu einem Ordinationsformular (fol. 265r–312r). Der *Liber Quartus* schließlich birgt das lateinische Psalterium, lediglich das *Te Deum* ist auch in deutscher Sprache vorhanden (fol. 314r–360r). Die Psalmenverteilung sieht dabei nicht mehr alle 150 Psalmen vor, sondern wählt wenige Psalmen zu den einzelnen Horen aus. In einem Wochenrhythmus werden Matutin und Vesper montags bis samstags mit je einem Psalm bedacht, sonntags mit je dreien⁵⁸. Besondere Psalmen finden sich an besonderen Festtagen des Jahres⁵⁹.

Ein Beispiel der Psalmodia für die Umgestaltung traditioneller liturgischer Elemente sei hier kurz benannt, weil ähnliche Phänomene schon begegneten. Die Psalmodia hält nämlich ein christologisch umgeformtes „Regina caeli" bereit, dessen revidierter Text so lautet:

Laetemur in Christo redemptore, alleluia, quia quem percussit pater ob scelus populi sui, alleluia. Resurrexit, sicut dixit, alleluia. Ora pro nobis, Christe, quia ad dexteram Dei patris locatus es victor peccati, mortis, inferni, unus es nobis propitiator pontifex, ecclesiae caput: O rex pie, fac nos tecum resurgere, alleluia⁶⁰.

Das „Laetemur in Christo" findet sich auch später im Gesangbuch des Fransciscus Eler, in der „Psalmodia Ecclesiastica" des Klosters Berge sowie im Vesperale des Matthaeus Ludecus⁶¹. Letzterer gibt als Autor Urbanus Rhegius an, der die Änderungen eingeführt habe, obgleich viele Bischöfe es gewagt hätten, die alte Fassung zu verteidigen, und zwar „contra expressum Dei verbum"⁶². Damit ist dieser „bereinigte" Gesang ein gutes Beispiel für die weite und schnelle Verbreitung

---

⁵⁷ Vgl. http://www.luene-info.de/geschichte/chronik/chronik3.html (27. November 2005).

⁵⁸ Montag: 27, 115; Dienstag: 39–122; Mittwoch: 13, 128; Donnerstag: 70, 133; Freitag: 81, 138; Samstag: 66, 144; Sonntag: 1,2,3 für die Matutin und 110,118 und 148 für die Vesper (hebräische Zählung).

⁵⁹ So in der Sonntagsmatutin der Quadragesima Psalm 50, am Karfreitag Psalm 22, zur Matutin an Annuntiatio Mariae Psalm 8, an Conversio Pauli 15 und 34.

⁶⁰ Dieser Text in PSALMODIA 1561, fol. 113r–v. – Vgl. auch die Hinweise bei FERENCZI, Salve regina 176 und 178.

⁶¹ Der Text findet sich bei CANTICA SACRA 1588, p. CXXVI–CXXVII; in der PSALMODIA 1573 des Klosters Berge, fol. 84v–85r, und im Vesperale des Ludecus fol. 132r–v, bei ODENTHAL, Vesperale 327–328.

⁶² Lossius und Ludecus erwähnen auch für das „Laetemur" als Autor Urbanus Rhegius. Zu Urbanus Rhegius vgl. SIMON, Messopfertheologie 587–598 (weitere Literatur); LIEBMANN, Urbanus Rhegius; ZSCHOCH, Existenz, etwa (24–26) das Kapitel über die innere Wende des Rhegius anhand der Katharinenpredigt von 1521, die einerseits seine Nähe zur Tradition, andererseits zur Reformation belegt und seine Stellung zum Heiligenkult markiert. – Lossius war in Lüneburg Sekretär von Rhegius gewesen. Vgl. MERTEN, Psalmodia I, 1.

liturgischen Gutes des frühen Luthertums, wie es ja auch für das Württemberger Gebet für die Obrigkeit konstatiert werden konnte.

Die Struktur der Horen (und auch der Messe) wird gleich zu Beginn des Liber Primus in einem eigenen Ordinarium beschrieben, das hier wiedergegeben werden soll:

Ordinarivm, hoc est, commonefactio generalis de ordine solenni ceremoniarum, vsitato in Ecclesia Luneburgensi per totum annum[63].

Zunächst sei die Ordnung der Vesper wiedergegeben, die an hohen Festtagen durch die Komplet ergänzt wird:

I. In Vespertinis precibus, diebus Dominicis, & et Festis
  1. Initio canunt pueri ad hoc selecti & edocti, Antiphonam super Psalmum, usque ad uirgulam transuerse tractam
  2. Post Psalmum, repetita a Choro Antiphona, canit puer lectionem Euangelii sequentis proxime Dominicae, seu diei festi.
  3. Postea canitur Responsorium.
  4. Deinde Hymnus.
  5. Hinc Antiphona super Magnificat a pueris usque ad uirgulam.
  6. Magnificat, quo absoluto, Antiphona repetitur a Choro, uel organo.
  7. Canunt Pueri selecti Benedicamus feriale, uel, quod diei festi est proprium.

In svmmis festivitatibvs additur Completorium, ut uocant, hoc ordine, & Psalmis quatuor.
  8. Cum inuocarem exaudiuit me Dominus. Psal. 4.
     In te Domine speraui. Psal. 31.
     Qui habitat in adiutorio altissimi. Psal. 91.
     Ecce nunc benedicite Domino. Psal. 133.
  9. Nunc dimittis seruum tuum Domine, Canticum Simeonis, Lucae 2.
  10. Benedicamus.

Die Vesper hat den gewohnten Aufbau (vgl. das Schema in Kapitel 9.1.): Auf die Antiphonen und die Psalmen folgt eine Lesung, nur dass als Lesung das Evangelium des nächstfolgenden Sonntags oder des jeweiligen Festes zu singen ist. Auf das Responsorium folgen dann der Hymnus sowie die Antiphon mit dem *Magnificat*. Das *Benedicamus* beschließt die Hore. An hohen Feiertagen wird die Komplet hinzugefügt, die aus den Psalmen 4, 31, 91 und 133 sowie dem *Nunc dimittis* besteht. Mit dem *Benedicamus* wird die Hore abgeschlossen.

Für die Matutin beschreibt Lossius die Struktur wie folgt:

II. In Matvtinis Precibus.
1. In summis festiuitatibus canitur Venite, quod sui est festi proprium.
2. Antiphona Dominicalis, uel, quae est festi propria.
3. Psalmus Beatus uir. 1.
   Quare fremuerunt 2.
   Domine quid multiplicati sunt. 3. In festiuitatibus, quae sunt suo loco adcriptae.

---

[63] Die folgenden Textzitate in PSALMODIA 1561, fol. 1r–v.

4. Repetitur Antiphona.
5. Textus Euangelii latine in Choro, & germanice ante Chorum a puero. In summis festis canit ipse Cantor latine.
6. Responsorium.
7. Te Deum latine, Benedictus in Quadragesima.
8. Benedicamus.

Die Struktur der Matutin sieht also so aus (vgl. das Schema in Kapitel 9.1.): Das Invitatorium wird vorangestellt, jedoch nur an hohen Festtagen. Die Matutin kennt drei Psalmen mit den Antiphonen, sodann das Evangelium lateinisch und deutsch: „latine in Choro & germanice ante Chorum a puero" (fol. 1v). Das nach dem Responsorium zu singende *Te Deum* wird in der Quadragesima durch das *Benedictus* ersetzt, worauf mittels des *Benedicamus* die Hore beschlossen wird. Mit dieser Struktur zeigt sich die oft zu beobachtende Verschmelzung der Vigilien mit den Laudes zu einer Morgenhore. Dies nimmt nicht wunder, da diese Hore im Verlaufe des Mittelalters ja praktisch ein Anhängsel der Matutin geworden und ihres eigenen Wertes verlustig gegangen war[64]. Bemerkenswert ist, dass an den hohen Feiertagen sowohl die Komplet wie auch das Invitatorium beibehalten worden ist. Erwähnenswert ist auch die Sprachwahl: Die lateinische Sprache des Evangeliums wird im Hinblick auf die Schüler und die Geistlichen innerhalb des Chores gewählt, die deutsche Sprache für die Verkündigung vor dem Chor (eventuell von einem Lettner aus) für die Gemeinde.

Ein Vergleich zu den Büchern aus Württemberg kann zunächst Parallelen in der Traditionsstärke feststellen, durch die Verwendung des Gregorianischen Chorals und die durchweg lateinische Liturgiesprache. Ferner sind gemeinsame Tendenzen zu beobachten, das aus dem Mittelalter überkommene Pensum hier im Gemeindekontext, dort im Schulkontext handhabbar zu machen und auf die Wortverkündigung hin auszurichten.

b) Die Cantica sacra des Franciscus Eler für Hamburg

Das nächste zum Vergleich herangezogene Gesangbuch ist das im Jahre 1588 von Franz Eler für Hamburg konzipierte und herausgegebene Werk:

Cantica sacra, partim ex sacris literis desumta, partim ab orthodoxis patribus, et piis ecclesiae doctoribus composita, et in usum ecclesiae et iuventutis scholasticae Hamburgensis collecta, atque ad duodecim modos ex doctrina Glareani accommodata et edita ab Francisco Elero Ulysseo. Acceßerunt in fine Psalmi Lutheri, & aliorum ejus seculi Doctorum, itidem modis applicati. Hambvrgi Excudebat Jacobus Wolff 1588[65].

---

[64] Vgl. zur Problematik der Morgenhoren der Frühzeit etwa HEIMING, Offizium 142 u. ö.
[65] Zitiert als CANTICA SACRA 1588. Vgl. VD 16: 5: E 988 (16.2.2019). Ein Reprint findet sich bei ELER, Cantica sacra. Ein Digitalisat: http://daten.digitale-sammlungen.de/0009/bsb 00092315/images/index.html?id=00092315&groesser=&fip=xsqrsewqsdasxdsydsdasweayafsdr&

5.3. Der pfarrliche Typ: Lüneburg und Hamburg

Der Herausgeber Franziscus Eler wurde zwischen 1550 und 1560 geboren und starb am 21. Februar 1590[66]. Er war spätestens seit 1581 als Lehrer an der innerstädtischen Lateinschule „Johanneum" in Hamburg tätig. In dieser Funktion war er bald für den Chor und dessen tägliche Gesänge im Gottesdienst verantwortlich. Die *Cantica sacra* sind versehen mit einem Vorwort des David Chytraeus, der als Verfasser eines Vorwortes auch für das Havelberger Vesperale wieder begegnet[67]. Die *Cantica sacra* umfassen zwei Teile, einen ersten, im Wesentlichen die lateinischen Gesangsstücke für Messe und Horen umfassend (p. I–CCLXII), und einen zweiten, die deutschen Psalmen Luthers und seiner Zeit sowie andere deutsche Lieder bergend (p. I–LXXXVII)[68]. Das Buch kennt keine Trennung des Proprium de tempore vom Proprium de Sanctis, vielmehr sind die wenigen verbliebenen Heiligentage an Ort und Stelle eingefügt. Man feiert die folgenden Heiligenfeste: Stephanus, Johannes, Purificatio, Annuntiatio, Natale Ioannis Baptistae, Visitatio Mariae und Michael. Die Apostelfeste also sind mit Ausnahme des Johannestages abgeschafft.

Zu Beginn seines Werkes, noch ohne eigene Seiten- oder Foliozählung, gibt Eler die Grundordnung der Horen an[69]:

Ordinarivm sive commonefactio generalis, de solenni ordine Ceremoniarum usitato in Scclesia Hamburgensi.

Die Ordnung beginnt mit der Beschreibung der Matutin an Werktagen:

Matvtinae Preces Dierum Operariorum. Initio pueri Antiphona ad Psalmum intonant. Deinde unus vel duo Psalmi ex feriis canuntur, quibus absolutis, repetuntur, & ad finem usque decantantur Antiphona ante Psalmos incepta. Duae lectiones, non admodum prolixae, latine, ex Novo Testamento, a duobus pueris leguntur, distincte, & accentu consueto. Postea canitur aut Responsorium de tempore, aut Benedictus. Collecta canitur a Ministro coram altari. Pueri canunt Benedicamus proxime elapso die Dominico aut festo decantatum.

Die Matutin an Werktagen (vgl. das Schema in Kapitel 9.1.) besteht demnach aus einem oder zwei Psalmen „ex feriis" mit ihren Antiphonen, gefolgt von zwei lateinischen Lesungen des Neuen Testamentes. Hieran schließt sich wahlweise das Responsorium oder das *Benedictus* an, gefolgt von der Oration und dem *Benedicamus*.

---

no=1&seite=3 (16.2.2019). Vgl. SCHREMS, Geschichte 25–26; GRAFF, Geschichte 1, 45–46; WACKERNAGEL, Bibliographie 418–419 (Nr. MII); ODENTHAL, Umgestaltung 100–101.

[66] Vgl. BECKMANN, Einleitung. Zu Eler vgl. auch BLANKENBURG, Eler.

[67] Chytraeus selbst hatte bereits 1578 einen „Calender" herausgegeben, der die Psalmverteilung und die Anordnung der Capitula in den Lesungen des Offiziums durch das Jahr hindurch regelte. Vgl. dazu KOCH, Fürbitte 91, Anm. 37. – Zu Chytraeus vgl. BENGA, Chytraeus; LEONHARDT, Stil.

[68] Der genaue Titel des 2. Teils lautet: Psalmi D. Martini Lvtheri & aliorum ejus seculi Psalmistarum. itidem Modis applicati. Hambvrgi, Per Jacobum Vuolfium 1599.

[69] Vgl. CANTICA SACRA 1588, ohne Foliierung oder Paginierung. – Das Substantiv „Antiphona" wird in der Quelle als Neutrum Plural von „antiphonum" gelesen.

An Sonn- und Festtagen sieht die Matutin dagegen so aus:

In Matvtinis Precibus Dierum Dominicorum & Festorum. Antiphona ad psalmum intonant pueri. Canuntur duo Psalmi, quibus additur unus ex Octonariis. Antiphona repetuntur a Choro. Textus Euangelii latine & germanice legitur a Pueris. Responsorium. Te Deum laudamus, nunc latine, nunc germanice. Collecta. Benedicamus.

Sie hat dann folgende Ordnung (vgl. das Schema in Kapitel 9.1.): Die Matutin erhält neben einem zusätzlichen Psalm mit den Antiphonen eine lateinische und deutsche Evangelienlesung, nach dem Responsorium gefolgt vom in deutscher oder lateinischer Sprache zu singenden *Te Deum*. Sie schließt mit einer Collecta und dem *Benedicamus*. Der Unterschied besteht also zum einen im Pensum, weil sonntags ein weiterer Psalm hinzugefügt wird[70], zum anderen in der sonntäglichen Evangelienlesung, die mit Rücksicht auf die über den Schülerkreis hinaus vermehrt anwesende Gemeinde auch in deutscher Sprache gehalten wird.

Die in der Woche gehaltene Vesper beschreibt die Ordnung so:

Vespertinae Preces. Antiphona ad psalmum intonant pueri. Canuntur psalmi Vespertini in feriis notati. Lectiones leguntur ex Veteri Testamento pueris utiles. Deine canitur Hymnus de tempore, aut unus ex feriis. Hinc intonant Antiphona ad Magnificat, vel Nunc dimittis. Quo absoluto, repetuntur Antiphona. Collecta. Benedicamus.

Die Struktur der werktäglichen Vesper (vgl. das Schema in Kapitel 9.1.) sieht also nach Antiphon und Psalmen ein Kapitel des Alten Testamentes vor, gefolgt vom Hymnus der Kirchenjahreszeit oder den Werktagen entsprechend. *Magnificat* und *Nunc dimittis* sind wahlweise zu nehmen. Auf eine Oration folgt das *Benedicamus*, mit dem die Hore abgeschlossen wird.

An Sonn- und Feiertagen wird diese Struktur leicht verändert (vgl. das Schema in Kapitel 9.1.). Die Vesper wird so beschrieben:

In Vespertinis Precibus. Antiphona ad psalmum intonant pueri. Canuntur tres vel quatuor Psalmi Vespertini. Antiphona repetuntur a Choro. Epistola legitur a duobus pueris. Responsorium canitur, si fuerit in Vigiliis festorum. Hymnus. Hinc Antiphona ad Magnificat pueri intonant. Magnificat, quo absoluto, repetuntur Antiphona a Choro vel Organo. Collecta. Benedicamus.

Die Psalmenzahl ist erhöht, nämlich auf drei bis vier Psalmen mit den Antiphonen. Nach einer Epistel folgt das Responsorium, jedoch wohl nur am Vorabend der Feste. Ein Hymnus leitet über zum *Magnificat* mit der zugehörigen Antiphon, die Collecta und das *Benedicamus* beschließen wiederum die Hore. Eine Wahlmöglichkeit zwischen *Magnificat* und *Nunc dimittis* entfällt sonntags.

Vergleicht man die Psalmenangaben zu den einzelnen Sonn- und Festtagen mit dem Inhalt der *Cantica Sacra*, so wird deutlich, dass sie zusätzlich eines eigenen

---

[70] Mit dem „Octonarium" dürfte die Einrichtung der Psalmen zum Gesang gemäß der acht Psalmtöne gemeint sein.

lateinischen Psalteriums bedurften; denn viele der angegebenen Psalmen vermerkt das Buch nicht. Die komplexe Psalmenordnung, die hier nur kurz angedeutet werden kann, wählt die Psalmen teils aufgrund inhaltlicher Kriterien, so etwa in der Matutin des Karfreitags[71]. Teils aber geht Eler streng numerisch vor, und zwar vor allem bei der Vesperpsalmodie[72]. Damit sind die *Cantica Sacra* des Franz Eler ein Beispiel, wie man trotz einer numerischen Psalmenauswahl dennoch inhaltliche Kriterien zugrundelegt. Im Vergleich mit der *Psalmodia* des Lossius fällt auf, dass die *Cantica Sacra* zum einen von den konkreten Bedingungen gemeindlicher Liturgie her geprägt sind, was etwa an den vermehrten deutschen Gesängen deutlich wird. Zum anderen aber ist das Pensum der Psalmen wesentlich größer als noch bei Lossius, was wohl auf die besondere Trägerschaft dieser Liturgie zurückgeführt werden kann, die Schulen[73].

Vergleicht man die Eler'sche Ordnung mit den Württembergischen Liturgica, ergeben sich insofern Parallelen, als die Horenstruktur im Hinblick auf die Schüler sowie die eventuell anwesende Gemeinde flexibel gehandhabt wird. Das betrifft das Pensum ebenso wie die Sprache der Schriftlesungen. Dennoch bleibt man mit der Wahl des Gregorianischen Chorals, der lateinischen Liturgiesprache und der überkommenen Mikrostruktur von Psalmen und Antiphonen traditionsstark.

5.4. Zusammenfassung

Zusammenfassend kann Folgendes festgehalten werden. Stellt man in Rechnung, dass die hier beschriebenen Liturgica Württembergs für die besondere Situation der Klosterschulen konzipiert worden sind, so wundert es nicht, vor allem Parallelen in den Ordnungen der Walkenrieder Zisterzienser zu finden, die mit der Einrichtung ihrer Klosterschulen vor ähnlichen Herausforderungen standen. In diesem Falle wird die Struktur der Stundenliturgie mit den pädagogischen Bedürfnissen des Schulbetriebes (Bibelkenntnis, Sprachenkenntnis und Musikunterricht) vermittelt. Darüber hinaus finden sich am ehesten Parallelen

---

[71] Man wählt etwa Psalm 21 (V) zur Matutin. Vgl. CANTICA SACRA 1588, p. CXVIII.

[72] Als Beispiel diene die Zeit vom 13. bis 19. Sonntag nach Pfingsten (CANTICA SACRA 1588, p. CXCVI–CCXVI). Am 13. Sonntag schließt die erste Vesper mit Psalm 150, die zweite beginnt mit den üblichen Psalmen 109 bis 111 (alle Zählungen nach der Vulgata), der 14. Sonntag fährt in der ersten Vesper mit den Psalmen 112, 114, 115 und 116 fort (113 ist wieder aufgrund inhaltlicher Kriterien für Ostern vorbehalten, vgl. etwa CANTICA SACRA 1588, p. CXXVII–CXXIX). Die erste Vesper des 15. Sonntags hat die Psalmen 120 bis 123, die zweite Vesper 124 bis 127 und so fort, bis schließlich mit der ersten Vesper des 19. Sonntags der 150. Psalm erreicht ist. Die zweite Vesper beginnt nun erneut mit Psalm 109.

[73] TIGGEMANN, Psalterium 44 und 51 weist darauf hin, dass Eler im Besitz des Psalters von Paul Eber von 1564 war. Es wäre spannend, die Abhängigkeiten der lutherischen Bücher untereinander näher zu klären.

mit den beiden traditionsreichen Gesangbüchern für die Pfarreien Lüneburgs und Hamburgs, weil es ja auch im Gemeindekontext um die Einbindung der Schulen in den Gottesdienst geht und zugleich auf die gemeindliche Situation etwa durch die Sprachauswahl Rücksicht zu nehmen ist[74]. Insgesamt fallen viele Parallelen des Württemberger Versuches der Neuregelung der Stundenliturgie mit auch anderswo unternommenen Reformen auf, zunächst das grundsätzliche Festhalten am täglichen Beten gemäß der aus der Alten Kirche herrührenden Horen, sodann die Traditionsstärke durch das Beibehalten der lateinischen Liturgiesprache wie des Gregorianischen Chorals. Immer wieder gerieten auch die entscheidenden, die vorgestellten Versuche zum Teil prägenden Neuerungen in den Blick, etwa der gelegentliche Abschied vom übergroßen Pensum, die Forderung nach biblischem Beten, schließlich die Konsequenzen in Bezug auf die Heiligenfeiern. Die Parallelen der Württemberger Ordnungen mit den drei vorgestellten Typen einer monastischen, stiftischen und pfarrlichen Ordnung dürfen aber nicht über die spezifische Eigenheit Württembergs hinwegtäuschen, mit der sie freilich in großer Nähe zu den Umwandlungen des Zisterzienserklosters Walkenried steht, wie auch strukturell beobachtet werden konnte. Die Württemberger Ordnung hat die wenigsten Parallelen mit dem stiftischen Kontext (dem zweiten vorgestellten Typus). Dort überraschte die beachtliche Beibehaltung des Pensums der Psalmenverteilung durch die Verwendung des gesamten Psalters pro Woche, wovon man in Württemberg ja gerade Abschied nahm. Die Württemberger Ordnungen sind zwar aus einem monastischen Umfeld erwachsen (Anklang an den ersten Typus), dienen aber nun der Ausbildung zukünftiger Pfarrer und ihrer Gottesdienstkompetenz (Anklang an den dritten, den pfarrlichen Typus). Damit wird monastisches Erbe in einen pädagogischen Kontext gestellt. Genau dies scheint das Erfolgsrezept gewesen sein, warum die Stundenliturgie in den Württemberger Klosterschulen so lange bewahrt werden konnte. Dazu trug ein weiteres Moment bei. Im Hinblick auf die einzelnen Horen spiegelt sich in den liturgischen Büchern Württembergs eine große Flexibilität wider, die sich keiner festen Lesungs- und Psalmenauswahl mehr verpflichtet weiß, wie dies im stiftischen Kontext mit seiner doch strengen Ordnung noch begegnet. Vielmehr ist bei aller zugrunde liegenden Struktur eine gewisse Variabilität festzustellen, wohl auch im Hinblick auf konkrete Bedingungen des Lehrinhaltes. Es ist jene Spannweite, die bereits zwischen der stark reduzierten Form der Klosterord-

---

[74] Es wäre eine eigene Untersuchung, andere Gesangbücher Württembergs, die für die Pfarreien und im Gegensatz zu den beiden hier vorgestellten Liturgica nicht primär für das Stundengebet bestimmt waren, in den Vergleich einzubeziehen, so die „Außerlesne Psalmen vnnd Geistliche Lieder (…)" von 1585 (vgl. dazu RÖSSLER, Gesangbuch-Geschichte 72), die „Fünfftzig Geistliche Lieder vnd Psalmen (…)" von 1586 (vgl. ebd. 74), das „Groß Kirchengesang=buch (…)" von 1596 (vgl. ebd. 78) und die „Außerleßne Reine Geistli=che Lieder vnd Psalmen (…)" von 1608 (vgl. ebd. 81).

nung von 1535 und der traditionsstärkeren in der Klosterordnung von 1556 aufscheint. Im Geiste evangelischer Freiheit war damit ein Rahmen gesetzt, der gemäß der jeweiligen Möglichkeit und Bedingungen gefüllt werden konnte. Zugleich waren damit die besten Voraussetzungen geschaffen, um jene Ordnung durch die Jahrhunderte bewahren zu können.

6. Ein Seitenblick auf das Tübinger Stift und das Stuttgarter Residenzstift

Der Hauptakzent dieses Buches liegt auf den Klöstern und Klosterschulen Württembergs. Doch möchte das folgende Kapitel den Blick auf Tübingen sowie Stuttgart und deren Stifte weiten. Erstere sind als Orte des Theologiestudiums oder zumindest des das Studium begleitenden gemeinschaftlichen Lebens von Bedeutung. Die Schüler, die die Klosterschulen mit den beschriebenen gottesdienstlichen Prägungen durchlaufen hatten, fanden ja in den Tübinger Stiften Aufnahme[1]. Von daher stellt sich die Frage nach einer eventuellen Fortsetzung der Stundenliturgie in der Stadt Tübingen, etwa im Hinblick auf die Stiftskirche oder andere Orte, in Kontinuität oder auch in Differenz zu den Klöstern und Klosterschulen. In diesem Kontext ist vor allem die Besonderheit der großen Pfarrkirchen im süddeutschen Raum zu betonen, wie etwa Ulm[2]. Sie zeichneten sich durch ein reiches liturgisches Leben aus, das stiftischen Gottesdienst mit seiner Stundenliturgie zu kopieren suchte[3]. Also: Die Frage der folgenden Abschnitte ist die nach Stundenliturgie an der Tübinger Stiftskirche in vorreformatorischer Zeit, dann aber auch die Frage, wie nachreformatorisch damit umgegangen wurde, dass im Tübinger Stift die Absolventen der höheren Klosterschulen lebten, also diejenigen, die das Chorgebet gewöhnt waren.

6.1. Die Tübinger Stifte bis zur Reformation

Zunächst mag der Plural verwundern, aber es gibt in Tübingen nicht nur – übrigens bis heute – das eine (nach Einführung der Reformation) evangelische Stift, sondern es laufen seit der Gründung der Universität mehrere Stränge parallel. Zum einen ist das Universitätsstift zu nennen, das mit der Stiftskirche St. Georg verbunden war. Zum anderen ist aber die vom Amandusstift in Urach abhängige Tübinger Schlosskapelle zu erwähnen. Im folgenden Abschnitt soll versucht werden, sowohl das liturgische Leben der Brüder vom Gemeinsamen Leben an dieser

---

[1] Was die Entwicklung des Schulwesens in Tübingen insgesamt angeht, vgl. HAUER, Schulentwicklung, etwa 39–124.
[2] Vgl. hierzu PHILIPP, Pfarrkirchen bes. 30–44.
[3] Diese Tendenz findet sich etwa auch in der spätmittelalterlichen Großpfarrei St. Kolumba in Köln. Vgl. dazu HEGEL, St. Kolumba 219.

Schlosskapelle wie auch das der Kanoniker der Stiftskirche zu thematisieren, so beide Formen überhaupt noch zu greifen sind[4].

a) Das „devote Stift" an der Schlosskapelle

Die Gründung der Universität Tübingen im Jahre 1477 durch Graf Eberhard im Bart war ein Unterfangen auf mehreren Ebenen[5]. Es betraf die Pfarrkirche St. Georg, die spätestens mit dem Ausbau des Chores in den noch heute bestehenden Ausmaßen als eine Stiftskirche projektiert wurde. Eberhard förderte auch ein Ausgreifen der Windesheimer Kongregation nach Württemberg[6]. Deren seit 1412 bestehende Verbindung mit den Brüdern vom Gemeinsamen Leben[7] lässt das sogenannte devote Stift entstehen[8]. Diese Form kommunitären Lebens ist ganz der Spiritualität der Brüder vom Gemeinsamen Leben angepasst: „Die *vita communis* fand hier ihren sichtbaren Ausdruck in der gemeinsamen *mensa*, im gemeinsamen Dormitorium und im gemeinschaftlichen Besitz. Die Präbenden wurden zu einem gemeinsamen Stiftsvermögen zusammengefaßt, in das auch alle Einkünfte flossen; jeder Kanoniker mußte bei seinem Eintritt auf jeglichen Eigenbesitz verzichten", so fasst Gerhard Faix die besonderen Merkmale im Vergleich zu sonstigen Formen stiftischer Existenz zusammen[9]. In Schwaben gab es ein solches in Urach seit 1477, Tübingen ist als zweites zu nennen, schließlich Dettingen bei Reutlingen im Jahre 1482[10]. Dabei leistete die Schlosskapelle auf Schloss Hohentübingen zweierlei: Im Jahre 1481 wird sie in eine zweite Tübinger Pfarrkirche umgewandelt[11], zugleich aber war diese Schlosspfarrei mit ihrem Stift eine Art Burse für die Professoren und die studierenden Kanoniker[12].

Das gottesdienstliche Leben war damit durch die Tagesordnung der Brüder vom Gemeinsamen Leben traditionell geprägt. Die Brüder vom Gemeinsamen

---

[4] Vgl. den Überblick bei HOLTZ, Tübingen, Kollegiatstift.

[5] Vgl. KÖPF, Augustinereremitenkloster, der darauf aufmerksam macht, dass die Augustiner zwar keinen Anteil an der Gründung der Tübinger Universität hatten, jedoch sukzessive einen Beitrag zur Lehre an der Universität leisteten. – Zu den unterschiedlichen Reformansätzen in der württembergischen Kirchenpolitik der Zeit vgl. NEIDIGER, Dominikanerkloster.

[6] Die Windesheimer Kongregation wurde ja mit der Absicht gegründet, „den in Deventer entstandenen Brüdern vom gemeinsamen Leben geistlichen und rechtlichen Rückhalt zu verschaffen und denjenigen Gläubigen devoter Gesinnung, die statt in einer semireligiösen in einer regularen Gemeinschaft leben wollten, die Gelegenheit zu geben, dies in Windesheim als Chorherren, Brüder, Redditi, Donaten oder Kommensalen zu tun", so ELM, Windesheim 1224. Erst im Jahre 1517 wurden die Brüderhäuser in Württemberg aufgehoben. Vgl. HERMELINK, Fakultät 14.

[7] Vgl. dazu den Überblick bei SCHMIDT, Brüder; für das Zeitalter der Reformation HINZ, Brüder.

[8] So im Anschluss an Irene Crusius SCHÖNTAG, Stift 200–201.

[9] FAIX, Biel 59.

[10] Vgl. SCHMIDT, Brüder 204.

[11] Zum Ganzen vgl. KÖPF, Anfänge, etwa 226–227; auch bereits HERMELINK, Fakultät 14.

[12] Vgl. den Überblick bei SCHÖNTAG, Tübingen, Kanoniker.

Leben führten zwar ein Leben in Freiheit, also ohne monastische Gelübde, waren aber geprägt durch das tägliche Chorgebet[13]. Für unsere Fragestellung ergibt sich hieraus, dass wir auch an der Schlosskapelle in vorreformatorischer Zeit mit täglicher Stundenliturgie rechnen können. Es kann angenommen werden, dass die Form der täglichen Stundenliturgie sich nach dem Liber Ordinarius der Windesheimer Kongregation von 1521 richtete[14]. Es handelt sich dabei um eine Variante römischer (und eben nicht monastischer) Stundenliturgie, die aber durch die besonderen Bedingungen der Entstehung des Windesheimer Liber Ordinarius diözesan gefärbt war[15]. Hans Michael Franke hat neben vielen anderen Einflüssen vor allem die Prägung durch den Liber Ordinarius der Diözese Utrecht ausmachen können[16]. Zukünftigen Untersuchungen wird vorbehalten sein, nach Spuren eines Einflusses der Kirchenprovinz Mainz oder der Diözese Konstanz nachzugehen, zu der Tübingen ja gehörte[17]. Wie aber immer: Die in der Tübinger Schlosskapelle geübte Form täglichen Offiziums wird die gängige Praxis in der Variantenvielfalt römischer Stundenliturgie darstellen. Das „devote Stift" an der Schlosskapelle zu Tübingen wurde übrigens bis 1517 gelebt[18]. Damit stellt sich nun die nächste Frage, ob es auch im Tübinger Universitätsstift Anknüpfungen an die spezielle Form der Stundenliturgie gab.

b) Das Universitätsstift an der Georgskirche

Durch eine Verlagerung der Pfründe des Augustiner-Chorherrenstiftes St. Martin zu Sindelfingen im Jahre 1476 konnte Eberhard im Bart in Rom erreichen, dass „das Pfründgut von zehn Kanonikaten an der Tübinger Stiftskirche zu einer Vermögensmasse vereinigt wurde, dessen Erträge der Universität zugute kommen sollten"[19].

---

[13] Vgl. FAIX, Biel 158–164; zu den Ambivalenzen der Devoten vgl. ANGENENDT, Offertorium 439–442.
[14] Vgl. dazu FRANKE, Liber Ordinarius.
[15] Wenn ich recht sehe, sind aber keinerlei Unterlagen oder gar liturgische Bücher dazu mehr erhalten. Stimmt die hier vertretene These, wären diese Zeugnisse auch insofern von geringem Interesse, als sie uns nur darüber informieren könnten, was sowieso jenseits der Ordensbräuche an römischem „Brevier" gebetet wurde.
[16] Vgl. FRANKE, Liber Ordinarius 35–43. – Zum Ordinarius aus Utrecht vgl. SÉJOURNÉ, L'ordinaire.
[17] Zur Stundenliturgie des Bistums Konstanz sind mir keine einschlägigen Untersuchungen bekannt, zumal DANNECKER, Taufe, diesen Bereich bewusst ausklammert. Vgl. zu Konstanz und seiner Liturgie nur SCHULER, Altarverzeichnis; TRENNERT-HELWIG, Liturgiegeschichte; ZINSMAIER, Quelle; MAURER, Handschriften. Vgl. auch die Auflistung der Brevierdrucke bei BOHATTA, Bibliographie 193–194; ebd. 83–84 eine Liste der Brevierdrucke der Windesheimer Kongregation.
[18] So SCHÖNTAG, Stift, 209; auch KÖPF, Anfänge 227.
[19] So EHMER, Ende 218–219. Vgl. auch HERMELINK, Fakultät 5–17, der (5) von 8 Kanonikaten spricht.

„Mit Zustimmung des Papstes Sixtus IV (1476) wird fast das ganze Aufkommen des reichsten württembergischen Stiftes, Sindelfingen, für die Grundausstattung der Universität in Anspruch genommen"[20].

Es entsteht somit der Typus des in Württemberg einzigartigen „Universitätsstifts"[21]. Das Stift war also eng mit der Universität verbunden, so dass die Universitätsprofessoren für Theologie zugleich entweder Ämter im Stift innehatten oder mit der Kommunität am Schloss verbunden waren. Gabriel Biel von den Brüdern vom Gemeinsamen Leben etwa war Professor in Tübingen von 1484 bis zu seinem Tode 1495[22]. „Biel tritt am 22. November 1484 als Ordinarius der Theologie in Tübingen an, ohne jedoch sein Amt als Propst in Urach aufzugeben"[23]. Doch Änderungen der Verfassungen brachte bereits das 16. Jahrhundert: „Durch die Bulle Papst Leos X. vom 19. April 1517 wurden die Häuser der Fraterherren in Württemberg aufgehoben und in weltliche Kollegiatstifte umgewandelt"[24].

Wie aber sah es mit dem Chorgebet in der Tübinger Stiftskirche aus? Hier handelte es sich ja zunächst um eine Pfarrkirche, die mit den Kanonikaten von Sindelfingen versehen worden war und also auf keine starke liturgische Eigentradition zurückblicken konnte. Auskunft in den entsprechenden Fragen geben die Forschungen des nachmaligen Rottenburger Bischofs Johann Baptist Sproll, der die Statuten von 1477, wichtiger noch die von 1508 edierte[25]. Die Statuten von 1477 weisen darauf hin, dass als Grundlage des Chorgebetes wohl das normale römische Offizium diente, das man aber ganz nach den Normen des Baseler Konzils von 1435 regelte („laudabiles patrum institutiones Basiliensis sinodi in primis statuimus imitari")[26]. Die Kanoniker waren aber als Inhaber einer Universitätspfründe zugleich Professoren, was Probleme mit der Präsenz beim Chordienst nach sich zog[27]. Heinrich Hermelink verweist auf eine analoge Situation in Heidelberg, wo die doppelte Mitgliedschaft im Heilig-Geist-Stift und in der

---

[20] OBERMAN, Via moderna 39. EHMER, Ende 218–219. – Vgl. zu Sindelfingen in den Wirren der Reformation ROTHENHÄUSLER, Abteien 213–214.

[21] So im Anschluss an Johann Baptist Sproll AUGE, Stiftskirchen 188; EHMER, Ende 219.

[22] Vgl. SCHMIDT, Brüder 205. Insgesamt FAIX, Biel. Dazu auch OBERMAN, Via moderna 40–42.

[23] OBERMAN, Via moderna 41.

[24] SCHMIDT, Brüder 206.

[25] Vgl. SPROLL, Verfassung 3, 124–133.

[26] SPROLL, Verfassung 3, 124. Das Baseler Konzil schreibt vor: „Horas canonicas dicturi, cum tunica talari ac superpeliciis mundis ultra medias tibias longis vel cappis, iuxta temporum ac regionum diversitatem, ecclesias ingrediantur, non caputia, sed almucias vel birreta tenentes in capite," Quomodo divinum officium in ecclesia celebrandum sit, in: CONCILIORUM OECUMENICORUM DECRETA 489, 36–39.

[27] So SPROLL, Verfassung 4, 10–26. Die Präsenzprobleme wurden unter anderem dadurch gelöst, dass das Stift vier Chorschüler (aus den Lateinschulen?) unterhielt, die auch den Universitätsgottesdienst unterstützten. Vgl. HAUER, Schulentwicklung 53–54.

6.1. Die Tübinger Stifte bis zur Reformation

Universität zu einer beschränkten Verpflichtung beim Chordienst führte[28]. Im Jahre 1482 wird das Junktim von Universitätspfründe und Kanonikat an der Stiftskirche zum Teil gelöst, so dass zwölf neue Kanoniker nur für den Gottesdienst der Stiftskirche zur Verfügung stehen[29]. Wie aber auch immer: Das Chorgebet schien wenig spektakulär zu sein, und seine Durchführung stand unter den für das 15. und 16. Jahrhundert typischen Problemen der ermangelnden Disziplin und einer Tendenz zur Pflichterfüllung anstelle einer inneren Füllung. So erklären sich die Rekurse auf die Konzilsanweisungen, die es andernorts auch gab, etwa in Havelberg[30]. Das Chorgebet dürfte dann mit der Auflösung des Stiftes erloschen sein. Den Kollegiatstiften wurde ja in Württemberg nach der Reformation keine weitere Existenz gewährt[31]. Im Jahre 1535 wird – zumindest offiziell – die traditionelle Messliturgie in der Stiftskirche beendet und durch evangelischen Gottesdienst ersetzt[32]. Rund ein Jahr später, am 20./21. September 1536, wurde das Stift Tübingen aufgelöst, und spätestens damit endete auch der Gottesdienst in seiner bisherigen Gestalt[33]. Äußeres Indiz des Aufgebens der Stundenliturgie ist die Neunutzung des Chores als Grablege, da er nicht mehr zum Chordienst nötig war[34]. Der Leichnam von Herzog Eberhard im Bart wird im Jahre 1537 von St. Peter auf dem Einsiedel in Schönbuch in die Tübinger Stiftskirche verlegt[35]. Die Neunutzung des Chores als Grablege erklärt auch, warum das gotische Chorgestühl heute in mehrere Teile auseinandergenommen im Kirchenschiff verstreut steht, anstatt sich an seiner alten Stelle zu beiden Seiten des Chores zu befinden.

Eine Zwischenepisode brachte indes das Interim nach dem Augsburger Reichstag im Jahre 1548, das einen überkonfessionellen Gottesdienst vorsah. Doch stand man vor dem Problem, dass viele Katholiken den Interimsgottesdienst ablehnten. Der alte Kanzler Ambrosius Widmann „fand sich schließlich bereit, zusammen mit zwei der ehemaligen Chorherren im Chor der Stiftskirche den Interimsgottesdienst zu halten, während das Schiff dem reformatorischen Gottesdienst vorbehalten blieb"[36]. Die erste Messe fand wieder am 24. August 1548

---

[28] Vgl. HERMELINK, Fakultät 6. – Zu ähnlichen Zuständen in Wittenberg vgl. WENDEBOURG, Kultboom.
[29] Vgl. HERMELINK, Fakultät 9.
[30] Vgl. ODENTHAL, Gewohnheiten 295–296.
[31] Vgl. SCHMIDT, Brüder 210.
[32] Es begegnen kaum zu harmonisierende Angaben, so über die erste evangelische Predigt durch Ambrosius Blarer am 20. September 1535 (vgl. ROTHENHÄUSLER, Abteien 215), dann als Datum des ersten Abendmahlsgottesdienstes in der Stiftskirche mit Kommunion unter beiden Gestalten der 21. März 1535 (vgl. HAUER, Schulentwicklung 68).
[33] Vgl. EHMER, Ende 223.
[34] Vgl. EHMER, Ende 236.
[35] EHMER, Ende 222. – Zum St. Peters-Stift zum Einsiedel vgl. ROTHENHÄUSLER, Abteien 225–226, als Überblick SCHÖNTAG, St. Peter.
[36] So EHMER, Ende 225. – Angemerkt sei, dass Zisterzienser aus Salem auch wieder den

statt[37]. Eine nochmalige Möglichkeit zur Wiedereinführung des alten Gottesdienstes, also auch des Chorgebetes, bot sich nach dem Restitutionsedikt 1629, als auch die Tübinger Stiftskirche den Jesuiten übergeben wurde. Doch schon nach dem Westfälischen Frieden 1648 zogen die Jesuiten wieder ab[38].

Für unsere Fragestellung heißt dies, dass es aufgrund der Auflösung des alten Tübinger Stiftes und der nun zu beleuchtenden Neukonzeption als Evangelisches Stift zu keiner direkten Umformung des Chorgebetes in der Stiftskirche durch eine lutherische Liturgiereform kam. Anders als bei den alten Klöstern führte in Tübingen also kein Weg von der mittelalterlichen liturgischen Praxis zum Gottesdienst des neuen Kirchensystems. Wichtig bleibt jedoch festzuhalten, dass die vorreformatorische Verbindung von hohen Universitätsämtern mit Kirchenämtern (an der Stiftskirche) auch nach Einführung der Reformation erhalten blieb: „Der erste Professor der Theologie sollte demnach zugleich Propst, der zweite Dekan und der dritte Pfarrer der Tübinger Stiftskirche sein"[39]. Noch bis 1817 hatte der erste Professor der Theologie in Tübingen die Stelle des Propstes und Kanzlers inne als Verbindung von Stiftskirche und Universität[40].

6.2. Das Tübinger Evangelische Stift seit 1536

Die Frage nach einer eventuellen Stundenliturgie des seit 1536 neu entstehenden bzw. neu geordneten Tübinger Stifts stellt sich insofern, als hier die Absolventen der höheren Klosterschulen zum Theologiestudium gelangten, also diejenigen, die durch ihr Leben in den Württembergischen Klosterschulen das Chorgebet gewöhnt waren[41]. Die bisherige Forschung hat auf das tägliche Morgengebet und Abendgebet verwiesen, dem nun nachzugehen ist[42].

Das Jahr der Auflösung des Tübinger Georgsstiftes kann wohl zugleich als Gründungsjahr des Evangelischen Stiftes angesehen werden[43]. Seit 1540 wurde das Augustinerkloster als mögliche Unterkunft für das neu zu gründende Stift in den Blick genommen und im Jahre 1547 bezogen[44]. Nicht unerwähnt bleiben

---

Bebenhauser Pfleghof in Tübingen wie Bebenhausen selbst besiedeln. Vgl. HAUER, Schulentwicklung 164.

[37] Vgl. ROTHENHÄUSLER, Abteien 216. Vgl. HAUER, Schulentwicklung 71, gibt, leider ohne Beleg, als Enddatum des wiederaufgelebten katholischen Gottesdienstes das Jahr 1552 an.

[38] Vgl. EHMER, Ende 226; HAUER, Schulentwicklung 182.

[39] Vgl. KÖPF, Fakultät 105–106, Zitat hier 106.

[40] Vgl. EHMER, Ende 232; auch KÖPF, Fakultät 107–108. – Zur Lehre an der Tübinger Theologischen Fakultät nach Einführung der Reformation vgl. KÖPF, Lehre.

[41] Vgl. den Überblick bei EHMER, Augustinerkloster.

[42] Vgl. LEUBE, Geschichte 1, 161–162 und 164.

[43] Vgl. zum Folgenden auch LEUBE, Geschichte 1, 8–11; kurz auch HAUER, Schulentwicklung 76–78.

[44] Vgl. HAHN, Abriß, 226–231, bes. 230. – Das Georgsstift bot ja, wie für die Stifte in Württemberg üblich – keine eigentlichen Stiftsgebäude, die hätten bezogen werden können.

6.2. Das Tübinger Evangelische Stift seit 1536

mag die Tatsache, dass etwa die Bibliothek des Uracher Stiftes nun dem Tübinger Stift einverleibt wurde[45]. Einblicke in den täglichen Ablauf bringen die einzelnen Stipendiatenordnungen für das neu entstandene evangelische Stift. Während die erste vom 14. Februar 1536 hauptsächlich und fast ausschließlich Fragen der Finanzierung und Leitung behandelt[46], regelt deren mit dem 12. März 1541 datierte Überarbeitung bereits näher den Tagesrhythmus[47]. In dieser überarbeiteten Fassung wird das tägliche Gebet anempfohlen, indes für den privaten Vollzug:

„… und insonderhaitt sollen bemeldten Superattendenten und Præceptores ordnen, das jedwederer Stipendiat, tåglich ettlich Psalmen oder in sacris litteris ein genaute Zeutt lese oder bittendt Gott den Allmåchtigen für Unsern gnedigen Fůrsten und herrn, Dero Erben und Nachkommen, umb glůkseliges langwieriges (Leben's) und Regierens in Fried und Einigkait, auch umb Wollfahrt Land und Leutten und hierinn zu herzen faßen und eingedenckh sein, was gnedigen und geneigten Willen Sein fstl. Gn. jedwederem insonderheit umb Gottes willen beweise"[48].

Hier zeichnet sich schon ein Gebetsauftrag für die Fürsten ab, der einige Jahre später erstmals in den *Statuten für das Zisterzienserkloster Herrenalb* von 1556 mit jenem Gebet (Precatio) für die Oberen normierend umgesetzt wird, das bereits mehrfach begegnete.

Nach 1541, vielleicht im Jahre 1547, werden – nun in lateinischer Sprache – Statuten angehängt, die nähere Hinweise in unserer Frage geben[49]. Mochte nach den bislang zu findenden Hinweisen das Gebet durchaus im Privaten angesiedelt sein, so wird nun deutlich, dass zumindest das Morgengebet gemeinschaftlich vollzogen wird. Nach dem weckenden Läuten zur vierten Stunde im Sommer und zur fünften Stunde im Winter versammeln sich alle in der sogenannten Kommunität:

„Mane ad constitutam horam et signum campanula datum omnes surgant. Hoc signum detur aetate hora quarta, hyeme vero hora quinta. Convenient omnes statim in commune hypocaustum, quod vocant communitatem. Congregatis ibidem omnibus, primo orent Deum, ut ipsis largiatur spiritum suum, videlicet, ut spiritus sanctus ipsorum studia in laudem ipsius sanctissimi nominis et christianismi commoditates dirigat et gubernet, deinde orationem pro illustrissimo principe nostro habeant, et eidem pro sua voluntate, quia est erga studia nostra propensissimus, et pro immensis beneficiis, quae in nos contulit, gratias agant. Peragat autem has preces Baccalaureus, cui ea septimana commissa est lectio mensalis"[50].

Nach Mahnungen über den Umgang mit Abwesenden heißt es dann:

„Habitis orationibus quisque se ad sua studia praeparet".

---

[45] Vgl. FAIX, Biel 173.
[46] Vgl. STIPENDIATEN=ORDNUNG 14. Februar 1536, 8–11.
[47] Vgl. STIPENDIATEN=ORDNUNG 12. März 1541, 11–17.
[48] STIPENDIATEN=ORDNUNG 12. März 1541, 14.
[49] Vgl. STATUTA nach 1541, 17–20. Zur Datierungsfrage vgl. ebd. 17, Anm. 11.
[50] Dieses und das folgende Zitat in STATUTA nach 1541, 18.

Fehlt auch jedweder Hinweis auf ein Abendgebet, so ist doch als gesichert festzuhalten, dass es tägliches gemeinsames Gebet gab, über dessen Struktur indes bislang lediglich zu erfahren ist, jene bereits bekannte Precatio für den Fürsten sei Teil hiervon.

Die Stipendiatenordnung wurde schließlich Teil der „Großen Kirchenordnung" von 1559, in der sich ein eigener Abschnitt „Von dem Stipendio zu Tübingen" findet[51]. Darin wird auch das tägliche Gebet begründet und geregelt:

„Erstlichs dieweil Gott umb alle seine Gaaben, die er allein dem Menschen ausser lauter gnaden gibt, gebetten sein unnd danckbarkeit erzeigt haben will, das unsere Stipendiaten alle tag Morgens unnd Abends jr Christenlichs Gebett gegen Gott thůn unnd volgende Ordnung hierunder halten sollen, nåmlichen die Psalmen zůvorderst anfahen und jedes mals einen oder zwen biß zů volendung derselben recitieren, darauff nachvolgende Orationem sprechen.

Precatio: Te Deum Patrem Domini ...
Volgendts auch entlichen jr Gebett Dominica oratione beschliessen unnd hierunder nit allein den Mund gebrauchen, sonder vil mehr mit andacht, wie sie das gegen Gott, dem Allmechtigen, zů verantworten getrawen, von hertzen und ernst bitten und anrůffen. Derhalben soll sich ein jeder Stipendiat (wer der seie) befleissen, auch schuldig sein, wann man Sommers zeiten morgens umb die vier und Winters zeitten umb fůnff Uhrn ungefährlich des Stipendii Glocken leuttet, sich ausser dem Bett zů dem Gebett, als vorgesetzt, und folgends zů seinen studiis erheben bey privierung selbigen Tags seines Weins, so offt unnd dick einer hierüber faullentzig erfunden würdt"[52].

Hier ist nun deutlich von einem Morgen- und Abendgebet die Rede, wobei die Umstände, nämlich das Läuten der Glocke, Sanktionen bei Versäumnis, eindeutig darauf hinweisen, dass es sich um gemeinschaftlich vollzogenes Beten handelt. Über dessen Form indes gibt es nur geringen Aufschluss. Wir erfahren lediglich, dass ein oder zwei Psalmen, die schon erwähnte *Precatio* und das *Vater Unser* Teile der Gebetszeit waren (vgl. das Schema in Kapitel 9.1.). Diese Hinweise gestatten es, im täglichen Morgen- und Abendgebet jene Form täglichen Betens wiederzuerkennen, die bereits bei den *Statuten des Klosters Herrenalb* von 1556 begegneten und die in die *Große Kirchenordnung* von 1559 eingegangen sind. Das bedeutet aber: Man knüpfte in Tübingen nicht an die entfaltete Stundenliturgie der Klosterordnung von 1556 an, sondern an die wesentlich kürzeren Derivatformen des einstigen monastischen Chorgebetes. Damit ist zugleich festgehalten, dass für die aus den Klosterschulen nach Tübingen wechselnden Stipendiaten tägliches gemeinsames Beten verpflichtend blieb. Eine genaue Rekonstruktion etwa auch

---

[51] Vgl. dazu LEUBE, Geschichte 1, 16–20. – In der *Ordnung für Männerklöster* von 1556 findet sich lediglich der Hinweis zu Prüfung, ob einer „zů dem studio auf unnser Stipendium gehn Tübingen zůfůrdern oder lennger in dem Closter zelassen" sei, so die ORDNUNG FÜR MÄNNERKLÖSTER 1556, 11r (303 Arend).

[52] STIPENDIATEN=ORDNUNG 1559 fol. clxviiib-clxixb (562 Arend). Die weiteren Überarbeitungen der „Großen Kirchenordnung" behalten den zitierten Abschnitt bei, vgl. die KIRCHENORDNUNG 1582, 267–312.

6.2. Das Tübinger Evangelische Stift seit 1536

der musikalischen Tradition in den Stiftsgottesdiensten erweist sich angesichts der Quellenlage als schwierig[53]. Bei Martin Brecht findet sich lediglich folgender Hinweis: „Die einzige Bücheranschaffung, die unter Herzog Ulrich bekannt ist, sind einige Musicalia, die für das halbklösterliche Leben der Stiftler benötigt wurden"[54]. Es dürfte sich dabei um den Hemmel'schen Psalter handeln, von dem 1570 fünfzig Exemplare an die württembergischen Klöster und sechs Exemplare an das Tübinger Stift gingen[55]. Ebenso unklar bleibt der Ort des Gottesdienstes: Genutzt wurde für das tägliche Gebet wohl nicht die Tübinger Stiftskirche, die gleichwohl anscheinend den Stipendiaten für den Sonntagsgottesdienst diente[56]. Genutzt wurde wohl auch nicht die alte Augustinerkirche, die zudem in den nächsten Jahrhunderten mannigfaltige bauliche Veränderungen erfuhr[57]. Die *Statuta nach 1541* sprechen bezüglich des täglichen Gebetes, wie oben dargestellt wurde, von der „Kommunität", womit ein „commune hypocaustum", also ein geheizter Gemeinschaftsraum gemeint ist. Wie aber auch immer: Das tägliche Morgen- und Abendgebet, das ja die *Große Kirchenordnung* von 1559 festschreibt, war im Tübinger Stift somit letzter Überrest dessen, was an gesungenem Chorgebet die Klosterkirchen oder auch die Tübinger Stiftskirche einst füllte.

Auch im 18. Jahrhundert wurden die beiden täglichen Gebetszeiten beibehalten. Die *Statuten des Fürstlichen Theologischen Stipendii zu Tübingen* von 1752 erwähnen das gemeinsame Gebet an mehreren Stellen. Die Stipendiaten „sollen bey denen Precibus, worzu Sommers um fünf Uhr und des Winters um halb sieben Uhr, aufgeläutet werden wolle, erscheinen"[58]. Die „gemeinschafftlich angestellten Precibus"[59] beziehen sich dabei auf das Morgen- und Abendgebet, denn im Abschnitt *Von der Closter-Disciplin* heißt es:

„§. 1. Sollen alle und jede Alumni des Morgens, sobald das Zeichen zur gesezten Zeit, nehmlich Sommers um 5. Uhr, und Winters um 6. Uhr, gegeben wird, unverweilt und zumal in gehörigem Habit geziemend erscheinen, und die Preces publicae von allen mit Ehrfurcht und Devotion zu Erbittung nöthigen Seegens verrichtet; (…) §. 2. Nicht weniger solle der Chor, als das alte Exercitium asceticum, wobey jedesmal auch aus dem Würtembergischen Schatz-Kåstlein einige Sprüche zu verlesen sind, samt den Bet-Stunden und Vesper-Lectionen zu rechter Zeit und von allen gebührend und andächtig, auch andern zu gutem Exempel gehalten, und von keinem ohne Straffe versäumet werden"[60].

---

[53] Zu den nicht vorhandenen Liturgica im Tübinger Stift vgl. BRECHT, Entwicklung.
[54] BRECHT, Entwicklung 9.
[55] So RÖSSLER, Gesangbuch-Geschichte 42.
[56] LEUBE, Geschichte 1, 22–23, weist darauf hin, dass im März 1566 an den Plätzen der Stiftskirche aufgrund der großen Zahl der Stipendiaten Umbauten vorgenommen werden.
[57] Vgl. dazu HAHN, Abriß.
[58] STATUTEN 1752, 219. Vgl. auch Leube 2, 186–187.
[59] So die STATUTEN 1752, 238.
[60] STATUTEN 1752, 248–249. – Zum „Württembergischen Schatzkästlein" vgl. die oben bereits gemachten Bemerkungen.

Die Tatsache, dass mit den „preces publicae" nachher auf den Stuben die Lektüre eines griechischen Kapitels (morgens) und eines hebräischen Kapitels (abends) der Heiligen Schrift verbunden ist, war es wohl, die Martin Leube dazu veranlasst hat, das Abendgebet rein ins Private auf den Stuben abzudrängen und darin einen Einfluss des Pietismus zu sehen[61]. Meines Erachtens geben die Statuten eine solche Interpretation nicht her, sondern schildern auch für den Abend das gemeinsame öffentliche Gebet.

Neue Statuten des Tübinger Stiftes wurden am 13. Mai 1793 feierlich verkündet[62]. Sie gliedern sich in die *Statuten für die Repetenten* wie in die Statuten selbst. So ist es Aufgabe der Repetenten, sich wochenweise um die gemeinsamen Gebete zu sorgen, wie § 7 vorgibt:

Der Wochenrepetent erscheint in den sechs Sommermonaten Morgens um halb 6 auf dem Speisesaal, annotirt die Abwesenden, und läßt hierauf das gemeinsame Morgengebet verrichten; des Abends läßt er respondiren, und das Abendgebet verrichten[63].

Damit wird deutlich, dass weiterhin gemeinsame Gebetszeiten eingehalten, aber im Speisesaal vollzogen wurden. Im Winter aber fanden die Gebete auf den Studierzimmern statt, also im kleineren Rahmen, wohl aufgrund der Heizmöglichkeiten, doch immer noch in Gemeinschaft, wie § 27 angibt:

„Jeder Repetent wird bey seiner Abteilung gewissenhaft dafür sorgen, daß des Winters auf den Studirzimmern das Morgen- und Abendgebet mit wahrer Andacht verrichtet, und in Verlesung desselben von allen Jnwohnern der Zimmer wochenweise abgewechselt, und des Abends das einemal ein hebräisches, das anderemal ein griechisches Kapitel aus der Bibel von den Novizen exponirt werde"[64].

Dem entsprechen auch die Angaben der neuen Statuten selbst, die nicht nur wie bisher eine Beteiligung an den Predigten der Schlosskirche vorsehen, sondern in § 34 und 35 ebenfalls zur Repetentenordnung analoge Anweisungen geben:

„Das Zeichen zum Aufstehen wird des Winters um halb 7. und des Sommers um 5 Uhr gegeben. Des Winters Morgens um 7 Uhr solle jede Abtheilung auf ihren Studirzimmern versammelt seyn, und unter Aufsicht ihres Repetenten oder Seniors das Morgengebet gemeinschaftlich verrichten. Abends aber um 9 Uhr nach geendigter Rekreation wird bey dem Abendgebete wechselweise ein hebräisches oder griechisches Kapitel aus der Bibel von den Novizen exponirt. Jn Verlesung des Morgen- und Abendgebets wird von allen Jnwohnerns eines jeden Studirzimmers wochenweise abgewechselt"[65].

---

[61] Vgl. LEUBE, Stift 2, 190; 194; 244. Es wäre hier die in Württemberg sehr verbreitete Versammlungsform des „collegium pietatis", also pietistischer Prägung beschrieben, eine Form zwischen der Öffentlichkeit der Kirche und dem Privatgebet, so ein freundlicher Hinweis von Dorothea Wendebourg. – Dass nach den Statuten auch die Mahlzeiten in klösterlicher Kutte erfolgen, erwähnt LEUBE, Stift 1, 166, zur Kutte allgemein LEUBE, Stift 1, 169–173; 2, 178–88. So wirken also neben dem pietistischen Einfluss monastische Gewohnheiten weiter.

[62] Vgl. LANG, Geschichte 271.

[63] STATUTEN DER REPETENTEN 1793, 302.

[64] STATUTEN DER REPETENTEN 1793, 307.

[65] STATUTEN TÜBINGEN 1793, 320.

„Des Sommers sollen alle Stipendiaten, die examinirten allein ausgenommen, Morgens um halb 6 in geziemender Kleidung auf dem Speisesaal erscheinen, und das Morgengebet unter der Aufsicht des Wochenrepetenten gemeinschaftlich verrichten. Die Abwesenden werden annotirt. Im Sommer des Abends wird nach dem Thorschluß auf dem Speisesal respondirt, und hierauf das Abendgebet öffentlich verrichtet"[66].

Das bedeutet aber nichts Anderes, als dass jene theologische Fundierung, die beim Konfessionalisierungsprozess das Stundengebet rettete, auch am Ende des 18. Jahrhunderts noch Gültigkeit besitzt: Der Überrest des Stundengebetes im Morgen- und Abendgebet wird vor allem als Lektüre der Heiligen Schrift und um deren Auslegung willen gerechtfertigt. Auch zu Beginn des 19. Jahrhunderts sehen die „Statuten für die Repetenten" von 1826 weiterhin Andachtsübungen vor[67].

Nur kurz sei auf die Parallelen zum Tübinger Stift im Tübinger *Collegium illustre* aufmerksam gemacht, dessen Statuten seit 1590 in Kraft traten[68]. Diese Institution war ursprünglich als weltliches Pendant zum Theologischen Stipendium geplant und im ehemaligen Franziskanerkloster eingerichtet worden, um dann aber zunehmend zur Adelsschule ausgebaut zu werden[69]. Auch dort war der Besuch der Georgskirche an Sonn- und Feiertagen üblich, ebenso eine gemeinsame Morgenandacht mit Psalm, Bibellesung, dem Gebet für Kaiser und Reich samt dem Vater Unser[70].

6.3. Das Stuttgarter Residenzstift und die Stundenliturgie der Stuttgarter Hofkirchenordnung von 1560

Die spezifische Rolle Stuttgarts im Kontext der Reformation Württembergs wurde gelegentlich bereits erwähnt, vor allem im Hinblick auf die lutherischen theologischen Prägungen und ihren Einfluss auf die Liturgie (vgl. etwa Kapitel 3.1). Vor diesem Hintergrund sollen die gottesdienstliche Situation an der Stuttgarter Stiftskirche sowie die liturgischen Prägungen der Stuttgarter Hofkirche in aller Kürze thematisiert werden.

Das Stuttgarter Stift entspricht dem Typus des Residenzstiftes[71]. Der aus dem Mittelalter überkommene Gottesdienst fand im Jahre 1535 seinen Schlusspunkt: „Der hergebrachte Meßgottesdienst in der Stiftskirche endete an Lichtmeß, 2. Februar 1535, wozu sich – nach Aussage eines Chronisten – viel Volk einstellte und viele Lichter brannten (…) Damit waren die Messen über den Gräbern

---

[66] STATUTEN TÜBINGEN 1793, 320.
[67] Vgl. STATUTEN DER REPETENTEN 1826, 555.
[68] Vgl. WILLBURGER, Collegium illustre 8–12; auch kurz Vgl. HAUER, Schulentwicklung126.
[69] Vgl. die kurze Darstellung bei TIETZ, Johann Winckler 78–83; zum späteren Wilhemsstift vgl. GROSS, Wilhelmsstift.
[70] Vgl. WILLBURGER, Collegium illustre 12.
[71] So EHMER, Ende 216; vgl. auch den Überblick bei AUGE, Stuttgart. – Zur Hofbibliothek in Stuttgart und ihren theologischen Beständen vgl. BRECHT, Hofbibliothek.

der Angehörigen des Hauses Württemberg und anderer Stifter eingestellt"[72]. Die herkömmliche Form der Totenmemorie in Form der Messen und der Vigilien, für das Mittelalter eine der Triebfedern des reichen Gottesdienstes überhaupt, wurde so abgeschafft. Bereits ein Jahr vorher, nämlich am Samstag nach Christi Himmelfahrt, dem 16. Mai 1534, war zum ersten Mal ein evangelischer Gottesdienst in der Stuttgarter Stiftskirche gefeiert worden[73]. Während des Interim nach dem Augsburger Reichstag im Jahre 1548 versuchte man, den Chorgesang in der Stuttgarter Stiftskirche wieder aufzurichten, was nur höchst unvollkommen und vorübergehend gelang[74]. Berücksichtigt man die vielen widerstreitenden Prozesse, die bereits bei der Umwandlung der Klöster begegneten, und sieht man von der kurzen Phase der Jahre zwischen 1638 und 1649 ab, in der die Jesuiten die Stiftskirche in Stuttgart innehatten[75], ist davon auszugehen, dass der letzte katholische Gottesdienst am 13. August 1552 in der Stiftskirche stattfand[76]. In welchem Maße die Stundenliturgie hier eine Zukunft hatte – wenn sie denn überhaupt aufgrund der Wirren der Zeit bis dahin hatte bestehen können – ist schwierig zu klären. Eine spezifische Form eigens für die Stiftskirche scheint nicht entwickelt worden zu sein, so dass davon auszugehen ist, die Stundenliturgie habe man in dem Maße und der Art und Weise fortgeführt, wie die Kirchenordnungen dies für die städtischen Pfarrkirchen vorsehen. Damit wäre die Situation im Stuttgarter Residenzstift eventuell ähnlich wie die der Tübinger Stiftskirche: Das Ende der althergebrachten Stundenliturgie hätte zugleich bedeutet, dass hier keine eigene Reform dieser Gottesdienstform vollzogen wurde, die über die beschriebenen Stundengebetsformen der Kirchenordnungen hinausgeht[77].

Anders verhielt es sich mit der Stuttgarter Hofkirche: Für sie wurde am 2. Januar 1560 eine eigene Ordnung für den Gottesdienst erlassen[78]. Dort „hatte der lateinische Gesang eine größere Bedeutung, da in diesen Gottesdienst Elemente der Messe aufgenommen wurden. Auch im Gottesdienst der Klosterschulen hatte das Lateinische noch eine Heimstatt, natürlich ebenfalls aus pädagogischen Gründen"[79]. Doch neben dem Predigt- bzw. Abendmahlsgottesdienst ist die Liturgie der Stuttgarter Hofkirche durch reich ausgestaltete Vespergottesdienste geprägt:

---

[72] EHMER, Ende 220. Vgl. ROTHENHÄUSLER, Abteien 218–221.
[73] So RÖSSLER, Kirchengesangbuch 160.
[74] Vgl. EHMER, Ende 224–225.
[75] Vgl. ROTHENHÄUSLER, Abteien 221.
[76] Vgl. ROTHENHÄUSLER, Abteien 221.
[77] Erinnert sei an die in Kapitel 4.2 erwähnte Tatsache, dass die Exemplare der PSALMODIA 1686 aus dem Stuttgarter Hauptstaatsarchiv einen Stempel des 19. Jahrhunderts tragen: Stiftsmusik Stuttgart. Einer tatsächlichen regelmäßigen oder zeitweiligen Nutzung wäre noch näher nachzugehen.
[78] Vgl. dazu AREND, Kirchenordnungen 16.II, 62–63; RÖSSLER, Kirchengesangbuch 166–167; MÜLLER, Gottesdienste 5–6, zu den Vespern mit der Kantorei vgl. ebd. 7–8.
[79] BRECHT, EHMER, Südwestdeutsche Reformationsgeschichte 347.

6.3. Das Stuttgarter Residenzstift und die Stundenliturgie der Stuttgarter Hofkirchenordnung

„Alle Sambstag unnd feyrabent solle die vesper mit dem Deus in adiutorium angefanngen unnd daruff ain Psalm, zwen, nach dem sie kurtz oder lanng, dem geschribnen Psalterio nach, so bei der Cantori verhannden, unnd uff die Psalmen ein Hymnus oder Responsorium oder anner Cantuum de tempore oder festo gesungen werden, volgentz der Prediger ain Capitel, alls oblaut, lesen. Zům beschluß soll man alwegen ein teutschen Psalmen singen unnd sich in Compositionibus befleissenn, daß die gewonlichen, gepreuchige Melodi uff den Tenor oder ein annder Stim gerichtet werde"[80].

Die Struktur der Vesper ist denkbar schlicht (vgl. das Schema in Kapitel 9.1.). Nach dem *Deus in adiutorium* folgen ein oder zwei Psalmen (wohl in lateinischer Sprache), an die sich ein Hymnus oder ein Responsorium anschließen. Höhepunkt ist die Lesung aus der Heiligen Schrift, an die sich ein deutscher Psalm anschließt. Für den lateinischen Psalmengesang dürften die in dieser Untersuchung vorgestellten Druckwerke benutzt worden sein. Für den deutschen Psalm könnte der bereits erwähnte Hemmel'sche Psalter verwendet worden sein. Denn Sigmund Hemmel war an der Stuttgarter Hofkirche zwischen 1551 und 1554 Kapellmeister, und auf ihn dürfte die in der Ordnung erwähnte Psalmenvertonung zurückgehen:

Der gantz Psalter Dauids / wie derselbig in Teutsche Gesang verfasset / Mit vier Stimmen kunstlich vnd lieblich von newem gesetzt / durch Sigmund Hemmeln seligen / Fuerstlichen Würtenbergischen Capellmeistern / dergleichen zuuor im Truck nie außgangen. Mit einer Vorred der beiden Würtenbergischen Hoffprediger. Gedruckt zu Tübingen / bey Ulrich Morharts Wittib / 1569[81].

Dieses Druckwerk prägte das Musikleben deshalb, weil bereits 1570 fünfzig Exemplare an die schwäbischen Klöster verkauft wurden, um die dortige Liturgie zu bereichern[82]. Somit wäre auch dort für den deutschen Psalmengesang jener Hemmel'sche Psalter verwendet worden.

Die Hofkirchenordnung beschreibt sodann die Sonntagsvesper:

„Am Sontag oder anndern Feyrtagen zůr vesper widerumb mit dem Deus in adiutorium anfahen, darnach de tempore oder dem Fest mit der Antiphona intonirn unnd daruff ein Psalmen, zwen, nach dem sie kurtz oder lanng, psalieren, alls dann ein Versicul unnd daruff, dem Tono nach, das Magnificat, latine oder etwan teutsch alternatim, unnd dann zů end der Predig ein latinischer, das ander mal ein teutscher gewonlicher Psalm alternatim gesungen werden"[83].

Die Struktur der Vesper an Sonn- und Feiertagen (vgl. das Schema in Kapitel 9.1.) ist in der üblichen Form: Nach dem *Deus in adiutorium* folgt die Antiphon mit ein oder zwei Psalmen. Ein Versikel leitet zum lateinisch oder deutsch gesungenen

---

[80] HOFKIRCHENORDNUNG 1560, 3v (427 Arend).
[81] Dieser Psalter findet sich im Verzeichnis der Drucke des 16. Jahrhunderts: VD 16 ZV 18761. Vgl. zu diesem sehr beliebten Psalter BOSSERT, Hofkantorei, etwa 131; ferner die Untersuchung von HORI, „der gantz psalter Dauids" 27.
[82] So AREND, Kirchenordnungen 16.II, 62–63.
[83] HOFKIRCHENORDNUNG 1560, 4r (427 Arend).

Magnificat über. Auf eine Predigt folgt erneut ein lateinischer oder deutscher Psalm.

Mit diesen Vespermodellen begegnet eine Struktur, die übrigens mit den flexiblen Horenaufbauten der *Cantica sacra choralia* oder der *Psalmodia* vereinbar wäre. – Aus den Anweisungen für das Kirchenjahr sei als eine Besonderheit die Ostervesper erwähnt:

> „Nachts zů der Vesper mit dem Kirieleison anfahen, darnach ein Psalmen mit seinen Antiphonen unnd daruff Haec est dies, christus resurgens oder Victimae pascale oder ein anndern österlichen gesanng, nach vollenndter Predig Christus surrexit oder teutsch: Christ ist erstannden"[84].

Hier schildert die Hofkirchenordnung interessanterweise liturgische Bräuche, die auf die Altrömische Ostervesper zurückgehen und im Mittelalter sehr beliebt waren[85]. So blieben bis in die nachreformatorische Epoche mittelalterlich geprägte gottesdienstliche Bräuche erhalten, die historisch ein Relikt römischer Stationsliturgie des Papstes bilden, wie sie der Ordo Romanus 50 des 10. Jahrhunderts berichtet:

> „Die sancto paschae, conveniente scola temporius cum episcopis et diaconibus ad sanctum Iohannem in ecclesia maiore, ad locum crucifixi, incipiunt *Kyrie eleyson* et veniunt usque altare (…). Finito *Kyrie eleyson*, innuit archidiaconus primo scolae et ille, inclinans se illi, incipit *Alleluia*, sum psalmo *Dixit dominus domino meo*. (…) Dicit igitur *Alleluia* cum psalmo *Confitebor tibi, domine*. Inde (…) dicit primus scolae *Alleluia* cum psalmo *Beatus vir*. Quo finito, primus scolae cum paraphonistis infantibus incipit responsorium gradale *Haec dies*, cum versu *Confitemini domino*"[86].

In der weiteren Beschreibung der römischen Vesper folgt die Prozession zum Taufort („ad fontes") im Lateran mit dem zweiten Psalmenteil, darunter der Gesang des *Christus resurgens*, den auch die Hofkirchenordnung nennt[87]. Diese Form prägte das mittelalterliche Osteroffizium in den Dom-, Stifts- und Klosterkonventen und war auch die im vorreformationszeitlichen Württemberg wie überall gewohnte Form der Ostervesper. So wurde sie auch von der lutherischen Liturgiereform übernommen und ist in ihrem Offizium noch erkennbar, und zwar an den folgenden beiden Besonderheiten: Das Kyrie zu Beginn und den der Messliturgie entnommenen Gesang des *Haec dies*[88].

---

[84] Hofkirchenordnung 1560, 4v (427–428 Arend).
[85] Vgl. zur altrömischen Ostervesper SCHNITKER, Taufvesper. AUF DER MAUR, Feiern 115; ODENTHAL, Gefeierte Ökumene 335 (Nachweis für Halberstadt); BENINI, Feier 364–372 (Nachweis für Ingolstadt).
[86] Ordo Romanus 50, c. XXXIII, in: ANDRIEU, OR 5, 308–309.
[87] www.cantusindex.org (2.4.2019): 600355.
[88] www.cantusindex.org (2.4.2019): 008414.

6.4. Ergebnis

Der Durchgang durch die disparaten Hinweise zur Stundenliturgie der Tübinger Stiftskirche, des devoten Stifts an der Schlosskapelle sowie des Tübinger Evangelischen Stiftes wie der Seitenblick auf das Collegium illustre scheint doch eines deutlich werden zu lassen, nämlich zunächst den qualitativen Unterschied zu den Klosterschulen. Denn in den zu evangelischen Klosterschulen umgewandelten Klöstern herrschte trotz mannigfacher Wirrnisse noch eine gewisse Kontinuität, die sich auch liturgisch zeitigte. Es war ein Ringen der 1530er bis 1560er Jahre um die Form, in welchem Maße das überkommene monastische Erbe des Stundengebetes umgesetzt werden konnte oder auch nicht. Der Sachverhalt stellte sich in Tübingen gänzlich anders dar. Denn die Ausgangslage des Chorgebetes der Stiftskirche oder des Augustinerklosters, so es denn überhaupt noch feierlich vollzogen wurde, war eine ganz andere. Die Reformation des Georgenstiftes und auch des Augustinerklosters brachte zunächst ein komplettes Ende auch des Chorgebetes mit sich. Die neuen Institutionen knüpften dann nicht mehr an eventuell vorhandene örtliche Traditionen an: Kein einziger Zweig des Chorgebetes der Stiftskirche oder der Augustiner sprießt in die neue Epoche evangelischen Kirchenwesens und seiner Gebetsformen hinüber.

Der Seitenblick auf die Residenzstadt Stuttgart zeigte bezüglich der Stuttgarter Stiftskirche die bereits aus Tübingen bekannte Schwierigkeit, eventuelle Formen lutherischer Stundenliturgie zu rekonstruieren. Die getätigte Annahme, hier sei auf der Grundlage der Kirchenordnung das auch anderswo Geübte vollzogen worden, bleibt hypothetisch. Eine andere Situation stellt sich am Hofe dar: Hier scheint es plausibel, die Nutzung der vorgestellten liturgischen Bücher samt des Hemmel'schen Psalters zugrunde zu legen. Zugleich begegneten mit Elementen der altrömischen Ostervesper liturgische Relikte, die das Traditionsbewusstsein des Stuttgarter Hofes sowie seine kirchenmusikalisch prägende Kraft deutlich werden ließen.

7. Bilanz:
Gibt es eine evangelische Theologie des Stundengebetes?

7.1. Das mittelalterliche „sacerdotale" Paradigma: „officium" als Kultus und Stellvertretung

Eine Dynamisierung der Stundenliturgie seit der Spätantike durch das Mittelalter hindurch kann vielleicht, ungebührend vereinfachend, mit drei Aspekten beschrieben werden: Offizium, Kultus und Stellvertretung[1].

a) Offizium: Zunächst ist der Gedanke des Pensums zu nennen, der mit der gelobten Pflicht monastischer Existenz, dem Beten der „officia" gemäß der Benediktsregel, einen verbindlichen Ausdruck gefunden hat.
b) Kultus: Sodann sind die hochkomplexen Bedingungen einer Resakralisierung des Kirchengebäudes seit der Spätantike aufgrund des in ihm befindlichen Reliquienbesitzes zu nennen, welcher Liturgie, auch Stundenliturgie, generierte.
c) Stellvertretung: Schließlich sind es die vielfältigen Formen der Jenseitsfürsorge und Bußkommutationen, die ein reiches Gebetsleben vor allem des dafür zuständigen Klerikerstandes freisetzen.

Diesen drei Momenten eines „sacerdotalen" Paradigmas soll nun nachgegangen werden.

a) Stundenliturgie als „officium"

Das auf der Regel Benedikts beruhende Offizium der Zisterzienser wurde bezüglich der Tagesstruktur wie der Horenstruktur bereits dargestellt (Kapitel 2.1). Ebenfalls wurde auf die Regel Benedikts selbst hingewiesen, die ja davon spricht, den schuldigen Dienst zu leisten und so das Stundengebet als „officium", als geschuldete Pflicht zu werten (Kapitel 3.10):

Qui septenarius sacratus numerus a nobis sic implebitur, si matutino, primae, tertiae, sextae, nonae, uesperae conpletoriique tempore nostrae seruitutis officia persoluamus[2].

---
[1] Historisch-genetisch wird man weiterhin der in Teilen natürlich überholten Darstellung bei BÄUMER, Geschichte 196–409 folgen.
[2] REGULA BENEDICTI, cap. 16$^{1-2}$, in: VOGÜÉ, NEUFVILLE, Règle II, 524. Vgl. dazu PUZICHA, Kommentar 271–274.

Es ist der einmal vom Mönch übernommene Dienst, die Pflicht des Gebetes einzulösen. Dieses „officia persolvere" zeitigt für Benedikt aber reale liturgische Konsequenzen. Bei aller Freiheit, die er den Mönchen bei der Gestaltung zugesteht, bleibt die Verwendung des gesamten Psalters in einer Woche unhinterfragt:

> Hoc praecipue commonentes ut, si cui forte haec distibutio psalmorum displicuerit, ordinet si melius aliter iudicauerit, dum omnimodis id adtentat ut omni ebdomada psalterium ex integro numero centum quinquaginta psalmorum psallantur, et dominico die semper a caput reprendatur ad uigilias. Quia nimis inertem deuotionis suae seruitium ostendunt monachi qui minus a psalterio cum canticis consuetudinariis per septimanae circulum psallunt, dum quando legamus sanctos Patres nostros uno die hoc strenue implesse, quod nos tepidi utinam septimana integra persolamus[3].

Das für Benedikt so wichtige Maßhalten besteht gerade in der Pensumspflicht aller 150 Psalmen pro Woche, während die Väter der monastischen Tradition dies täglich taten. Wie aber auch immer, an dieser Stelle liegt eine der die gesamte mittelalterliche Tradition prägenden Wurzeln der Gebetspflicht wie des Pensumsgedankens im Stundengebet. Es klang auch bereits an, dass das „officia persolvere" im Ursprung zunächst an das Oratorium des Klosters gebunden ist, während die Mönche auf Reisen die Gebetsstunden feiern, so gut es geht[4].

b) Stundenliturgie als der dem „Heiligen Ort"
mit seinen Reliquien geschuldete Kult

Seit der Spätantike kommt ein weiterer Strang hinzu, der hier nur angedeutet, kaum aber in seiner Fülle entfaltet werden kann[5]. Es geht nämlich um die Bedeutung des im Kirchengebäude geborgenen Märtyrergrabes, welches im Kontext der vielen Altäre und ihrer Heiligenpatrozinien Liturgie auf sich zieht[6]. Vor allem Alt-St. Peter in Rom ist hier normgebend: Aufgrund der Bedeutung des Petrusgrabes werden hier Basilikaklöster angesiedelt, deren Aufgabe darin besteht, am Petrusgrab den Dienst des Stundengebetes zu verrichten und so den „heiligen Ort" zu ehren. Das Frühmittelalter nimmt hieran Maß und konzipiert klösterlichen Gottesdienst nochmals anders: Im Kloster Fulda etwa werden nicht nur mannigfaltige Reliquientranslationen durchgeführt, sondern auch das „more romano" errichtete Bonifatiusgrab selbst wird Kristallisationspunkt monastischen

---

[3] REGULA BENEDICTI, cap. 18[22-25], in: VOGÜÉ, NEUFVILLE, Règle II, 534. Vgl. dazu PUZICHA, Kommentar 279–287.

[4] „Similiter, qui in itinere directi sunt, non eos praetereant horae constitutae, sed ut possunt agant sibi et seruitutis pensum non neglegant reddere", so die REGULA BENEDICTI, cap. 50[4], in: VOGÜÉ, NEUFVILLE, Règle II, 608. Vgl. dazu PUZICHA, Kommentar 544–547.

[5] Vgl. hierzu für die Spätantike etwa den Sammelband GEMEINHARDT, HEYDEN, Heilige; ODENTHAL, Genese.

[6] Vgl. zu diesen Zusammenhängen HÄUSSLING, Mönchskonvent 213–297.

Offiziums[7]. Diese Verschiebung ist nicht gering zu achten: Aus den „Brüdern" Benedikts werden sukzessive Diener am Heiligtum, gar „sacerdotes", die dem Klerikerstand angehören. Damit aber ist die Benediktsregel weit hinter sich gelassen[8]. Schließlich wurde aus monastischen oder an einer bestimmten Kirche haftenden Verpflichtungen zunehmend eine Schuldigkeit der einzelnen Geweihten[9]. Die Brevierpflicht des einzelnen Klerikers ist dabei als Versuch zu verstehen, auch das Leben der Weltkleriker nach monastischem Vorbild zu organisieren[10]. Doch die im späten Mittelalter aus dem Boden sprießenden Druckbreviere machen, wie bereits erwähnt, *ex eventu* deutlich, dass es mit dieser Brevierpflicht im Sinne eines einheitlichen Betens des Klerus nicht gut bestellt gewesen war: Erst durch das Druckverfahren bot sich die gute Möglichkeit einer zumindest diözesanen Vereinheitlichung der Breviere mit erneuter Betonung der Brevierpflicht, auch für den niederen Klerus[11].

c) Priesterliche Stellvertretung zur Buße und im Hinblick auf das Jenseits

Die kurz umrissene Dynamik einer Klerikalisierung des Mönchtums und einer Monastisierung des Klerus zeitigt nun mannigfache Früchte[12]. Der Stand der Kleriker, im „weltlichen" wie monastischen Kontext vorfindbar, erhält die Bedeutung, stellvertretenden Gebets- und Opferdienst zu vollziehen. Formen der Buße etwa, Leistungen im Hinblick auf eine Jenseitsfürsorge werden an die Feier der Messe wie aber auch das Stundengebet mit Zusatzoffizien, etwa die Totenvigilien, gekoppelt[13]. Ob Totenvigilien der Konvente oder tägliches Laiengebet an den Herrschergräbern[14], jedesmal zeigt sich die Tendenz zur Stellvertretung speziell durch das geistliche Amt, die mit dem „Messesystem Cluny" (Arnold Angenendt)[15] auch eine veränderte Sicht auf das Stundengebet hervorbringt.

---

[7] Vgl. zu Fulda ODENTHAL, Stationsliturgie im Kloster Fulda.
[8] Vgl. die Angaben zu den Priestern im Kloster in der Regula Benedicti, cap. 62 („De sacerdotibus monasterii"), in: VOGÜÉ, NEUFVILLE, Règle II, 640–642. Vgl. dazu PUZICHA, Kommentar 660–667, die (ebd. 660) darauf hinweist, dass das Mönchtum vom Ursprung her eine Laienbewegung gewesen ist.
[9] Vgl. PASCHER, Stundengebet 56.
[10] Vgl. zu den hier nur kurz angedeuteten Zusammenhängen MÜLLER, Officium divinum 51–52.
[11] So ist etwa für Halberstadt das Reformbrevier des Kardinals Albrecht von Brandenburg aus dem Jahre 1515 zu nennen. Vgl. dazu ODENTHAL, Ordinatio 33–40.
[12] Bezüglich der Veränderungen im Priesterbild vgl. u. a. PREDEL, Vom Presbyter zum Sacerdos. Grundsätzlich ANGENENDT, Offertorium, 144–147 zum Stundengebet, 202–207 zum Priesterbild.
[13] Vgl. zum Problem etwa SCHMIDT, Zusätze.
[14] Vgl. hier etwa die Speyerer Stuhlbrüder mit ihren Gebetsleistungen an der Saliergrablege ODENTHAL, FRAUENKNECHT, Liber Ordinarius 19–20; 29–36; GÜTERMANN, Stuhlbrüder 29–31; grundsätzlich ANGENENDT, Offertorium 461–468.
[15] Vgl. ANGENENDT, Offertorium, etwa 286–292.

Damit sind nicht alle Aspekte einer Motivation mittelalterlicher Stundenliturgie erschöpft. Andere wären zu ergänzen, etwa die um das Stundengebet herum sich vollziehende mystische Erfahrung[16]. Doch mögen die Aspekte zur Genüge deutlich machen, in welche Richtung die Sinndeutungen des Stundengebetes in mittelalterlichem Kontext gehen. Zugleich damit wird verständlich, dass die eingangs problematisierte Begrifflichkeit dieser Gebetsform als Offizium, als Stundenliturgie, Breviergebet oder Chordienst eng mit diesen theologischen Akzentsetzungen zusammenhängt. Die Veränderungen dieser Liturgieform im Zuge der Württembergischen Reformation wird alle genannten Aspekte nochmals in ein anderes Licht rücken, was im nächsten Abschnitt dargestellt werden soll.

7.2. Ein neues „pädagogisches" Paradigma?
„Lern-Zeiten" als Vorbereitung zum Predigtdienst

Will man die lutherischen Liturgiereformen im Zuge von Reformation und Konfessionalisierung zwischen den Polen Tradition und Innovation ausspannen, ergibt sich zunächst die Tatsache, dass manche aus Spätantike und Mittelalter herrührende Paradigmen selbstverständlich übernommen, andere aber zum Teil verändert und ergänzt wurden, wieder andere aber keine Zukunft hatten. In diesem Sinne können die lutherischen Liturgiereformen auch als ein sich Abarbeiten an der Tradition verstanden werden, die mit neuen theologischen Einsichten und Akzentsetzungen konfrontiert wird. Dorothea Wendebourg hat drei Kriterien benannt, die bei aller konkreten auch regionalen Unterschiedlichkeit liturgischer Formen doch grundsätzlich den reformatorischen Gottesdienst kennzeichnen, nämlich die Liturgie als Ort der Auslegung der Heiligen Schrift, als Gemeindegeschehen und als akustisches Geschehen in dem Sinne, dass aus der mittelalterlichen Messliturgie vertraute Phänomene wie eine (als archaisch empfundene) Kanonstille keine Zukunft haben können[17]. Diese Kriterien sollen nun in drei Aspekten reformuliert werden, die als Oberbegriffe für die lutherische Liturgiereform speziell der Stundenliturgie benannt werden sollen:

a) Die Stundenliturgie als Kommunikation des Evangeliums
b) Die Stundenliturgie als Lern-Zeiten der Gemeinde
c) Die Frage nach Pensum und Dienstcharakter.

Dem ersten Aspekt, die Stundenliturgie als Ort der Kommunikation des Evangeliums zu werten, entspricht die von Wendebourg benannte Akzentsetzung reformatorischen Gottesdienstes, Ort der Auslegung der Heiligen Schrift zu sein.

---
[16] Vgl. die Beschreibung bei ANGENENDT, Heinrich Seuse.
[17] Vgl. zum Ganzen WENDEBOURG, Reformation und Gottesdienst, vor allem die kurze Nennung ebd. 324, mit der dann die Ausdeutung der drei Aspekte eingeleitet wird. In eine ähnliche Richtung geht bereits WENDEBOURG, Lust und Ordnung.

Die Stundenliturgie als eine Lernzeit der Gemeinde zu konstruieren, bedeutet natürlich nichts anderes, als den Gottesdienst grundsätzlich als Gemeindegeschehen zu definieren. Mit der Konstruktion des Gottesdienstes als akustisches Geschehen sind Fragen danach verbunden, ob die Stundenliturgie vor dem Hintergrund eines stellvertretenden Gebetsdienstes notfalls auch privat absolviert werden könne, um das notwendige Pensum einzulösen. Diesen drei Fragekreisen sollen nun die bereits im Laufe dieser Untersuchung benannten theologischen Begründungsmuster der Stundenliturgie (vor allem Kapitel 3.10) systematisierend zugeordnet werden.

a) Stundenliturgie als Kommunikation des Evangeliums

Die spezifisch lutherische theologische Grundlage des Gottesdienstes soll an erster Stelle stehen, nämlich die der „Kommunikation des Evangeliums"[18]. Gerade die Stundenliturgie mit ihrer Psalmrezitation bietet sich für dieses Paradigma einer Verkündigung des Gotteswortes in besonderer Weise an. Hierher gehören die Motive des Psalmensingens als Trost in schweren Zeiten, die durchgängige Betonung der Wortverkündigung wie das Diktum von der Stundenliturgie als Realisierung der (natürlich vorgängigen) Gnade, was mit der Interpretation des bisherigen liturgischen Tuns als eines – aus Sicht der Reformatoren – „äußerlichen Gottesdienstes" einhergeht.

b) Stundenliturgie als Lern-Zeiten der Gemeinde

Die besondere Situation Württembergs ließ eine besondere Nähe zwischen schulischen Belangen und dem den schulischen Alltag unterbrechenden wie strukturierenden Chordienst entstehen. Von hierher liegt es nahe, ein von Frieder Schulz stark gemachtes Paradigma in Anwendung zu bringen, nämlich das der Stundenliturgie als „Lern-Zeiten" der Gemeinde, welches im schulischen Kontext von eminenter Bedeutung ist[19]. Unter diesem Oberbegriff lassen sich die Aspekte sammeln, die die Klöster und ihr Stundengebet als Schulen der Bibellektüre oder als Sprach- und Gesangsschulen werteten, wobei der durch das Chorgebet strukturierte Tag als Teil der Schuldisziplin nutzbringend war. Zugleich damit blieb zwar das regelmäßige Gebet Aufgabe des Amtsträgers, konnte aber in Form des Stundengebetes als einer privaten Rezitation eines vorgegebenen Gebetspensums kaum mehr Raum greifen. So naheliegend das Paradigma der Lern-Zeiten besonders für die Württembergische Situation mit ihrem Junktim von Schule und

---

[18] Vgl. zu diesem Leitbegriff in der zeitgenössischen Praktischen Theologie GRETHLEIN, Praktische Theologie, etwa 143–180. – Zur Interdisziplinarität des Axioms der „Kommunikation des Evangeliums" vgl. ENGEMANN, Kommunikation des Evangeliums. Vgl. von katholischer Seite METTE, Kommunikation.
[19] Zum Begriff „Lern-Zeiten" für das Stundengebet vgl. SCHULZ, Ordnung 18–20.

Kloster als Ausbildungsstätte der künftigen Pfarrerschaft auf der einen Seite auch ist, so darf auf der anderen Seite nicht vergessen werden, dass gerade der Chordienst auch Unterbrechung des Schulunterrichtes war, die sich auch in einem räumlichen Wechsel vom Schulzimmer zum Chorgestühl der Kirche hin manifestierte. Diese eigene Qualität des Chordienstes gilt es wahrzunehmen und nicht zu schnell in ein pädagogisches Paradigma zu überführen. Die Überlegungen zu den unterschiedlichen Typen lutherischen Stundengebetes (monastisch, stiftisch, pfarrlich) ziehen auch eine differenzierte Anwendung des Motives der Lernzeiten nach sich. Dabei steht noch aus zu klären, in welchem Maße die lutherische Liturgietheologie der Tatsache Rechnung tragen konnte, dass die Stundenliturgie eventuell gar nicht primär verkündigenden Charakter hat, sondern als Lobpreis und Dank antwortendes Handeln auf die an die Gemeinde ergangene Verkündigung ist[20]. Es wird Aufgabe zukünftiger Forschung sein, diese Zusammenhänge weiter zu bedenken.

c) Stundenliturgie unter dem Gedanken des Pensums und des Dienstes

Es nimmt nicht Wunder, wenn dennoch als ein Moment der neuen Gestalt lutherischer Stundenliturgie der Pensumsgedanke benannt wird. Denn in irgendeiner Form und mit wechselnden Wertungen ist mit der Frage umzugehen, in welcher Frequenz der gesamte Psalter oder die biblischen Bücher samt ihrer Auslegung zu verlesen seien, wollte die Stundenliturgie überhaupt beibehalten werden. Die kontinuierliche Lektüre zugunsten einer Einübung in die Heilige Schrift erfordert ja ein wie auch immer geartetes Pensum. Insofern begegnen solche Gedanken auch im Kontext der Reformierung dieser Gebetsform immer wieder. Nicht anknüpfen konnte und wollte man an das private Breviergebet als eine Kennzeichnung eines klerikalen Standes. Gerade der immer wieder betonte Verkündigungsaspekt macht dies zur Genüge deutlich. Die Sorge um den täglichen Gottesdienst als Chordienst konnte von hierher durchaus als Offizium verstanden werden, das aber in Dienst genommen wird in Richtung auf die Menschen, denen das Wort Gottes verkündet wird. Eine Gebetspflicht Gott gegenüber wird immer wieder im Geist evangelischer Freiheit gebrochen werden müssen.

Dass sich viele andere Argumente diesen Begründungsmustern zuordnen lassen, sei nur kurz im Hinblick auf die immer wieder bemühte Vätertradition eingeholt: Der Rekurs auf die Kirchenväter dient ja gerade als Legitimierung des spezifisch Neuen im Liturgieverständnis. Vor dem Hintergrund der benannten drei Aspekte wird zugleich deutlich, dass eine für Spätantike und Frühmittelalter zentrale Motivation keine Rolle mehr spielt, nämlich der „heilige Ort", der mit seinem Reliquienbesitz als Auslöser der Stundenliturgie gilt. Das gelegentliche Oszillieren des

---

[20] Diese Hinweise verdanke ich Dorothea Wendebourg, Berlin.

Stundengebetes im Kontext der Württemberger Reformation zwischen Kirche und Schulräumen stellt dies klar. Und doch taucht dieses Argument sozusagen säkularisiert wieder auf, wenn es um eine sinnvolle Nutzung der überkommenen Kirchenräume geht: Es scheint ein Rest davon übrig geblieben zu sein, dass die überkommenen Kirchenbauten über Fragen eines Gebäudemanagements hinaus Gebetsräume sind. Diese beizubehalten wurde dadurch ermöglicht, dass seit Herzog Ulrichs Zeiten die Bilderfrage im Sinne einer „identitätsstiftenden Symbolik" des Kirchengebäudes entschieden war: „Durch die Entscheidung für eine schlichte Liturgie und gegen die Bilder suchte Ulrich in der Bevölkerung seines Herzogtums das Bewußtsein zu schärfen, daß hier, in Württemberg, wirklich ein neues Kirchenwesen entstand"[21]. Damit bekommt auch der Kirchenraum eine pädagogische Note und erhält von hierher seine Bedeutung im Sinne einer „Unterscheidbarkeit des reformatorischen Kirchenwesens vom altgläubigen"[22]: Die Bevölkerung soll wissen, was Sache ist. Der durchweg konservative Befund zur Stundenliturgie der Klosterschulen erklärt sich dann so, dass es nicht um prinzipielle Streitfragen geht, sondern um die Erkennbarkeit der neuen reformatorischen Lehre.

7.3. Ist die damalige Reform der Stundenliturgie mit einem Paradigmenwechsel verbunden?

Ein abschließender Fragekomplex bleibt, nämlich die Erörterung, ob und in wie weit die beschriebene Reform der Stundenliturgie im Zuge der Württemberger Reformation mit einem „Paradigmenwechsel" verbunden war. Die Liturgiewissenschaft verdankt diese Perspektive unter anderen Angelus Häussling, der diesen Begriff im Anschluss an Thomas S. Kuhn auf die Liturgiereformen in der Geschichte der Katholischen Kirche angewandt hat[23]. Häussling formuliert programmatisch:

„Ein Wechsel des Paradigmas tritt ein, wenn, aus welchen Gründen auch immer (über die zu befinden der Soziologe sich nicht berufen sieht), diese der Gruppe gemeinsame Konstellation der Meinungen und Werte sich als ungenügend zeigt oder aufgebrochen wird"[24].

Doch muss die Fragestellung nach einem Paradigmenwechsel schon dann problematisiert werden, wenn sie zu einem eindeutigen „Ja" oder „Nein" finden will. Die Sachlage scheint komplexer. Michael Meyer-Blanck hat anhand des auch in dieser Studie zitierten Werks von Paul Graff über die „Geschichte der Auflösung der alten gottesdienstlichen Formen in der evangelischen Kirche Deutschlands"

---

[21] LEPPIN, Theologischer Streit 186.
[22] So LEPPIN, Theologischer Streit 181.
[23] Vgl. dazu HÄUSSLING, Liturgiereform 37–38.
[24] So HÄUSSLING, Liturgiereform 37.

auf die Problematik dieser der Verfallshypothese verpflichteten Studie aufmerksam gemacht[25]. Er fordert deshalb:

„Neben dem Entwicklungsgedanken und dem Rekurs auf die Subjektivität braucht die Liturgiegeschichte auch die Dekonstruktion als einen Stachel im Fleisch, der die grundsätzlichen Fragen historischer Arbeit immer wieder auf den Prüfstand stellt und nicht quellenverliebt und lebensblind vor sich hin forscht"[26].

Stellt man dies in Rechnung, dann ist zunächst eine der Zielsetzungen dieser Untersuchung gewesen, das Dickicht tatsächlicher Entwicklung zugänglich zu machen und überhaupt einen Entwicklungsgedanken auszumachen. Damit ist die Perspektive der Kontinuität eingeholt, die einem katholischen Liturgiehistoriker insofern gut ansteht, als er so die Tradierung ritueller Formen, Texte, Gesänge und Strukturen, wie sie seit der Spätantike und dem Frühmittelalter ausgebildet worden waren, über die Brüche konfessionalisierender Entwicklung hin gerettet sieht. Kurz: Die Stundenliturgie ist nicht zu einer Sache nur der katholischen Konfession geworden, sondern war, zumindest eine geraume Zeit, inneres Anliegen mancher Kirchen der Reformation. Doch darf dies nicht den Blick davor verschließen, in welchem Maße die Umgestaltung dieser Liturgieform mit Brüchen versehen war. Nicht zuletzt die Neukonzeption der liturgischen Bücher legt hiervon Zeugnis ab, und jede zu vorschnell harmonisierende Sicht einer Kontinuität bedarf der Dekonstruktion. Vor diesem hier nur kurz umrissenen Problemhorizont wird zunächst deutlich, welche Dynamisierung der Gottesdienst als Ausdruck einer Kontinuität sowie einer Brüche umschließenden Innovation erfahren konnte[27]: Kontinuität, soweit biblische Vorgaben und deren Entfaltung in der Vätertradition in der kirchlichen Tradition umgesetzt blieben; eine Brüche umschließende Innovation, insofern Schrift und Väterzeit zugunsten menschlicher Satzungen aufgegeben worden waren. Doch diese jeweiligen Wertungen sind zeitgenössisches Ergebnis der Konfessionalisierung mit ihren Zuschreibungsprozessen. Wie disparat dabei heutige Wertungen von damaligen abweichen können, mag etwa ein Zitat Melanchthons aus Artikel 24 „Von der Meß" der Confessio Augustana deutlich machen:

„So ist auch in den offentlichen Ceremonien der Messe keine merklich Anderung geschehen, dann daß an etlichen Orten teutsch Gesänge, das Volk damit zu lehren und zu uben, neben lateinischem Gesang gesungen werden, sintemal alle Ceremonien furnehmlich darzu dienen sollen, daß das Volk daran lerne, was ihm zu wissen von Christo not ist"[28].

---

[25] Vgl. MEYER-BLANCK, Bilder der Liturgiegeschichte 44–51; auch MEYER-BLANCK, Gebet 179–180.
[26] So MEYER-BLANCK, Bilder der Liturgiegeschichte 44.
[27] Vgl. zum Kontext dieses Begriffes ODENTHAL, Rituelle Erfahrung 79–83. Im Hinblick auf Luthers liturgische Reformen vgl. SCHULZ, Reformen.
[28] CA 24 (BSELK 91^{32}–92^{6}).

Die Wendung „keine merklich Anderung" darf den Blick nicht darüber hinwegtäuschen, dass mit dem Verkündigungs- und Lehrcharakter des Gottesdienstes natürlich eine Änderung des Paradigmas im Messverständnis des Mittelalters einhergeht.

Von daher geht nun der Blick zurück auf die Stundenliturgie in Württemberg. Ob die radikale Abwendung von den alten Formen in der Klosterordnung Herzog Ulrichs von 1535, ob die moderate Form der Klosterordnung Herzog Christophs von 1556: Es zeigt sich die Sorge um die sich in der Liturgie manifestierende evangelische Identität. Volker Leppin hat als Kriterium damaliger Reformen die „Unterscheidbarkeit des reformatorischen Kirchenwesens vom altgläubigen" benannt[29]. Im Hinblick auf die aus dem Mittelalter herkommende Tradition kann es – gemessen an diesem Kriterium – ebenso zu Abgrenzungstendenzen wie zu Anknüpfungspunkten kommen. Theologisch gefordert sind deshalb bei der Umgestaltung dieser Gottesdienstform die Schriftverkündigung und ihre Auslegung, auch wenn man, nicht zuletzt um des Lerneffektes willen, an Gregorianischem Choral und lateinischer Liturgiesprache festhalten kann. Die Untersuchung hat vor diesem Hintergrund vor allem in einem Punkt paradigmatische Veränderungen auszumachen versucht, nämlich in der Ablösung von Vorstellungen eines „sacerdotalen Momentes" einer als „officium" verstandenen Gebetsform, wie sie vor allem für mittelalterliche Auffassungen prägend waren. Stark gemacht wurde jetzt vielmehr das Moment einer Einübung in die Aneignung des Verkündigungswortes, das durchaus im Kontext pädagogischer Überlegungen den Gottesdienst auch als „Lern-Zeiten" konstruieren konnte. So sehr diese Sicht tendenziell im Hinblick auf die besondere Württembergische Situation zutreffen mag, so ist sie zugleich zu hinterfragen: Ist es denn wirklich ein essentieller Paradigmenwechsel, wenn statt eines Stifts- oder Klosterkonventes nun die Alumnen der angehenden Pfarrerschaft Württembergs im Chorgestühl sitzen? Ist nicht damit „trotz seines positiven und revolutionären Prinzips, der gemeindlichen Beteiligung"[30], die Stundenliturgie in diesem Kontext doch wieder als eine Form klerikaler Elitenbildung etabliert – auch wenn sie theologisch auf der Grundlage des allgemeinen Priestertums aufruhen mag? Und umgekehrt ist zu fragen, ob die „Kommunikation des Evangeliums" wirklich das unumschränkt neue Paradigma lutherischer Liturgietheologie ist, gerade angesichts der Tradition einer aus der Spätantike und dem Mittelalter herrührenden Stundenliturgie, die sich trotz mancher Verformungen doch deshalb in manchen Kirchen der Reformation behaupten konnte, weil sie durch und durch biblisch begründet war und aus biblischen Texten wie denen der Vätertradition zehrte. Und doch begegnete in den dargestellten liturgischen Umformungsprozessen der für einen Paradigmenwechsel typische Sachverhalt, dass gemeinsame Konstellation der Meinungen und Werte sich als ungenügend zeigten

---

[29] LEPPIN, Theologischer Streit 181.
[30] MEYER-BLANCK, Bilder der Liturgiegeschichte 47.

oder aufgebrochen werden mussten, um an das Zitat Häusslings anzuknüpfen. Nicht mehr verwendbar erschien eine auf Gelübden aufruhende Verpflichtung, ebenso wenig eine mit der Liturgie verbundene Jenseitsfürsorge. Nicht mehr legitim war ferner eine Sakralisierung eines heiligen Ortes, der durch Stundenliturgie geehrt wird. Welch großen Spielraum die Dynamisierung der Stundenliturgie im Raum der evangelischen Tradition eröffnen konnte, haben die vielen Vergleichsbeispiele zur Genüge deutlich gemacht. Es scheint, als müssten noch viele der in Archiven ruhenden liturgischen Quellenschätze gehoben und ausgewertet werden, um die hier benannten Fragen nach den theologischen Paradigmen lutherischer Stundenliturgie weiter und umfassend klären zu können.

8. Zusammenfassung und Ergebnis

Die Ausführungen haben einen Überblick über die disparate Entwicklung der Stundenliturgie im Kontext der Württemberger Reformation zu geben versucht.

Nach einer Klärung der Fragestellung, der Darstellung der Methode sowie Überlegungen zur Begrifflichkeit wurde der Forschungsstand zur evangelischen Stundenliturgie im Allgemeinen, zur Württemberger Reformation und den aus ihr hervorgehenden Gottesdienstformen im Besonderen dargestellt (1. Kapitel). Dabei wurde als folgenreiches Charakteristikum der Württemberger Reformation die Tatsache hervorgehoben, dass es sich um eine Fürstenreformation handele, zumal kein Bischofssitz im Fürstentum ansässig war. Entscheidend ist also, dass nicht wie in Mitteldeutschland aufgrund der einzelnen Domstifte mit ihren Kapiteln lokal bedingte und begrenzte Lösungen gefunden werden, sondern sich diese auf der Ebene des Herzogtums zeitigen.

Sodann wurde kurz der Ausgangspunkt benannt, nämlich die spätmittelalterliche Praxis der Stundenliturgie, neben pfarrlichen Gewohnheiten besonders repräsentiert durch die Ordnung der Zisterzienser, sind doch mit Bebenhausen und Maulbronn Zisterzen im Brennpunkt der Überlegungen gewesen. Die Abteien prägen eher weniger lokale liturgische Gewohnheiten aus, sondern orientierten sich stärker am gemeinsamen monastischen Erbe (2. Kapitel). Daran konnte sich die Liturgiereform nun abarbeiten und dieses im lutherischen Sinne umformen.

Nun folgte der schwierige Durchgang durch die Württembergische Reformationsgeschichte mit einer Befragung der einzelnen Kirchen-, Kloster- und Schulordnungen zur Stundenliturgie. Dabei ließen sich grob zwei Phasen beobachten. Für die stärker durch die Zürcher Reformation beeinflusste erste Phase unter Herzog Ulrich konnte festgestellt werden, dass auch die Stundenliturgie radikaler beschnitten wurde. Die zweite, eher lutherisch durch Marburg und Wittenberg geprägte Phase unter Herzog Christoph fiel dadurch auf, dass manches schon Aufgegebene wieder die Liturgie prägte, die so traditionsbewahrender schien. Diese Linien wurden bis ins frühe 19. Jahrhundert durchgezogen, wobei einzelne Veränderungen und ihre theologischen Begründungsmuster beobachtet wurden. Als solche konnte neben dem allgegenwärtigen Traditionsargument vor allem die Bedeutung der Heiligen Schrift benannt werden, die den Gottesdienst als Ort der Schriftverkündigung sowie implizit als Sprach- und Gesangsschulung im Kontext der Klosterschulen legitimiert. Dass eine durch Gebet geprägte Tagesstruktur im Schulalltag von Nutzen ist, tut ein übriges. Zudem erschien auch ein spirituelles

Argument, nämlich das Psalmensingen als Trost in schweren Zeiten, aber auch als Realisierung der Gnade (3. Kapitel).

Auslöser des Buches war der Fund der liturgischen Bücher für die Stundenliturgie der Klosterschulen. Die *Cantica sacra choralia* von 1618 sowie die *Psalmodia* in der Auflage von 1658 und 1686 wurden vorgestellt, ihr Inhalt erschlossen sowie die zugrundeliegende Struktur täglicher Liturgie erhoben. Dabei wurde bei aller Ordnung ein gewisses Maß an Flexibilität festgestellt, welches es ermöglicht, diese Liturgica in unterschiedlichen Modellen von lateinischer Stundenliturgie zu nutzen (4. Kapitel).

Ein weiterer Schritt der Untersuchung bestand darin, diese beiden Liturgica mit Vertretern anderer lutherischer Stundengebetsordnungen der monastischen Tradition (die Klöster Berge und Walkenried), der Stiftstradition (Domstift Magdeburg und Blasiusstift Braunschweig) sowie pfarrlicher Bräuche (Lüneburg und Hamburg) zu vergleichen. Dabei zeigte sich eine große Nähe vor allem zur Walkenrieder Tradition. Kaum Übereinstimmungen indes ergaben sich mit den beiden Vertretern stiftischen Typs (Kapitel 5).

Ein Seitenblick auf die Tübinger Stifte sowie die Residenzstadt Stuttgart zeigte die Schwierigkeit, jenseits der Kirchen- und Schulordnungen die Gottesdiensttradierung der in beiden Städten etablierten Stifte (Universitätsstift hier – Residenzstift dort) über die Einführung der Reformation hinweg zu ermitteln. Ähnliche Schwierigkeiten ergaben sich für das Tübinger Evangelische Stift, das ja als Nachfolgeinstitution jene Schüler aufzunehmen hatte, die den Klosterschulen entstammten. Der Stuttgarter Hof indes, durch eine eigene liturgische Ordnung vertreten, erwies sich als traditionsstark, wohl aufgrund seiner lutherischen Prägung (6. Kapitel).

Schließlich wurde versucht, eine Bilanz zu ziehen: Die mittelalterliche Ordnung kann als „sacerdotal" verstanden werden, indem mittels des Offiziums hier stellvertretendes priesterliches Wirken stattfindet, wogegen die reformatorische Ordnung die Stundenliturgie von der Bedeutung der Heiligen Schrift her konstruiert und zudem vom pädagogischen Paradigma bestimmt ist. Dennoch wurde noch einmal eigens problematisiert, ob und in welchem Sinne von einem „Paradigmenwechsel" bei der Reform der Württemberger Stundenliturgie die Rede sein kann (7. Kapitel).

Es wurde eine gravierende Umformung des Kirchenwesens beobachtet, die auch die Stundenliturgie betraf. Sie konnte nun nicht mehr in einem (aus reformatorischer Sicht) dem Evangelium widersprechenden Mönchtum beheimatet werden, sondern legitimierte sich vornehmlich als Einübung in die Heilige Schrift, womit sie zugleich zu einem Ausbildungsinstrument für die biblische Frömmigkeit der künftigen Württemberger Pfarrerschaft wurde. Dieses Neue konnte sich alter und gewohnter liturgischer Formen bedienen, die man gleichwohl reformierte. Erst den umwälzenden säkularisierenden Prozessen im Laufe des frühen 19. Jahrhunderts war es vorbehalten, dieser Form täglicher Liturgie in der evangelischen Kirche Württembergs ein Ende zu bereiten. Vor diesem Hintergrund sind heutige Versuche bemerkenswert, im evangelischen Raum die Tagzeitenliturgie zurückzugewinnen[1].

---

[1] Vgl. GERHARDS, Tagzeitenbuch; vgl. auch den Überblick bei SCHULZ, Psalmengesang.

9. Anhänge

9.1. Tabelle der liturgischen Tages- und Horenstrukturen

Der folgende Abschnitt führt die unterschiedlichen Schemata der Tages- und Horenstrukturen auf, wie sie in den einzelnen Abschnitten im Hinblick auf die Kirchen- und Klosterordnungen oder die vorgestellten liturgischen Bücher begegneten. Entgegen der Abfolge der Untersuchung werden die folgenden Schemata aber chronologisch geordnet.

Liturgischer Tagesplan einer mittelalterlichen Zisterzienserabtei im Sommer

Vigilien 2–3 Uhr an Werktagen:
    Eröffnungsversikel (*Deus in adiutorium – Domine, labia mea*)
    Psalm 3
    Psalm 94 mit Invitatoriumsantiphon
    1. Nocturn:
        Hymnus
        Sechs Psalmen mit Antiphonen
        Versikel
        Drei Lesungen mit großen Responsorien
    2. Nocturn:
        Sechs Psalmen mit Antiphonen
        Versikel
        Kurzlesung „aus dem Apostel"
    Litanei
    Pater noster
    Oration

Laudes 3.10–3.45 Uhr:
    Eröffnungsversikel *(Deus in adiutorium)*
    Psalm 66
    Psalm 50 mit Antiphon
    Zwei Psalmen
    Canticum aus dem AT
    Laudate-Psalmen 148–150

        Kurzlesung
        Responsorium
        Hymnus
        Versikel
        Canticum aus dem Evangelium: *Benedictus*
        Kyrielitanei
        Pater noster
        Oration
        Versikel *(Benedicamus Domino)*
        Kommemoration der Gottesmutter

Prim und Kapitel 4–4.40 Uhr, erste Konventmesse, anschließend Einzelmessen der Klerikermönche
Terz 7.45 Uhr
Konventamt 8–8.45. Uhr
Sext 10.40–10.50 Uhr
Non 14–14.15 Uhr

Die Struktur der „kleinen Horen" (Prim, Terz, Sext, Non und Komplet):
        Eröffnungsversikel *(Deus in adiutorium)*
        Hymnus
        Drei (in der Regel) Psalmen oder Psalmteile mit Antiphon
        Kurzlesung
        Versikel
        Kyrielitanei
        Pater noster
        Oration
        Versikel *(Benedicamus Domino)*

Vesper 18–18.45 Uhr:
        Eröffnungsversikel *(Deus in adiutorium)*
        Vier Psalmen
        Kurzlesung
        Responsorium
        Hymnus
        Versikel
        Canticum aus dem Evangelium: *Magnificat*
        Kyrielitanei
        Pater noster
        Oration
        Versikel *(Benedicamus Domino)*
        Kommemoration der Gottesmutter
Komplet 19.50–20 Uhr

9.1. Tabelle der liturgischen Tages- und Horenstrukturen

Struktur der Horen in der Klosterordnung 1535

Morgenhore:
    Zwei bis drei Psalmen deutsch oder lateinisch
    (Predigt)
    Lesung aus dem AT
    Deutscher Psalm und Gebet
    (Hymnus)

Nachmittagshore und Abendhore:
    Ein oder drei Psalmen
    Lesung aus dem NT
    Deutscher Psalm
    Gebet
    Hymnus
    (in der Vesper: *Magnificat*, lateinisch oder deutsch)

Struktur der Horen in der Kirchenordnung 1536

Gebetsstunde der Gemeinde am Sonn- und Feiertagabend
    Deutscher Psalm
    Katechismuslesung und -auslegung
    Deutscher Psalm oder Lied
    Aaronitischer Segen

Struktur der Horen in der Kirchenordnung 1553

Vesper am Samstag- oder Feiertagvorabend
    Gesang
    lateinische Psalmen mit Antiphon durch die Schüler in Städten, in den Dörfern auf Deutsch
    Bibellesung auf Deutsch
    Magnificat oder anderer Gesang, in Dörfern: Lied oder Psalmen
    Gebet und Segen

Tagesstruktur in der Hausordnung zu Alpirsbach 1554

Mette um 5 Uhr (mit Vigilien?)
Prim und Terz um 6 Uhr
Lektion um 7 Uhr
Sext, Amt und Non um 9 Uhr
Vesper um 3 Uhr nachmittags, anschließend Komplet im Winter

9. Anhänge

Tages- und Horenstruktur in der Kirchenordnung 1556

a) *Ordnung für Männerklöster*

Laudes um 4/5 Uhr
    Drei Psalmen mit Antiphonen de tempore (lateinisch)
    Kapitel aus dem AT
    Benedictus mit Antiphon de tempore

Prim um 7/8 Uhr
    Ein bis drei Psalmen mit Antiphonen
    Kapitel aus dem AT
    Symbolum Athanasianum *Quicumque vult*
    Antiphon
    Oration

Sext um 12 Uhr
    Zwei bis drei Psalmen
    Kapitel aus dem NT (einschließlich der Evangelien)
    Antiphon und Oration

Vesper um 4 Uhr
    Ein bis zwei Psalmen mit Antiphon
    Magnificat mit Antiphon
    Oration
    Bibelinterpretation

Komplet nach dem Abendessen
    Ein bis zwei Psalmen
    Nunc dimittis
    Gebet „de tempore"

b) *Ordnung für Frauenklöster*

Morgenhore um 6/7 Uhr
    Vater Unser oder deutscher Psalm (Psalmengesangbüchlein)
    Zwei oder drei Psalmen nach numerischer Ordnung des Psalters
    Kapitel aus dem AT
    Deutscher Psalm (Psalmengesangbüchlein)
    Oration aus der Kirchenordnung oder anderem Gebetbuch

Zwei Mittagshoren, vor dem Mittagessen und danach (um 12 Uhr)
    Gemeinsamer Gesang eines Psalms
    Ein oder zwei Psalmen chorisch nach der Ordnung des Psalters
    Kapitel aus dem NT (Evangelien)
    Oration

Abendhore um 4 Uhr
>	Vater Unser oder deutscher Psalm
>	Ein oder zwei Psalmen nach numerischer Ordnung des Psalters
>	Ein Kapitel aus den Paulusbriefen
>	Deutscher Hymnus oder *Magnificat*
>	Oration

Nach dem Abendessen: privates Beten

Statuten aus Kloster Herrenalb 1556

(fügt zu den lokal üblichen Bräuchen das Gebet *Te deum patrem* morgens und abends hinzu)

Große Württembergische Kirchenordnung 1559

Die erste Hore:
>	Psalm
>	Gebet für die Obrigkeit *Te Deum Patrem Domini*
>	Oratio Dominica (Vater Unser)

Die Morgenhore:
>	Zwei bis drei Psalmen mit den Antiphonen de tempore
>	Kapitel aus dem AT
>	*Benedictus* und *Quicumque vult* alternierend und eine Antiphon de tempore
>	Collecta

Die Abendhore:
>	Ein oder zwei Psalmen mit der Antiphon de tempore
>	Kapitel aus dem Neuen Testament
>	*Magnificat* alternierend mit dem *Nunc dimittis* und den gewohnten Antiphonen
>	Collecta

Die Nachthore:
>	Psalm
>	Gebet für die Obrigkeit *Te Deum Patrem Domini*
>	Oratio Dominica (Vater Unser)

Stipendiatenordnung (als Teil der Großen Kirchenordnung) 1559

Morgen- und Abendgebet:
Ein oder zwei Psalmen
Gebet für den Fürsten *Te Deum Patrem* ...
Vater Unser

Stuttgarter Hofkirchenordnung 1560

Vesper am Samstag:
> *Deus in adiutorium*
> Ein oder zwei Psalmen
> Hymnus oder Responsorium
> Lesung
> Deutscher Psalm

Vesper an Sonn- und Feiertagen:
> *Deus in adiutorium*
> Antiphon
> Ein oder zwei Psalmen
> Versikel
> Magnificat, lateinisch oder deutsch
> Predigt
> Lateinischer oder deutscher Psalm

Psalmodia des Lucas Lossius 1561

Vesper:
> Antiphonen und Psalmen
> Evangelienlesung
> Responsorium
> Hymnus
> Antiphon mit Magnificat
> *Benedicamus ...*

An hohen Festtagen Komplet:
> Psalmodie
> Nunc dimittis
> *Benedicamus ...*
> Matutin:

An hohen Festtagen: Invitatorium
> Antiphonen und Psalmen
> Evangelienlesung lateinisch – deutsch
> Responsorium
> Te Deum oder Benedictus (in der Fastenzeit)
> *Benedicamus ...*

Psalmodia des Klosters Berge 1573

(Horenstruktur wie in der Regel Benedikts)

9.1. Tabelle der liturgischen Tages- und Horenstrukturen

Cantica sacra des Franciscus Eler von 1588

Matutin an Werktagen:
    Antiphon und ein bis zwei Psalmen
    Zwei lateinische Lesungen aus dem NT
    Responsorium oder Benedictus
    Collecta
    Benedicamus ...

Matutin an Sonn- und Feiertagen:
    Antiphon und zwei Psalmen
    Evangelienlesung lateinisch und deutsch
    Responsorium
    Te Deum deutsch oder lateinisch
    Collecta
    Benedicamus ...

Vesper an Werktagen:
    Antiphon und Psalmen
    Lektionen aus dem AT
    Hymnus (de tempore oder von den Werktagen)
    Magnificat oder Nunc dimittis
    Collecta
    Benedicamus ...

Vesper an Sonn- und Feiertagen:
    Antiphon und drei bis vier Psalmen
    Epistel
    Responsorium (am Vigiltag der Feste)
    Hymnus
    Antiphon und Magnificat
    Collecta
    Benedicamus ...

Psalmodia des Stiftes St. Blasii in Braunschweig von 1597

(keine Neuerung in der Horenstruktur)

Cantica sacra des Magdeburger Domstiftes von 1613

Vesper (und Komplet):
    Eröffnung: *Deus in adiutorium ...*
    Antiphonen und Psalmen
    (Lesung)

Responsorium
Hymnus (de tempore)
Lesung eines Kapitels der Bibel (lateinisch)
Antiphon mit Magnificat
Oration – *Benedicamus* ...
Predigt mit deutschem Lied
Werktags: Nach dem Magnificat Komplet:
Psalmodie
Hymnus
Das obige Kapitel der Bibel (nun deutsch)
Nunc dimittis
Oration – *Benedicamus* ...

Laudes (und kleine Horen):
Eröffnung: *Domine labia* ...
Invitatorium
Antiphonen und Psalmodie
Sonntags: Drei Lesungen mit Responsorien
Werktags: Eine Lesung mit Responsorium
Te Deum
Laudes:
Psalmodie
Hymnus (de tempore)
Antiphon und Benedictus
„Horae": Die kleinen Horen mit Hymnen, Psalmodie und Responsorien
Evangelium (deutsch)
Suffragien, etwa freitags *Tenebrae*
Oration – *Benedicamus* ...

Ordnung des Zisterzienserklosters Walkenried 1617

Vesper:
Eröffnung: *Deus in adiutorium* ...
Antiphon (de tempore)
Ein oder zwei Psalmen nach numerischer Ordnung des Psalters
Hymnus (de tempore)
(deutsches Lied mit vorausgehender Katechismuslektüre)
Schriftlesung aus der Bibel (in deutscher Sprache)
Canticum *Magnificat,* (eventuell: *Benedictus* oder *Nunc dimittis*)
Oration und Danksagung
(eventuell Predigt)

9.1. Tabelle der liturgischen Tages- und Horenstrukturen

Morgenhore:
    Eröffnung: *Domine labia mea* ... oder *Deus in adiutorium* ...
    Antiphon (de tempore)
    Drei Cantica aus dem AT
    Bibellesung
    Te Deum
    Oration und Danksagung

Gebetszeit am Donnerstag:
    Gesang Komm heiliger Geist
    Litanei oder Glaubensbekenntnis
    Schriftlesung – Predigt – Ermahnung – Vater Unser
    Deutsches Lied – Oratio – Segen mit Doxologie

Gebetszeit in der Fastenzeit:
    Das christologisierte „Salve"
    Deutscher Gesang mit Katechismuslesung samt Auslegung
    Litanei oder Glaubensbekenntnis
    Deutscher Hymnus

Morgengebet der Schüler:
    „Precatio matutina"
    Lateinische Katechismuslesung
    Lesung aus dem deutschen NT
    Gebet für die Herrscher
    Vater Unser
    Gesang: Erhalt uns Herr bei deinem Wort

Abendgebet der Schüler:
    „oratio vespertina"
    Glaubensbekenntnis
    Lesung aus dem deutschen AT
    Deutscher Hymnus
    Vater Unser
    Gesang: Erhalt uns Herr bei deinem Wort

Cantica sacra choralia 1618: allgemeines Horenschema

    Eröffnung: *Deus in adiutorium*
    Antiphon (erste Worte)
    Drei Psalmen: 110, 113, 96 (Vg)
    Antiphon (ganz)
    Hymnus
    Antiphon (erste Worte)

       Canticum evangelicum *(Magnificat, Benedictus, Nunc dimittis)*
       Antiphon (ganz)

Psalmodia 1658: Struktur von Matutin und Vesper

Matutin:
       Cantor: Versikel aus dem Psalm (anstelle der Antiphon)
       Chor: *Gloria Patri* …
       Psalm (Cantor – Chor), abgeschlossen mit dem *Gloria Patri*
       Lesung aus dem AT
       Hymnus oder Canticum evangelicum oder Symbolum Nicenum, Apostolicum, Athanasianum / Te Deum oder Litanei oder Antiphon *Da pacem*
       (Gebetsabschluss wie in der Abendhore?)

Vesper:
       Cantor: *Deus in adiutorium* …
       Psalm (Cantor – Chor)
       Lesung aus dem NT
       Hymnus (nach Kirchenjahr verschieden)
       Kyrie und Vater Unser
       Cantor: *Dominus nobiscum* Chor: *Et cum spiritu suo*
       Collecta
       Cantor: *Benedicamus* …

Statuta particularia von 1726 aus Bebenhausen

Morgenhore:
       Deus in adiutorium
       Lesung aus dem AT (deutsch)
       Psalm (hebräisch und deutsch)
       Gebet (aus Arndts Paradiesgärtlein)
       Dominus nobiscum
       Lied aus dem Hallischen Gesangbuch

Instruktion (…) der niederen evangelischen Seminarien 1836

Andacht:
       Gebet
       Bibellesung
       Lied (aus dem Württembergischen Gesangbuch)

9.2. Liste evangelischer Stifte, Klöster und Pfarreien, an denen Stundenliturgie gefeiert wurde

Als Anhang zu dieser Untersuchung wird eine Liste jener Orte in Deutschland beigegeben, an denen lutherische Offiziumsliturgie belegt ist[1]. Dabei wurden die folgenden Angaben zum Teil aus der Sekundärliteratur und aus Bibliothekskatalogen übernommen, zum Teil auch im Internet recherchiert[2]. Die entsprechenden liturgischen Bücher werden für die einzelnen Orte angegeben, wenn sie ausfindig gemacht werden konnten. Dabei gilt, dass Druckwerke auch überregional verwendet werden konnten, die dann mehrfach aufgeführt sind. Insgesamt ist die folgende Liste im besten Sinne vorläufig und keinesfalls als vollständig anzusehen. Sie bedarf, vor allem bei aus der Sekundärliteratur übernommenen Angaben, der weiteren wissenschaftlichen Verifizierung und Untersuchung. Doch geht es um das vorläufige Ergebnis, das sich immer mehr abzeichnet: Es rundet sich das Bild eines mannigfachen Überlieferungsvorganges in Bezug auf das lutherische Offizium, der weiterer intensiver liturgiehistorischer Erhellung bedarf.

Zur Benutzung und zum Schema der folgenden Liste ist anzumerken, dass die im Literaturverzeichnis aufgeführten Quellen hier mit dem dort angegebenen Kurzzitat aufgeführt sind. Zunächst werden pro Eintrag die liturgischen Quellen vermerkt, wenn solche vorhanden sind (QQ). Diese werden, so es sich um Druckwerke handelt, anhand der Angaben der Verzeichnisse der Druckwerke des 16. bzw. 17. Jahrhunderts (VD 16 oder VD 17) belegt. Sodann folgt die Angabe mindestens eines Bibliotheks- oder Archivstandortes (Bibliothek). Falls es online zugängliche Digitalisate gibt, werden sie mittels der Internetadresse angezeigt (Digitalisat). Bei Editionen oder Nachdrucken werden diese benannt (Ed). Schließlich findet sich die entsprechende Sekundärliteratur in der üblichen Form des Kurzzitates (Lit).

Allstedt
QQ: Deutsch kirchen ampt. Vorordnet, aufzuheben den hinterlistigen deckel, unter welchem das liecht der welt vorhalten war, welchs jetzt widerumb erscheint, mit diesen lobgesengen und götlichen psalmen, die do erbauen die zunemenden christenheit, nach gottis unwandelbaren willen, zum untergang aller prechtigen geperde der gottlosen (Thomas Müntzer 1523/24 [?]).
Ed: SEHLING, Kirchenordnungen 1.1, 472–497.

---

[1] Es wäre ein eigenes Unterfangen, nicht nur die anglikanisch geprägten Länder sowie Skandinavien, sondern auch die Schweiz zu untersuchen und die entsprechenden Angaben zu ergänzen. Zur Situation der Schweiz vgl. etwa BÜRKI, Abend- und Morgengebet; BRECHT, Reform des Wittenberger Horengottesdienstes; EHRENSPERGER, Traditionselemente; EHRENSPERGER, Gottesdienst.
[2] Es wäre ferner ein eigenes Unterfangen, die Liste bei GRAFF, Geschichte 1, 23–65 sorgfältig auf mögliche Stundengebetsorte hin zu befragen. Im Folgenden werden nur die Angaben von Graff übernommen, die sich eindeutig als Hinweise auf Stundenliturgie verifizieren lassen.

Altenburg, Stift St. Georg
QQ: Verordnung der ceremonien und anders fur den stift aufm schloss zu Aldenburg 1533.
Ed: SEHLING, Kirchenordnungen 1.1, 515–516.
Lit: WIESSNER, Bistum 1,1, 356.

Annaberg
QQ: Von den Predigstunden und der öffentlichen Zusammenkunft … 1579, Leipzig, Stadtbibliothek, ohne Signaturangaben.
Ed: RAUTENSTRAUCH, Pflege 165–176.

Ansbach/Heilbronn
QQ:
– „Ordnung singens und lesens bei den stiften" für das Stift St. Gumbert, Ansbach 1533.
Ed: SEHLING, Kirchenordnungen 11.I, 311–316.
– Libellus Continens Antiphona, Responsoria, Introitus, Sequent., Hymnos, Versicul., Et Officia Missae Germanicae, Quae Ad Singulas Dominicas & Festa praecipua, ac vigilias eorundem in Ecclesia Onolzbacensi et Heilfbronnensi decantantur. Nürnberg: Sartorius 1627.
VD 17: 7:683771.
Bibliothek: SUB Göttingen: 8 CANT GEB 207.
Digitalisat: https://gdz.sub.uni-goettingen.de/id/PPN798848790
Lit: SCHREMS, Geschichte 93; GRAFF, Geschichte 1, 51; BIBLIOTHECA SYMBOLICA 334.

Barsinghausen, Kloster (bei Hannover)
QQ:
– Ordenungh von den klosterleuth 1542,
Ed: SEHLING, Kirchenordnungen 6.I. 2., 844–854.

– Klosterordnung Braunschweig 1569
Ed: SEHLING, Kirchenordnungen 6.I. 1., 281–335.
Lit: TALKNER, Stundengebet.

Barth, St. Marien
Lit: VOLKHARDT, Historia (zu einem Cantionale von 1573, ohne Signatur und Ort).

Bassum, Stift
QQ: Klosterordnung von 1544 durch Adrian Buxschott
Digitalisat: http://www.stift-bassum.de/index.php?cat=05_Geschichte (16.2.2019)
Lit: OLDERMANN, Leben 170–172.

Bayreuth
Lit: GRAFF, Geschichte 1, 215.

Bebenhausen bei Tübingen
QQ: Vgl. die hier vorgetragenen Überlegungen, ansonsten:
– Der gantz Psalter Dauids / wie derselbig in Teutsche Gesang verfasset / Mit vier Stimmen kunstlich vnd lieblich von newem gesetzt / durch Sigmund Hemmeln seligen / Fuerstlichen Würtenbergischen Capellmeistern / dergleichen zuuor im Truck nie außgangen. Mit einer Vorred der beiden Würtenbergischen Hoffprediger. Gedruckt zu Tübingen / bey Ulrich Morharts Wittib / 1569.
VD 16: ZV 18761 (16.2.2019).
Digitalisat: https://stimmbuecher.digitale-sammlungen.de/view?id=bsb00088763 (16.2.2019)
Lit: MANNSKLOSTER 27.

Berge, Kloster, bei Magdeburg
QQ: Psalmodia 1573
Bibliothek: Herzog August Bibliothek Wolfenbüttel, Signatur: Cod. Guelf. 168 Helmst.
Lit: DIVINA OFFICIA, 191–195; ODENTHAL, Umgestaltung 103–106 (vgl. Kapitel 5.1).

Berlin, Domstift
QQ: Breviarii Collegiatae Ecclesiae Coloniensis in Marchia cis Sueuum, liberalitate et beneficentia Illustrisimorum principum Electorum Brandeburgicorum fundatae, et quasi per manus singulari pietate … ad normam sanctae Apostolicae antiquitatis, ab omni idolatria, superstitione et abusu, posteris tradite, vindicatae et repurgatae. I–VII. Ein kurtzer Auszugk des Tagampts, der Bettstunden, Gesengen vnnd anderer Gebreuch der hohen Stifft=kirchen in der Marck zu Coeln an der Sprew 1577.
VD 16: B 8133 (16.2.2019)
Bibliothek: ULB Halle, Signatur AB B 2611 (II–VI).
Digitalisat (Band II–VI): http://digitale.bibliothek.uni-halle.de/vd16/content/titleinfo/993538 (usw.) (16.2.2019).
Lit: BOHATTA, Bibliographie 2149; MÜLLER, Geschichte; TACKE, Quellenfunde.

Berlin, St. Marien
Lit: KOCH, Fürbitte 86.

Berlin, St. Nikolai
Lit: KOCH, Fürbitte 86.

Biberach
Lit: GRAFF, Geschichte 1, 59.

Blaubeuren: Siehe die vorliegende Untersuchung

Börstel, Stift
Lit: OLDERMANN, Leben 174–175.

Brandenburg, Domstift
QQ: Dispositio 1645.
Ed: ODENTHAL, Beharrungskraft 432–441.
Lit: JEITNER, Textilbestand 44; ODENTHAL, Umgestaltung 117–119; ALBRECHT, Mitteilungen 64–65, Anm. 2; ODENTHAL, Beharrungskraft.

Braunschweig, Kollegiatsstift St. Blasius
QQ: Psalmodia Braunschweig 1597.
Bibliothek: Wolfenbüttel, Herzog-August-Bibliothek S 474, 2° Helmst.
Digitalisat: http://diglib.hab.de/drucke/s-474-2f-helmst/start.htm (14.2.2019).
Lit: TIGGEMANN, Psalterium Davidis 45, Tabelle 46–47 und 60.

Breslau
Lit: GRAFF, Geschichte 1, 27, 215; KOCH, Fürbitte 88; SABISCH, Meßcanon 104; BÜCHNER, Fragen.

Calenberg-Göttingen, Fürstentum
QQ: Ordenungh von den klosterleuth 1542,
Ed: SEHLING, Kirchenordnungen 6.I. 2., 844–854.

Coburg
Lit: GRAFF, Geschichte 1, 217 und 219–220.

Dahlen
QQ: Nachrichten das officium Cantoris betreffend a Johanne Tranitio collecta, 1738 aucta.
Ed: RAUTENSTRAUCH, Pflege 295–397.

Dresden, Hofkirche
QQ:
– Cantorey-Ordnung Churfürst Moritz und Churfürst Augustus 1548 und 55 aufrichten laßen, sambt einem Inventario über die Gesang-Bücher, welche damals in der Cantorey vorhanden gewesen
Bibliothek: Dresden, Sächsisches Staatsarchiv/Hauptstaatsarchiv, Loc. 08687/01.
– Kirchen ordnung der Christlichen deutschen gesenge, so das gantze Jar uber auf alle Fest, sontage und werkentage, in der Churfürstlichen Hofe Kirchen zu Dresden Früe und zur Vesper gesungen werden, Anno 1581 Bibliothek: Dresden, Sächsisches Staatsarchiv/Hauptstaatsarchiv, Loc. 08687/04.
Lit: RAUTENSTRAUCH, Pflege 176; SCHMIDT, Gottesdienst 105.

Drübeck (bei Wernigerode), Damenstift
Lit: JACOBS, Kleinodien.

Ebsdorf, Kloster
Lit: KOCH, Fürbitte 87; DOSE, Klosteralltag 287–297.

Einbeck, Stift (Niedersachsen)
Lit: HEUTGER, Nachleben 88–95.

Erfurt
Lit: GRAFF, Geschichte 1, 29.

Essen
Lit: GRAFF, Geschichte 1, 215.

Görlitz
Lit: GRAFF, Geschichte 1, 26.

Goslar, Domstift
QQ: Psalterium Davidis iuxta Translationem Veterem Una cum canticis Hymnis & Orationibus Ecclesiasticis. Gosleriae 1612
VD17: 28:734391G (31.1.2019).
Bibliothek: UB Rostock: Fb-3125.
Digitalisat: http://purl.uni-rostock.de/rosdok/ppn796627436 (31.1.2019).

Halberstadt, Domstift
QQ:
– Ordinatio Cultus Divini et Caeremoniarium, 1591
Bibliothek: Landesarchiv Magdeburg, Landeshauptarchiv, Rep. U 5 XII, Nr. 72a; Rep. A 14, Domkapitel zu Halberstadt. Auswärtige und innere Angelegenheiten Nr. 63; Rep. A 14, Domkapitel zu Halberstadt Nr. 1054.

– Breviarium Ecclesiae Cathedralis Halberstadiensis juxta ritum antiquum una cum missis festorum principalium singularumque dominicarum, jussu Reverendissimi Capituli in hanc formam redactum a B. D. Hennecke. Halberstadii, litteris Delianis, o.J. 1792.
Bibliothek: Berlin, Staatsbibliothek PK, Signatur Dq 8124; Halle, Universitätsbibliothek (4 Exemplare), Signaturen Pon Yb 2446; AB 71 7/k, 6; AB 61494; AB 22 B 18/i, 10; Hannover, Niedersächsische Landesbibliothek, Signatur G–A 1587
Ed/Lit: ODENTHAL, Ordinatio.

Halle
Lit: SCHREMS, Geschichte 90; GRAFF, Geschichte 1, 214–215.

Hamburg
QQ: Cantica sacra 1588.
VD 16: 5: E 988 (16.2.2019).
Ed: ELER, Cantica sacra.

Digitalisat: http://daten.digitale-sammlungen.de/0009/bsb00092315/images/index.html?id=00092315&groesser=&fip=xsqrsewqsdasxdsydsdasweayafsdr&no=1&seite=3 (16.2.2019).
Lit: SCHREMS, Geschichte 25–26; GRAFF, Geschichte 1, 45–46; WACKERNAGEL, Bibliographie 418–419 (Nr. MII); ODENTHAL, Umgestaltung 100–101.

Hannover
Lit: GRAFF, Geschichte 1, 32.

Havelberg, Domstift
QQ: Vesperale 1589.
VD 16, 11: L 3185 (16.2.2019).
Bibliothek: Prignitz-Museum, Havelberg, Signatur L 595/3423, B. R. 336; SLUB Dresden, Liturg. 50, 1 u. -1a; HAB Wolfenbüttel, 57.4 Theol. 2° (2), aus der Sammlung Herzog Augusts des Jüngeren (1579–1666); Pfarrarchiv Querfurt, St. Lamperti, F 4.
Ed: ODENTHAL, *Vesperale*.
Lit: SCHREMS, Geschichte 24–25; MEHL, Vesperale; ODENTHAL, Umgestaltung 106–112.

Heilbronn: siehe Ansbach

Helmstedt
QQ: Psalterium Davidis iuxta translationem veterem, una cum canticis hymnis & orationibus ecclesiasticis. 1597
VD 16: ZV 1731 (16.2.2019)
Bibliothek: Wolfenbüttel, HAB Bibel-S. 618.
Lit: TIGGEMANN, Psalterium Davidis 45, Tabelle 46–47 und 60.

Herford, Stift St. Marien auf dem Berge
QQ: Ordnung, wie an den verschiedenen Zeiten und Festen der Gottesdienst und der Chorgesang gehalten werden soll, Ende 16. Jahrhundert.
Bibliothek: Staatsarchiv Münster, Stift St. Mariae auf dem Berge vor Herford, Akten Nr. 215.
Ed/Lit: KLÖCKENER, KRANEMANN, Offiziumsordnung.

Hof
QQ: Libellus Continens Antiphona, Responsoria, Hymnos, Versiculos, Benedicamus, Et Alia: Quae In vespertinis precibus, per totius anni circulum, ad singulas Dominicas & Festa praecipua, in Ecclesia Curiensi decantantur, pro iuventute literaria ex manuscriptis Codicibus diligenter congestus. Hof: Pfeilschmidt 1605.
VD 17: 39:148945V (16.2.2019).
Bibliothek: SUB Göttingen, Signatur: 8 CANT GEB 203 (1).
Digitalisat: https://gdz.sub.uni-goettingen.de/id/PPN779787390 (16.2.2019)
Lit: SCHREMS, Geschichte IX und 88–89.

Kulmbach (Oberfranken)

QQ: Enchiridion. Antiphonas, Responsoria et Hymnos, quo ordine & Melodijs, per curriculum totius anni, DEO in vespertinis precibus decantari solent, continens. In usum Scholae Culmbachianae editum, nunc denuo in aliarum quoque usum correctum & auctum. Concinnatore Iohanne Opsopaeo Bayreuthino. Witenbergae, Typis Zachariae Lehmanni 1596.
VD 16: ZV 28294 (16.2.2019)
Bibliothek: Berlin SPK Signatur: Hb 1305.
Digitalisat: https://digital.staatsbibliothek-berlin.de/werkansicht?PPN=PPN1000940098 &PHYSID=PHYS_0005&DMDID= (16.2.2019)
Lit: KOCH, Fürbitte 87; SCHONATH, Druck.

Kurbrandenburg

QQ: Cantica selecta veteris novique testamenti, cum hymnis et collectis sev orationibus purioribus, quae in Orthodoxa atque catholica Ecclesia cantari solent. Addita disposition & familiari expositione Christophori Corneri. Leipzig 1575.
VD 16: C 5159 (16.2.2019)
Bibliothek: UB Leipzig, Signatur: Biblia.1087/2.
Digitalisat: https://histbest.ub.uni-leipzig.de/rsc/viewer/UBLHistBestCBU_derivate_00 000572/biblia_1087-2_001.jpg (16.2.2019)
Lit: KOCH, Fürbitte 85–86.

Kursachsen

QQ: Cantica ex sacris literis in ecclesia cantari solita, cum Hymnis & Collectis, seu orationibus Ecclesiasticis, in vsum Pastorum, Diaconorum, & iuuentutis Scholasticae, iam postremum Recognita et aucta PER D. Georg. Maiorem. Wittenberg 1574.
VD 16: ZV 16258 (16.2.2019).
Bibliothek: ULB Halle, Signatur: AB 57128.
Digitalisat: http://digitale.bibliothek.uni-halle.de/vd16/content/pageview/1707413 (16.2.2019).
Lit: KOCH, Fürbitte 85.

Leipzig

QQ: Psalterium Davidis, Iuxta Translationem Veterem, una cum Canticis, Hymnis, & Orationibus Ecclesiaticis: Quatuor Vocibus Compositum, cum in modum, Ut totum Psalterium cum eiusdem Cancticis, ad octo Harmonias, & ad totidem Symphonias, Hymnis subsequentes & Orationes, in templis & scholis suavissime decantari possint / a M. Erhardo Bodenschatz. Lipsiae: Lamberg, 1607
VD 17: 23:650643T (18.2.2019)
Bibliothek: Wolfenbüttel, HAB Signatur 1289.3 Theol. (1).
Lit: GRAFF, Geschichte 1, 217; ODENTHAL, Umgestaltung 257–258.

Leipzig, Institut der „Choralisten"/ St. Nikolai

QQ: Leges ad universos ac singulos Concentores Aedis divi Nicolai, quae Lipsiae est spectantes, anno 1628 latae, pridie vero Calend. Januar. Anni Millesimi Sexcentesimi Septua-

gesimi Octavi denuo descriptae a Gottfried Vopelio Zittâ Lusato pro tempore Choralium praecentore.
Bibliothek: Kopie von 1678 im Archiv des Nikolaigymnasiums, Leipzig.
Ed: RAUTENSTRAUCH, Pflege 360–364.
Lit: KOCH, Fürbitte 88.

Leipzig, St. Thomas
QQ: Vesperarum Precum Officia 1540.
Lit: KOCH, Fürbitte 84 (zur Nutzung von Luthers deutschem Psalter von 1524)

Loccum, Kloster
Lit: HEUTGER, Nachleben 65–67; SEHLING, Kirchenordnungen 6.I. 2, 1209–1212.

Lüne, Kloster
Lit: KOLDAU, Frauen 677–685.

Lüneburg
QQ: Psalmodia 1561.
VD 16: L 2829 (20.2.2019)
Ed: SCHRENK, Psalmodia.
Lit: SCHREMS, Geschichte 22–24; GRAFF, Geschichte 1, 220–221; MERTEN, Psalmodia; WACKERNAGEL, Bibliographie 253–254 (Nr. DCXLV); ODENTHAL, Umgestaltung 98–100.

Lüneburg, Michaeliskloster:
QQ: Psalterium von 1540 des Abtes Herbord von Holle.
Lit: TIGGEMANN, Psalterium Davidis 45, Tabelle 46–47 und 60.

Magdeburg, Domstift und Kloster Unserer Lieben Frau
QQ:
– Cantica sacra 1613.
VD17: 14:684027E (19.2.2019)
– Psalterium Davidis 1612.
VD17 23:271902C (19.2.2019)
Lit: FISCHER, Ordnung; SCHREMS, Geschichte 96–100; GRAFF, Geschichte 1, 30; ODENTHAL, Umgestaltung 113–117.

Mariensee, Kloster (bei Hannover)
QQ:
– Ordenungh von den klosterleuth 1542,
Ed: SEHLING, Kirchenordnungen 6.I. 2., 844–854.

– Klosterordnung Braunschweig 1569
Ed: SEHLING, Kirchenordnungen 6.I. 1., 281–335.
Lit: TALKNER, Stundengebet.

9.2. Liste evangelischer Stifte, Klöster und Pfarreien 187

Marienwerder, Kloster (bei Hannover)
QQ:
— Ordenungh von den klosterleuth 1542,
Ed: SEHLING, Kirchenordnungen 6.I. 2., 844–854.
— Klosterordnung Braunschweig 1569
Ed: SEHLING, Kirchenordnungen 6.I. 1., 281–335.
Lit: TALKNER, Stundengebet.

Maulbronn
(Siehe die vorliegende Untersuchung)

Medingen, Stift
Lit: PFEIFFER, Tradition 379.

Meißen, Domstift
QQ: Per totius anni circulum iuxta seriem dominicalium et festorum dierum responsoria et antiphonae in usum ecclesiae Misnensis conscriptae 1546.
Lit: RAUTENSTRAUCH, Pflege 176–177. KLEMM, Streiflichter 145.

Merseburg, Domstift
QQ: Statuta Der Choralisten in der hohen Stiffts-Kirchen zu Meerseburg. 17. Jahrhundert, vor 1697.
Ed/Lit: MEHL, Ordnung 55–61. ALBRECHT, Mitteilungen 65 Anm. 2.

Michaelstein, Kloster (ehemals OCist, bei Blankenburg)
QQ: Gebetsordnung der Klosterschule Michaelstein von 1600
Lit.: GEYER, Geschichte 67–69.

Möllenbeck, Stift
Lit: HEUTGER, Nachleben 23–25.

Naumburg, Domstift
QQ:
— Psalterium davidis regis & prophetae una cum antiphonis, canticis et hymnis secundum ordinem, qui in choro ecclesiae cathedralis numburgensis servatum, jussu et impensis summe reverendi capituli numburg. denuo impressum numburgi anno christi MDCCXX. Typis balthasaris bossaegelii.
Bibliothek: Naumburg, Domstiftsarchiv, ohne Signatur.

— Officivm divinvm. complectens antiphonas, responsoria, invitatoria, nec non threnos ieremiae, vna cum aliqvot hymnis, et genealogia christi, qvae in ecclesia cathedrali nvmburgensi per totivs anni circvlvm tam in festis mobilibvs quam immobilibvs decantari solent, atqve ivssv svmmae reverendi capitvli in hanc formam et ordinem redacta svnt

A. R. G. MDCCLI ab Antonio Sutorio, eivsdem cathedralis ecclesiae P. T. ocvlo et vicario. Weissenfelsae, Litteris Richterianis.
Bibliothek: Naumburg, Domstiftsarchiv, ohne Signatur
Lit: ALBRECHT, Mitteilungen. ODENTHAL, Offiziumsliturgie.

Nimbschen, Zisterzienserinnenkloster
Lit: ZINSMEYER, Klosterordnungen 313–317.

Nürnberg
QQ:
– Psalterium Davidis: Iuxta Translationem veterem, una cum Canticis, Hymnis & Orationibus Ecclesiasticis. Noribergae: Furmannus, 1604.
VD 17: 75:650527E (18.2.2019)
Bibliothek: Nürnberg, Stadtbibliothek, Theol. 8. 4603.

– Enchiridion Ecclesiasticum, In quo Psalterium Latinum Davidis Prophetae & Regis sanctissimi, una cum aliis orthodoxam veteris Ecclesiae pietatem spirantibus. Piis &devotis Christianorum Mentibus quae precibus matutinis, diurnis & vespertinis, Noribergae & alibi consuetis interesse gaudent. Nürnberg: Fuhrmann 1615.
VD 17: 75:682818R (18.2.2019).
Bibliothek: Nürnberg, Stadtbibliothek Will.II.443.12°.
Lit: SCHREMS, Geschichte IX, 113; GRAFF, Geschichte 1, 213–214; BIBLIOTHECA SYMBOLICA 334.

Nürnberg, St. Sebald und St. Lorenz
QQ:
– Officium Sacrum, quod in Aede D. Sebaldi Norimbergensium primaria, singulis anni diebus exhiberi sole: cum Introitibus, Tractibus, Responsoriis & Antiphonis. Accessit Ordo Officii Sacri, S. Aedi Laurentianae consuetus; cum Hymnis Ecclesiasticis: In usum publicum ... edidit. Nürnberg: Endter 1664.
VD 17: 1:083171E (18.2.2019)
Bibliothek: Wolfenbüttel, HAB Signatur S 80.12° Helmst.

– Agenda Diaconorum bei St. Sebald 1697.
Lit: KOCH, Fürbitte 88; GRAFF, Geschichte 1, 216–217 und 220–221; SCHREMS, Geschichte IX, 113; BIBLIOTHECA SYMBOLICA 334.

Nürnberg, St. Egidien
QQ: Antiphonale selectum in usum chori eccvlesiastici ad D. Aegidii autore J. M(atthesio), 1724.
Bibliothek: Nürnberg, Landeskirchliches Archiv.
Lit: SCHATZ, Bilder 66–69 (mit Literatur!). SCHREMS, Geschichte IX, 114–116.

Obernkirchen, Stift
QQ: Psalterium von 1564.
Lit: TIGGEMANN, Psalterium Davidis 42–62. KOCH, Fürbitte 84–85; 89–90.

Oberstenfeld, Damenstift
QQ: Ordnungen von 1571, 1651, 1710 und 1723
Lit: EHMER, Stift Oberstenfeld 91–93; 126–128; 148–150; 162–164.

Pegau, Stadtpfarrkirche St. Laurentius
QQ: Chorbuch von 1584.
Lit: KOCH, Fürbitte 86.

Quedlinburg, Damenstift
Lit: TIGGEMANN, Psalterium Davidis 49–50. KOLDAU, Frauen 920–930.

Ratzeburg
QQ: Domkirchenordnung von 1614.
Lit: SCHREMS, Geschichte 90.

Ravensburg
Lit: GRAFF, Geschichte 1, 215.

Rechentshofen, Zisterzienserinnenabtei
QQ: ORDNUNG RECHENTSHOFEN.
Lit: RÜCKERT, Streit; RÜCKERT, Reformation (siehe Kapitel 3.6.2).

Rothenburg
Lit: GRAFF, Geschichte 1, 215.

Stendal
Lit: GÖTZE, Geschichte 368.

Stuttgart
(Siehe die vorliegende Untersuchung, Kapitel 6.3)

Verden, Domstift und Stift St. Andreas
Lit: SCHREMS, Geschichte 89–90; JARECKI, Domprediger 162–164.

Walkenried, Zisterzienserabtei
QQ: CHRONICON VVALKENREDENSE
Lit: HEUTGER, Kloster Walkenried 172–173 (siehe Kapitel 5.1).

Walsrode, Damenstift
Lit: KOLDAU, Frauen 916–920; OLDERMANN, Leben 167–168; DÖSINGER, Stand 186–189; TALKNER, Liedrepertoire 271–272.

Weimar
Lit: GRAFF, Geschichte 1, 217.

Wenningsen, Kloster (bei Hannover)
QQ:
– Ordenungh von den klosterleuth 1542
Ed: SEHLING, Kirchenordnungen 6.I. 2., 844–854.
– Klosterordnung Braunschweig 1569
Ed: SEHLING, Kirchenordnungen 6.I. 1., 281–335.
Lit: TALKNER, Stundengebet.

Wienhausen, Kloster
QQ: Nachricht wie die Chorstunde eingerichtet ist (1770 und 1773, Klosterarchiv Wienhausen HS 22)
Lit: BRANDIS, Klosterarchive 327; DÖSINGER, Stand 186–189.

Wittenberg, Stift
QQ:
– Ordinatio cultus Dei in arce 1524
Ed: PALLAS, Urkunden 111–114 (Nr. 47).
– Wie es einer zeit mit den ceremonien der kirchen gehalten wirt zu Wittemberg am tag Galli ubergeben 1525
Ed: SEHLING, Kirchenordnungen 1.1, 698–700.
– Die Gottesdienstordnung für die Stiftskirche vom Herbst 1525
Ed: PALLAS, Urkunden 124–129 (Nr. 53)
Lit: BRECHT, Reform des Wittenberger Horengottesdienstes; KRENTZ, Ritualwandel 276–297, 369–383; WENDEBOURG, Kultboom.

Wolfenbüttel (Salzdahlum)
Lit: HOFFMANN, Kloster 284.

Wülfinghausen, Kloster (bei Hannover)
QQ:
– Ordenungh von den klosterleuth 1542,
Ed: SEHLING, Kirchenordnungen 6.I. 2., 844–854.
– Klosterordnung Braunschweig 1569.
Ed: SEHLING, Kirchenordnungen 6.I. 1., 281–335.
Lit: TALKNER, Stundengebet.

Wunstorf, Stift (Niedersachsen)
QQ: Reformation und Ordnung des Stifts Wunstorf von Herzog Heinrich Julius 1598.
Ed: SEHLING, Kirchenordnungen 6.I. 2., 896–900.
Lit: HEUTGER, Nachleben 109–110.

Wurzen

QQ: Bericht des Cantoris zu Wurzen Johannes Pfeifers auf die ihm zugeschickten Artikel 22. Febr. 1624,
Ed: RAUTENSTRAUCH, Pflege 279–283.

10. Literaturverzeichnis

10.1. Gedruckte und ungedruckte Quellen

AC = Apologia Confessionis Augustanae, in: BSELK 139–404.
AHMA = Guido Maria Dreves, (ab 24) Clemens Blume, Analecta Hymnica Medii Aevi 1–55. Leipzig 1886–1922, unveränderter Nachdruck Frankfurt am Main 1961.
AntS = Antiphonale Missarum Sextuplex. Éd. par René-Jean Hesbert d'après le Graduel de Monza et les Antiphonaires de Rheinau, du Mont-Blandin, de Compiègne, de Corbie et de Senlis. Bruxelles 1935. Nachdr. Rome 1967.
Andrieu, OR = Michel Andrieu, Les Ordines Romani du haut moyen âge 5 (SSL 29). Louvain 1961.
Arend, Kirchenordnungen 16.II. = Die evangelischen Kirchenordnungen des XVI. Jahrhunderts 16: Baden-Württemberg II. Herzogtum Württemberg, bearbeitet von Sabine Arend. Markgrafschaft Baden, Grafschaft Limpurg, Herrschaft Kinzigtal, Herrschaft Neckarbischofsheim, bearbeitet von Thomas Bergholz. Tübingen 2004.
Arend, Kirchenordnungen 17.III.1 = Die evangelischen Kirchenordnungen des XVI. Jahrhunderts 17: Baden-Württemberg III. Südwestdeutsche Reichsstädte 1. Teilband: Schwäbisch Hall, Heilbronn, Konstanz, Isny und Gengenbach, bearbeitet von Sabine Arend. Tübingen 2007.
Augustinus, Confessiones = Sancti Avgvstini Confessionum Libri XIII quos post Martinvm Skutella iterum edidit Lvcas Verjeijen O. S. A. (CCL XXVII). Tvrnholti 1981.
S. Athanasius Alexandrinus, Archiepiscopus, Epistola ad Marcellinum, in: PG XXVII, 11–46.
Besold, Christoph: Documenta Rediviva, monasteriorum praecipuorum, in Ducatu Wirtenbergico sitorum. Quae Integro & Justo Seculo, in Archivo Ducali, aliisque Locis abditissimis, condita &abscondita; Tandem Deo propitio, ab invictissimo imperatore, Ferdinando secundo, &c. et Ferdinando tertio, Eiusdem Filio, sermo Hungariae, et Bohemiae Rege, &c. Resuscitata, revocata, pristinisque communicata Domine, Vniverso nunc Orbi legenda, censenda, dijudicanda, in lucem producuntur (…). Tubingae 1636. Digitalisat: https://reader.digitale-sammlungen.de/resolve/display/bsb11345357.html (4.4.2019).
Bibliotheca Symbolica = Iac. Gvilielmi Feverlini SS. Theol. D. et Prof. prim. Goetting. Tou Makaritou. Bibliotheca Symbolica. Evangelica Lvtherana, quam magno stvdio mvltisque impensis ipse dvm vivebat collegit dispositvit et adiectis annotationibvs descripsit. Pars prior: Libros ecclesiae nostrae symbolicos cvm insigni apparatv scriptorvm ad eorvm notitiam pertinentivm simvl etiam ordinationes et agenda ecclesiarvm nostrarvm atque catechismos nostros complectitur. Pars posterior: Scripta theologorvm saecvli reformationis id est XVI vna cvm actis et historia colloquiorvm religionis cavssa institvtorvm comprehendit. Omnia ex schedis B. Possessoris insigniter avcta et locvple-

tata recensvit et in pvblicam vtilitatem aptata cvm necessariis indicibvs edidit. D. Ioh. Bartholom. Riederer SS, Theol. P. P. et Diac. Altorfinvs. Norimbergae prostat apvd Wolfg. Schwartzkopf Bibliopolam A. S. R. M D CC LXVIII (1768). Universitätsbibliothek Tübingen, Signatur: Gc 105–1.

Breviarium Romanum 1568 = Breviarium Romanum. Editio Princeps (1568). Edizione anastatica, Introduzione e Appendice a cura di Manlio Sodi – Achille Maria Triacca con la collaborazione di Maria Gabriella Foti. Presentazione di S. E. Card. Virgilio Noè (MLCT 3). Città del Vaticano 1999.

BSELK = Die Bekenntnisschriften der evangelisch-lutherischen Kirche, hg. im Gedenkjahr der Augsburgischen Konfession 1930. Göttingen[12] 1998.

CA = Confessio Augustana. Die Augsburgische Konfession. Confessio oder Bekanntnus des Glaubens etlicher Fürsten und Städte uberantwort Kaiserlicher Majestat zu Augsburg Anno 1530, in: BSELK 31–137.

Cantica sacra 1588 = Cantica sacra, partim ex sacris literis desumta, partim ab orthodoxis patribus, et piis ecclesiae doctoribus composita, et in usum ecclesiae et iuventutis scholasticae Hamburgensis collecta, atque ad duodecim modos ex doctrina Glareani accommodata et edita ab Francisco Elero Ulysseo. Acceßerunt in fine Psalmi Lutheri, & aliorum ejus seculi Doctorum, itidem modis applicati. Hambvrgi Excudebat Jacobus Wolff 1588, nachgedruckt bei Eler, Cantica sacra.
Digitalisat: http://daten.digitale-sammlungen.de/0009/bsb00092315/images/index.html?id=00092315&groesser=&fip=xsqrsewqsdasxdsydsdasweayafsdr&no=1&seite=3 (16.2.2019)
VD 16: 5: E 988 (16.2.2019).

Cantica sacra 1613 = Cantica sacra, quo ordine et melodiis, per totius anni curriculum, in Matutinis et Vespertinis, itemque intermediis precibus cantari solent, una cum lectionibus et precationibus, in unum volumen congesta pro S. Metropolitana Magdeburgensi Ecclesia, excusa Magdeburgi sumtibus praedictae Ecclesiae etc. Typis Andreae Bezeli, Anno Christi MDCXIII. (Magdeburg, Evangelischen Dompfarramt St. Mauritius und Katharina, ohne Signatur; Magdeburg, Bibliothek des Klosters Unserer Lieben Frauen, VI C. c. 3 fol.; Dresden, Sächsische Landesbibliothek, Liturg. 86.
VD 17: 14:684027E (16.2.2019).

Cantica sacra choralia 1618 = Cantica sacra choralia, quae per totius anni curriculum in Templis & Scholis Ducatus Würtembergici cantari solent, Notis Figuralium Cantuum descripta. Stutgardiae, Typis Iohannis Vuyrichii Rößlini, Anno M. DC. XVIII (1618). (Tübingen UB, L XIII 18. In neuem Schweinsledereinband, im Einbanddeckel innen der Eintrag: Geschenk von Frau Pfarrer Strebel, Tübingen.
VD 17: 21:730379N (16.12.2018).

CAO siehe unter Hesbert, CAO = René-Jean Hesbert, Corpus Antiphonalium Officii 1–6 (RED.F 7–12). Roma 1963–1979.

Chronicon VValkenredense = Chronicon VValkenredense, siue Catalogus Abbatum, qui ab anno Christi MCXXVII continua serie Monasterio VValkenredae hucusque praefuerunt, in secula sex tributus. (…) Omnia ex archiuis, & fide dignis monumentis collecta, in quem ordinem redacta studio et opera M. Henrici Eckstormii, P. Cor. Prioris ibidem & Parochi. Cum Indice rerum, personarum & locorum. Addita est Appendix. Cum licentia Superiorum. Helmaestadii, Typis haeredum Iacobi Lvcii, Anno 1617. Wolfenbüttel, Herzog-August-Bibliothek, Signatur Gn 2712. Digitalisat: https://dfg-viewer.de/show/?id=8071&tx_dlf%5Bid%5D=https%3A%2F%2Farchive.

thulb.uni-jena.de%2Fcollections%2Fservlets%2FMCRMETSServlet%2FHisBest_deri
vate_00005465%3FXSL.Style%3Ddfg&tx_dlf%5Bpage%5D=1 (4.2.2019)

CONCILIORUM OECUMENICORUM DECRETA curantibus Josepho Alberigo, Josepho A. Dossetti, Perikle-P. Joannou, Claudio Leonardi, Paulo Prodi consultante Huberto Jedin, Bologna[3] 1973.

CONFESSIO VIRTEMBERGICA = Brecht, Ehmer, Confessio Virtembergica.

DISPOSITIO 1645 = Dispositio Ac Ordo Canticorum et Ceremoniarum in Choro Ecclesiae Cathedralis Brandenburgiacae observatus est. Ubi monstratur, quae nam (gestrichen: tam) Matutinae, intermediae et vespertinae Preces singulis diebus Dominicis Festivitatibus et feriis sint inchoandae ac decantandae. 1645 (Brandenburg, Domstiftsarchiv, Signatur DstA, BDK 4584/2020), ediert bei Odenthal, Beharrungskraft 432–441.

ECCLESIASTICA OFFICIA. Gebräuchebuch der Zisterzienser aus dem 12. Jahrhundert. Lateinischer Text nach den Handschriften Dijon 114, Trient 1711, Ljubljana 31, Paris 4346 und Wolfenbüttel Codex Guelferbytanus 1068. Deutsche Übersetzung, liturgischer Anhang, Fußnoten und Index nach der lateinisch-französischen Ausgabe von Danièle Choisselet (La Coudre) und Placide Vernet (Cîteaux) übersetzt, bearbeitet und hg. von Hermann M. Herzog (Marienstatt) und Johannes Müller (Himmerod) (Quellen und Studien zur Zisterzienserliteratur 7), Langwaden 2003.

EINGABE DES PFARRERS VON ALPIRSBACH (wohl 1556): HStA Stuttgart A 470 Bü 8.

FRISCHLIN, Monasteria = Monasteria Ducatus Wirtenbergici a Celeberrimo Poeta Nicodemo Frischlino, in: Suevia et Wirtenbergia Sacra 314–368.

HAUSORDNUNG ALPIRSBACH 1554 = Nach volgende haus ordnung hab Jch Jacob appte zu Alperspach uff 18. tag Januar Anno 1554 doch der gestalt fürgenomen (...). HStA Stuttgart, Signatur A 470 Büchel 8.

HESBERT, CAO = René-Jean Hesbert, Corpus Antiphonalium Officii 1–6 (RED.F 7–12). Roma 1963–1979.

HOFKIRCHENORDNUNG 1560 = Hofkirchenordnung 2. Januar 1560: Ordnung. Von Gottes genaden, unser, Christoffs, Hertzogen zw Württemberg und zůe Teckh, Graven zw Mům̈ppelgart, etc. Wie es hinfüro mit predigen, Sacrament raichen und Singen in der Kürchen unnsers Hofs gehaltten werdenn solle, in: AREND, Kirchenordnungen 16.II, 426–428.

INSTRUKTION 1836 = Instruktion für den Vorstand und die Professoren der niederen evangelischen Seminare vom 23. Dezember 1836, in: Reyscher, Gesetze 11/2, 673–702.

KIRCHENORDNUNG BRAUNSCHWEIG 1528 = Der erbarn stadt brunswig christlike ordeninge to denste dem hilgen evangelio, christeliker leve, tucht, frede unde eynicheit. Ock darunder vele christlike lere vor de borgere. Dorch Joannem Bugenhagen Pomeren bescreven. 1528, in: Sehling, Kirchenordnungen 6.I. 1., 348–458.

KIRCHENORDNUNG 1536 = Kirchenordnung 1536: Gemein kirchenordnung, wie die dieser zeit allenthalb im Fürstenthumb Wirtemberg gehalten soll werden, in: Arend, Kirchenordnungen 16.II, 103–128.

KIRCHENORDNUNG 1553 = Kirchenordnung 1553: Kirchenordnung, Wie es mit der Leere und Ceremonien in unserm Fürstenthumb Wirtemberg angericht und gehalten werden soll. Gedruckt zů Tübingen durch Ulrich Morhart Anno M. D.LIII, in: Arend, Kirchenordnungen 16.II, 223–276.

KIRCHENORDNUNG 1559 = Große Württembergische Kirchenordnung, Vorrede, in: Arend, Kirchenordnungen 16.II, 344–346.

KIRCHENORDNUNG 1582 = Neuauflage der Kirchenordnung von 1559: Von Gottes gnaden vnnser Ludwigs Hertzogen zu Württemberg/vnd zu Teckh/Grauen zu Mům̈pelgart/sc. Summarischer vnd einfeltiger Begriff/ wie es mit der Lehre vnd Ceremonien in den kirchen Unsers Fůrstenthumbs/ auch derselben Kirchen anhangenden Sachen vnnd Verrichtungen/ bißher geůbt vnd gebraucht/ auch fůrohin/ mit verleihung Gŏttlicher gnaden/gehalten vnd vollzogen werden solle. Gedruckt zu Tüwingen/ im Jar 1582. Exemplar in der UB Tübingen, Signatur L XIII 1ᵇ; 2°

KIRCHENORDNUNG 1615 = Neuauflage der Kirchenordnung von 1559: KirchenOrdnung. Wie es mit der Lehre vnnd Ceremonien im Hertzogthumb Wůrtemberg angericht vnd gehalten werden soll. Stuttgardii Bey Johann Weyrich Reßlin Anno M. C.XV. Exemplar in der UB Tübingen, Signatur L XIII 22 d.

KLOSTERORDNUNG 1535 = Klosterordnung (Juli 1535) in: Arend, Kirchenordnungen 16.II, 76–80.

KLOSTERORDNUNG BRAUNSCHWEIG 1569 = Christlicher und gründlicher bericht, welcher gestalt die herrn und jungfrauenklöster im herzogthumb Braunschweig, Wulffenbütlischen theils, reformiret, aus welchem die jungfrauen nicht allein ihr gewissen gegen Gott bewaren, sondern auch meniglich genugsame rechenschaft geben können, das sie aus keiner leichtfertigkeit, sondern mit bestendigem grund des catholischen christlichen glaubens und reinem gewissen die kappen sampt dem orden abgelegt und verlassen. Allen fromen Christen, besonders aber den klosterjungfrauen nützlich zu lesen. Gestellet durch Jacobum Andreae D., propst zu Tübingen und bey der universitet daselsten kanzlern. 1569, in: Sehling, Kirchenordnungen 6.I. 1., 281–335.

LUTHER, WA = Luther, Martin: D. Martin Luthers Werke, 120 Bde., Weimar 1883–2009.
- Das Magnificat Vorteutschet und außgelegt (1521), in: Luther, WA 7, 544–604.
- De votis monasticis Martini Lutheri iudicium (1521), in: Luther, WA 8, 564–669.
- Predigt am 2. Advent (1523), in: Luther, WA 11, 207–210.
- Von ordenung gottis dients ynn der gemeyne (1523), in: Luther, WA 12, 35–37.
- Formula Missae et Communionis (1523), in: Luther, WA 12, 197–220.
- Tischreden 2: Tischreden aus den dreißiger Jahren. Weimar 1913 (Neudruck 2000).
- An den Propst, die Domherrn und das Capitel zu Wittenberg (19. August 1523), in: WA.B 3, 129–135 (Nr. 648).

MANDAT zur Entfernung von Altären und Anschaffung deutscher Bibeln vom 7. Februar 1540, in: Arend, Kirchenordnungen 16.II, 145.

MANDAT zur Entfernung von Sakramentshäuschen vom 19. August 1556, in: Arend, Kirchenordnungen 16.II, 325.

MELANCHTHON, Carmina = Philippi Melanthonis Carmina quae supersunt omnia, in: Karl Gottlieb Bretschneider (Hg.), Corpus Reformatorum X: Philippi Melanthonis opera quae supersunt omnia. Halis Saxonum 1842, 457–672.

MRom1570 = Missale Romanum. Editio Princeps (1570). A cura di Manlio Sodi, Achille Maria Triacca (MLCT 2). Vaticano 1998.

NICOLAI, Friedrich (Hg.): Neue allgemeine deutsche Bibliothek 6. Kiel 1793. Digitalisat: http://ds.ub.uni-bielefeld.de/viewer/!image/2002571_006/1/-/ (5.4.2019)

ORDNUNG DER KLOSTERSCHULEN 1559 = Ordnung der Klosterschulen 1559: Ordnung der Kirchenübung und Schůlen bey den Prelaturen Mans Klŏstern, in: Arend, Kirchenordnungen 16.II, 361–380.

ORDNUNG RECHENTSHOFEN = Ordnung für das Zisterzienserkloster Mariäkron in Rechentshofen. 25. Februar 1539: Closter Rechentzhofen Ordnung uber dasselb Closter. Anno 1539, in: Arend, Kirchenordnungen 16.II, 146–148.

ORDNUNG DES TÜBINGER STIPENDIUMS 1559 = Ordnung des Tübinger aus der Großen Kirchenordnung von 1559, ediert bei Arend, Kirchenordnungen 17.III.1 555–579.

ORDNUNG FÜR MÄNNERKLÖSTER 1556 = Ordnung für Männerklöster 9. Januar 1556: Herzog Christophs zů Württemberg Ordnung der Gottsdienst unnd Lectionenn in den Clöstern der Praelaten des Fürstenthumbs Württemberg, wie es bis uff ein gemein, christenliche vergleichung soll gehalten werden. 9. Januarii 1556, in: Arend, Kirchenordnungen 16.II, 296–303.

ORDNUNG FÜR FRAUENKLÖSTER 1556 = Ordnung für Frauenklöster 3. Februar 1556: Ordnung in Frowen Clöstern, in: Arend, Kirchenordnungen 16.II, 304–316.

PSALMODIA 1561 = Psalmodia, hoc est, Cantica sacra veteris ecclesiae selectae, quo ordine et melodiis per totius anni curriculum cantari usitate solent in Templis de Deo, & de Filio eius Jesu Christo, de regno ipsius, doctrina, vita, Passione, Resurrectione, & Ascensione, & de Spiritu Sancto. Item des Sanctis, & eorum in Christum fide & cruce, ad Ecclesiarum et Scholarum usum diligenter olim collecta, & brevibus ac piis Scholiis illustrata. Nunc autem recens accurata diligentia & fide recognita, & multis utilibus ac piis cantionibus aucta per Lucam Lossium Luneburgensem. Cum praefatione Philippi Melanthonis. Wittebergae apud Haeredes Georgii Rhau, 1561. Als Reprint ediert von Christhard Schrenk (Faksimile Heilbronner Musikschatz 12), Stuttgart 1996.
Dieses mehrfach aufgelegte Werk findet sich in vielen Auflagen, auch als Digitalisate:
Wittenberg 1553: http://daten.digitale-sammlungen.de/~db/0002/bsb00029543/images/ (4.2.2019).
Wittenberg 1569: UB Tübingen Gi 134.4.
Wittenberg 1579: https://reader.digitale-sammlungen.de/resolve/display/bsb10164333.html (4.2.2019).
Wittenberg 1595: https://sachsen.digital/werkansicht/dlf/202501/35/0/ (3.2.2019)

PSALMODIA 1573 = Psalmodia Ecclesiastica. Hoc est Cantiones sacrae et spirituales veteris Ecclesiae ex sacris literis desumtae. Quo ordine et melodiis per totitus anni circulum, in Templis, Collegiis atque Monasteriis secundum Augustanam Confessionem reformatis, usitato more cantari solent. Anno Domini 1573. Wolfenbüttel, Herzog August Bibliothek, Signatur: Cod. Guelf. 168 Helmst. (Handschriftliche Psalmodie des Klosters Berge in Magdeburg).

PSALMODIA BRAUNSCHWEIG 1597 = Psalmodia continens Davidis Prophetae Regii Psalmos Vna cum Canticis, Hymnis, et Orationibus pruioribus in S. Sanctae et individvae Trinitatis lavdem et Collegii Blasiani, Quod est Brunsuigae, VSVM eiusdem impensis edita. Helmaestadii Excudebat Iacobus Lucius, Anno M.D.XCVII. Wolfenbüttel, Herzog-August-Bibliothek S 474, 2° Helmst. Digitalisat: http://diglib.hab.de/drucke/s-474-2f-helmst/start.htm (14.2.2019).

PSALMODIA 1658 = Psalmodia. Hoc est, Cantica Sacra Veteris Ecclesiae selecta; Quo Ordine ac Melodiis per totum Annum, in Scholis Monasteriorum Ducatus Würtembergici, decantari solent. Tubingae, Typis Johann: Alexandri Celli, Anno M. DCLVIII (1658). Nürtingen, Turmbibliothek der evangelischen Stadtkirche St. Laurentius, Signatur NTB 4° 109 (nicht in VD 17).

PSALMODIA 1686 = Psalmodia, hoc est Cantica Sacra Veteris Ecclesiae selecta; quo ordine ac melodiis per totum annum, in scholis monasteriorum ducatus Wirtembergici, decantari solent. Stuttgardiae, Typis Viduae Johannis Weyrichii Rösslini. Anno Domini DC. LXXXVI. (1686). Stuttgart, Württembergische Landesbibliothek, drei Exemplare: Sch.K. M.oct. S 104/4000 mit Besitzvermerk M. Pfaff 1816, Stempel: Stiftsmusik Stuttgart aus dem 19. Jahrhundert; HBF 4578; Theol.qt.5669 (nicht in VD 17).

PSALTERIUM DAVIDIS 1612 = Psalterium Davidis, Prophetae et regis, juxta veterem translationem alicubi emendatam, cum canticis selectis veteris et novi Testamenti ad usum

S, Metropolitanae Magdeburgensis Ecclesiae, excusum Magdeburgi eiusdem Ecclesiae impensis, Typis Andreae Bezeli, Anno Christi MDCXII. Cantica veteris et novi Testamenti selectiora, ad usum S. Metropolitanae Magdeburgensis Ecclesiae excusa Magdeburgi Eiusdem Ecclesiae impensis. Typis Andreae Bezelii, Anno Christi MDCXII. (Magdeburg, Evangelisches Dompfarramt St. Mauritius und Katharina, ohne Signatur; Berlin, Staatsbibliothek Preußischer Kulturbesitz, Slg Wernigerode Hb 4270: 2°; Halle, ULB Sachsen-Anhalt, Id 3713, 2°; Dresden, SLUB, Biblia. 162; Wolfenbüttel, HAB, S 475.2° Helmst. Dasselbe Werk auch 1613: VD 17, 14:684017Y. SLUB Dresden: Liturg.87. VD 17 23:27189B).

PSALTERIUM MONASTICUM 1981 = Psalterium cum canticis novi & veteris Testamenti iuxta regulam S. P. N. Benedicti & alia schemata liturgiae horarum monasticae cum cantu gregoriano cura et studio monachorum Solemensium. Solesmis 1981.

REGULA BENEDICTI siehe unter VOGÜÉ, Adalbert de, NEUFVILLE, Jean (Hg.), La Règle de Saint Benoît I–II (SC 181–182), Paris 1972.

REVERSFORMULAR 1535a = Reversformular für austretende Konventualen, die zum evangelischen Glauben übertreten wollen (um 1535), in: Arend, Kirchenordnungen 16.II., 81.

REVERSFORMULAR 1535b = Reversformular für austretende Konventualen, die beim alten Glauben bleiben wollen (um 1535), in: Arend, Kirchenordnungen 16.II., 82.

REYSCHER, Gesetze 11/2 = Sammlung der wuerttembergischen Schulgesetze. Zweite Abtheilung, enthaltend die Gesetze für die Mittel- und Fachschulen bis zum Jahr 1848, von Carl Hirzel (Vollständige, historisch und kritisch bearbeitete Sammlung der wuerttembergischen Gesetze. Hg. von A. L. Reyscher, 11/2). Tübingen 1847.

STATUTA nach 1541 = Statuta quibus comprehenditur officium Stipendiatorum principis, in: Reyscher, Gesetze 11/2, 17–20.

STATUTA PARTICULARIA 1726 = Receß- und Observanzmäßige Statuta particularia der alumnorum im Kloster Bebenhausen 1726, teilediert bei Lang, Geschichte 423–431.

STATUTEN ALPIRSBACH 1556 = Statuta zů Alperspach, HStA StuttgartA 470 Bü 8. Identisch mit den Statuten Herrenalb 1556.

STATUTEN HERRENALB 1556 = Statuten für das Zisterzienserkloster Herrenalb 1556: Statuta zů Herrenalb im Closter, in: Arends, Kirchenordnungen 16.II, 317–320.

STATUTEN 1752 = Statuten des Fürstlichen Theologischen Stipendii zu Tübingen vom Jahr 1752, in: Reyscher, Gesetze 11/2, 211–254.

STATUTEN 1757 = Statuten Der Alumnorum in den vier besezten Clöstern des Herzogthums Würtemberg, Wie solche Auf Gnädigsten Befehl Des Durchlauchtigsten Herzogs, Carls, zu Würtemberg etc. etc. Aus der Kirchen=Ordnung/ und samtlich zuvor ertheilten Recessen zusammen gezogen, und auf gegenwärtige Zeit eingerichtet, auch von Seiner Hoch=Fürstlichen Durchlaucht bestättiget worden, Jm Jahr Christi 1757, Stuttgart (Exemplar in der UB Tübingen, Signatur L XIII 17.4), ediert bei Reyscher, Gesetze 11/2, 238–254.

STATUTEN DER REPETENTEN 1793 = Statuten für die Repetenten des Herzoglichen theologischen Stifts zu Tübingen vom Jahr 1793, in: Reyscher, Gesetze 11/2, 301–310.

STATUTEN TÜBINGEN 1793 = Erneuerte Statuten für das Herzogliche theologische Stift zu Tübingen von 1793, in: Reyscher, Gesetze 11/2, 310–333.

STATUTEN DER REPETENTEN 1826 = Statuten für die Repetenten des Königlichen evangelisch-theologischen Seminars zu Tübingen, in: Reyscher, Gesetze 11/2, 548–558.

STATUTEN TÜBINGEN 1826 = Statuten für das Königliche evangelisch-theologische Seminar zu Tübingen, in: Reyscher, Gesetze 11/2, 558–575.

10.1. Gedruckte und ungedruckte Quellen

STATUTEN 1836 = Statuten für die Zöglinge der niedern Seminarien vom 10. Juni 1836, in: Reyscher, Gesetze 11/2, 660–665.

STIPENDIATEN=ORDNUNG 14. Februar 1536 = Stipendiaten=Ordnung vom 14. Februar 1536, in: Reyscher, Gesetze 11/2, 8–11.

STIPENDIATEN=ORDNUNG 12. März 1541 = Stipendiaten=Ordnung vom 14. Februar 1536, den 12. März 1541 erweitert und bestätigt, in: Reyscher, Gesetze 11/2, 11–17.

STIPENDIATEN=ORDNUNG 1559 = Von dem Stipendio zu Tübingen, in: Arend, Kirchenordnungen 17.III.1, 555–579.

SUEVIA ET WIRTENBERGIA SACRA = Jo. Ulrici Pregizeri (...), Suevia et Wirtenbergia Sacra sive status chirstianae religionis in his regionibus post extirpatum gentilismum per Episcopatum, Abbatiarum, Praepositurarum, Collegiorum Sacrorum, Monasteriorum, aliarumque Universitatum fundationes et progressus, Conciliorum, Synodorum, Colloquiorum Canones, Decreta, Acta, Confessorum, aliorumque praecipuorum Ecclesiae Doctorum Ministeria & Scripta publica, ipsamque adeo Reformationem, juxta seculorum seriem servato annalium ordine, brevi compendio exhibitus. Opus posthumum Et plane novum (...). Tubingae, apud Johannem Georgium Cottam, Anno MDCCXVII. (Exemplar Tübingen, Universitätsbibliothek Wa I 32 Rara; 97/1168).

VD 16 = Das Verzeichnis der im deutschen Sprachraum erschienenen Drucke des 16. Jahrhunderts: www.vd16.de

VD 17 = Das Verzeichnis der im deutschen Sprachraum erschienenen Drucke des 17. Jahrhunderts: www.vd17.de

VESPERALE 1589 = Vesperale et Matutinale, hoc est, Cantica, Hymni, et Collectae, sive precationes ecclesiasticae, quae in Primis et Secundis Vesperis. itemque Matutinis precibus, per totius anni circulum, in Ecclesijs & religiosis piorum congressibus cantari usitate solent, notis rite applicatae, & in duas partes ordine digestae A Matthaeo Ludeco, Ecclesiae Cathedralis Havelbergensis Decano. 1589 (VD 16, 11: L 3185; Prignitz-Museum, Havelberg, Signatur L 595/3423, B. R. 336; SLUB Dresden, Liturg. 50, 1 u. -1a; HAB Wolfenbüttel, 57.4 Theol. 2° [2]), aus der Sammlung Herzog Augusts des Jüngeren (1579–1666); Pfarrarchiv Querfurt, St. Lamperti, F 4, jeweils 24 × 37 cm). Nachdruck bei: Das Vesperale et Matutinale des Havelberger Domdechanten Matthaeus Ludecus – Nachdruck eines lutherischen Offizienbuches von 1589 (Querfurt, Archiv der evangelischen Kirchengemeinde St. Lamperti, Signatur F4). Eingeleitet und herausgegeben von Andreas ODENTHAL (Monumenta Liturgica Ecclesiarum Particularium I). Bonn 2007.

VESPERARUM PRECUM OFFICIA 1540 = Georg Rhau, Vesperarum Precum Officia. Wittenberg 1540, in: Georg Rhau, Musikdrucke aus den Jahren 1538 bis 1545 in praktischer Neuausgabe IV. Hg. von Hans Joachim Moser. Kassel, Basel, London, New York 1960. (VD 16: ZV 26897). Digitalisat: https://archive.thulb.uni-jena.de/collections/rsc/viewer/HisBestderivate00005137/BE1510000004.tif?logicalDiv=log_HisBest_derivate_00005137 (14.2.2019)

VOGÜÉ, Adalbert de, NEUFVILLE, Jean (Hg.), La Règle de Saint Benoît I–II (SC 181–182), Paris 1972.

VORREDE zur Kirchenordnung 1535 = Vorrede und Artikel zur Kirchenordnung 1535: Vorred D. Johan Bretzen mit etlichen furnemlichen und notigen artickeln auff die kirchen ordnung im furstenthom Wurtenberg gestelt. Anno MDXXXV, in: Arend, Kirchenordnungen 16.II, 129–135.

WUNDERLICH, Christian G., HAUFF, Gottfried A., KLAIBER, E. W.: Die ehemaligen Klosterschulen und die jetzigen niederen evangelischen Seminarien in Württemberg.

Stuttgart 1833. Digitalisat: https://reader.digitale-sammlungen.de/resolve/display/bsb 10764628.html (4.4.2019)

10.2. Sekundärliteratur

ALBRECHT, Otto: Mitteilungen aus den Akten der Naumburger Reformationsgeschichte, in: ThStKr 77. 1904, 32–82.
ALEXANDER, J. Neil: Luther's Reform of the Daily Office, in: Worship 57. 1983, 348–360.
ALTMEYER, Stefan, BITTER, Gottfried, BOSCHKI, Reinhold (Hg.): Christliche Katechese unter den Bedingungen der „flüchtigen Moderne" (PThe 142). Stuttgart 2016.
ANDERMANN, Kurt: Herrenalb, in: Zimmermann, Priesching, Klosterbuch 273–275.
ANGENENDT, Arnold: Liturgie im Mittelalter. Ausgewählte Aufsätze zum 70. Geburtstag, hg. von Thomas Flammer und Daniel Meyer (Ästhetik – Theologie – Liturgik 35), Münster² 2005.
ANGENENDT, Arnold: Libelli bene correcti. Der „richtige Kult" als ein Motiv der karolingischen Reform, in: Angenendt, Liturgie, 227–243.
ANGENENDT, Arnold: Die Liturgie bei Heinrich Seuse, in: Angenendt, Liturgie, 333–353.
ANGENENDT, Arnold: Offertorium. Das mittelalterliche Meßopfer (LQF 101). Münster³ 2014.
AREND, Sabine, HAAG, Norbert, HOLTZ, Sabine (Hg.): Die württembergische Kirchenordnung von 1559 im Spannungsfeld von Religion, Politik und Gesellschaft (QFWKG 23). Epfendorf 2013.
AREND, Sabine: Die Große Kirchenordnung von 1559 im Kontext württembergischer Ordnungen seit dem Spätmittelalter (Mit einer Edition der ‚württembergischen Landesgesetze' von 1479), in: Arend, Haag, Holtz, Kirchenordnung, 49–70.
ARMKNECHT, Friedrich: Die alte Matutin- und Vesper-Ordnung in der evangelisch-lutherischen Kirche nach ihrem Ursprung, ihrer Einrichtung, ihrem Verfall und ihrer Wiederherstellung dargestellt. Ein Convents-Vortrag. Göttingen 1856.
AUF DER MAUR, Hansjörg: Feiern im Rhythmus der Zeit I. Herrenfeste in Woche und Jahr (GdK 5). Regensburg 1983.
AUGE, Oliver: Südwestdeutsche Stiftskirchen im herrschaftlichen Kontext: Ansätze und Perspektiven der Forschung, in: Lorenz, Auge, Stiftskirche, 171–198.
AUGE, Oliver: Stuttgart, Kollegiatstift, in: Zimmermann, Priesching, Klosterbuch 464–467.
BADER, Günter: Psalterium affectuum palaestra. Prolegomena zu einer Theologie des Psalters (HUTh 33). Tübingen 1996.
BÄRSCH, Jürgen, KRANEMANN, Benedikt (Hg.): Geschichte der Liturgie in den Kirchen des Westens. Rituelle Entwicklungen, theologische Konzepte und kulturelle Kontexte 1: Von der Antike bis zur Neuzeit. Münster 2018.
BÄRSCH, Jürgen, SCHNEIDER, Bernhard (Hg.): Liturgie und Lebenswelt. Studien zur Gottesdienst- und Frömmigkeitsgeschichte zwischen Tridentinum und Vatikanum II (FS Andreas Heinz, LQF 95). Münster 2006.
BÄUMER, Suitbert: Geschichte des Breviers. Versuch einer quellenmäßigen Darstellung der Entwicklung des altkirchlichen und des römischen Officiums bis auf unsere Tage. Reprographischer Nachdruck der Ausgabe Freiburg 1895. Mit einer Einleitung und bibliographischen Hinweisen von Angelus A. Häussling OSB, Bonn 2004.

BARTH, Hans-Martin: „Was für ein Volk, was für ein' edle Schar …" Der Ort der Heiligen in lutherischer Theologie und Liturgie, in: Schlemmer, Heilige 10–27.

BAUMSTARK, Anton: Vom geschichtlichen Werden der Liturgie (EcclOr 10). Freiburg i. Br. 1923.

BEAR, Carl: Why Luther Changed His Mind about Music. Martin Luther's Theology of Music in Light of His Liturgical Reforms, in: Klaper, Luther 15–38.

BECKMANN, Klaus: Einleitung, in: Eler, Cantica sacra 1★–2.★

BENGA, Daniel: David Chytraeus (1530–1600) als Erforscher und Wiederentdecker der Ostkirchen. Seine Beziehungen zu orthodoxen Theologen, seine Erforschungen der Ostkirchen und seine ostkirchlichen Kenntnisse, Erlangen 2001. Digitalisat: http://www.opus.ub.uni-erlangen.de/opus/volltexte/2004/86/pdf/Dissertation%20David%20Chytraeus…%20D%20Benga.pdf (10.05.2005).

BENINI, Marco: Die Feier des Osterfestkreises im Ingolstädter Pfarrbuch des Johannes Eck (LQF 105). Münster 2016.

BENZING, Josef: Die Buchdrucker des 16. und 17. Jahrhunderts im deutschen Sprachgebiet (Beiträge zum Buch- und Bibliothekswesen 12). Wiesbaden² 1982.

BERGER, Teresa: Gender Differences and the Making of Liturgical History. Lifting a Veil on Liturgy's Past (Liturgy, Worship and Society). Farnham, Burlington 2011.

BERGER, Teresa: Liturgiegeschichte und Gendergeschichte. Eine Bestandsaufnahme, in: De Wildt, Kranemann, Odenthal, Zwischen-Raum Gottesdienst, 56–67.

BEUCKERS, Klaus Gereon, PESCHEL, Patricia (Hg.): Kloster Bebenhausen. Neue Forschungen. Tagung der Staatlichen Schlösser und Gärten Baden-Württemberg und des Kunsthistorischen Instituts der Christian-Albrechts-Universität zu Kiel am 30. und 31. Juli 2011 in Kloster Bebenhausen (Wissenschaftliche Beiträge der Staatlichen Schlösser und Gärten Baden-Württemberg 1). Stuttgart (ohne Jahr).

BICKHOFF, Nicole: Frauen im Umfeld württembergischer Reformatoren, in: Rückert, Freiheit 73–76.

BISCHOFF, Bernhard; Zentralinstitut für Kunstgeschichte (Hg.): Mittelalterliche Schatzverzeichnisse 1: Von der Zeit Karls des Großen bis zur Mitte des 13. Jahrhunderts (Veröffentlichungen des Zentralinstituts für Kunstgeschichte in München 4), München 1967.

BLÄNKER, Reinhard, JUSSEN, Bernhard (Hg.): Institutionen und Ereignis. Über historische Praktiken und Vorstellungen gesellschaftlichen Ordnens (VMPIG 138). Göttingen 1998.

BLÄNKER, Reinhard, JUSSEN, Bernhard: Institutionen und Ereignis. Anfragen an zwei alt gewordene geschichtswissenschaftliche Kategorien, in: Blänker, Jussen Institutionen 9–16.

BLANKENBURG, Walter: Art. Eler, Elerus, Franz, in: MGG, Personalteil 6 (2001), 225.

BOETTICHER, Annette von: Chorfrauen und evangelische Damenstifte, in: Jürgensmeier, Schwerdtfeger, Orden 217–242.

BOHATTA, Hanns: Bibliographie der Breviere 1501–1850. Stuttgart² 1963.

BOSSERT, Gustav: Die Hofkantorei unter Herzog Christoph, in: Württembergische Vierteljahreshefte für Landesgeschichte NF 7. 1898, 124–167.

BOSSERT, Gustav: Wie entstand das erste württembergische Gesangbuch, wie sah es aus und wie wurde es vermehrt bis 1711?, in: Württembergische Blätter für Kirchenmusik 15. 1941, 51–69.

BRACHTENDORF, Johannes: Musik als Weg zum Göttlichen? Augustinus und die Anfänge der Kirchenmusik, in: Kirchenmusikalische Mitteilungen 124. 2008, 6–16.

BRADEMANN, Jan, THIES, Kristina (Hg.): Liturgisches Handeln als soziale Praxis. Kirchliche Rituale in der Frühen Neuzeit (Symbolische Kommunikation und gesellschaftliche Wertesysteme 47). Münster 2014.

BRANDENBURG, Alma-Maria: Die Reformation im Kloster Bebenhausen, in: Rückert, Freiheit 258–268.

BRANDIS, Wolfgang: Die Lüneburger Klosterarchive – 800 Jahre schriftliche Überlieferung in den Frauenklöstern des ehemaligen Fürstentums Lüneburg, in: Otte, Klosterleben 313–335.

BRAUCH, Albert: Friedrich Ulrich, in: NDB 5. 1961, 501–502. Digitalisat: https://www.deutsche-biographie.de/artikelNDB_pnd102017433.html (4.2.2019).

BRAUN, Bettina: Die gemischtkonfessionellen Domkapitel im Reich nach dem Westfälischen Frieden. Gelebte Ökumene oder Teilung durch eine unsichtbare Grenze?, in: Roll, Pohle, Myrczek, Grenzen 171–184.

BRECHT, Martin: Das Kloster Blaubeuren und seine Reformation im Licht einiger neuer Quellen, in: Blätter für württembergische Kirchengeschichte 59. 1959, 119–149.

BRECHT, Martin: Die Stuttgarter Hofbibliothek unter Herzog Christoph und Herzog Ulrich, in: Zeitschrift für Württembergische Landesgeschichte 20. 1961, 351–354.

BRECHT, Martin: Die Entwicklung der Alten Bibliothek des Tübinger Stifts in ihrem theologie- und geistesgeschichtlichen Zusammenhang. Eine Untersuchung zur württembergischen Theologie, in: Blätter für württembergische Kirchengeschichte 63. 1963, 3–103.

BRECHT, Martin: Kirchenordnung und Kirchenzucht in Württemberg vom 16. bis zum 18. Jahrhundert (Quellen und Forschungen zur württembergischen Kirchengeschichte 1). Stuttgart 1967.

BRECHT, Martin: Anfänge reformatorischer Kirchenordnung und Sittenzucht bei Johannes Brenz (1969), in: Brecht, Aufsätze 495–516.

BRECHT, Martin: Brenz als Zeitgenosse. Die Reformationsepoche im Spiegel seiner Schriftauslegungen (1970), in: Brecht, Aufsätze 269–299.

BRECHT, Martin (Hg.): Theologen und Theologie an der Universität Tübingen. Beiträge zur Geschichte der Evangelisch-Theologischen Fakultät (Contubernium 15). Tübingen 1977.

BRECHT, Martin: Die Ulmer Kirchenordnung von 1531, die Basler Reformationsordnung von 1529 und die Münsteraner Zuchtordnung von 1533 (1983), in: Brecht, Aufsätze 535–544.

BRECHT, Martin: Reformation zwischen Politik und Bekenntnis. Grundbedingungen der württembergischen Reformation, in: Blätter für württembergische Kirchengeschichte 83/84. 1983/1984, 5–19.

BRECHT, Martin, EHMER, Hermann: Südwestdeutsche Reformationsgeschichte. Zur Einführung der Reformation im Herzogtum Württemberg 1534. Stuttgart 1984.

BRECHT, Martin: Die Reform des Wittenberger Horengottesdienstes und die Entstehung der Zürcher Prophezei, in: Oberman, Saxer, Schindler, Stucki, Reformiertes Erbe 49–62.

BRECHT, Martin: Ausgewählte Aufsätze. Band 1: Reformation. Stuttgart 1995.

BRECHT, Martin, EHMER, Hermann (Hg.): Confessio Virtembergica. Das Württembergische Bekenntnis 1552. Die Originaltexte lateinisch und deutsch. Mit Erläuterungen. Holzgerlingen 1999.

BRECHT, Martin: Der Bau der Württembergischen Kirchenordnung von 1559, in: Arend, Haag, Holtz, Kirchenordnung, 99–125.

BRECHT, Martin: Die Geschichte der Klosterschulen im Spiegel der theologischen Entwicklungen und Strömungen, in: Ehmer, Klumpp, Ott, Klosterschulen 71–85.
BRENDLE, Franz: Art. 3.0.30. Christoph, in: Lorenz, Mertens, Press, Das Haus Württemberg 108–111.
BRENDLE, Franz: Dynastie, Reich und Reformation. Die württembergischen Herzöge Ulrich und Christoph, die Habsburger und Frankreich (Veröffentlichungen der Kommission für Geschichtliche Landeskunde in Baden-Württemberg, Reihe B 141). Stuttgart 1998.
BRENDLE, Franz, SCHINDLING, Anton (Hg.): Religionskriege im Alten Reich und in Alteuropa. Münster 2006.
BROWN, Christopher Boyd: Singing the Gospel. Lutheran Hymns and the Success of the Reformation (Harvard Historical Studies 148). Cambridge, Massachusetts 2005.
BUDDE, Achim: Gemeinsame Tagzeiten. Motivation – Organisation – Gestaltung. PTHe 96). Stuttgart 2013.
BÜCHNER, Arno: Fragen und Anmerkungen zur Geschichte des evangelischen Gottesdienstes in Schlesien nach Einführung der Reformation, in: JSKG.NF 63. 1984, 96–110.
BÜNZ, Enno, FOUQUET, Gerhard (Hg.): Die Pfarrei im späten Mittelalter (VKAMAG 77). Ostfildern 2013.
BÜNZ, Enno, HEIMANN, Heinz-Dieter, NEITMANN, Klaus (Hg.): Reformationen vor Ort. Christlicher Glaube und konfessionelle Kultur in Brandenburg und Sachsen im 16. Jahrhundert (SBVL 20). Berlin 2017.
BÜNZ, Enno: Die mittelalterliche Pfarrei. Ausgewählte Studien zum 13.-16. Jahrhundert (SMHR 96). Tübingen 2017.
BÜRKI, Bruno: Abend- und Morgengebet in der evangelischen Lebenswelt von Neuchâtel (seit dem 18. Jahrhundert), in: Bärsch, Schneider, Liturgie 415–425.
BURGER, Christoph: Direkte Zuwendung zu den „Laien" und Rückgriff auf Vermittler in spätmittelalterlicher katechetischer Literatur, in: Hamm, Lentes, Frömmigkeit 85–109.
CORNELIUS-BUNDSCHUH, Jochen: Liturgik zwischen Tradition und Erneuerung. Probleme protestantischer Liturgiewissenschaft in der ersten Hälfte des 20. Jahrhunderts dargestellt am Werk von Paul Graff (VEGL 23). Göttingen 1991.
CARL, Horst: Art. 3.0.25. Ulrich, in: Lorenz, Mertens, Press, Das Haus Württemberg 103–106.
CONRAD, Anne (Hg.): „In Christo ist weder man noch weyb". Frauen in der Zeit der Reformation und der katholischen Reform (KLK 59). Münster 1999.
CRUSIUS, Irene (Hg.): Zur Säkularisation geistlicher Institutionen im 16. und im 18./19. Jahrhundert (VMPIG 124. StGS 19) Göttingen 1996.
DANNECKER, Klaus Peter: Taufe, Firmung und Erstkommunion in der ehemaligen Diözese Konstanz. Eine liturgiegeschichtliche Untersuchung der Initiationssakramente (LQF 92). Münster 2005.
DASCHNER, Dominik: Die gedruckten Meßbücher Süddeutschlands bis zur Übernahme des Missale Romanum Pius V. (1570) (RSTh 47). Frankfurt am Main 1995.
DE WILDT, Kim, KRANEMANN, Benedikt, ODENTHAL, Andreas (Hg.): Zwischen-Raum Gottesdienst. Beiträge zu einer multiperspektivischen Liturgiewissenschaft (PTHe 144). Stuttgart 2016.
DEBARD, Jean-Marc: Art. 4.1.1. Ludwig Friedrich, in: Lorenz, Mertens, Press, Das Haus Württemberg 178–180.
DECKER-HAUFF, Hansmartin, EBERL, Immo (Hg.): Blaubeuren. Die Entwicklung einer Siedlung in Südwestdeutschland. Sigmaringen 1986.

DEETJEN, Werner-Ulrich: Die Reformation der Benediktinerklöster Lorch und Murrhardt unter Herzog Ulrich und das „Judicium de votis monasticis" vom Dezember 1535, in: Blätter für württembergische Kirchengeschichte 76. 1976, 62–115.

DEETJEN, Werner-Ulrich: Studien zur Württembergischen Kirchenordnung Herzog Ulrichs 1534–1550. Das Herzogtum Württemberg im Zeitalter Herzog Ulrichs (1598–1550), die Neuordnung des Kirchengutes und der Klöster (1534–1547) (Quellen und Forschungen zur württembergischen Kirchengeschichte 7). Stuttgart 1981.

DEETJEN, Werner-Ulrich: „So klagen wir das Gott im Himmel". Der Kampf um die Klosterreformation 1534/1547. Gedanken zu einem Krisenkapitel württembergischer Kirchengeschichte, in: BWKG 88. 1988, 22–52.

DESPLENTER, Youri: El salterio y breviario laico en neerlandés medieval. Libros escritos por hombres para dominar la devoción femenina?, in: Teología y Vida 47. 2006, 443–456.

DINZELBACHER, Peter, BAUER, Dietrich R. (Hg.): Heiligenverehrung in Geschichte und Gegenwart. Ostfildern 1990.

DIVINA OFFICIA. Liturgie und Frömmigkeit im Mittelalter. Katalog zur Ausstellung der Herzog August Bibliothek Wolfenbüttel und des Dom-Museums Hildesheim in der Bibliotheca Augusta vom 28. November 2004 bis 31. Juli 2005, bearbeitet von Patricia Carmassi (Ausstellungskataloge der Herzog August Bibliothek 83). Wolfenbüttel 2004.

DÖSINGER, Franziska: Vom geistlichen Stand und sittlichem Lebenswandel. Niedersächsische evangelische Klöster zwischen landesherrlicher Norm und alltäglicher Frömmigkeitspraxis, in: Otte, Klosterleben 179–202.

DOSE, Hanna: Evangelischer Klosteralltag. Leben in Lüneburger Frauenkonventen 1590–1710 untersucht am Beispiel Ebsdorf (VHKNS 35). Hannover 1994.

DRECOLL, Volker Henning: Das Symbol Quicumque als Kompilation augustinischer Tradition, in: ZAC 11. 2007, 30–56.

DRECOLL, Volker Henning, BAUR, Juliane, SCHÖLLKOPF, Wolfgang (Hg.): Stiftsköpfe. Tübingen 2012.

DRECOLL, Volker Henning (Hg.): 750 Jahre Augustinerkloster und Evangelisches Stift in Tübingen (CHT 3). Tübingen 2018.

DREVES, BLUME, AHMA = Dreves, Guido Maria, (ab 24) Blume, Clemens: Analecta Hymnica Medii Aevi 1–55. Leipzig 1886–1922, unveränderter Nachdruck Frankfurt am Main 1961.

DRÖMANN, Hans-Christian: Das Abendmahl nach den Württemberger Ordnungen, in: Pahl, Coena Domini I, 245–264.

EBERL, Immo: Art. Blaubeuren, in: Quarthal, Benediktinerklöster 160–174.

EBERL, Immo: Vom Kloster zur Klosterschule. Die Entwicklung der „großen Mannsklöster" im Herzogtum Württemberg unter den Herzögen Ulrich und Christoph, in: Blätter für württembergische Kirchengeschichte 89. 1989, 5–26.

EBERL, Immo: Die evangelischen Klosterschulen des Herzogtums Württemberg. Katholische Klostertraditionen in evangelischer Theologenausbildung, in: Otte, Klosterleben 21–38.

EBERLEIN, Christoph: Art. 4.5.1. Friedrich Carl, in: Lorenz, Mertens, Press, Das Haus Württemberg 233–237.

EHLERS, Joachim: Dom- und Klosterschulen in Deutschland und Frankreich im 10. und 11. Jahrhundert, in: Kintzinger, Lorenz, Walter, Schule 29–52.

EHMER, Hermann: Der Humanismus an den evangelischen Klosterschulen in Württemberg, in: Reinhard, Humanismus 121–133.

EHMER, Hermann: Blaubeuren und die Reformation, in: Decker-Hauff, Eberl, Blaubeuren 265–299.

EHMER, Hermann: Lorch und die Reformation, in: Lorch. Beiträge zur Geschichte von Stadt und Kloster (Heimatbuch der Stadt Lorch 1). Lorch 1990, 229–251.

EHMER, Hermann: Jakob Schropp 1528–1594. Katholischer Mönch und evangelischer Abt, in: Vaihinger Köpfe. Biographische Porträts aus fünf Jahrhunderten (Schriftenreihe der Stadt Vaihingen an der Enz 8). Vaihingen an der Enz 1993, 21–40.

EHMER, Hermann: Vom Kloster zur Klosterschule. Die Reformation in Maulbronn, in: Maulbronn. Zur 850jährigen Geschichte des Zisterzienserklosters. Hg. vom Landesdenkmalamt Baden-Württemberg (Forschungen und Berichte der Bau- und Kunstdenkmalpflege in Baden-Württemberg 7,2). Stuttgart 1997, 59–82.

EHMER, Hermann: Alte Christen – Neue Christen. Einführung und Durchsetzung der Reformation in Württemberg, in: Rückert, Alte Christen 9–15.

EHMER, Hermann: Die Maulbronner Klosterschule. Zur Bewahrung zisterziensischen Erbes durch die Reformation, in: Rückert, Planck, Anfänge 233–246.

EHMER, Hermann: Die Klosterschule 1556–1595, in: Alpirsbach. Zur Geschichte von Kloster und Stadt. Hg. vom Landesdenkmalamt Baden-Württemberg (Forschungen und Berichte der Bau- und Kunstdenkmalpflege in Baden-Württemberg 10). Stuttgart 2001, 677–707.

EHMER, Hermann: Die Reformation in Herrenalb. Das Ende des Klosters und der Versuch eines Neubeginns, in: 850 Jahre Kloster Herrenalb. Auf Spurensuche nach den Zisterziensern. Hg. von Peter Rückert und Hansmartin Schwarzmaier (Oberrheinische Studien 19). Stuttgart 2001, 139–166.

EHMER, Hermann: Ende und Verwandlung – Südwestdeutsche Stiftskirchen in der Reformationszeit, in: Lorenz, Auge, Stiftskirche, 211–237.

EHMER, Hermann, KLUMPP, Martin, OTT, Ulrich (Hg.): Evangelische Klosterschulen und Seminare in Württemberg 1556–2006. Lernen – Wachsen – Leben. Stuttgart 2006.

EHMER, Hermann: Die evangelischen Klosterschulen und Seminare in Württemberg 1556–1928, in: Ehmer, Klumpp, Ott, Klosterschulen 11–34.

EHMER, Hermann: Das berühmte Gegenstück – Die sächsischen Fürstenschulen, in: Ehmer, Klumpp, Ott, Klosterschulen 113–120.

EHMER, Hermann: Klosterschulen im Übergang. Entstehung und Ausbau der Evangelischtheologischen Seminare, in: BWKG 107. 2007, 121–138.

EHMER, Hermann: Stift Oberstenfeld. Ostfildern 2016.

EHMER, Hermann: Martin Luther und die Reformation in Württemberg, in: Rückert, Freiheit 22–28.

EHMER, Hermann: Vom Augustinerkloster zum herzoglichen Stipendium. Das Stift als Modellfall der Klosterreformation?, in: Drecoll, Augustinerkloster 65–82.

EHRENSPERGER, Alfred: Der Gottesdienst in der Stadt St. Gallen, im Kloster und in den fürstäbtischen Gebieten vor, während und nach der Reformation (Geschichte des Gottesdienstes in den evangelisch-reformierten Kirchen der Deutschschweiz 3). Zürich 2012.

EHRENSPERGER, Alfred: Katholische Traditionselemente in der frühen eidgenössischen Reformation, in: LJ 64. 2014, 91–113.

EHRENSPERGER, Alfred: Geschichte des Gottesdienstes in Zürich Stadt und Land im Spätmittelalter und in der frühen Reformation bis 1531 (Geschichte des Gottesdienstes in den evangelisch-reformierten Kirchen der Deutschschweiz 5). Zürich 2019.

ELER, Franz: Cantica sacra. Mit einer Einleitung von Klaus Beckmann. Hildesheim, Zürich, New York 2002 (Nachdruck des Exemplars der Stadtbibliothek Lübeck, Sign.: Theol. pract. 8° 2722).

ELIAS, Otto-Heinrich: Art. 6.0.19. Wilhelm I., in: Lorenz, Mertens, Press, Das Haus Württemberg 302–308.

ELM, Kaspar: Art. Windesheim, Windesheimer Kongregation, in: LThK³ 10, 1224–1225.

ENGEMANN, Wilfried: Kommunikation des Evangeliums als interdisziplinäres Projekt. Praktische Theologie im Dialog mit außertheologischen Wissenschaften, in: Grethlein, Schwier, Praktische Theologie 137–232.

ERBACHER, Hermann: Die Gesang- und Choralbücher der lutherischen Markgrafschaft Baden-Durlach 1556–1821 (VVKGB 35). Karlsruhe 1984.

ERBACHER, Rhabanus OSB: Martin Luther und das Salve Regina, in: Arbeitsstelle Gottesdienst. Informations- und Korrespondenzblatt 36. 1999, 15–26.

ERBACHER, Rhabanus OSB: Colligite fragmenta quae superaverunt, ne pereant (Joh. 6,12), in: Nomayo, Cantica sacra 52–131.

FALK, Franz: Die Gegner der Antiphon Salve Regina im Reformationszeitalter, in: Der Katholik 83. 1903, 350–354.

FAUST, Ulrich: Die Benediktiner, in: Jürgensmeier, Schwerdtfeger, Orden 11–46.

FAIX, Gerhard: Gabriel Biel und die Brüder vom Gemeinsamen Leben. Quellen und Untersuchungen zu Verfassung und Selbstverständnis des Oberdeutschen Generalkapitels (Spätmittelalter und Reformation. NR 11). Tübingen 1999.

FENSKE, Wolfgang: „Und mit seinem Geiste". Erwägungen zum Eigenrecht liturgischer Texte am Beispiel eines eigentümlichen Responsums in der Meßliturgie der Breslauer Lutheraner (um 1835), in: LuThK 29. 2005, 122–128.

FERENCZI, Ilona: *Salve regina – Salve rex*. Inhaltliche Veränderungen in den ungarischen protestantischen Antiphon- und Hymnusübersetzungen, in: JLH 44, 2005, 174–183.

FERENCZI, Ilona: Conditor alme siderum. Ergänzung zu der Kontrafaktur-Familie „Salve Regina – Salve Rex" in: JLH 51. 2012, 195–202.

FIGEL, Matthias: Der reformatorische Predigtgottesdienst. Eine liturgiegeschichtliche Untersuchung zu den Ursprüngen und Anfängen des evangelischen Gottesdienstes in Württemberg (QFWKG 24). Epfendorf 2013.

FISCHER, Albert: Die Ordnung der evangelischen Gottesdienste in der Metropolitankirche zu Magdeburg zu Anfang des 17. Jahrhunderts, in: GBSLM 7. 1872, 129–146.

FISCHER, Joachim: Art. 4.0.15. Eberhard III., in: Lorenz, Mertens, Press, Das Haus Württemberg 152–155.

FISCHER, Joachim: Art. 4.0.28. Wilhelm Ludwig, in: Lorenz, Mertens, Press, Das Haus Württemberg 161–162.

FLÖTER, Jonas, WARTENBERG, Günther (Hg.), Die sächsischen Fürsten- und Landesschulen. Interaktion von lutherisch-humanistischem Erziehungsideal und Eliten-Bildung (Schriften zur sächsischen Geschichte und Volkskunde 9). Leipzig 2004.

FRANDSEN, Mary E.: *Salve Regina / Salve Rex Christe*: Lutheran Engagement with the Marian Antiphons in the Age of Orthodoxy and Piety, in: MusDisc 55. 2010, 129–218.

FRANK, Günter, LEPPIN, Volker (Hg.): Die Reformation und ihr Mittelalter (Melanchthon-Schriften der Stadt Bretten 14). Stuttgart-Bad Cannstadt 2016.

FRANKE, Hans Michael CRV: Der Liber Ordinarius der Regularkanoniker der Windesheimer Kongregation (Studia Vindesemensia II/1). Leverkusen-Opladen, Bonn 1981.

FRAUENKNECHT, Erwin: Kloster und Landesherr: Herzog Ulrich von Württemberg und das Kloster Maulbronn, in: Rückert, Freiheit 243–250.

FRISCH, Michael: Das Restitutionsedikt Kaiser Ferdinands II. vom 6. März 1629. Eine rechtsgeschichtliche Untersuchung (JusEcc 44). Tübingen 1993.
FRITZ, Johann Michael (Hg.): Die bewahrende Kraft des Luthertums. Mittelalterliche Kunstwerke in evangelischen Kirchen. Regensburg 1997.
FRITZ, Johann Michael: Das evangelische Abendmahlsgerät in Deutschland. Vom Mittelalter bis zum Ende des Alten Reiches. Mit Beiträgen von Martin Brecht, Jan Harasimowicz und Annette Reimers, Leipzig 2004.
FROGER, Jacques: Les origines de Prime (BEL.H 19). Roma 1946.
FUCHS, Franz: Spätmittelalterliche Pfarrbücher als Quellen für die dörfliche Alltagsgeschichte, in: Bünz, Fouquet, Pfarrei 213–232.
FUGGER, Dominik, KRANEMANN, Benedikt, LAGAUDE, Jenny (Hg.): Ritual und Reflexion. Historische Beiträge zur Vermessung eines Spannungsfeldes. Darmstadt 2015.
GECK, Martin: Luthers Lieder. Leuchttürme der Reformation. Hildesheim 2017.
GEMEINHARDT, Peter, HEYDEN, Katharina (Hg.): Communio Sanctorum. Heilige, Heiliges und Heiligkeit in spätantiken Religionskulturen (RGVV 61). Berlin 2012.
GERCHOW, Jan: Die Gedenküberlieferung der Angelsachsen. Mit einem Katalog der libri vitae und Necrologien (AFMF 20). Berlin, New York 1988.
GERHARDS, Albert: Evangelisches Tagzeitenbuch, in: JLH 38. 1999, 125–137.
GERHARDS, Albert, SCHNEIDER, Matthias (Hg.): Der Gottesdienst und seine Musik. Band 2: Liturgik: Gottesdienstformen und ihre Handlungsträger (Enzyklopädie der Kirchenmusik 4/2). Laaber 2014.
GERHARDS, Albert, KRANEMANN, Benedikt (Hg.): Dynamik und Diversität des Gottesdienstes. Liturgiegeschichte in neuem Licht (QD 289). Freiburg i. Br. 2018.
GERMAN, Kinga: Sakramentsnischen und Sakramentshäuser in Siebenbürgen. Die Verehrung des Corpus Christi. Petersberg 2014.
GEYER, Albert: Geschichte des Cisterzienserklosters Michaelstein, in: Geschichte der Burgen und Klöster des Harzes V. Leipzig, nach 1891.
GILDAY, Patrick: Towards a Context for Luther's Musical Thought. The Theological Value of Musica in Sixteenth-Century German Anti-Lutheran Polemic, in: Klaper, Luther 39–70.
GLUECKLER, Ingo: Menschensatzung und Gotteswort: Die reformatorische Wende des Alpirsbacher Priors Ambrosius Blarer, in: Rückert, Freiheit 295–300.
GÖTZE, Ludwig: Urkundliche Geschichte der Stadt Stendal. Stendal 1873.
GOLTZEN, Herbert: Der tägliche Gottesdienst. Die Geschichte des Tagzeitengebets, seine Ordnung und seine Erneuerung in der Gegenwart, in: Müller, Blankenburg, Leiturgia 3, 99–296.
GOTTHARD, Axel: Konfession und Staatsräson. Die Außenpolitik Württembergs unter Herzog Johann Friedrich (1608–1628) (Veröffentlichungen der Kommission für geschichtliche Landeskunde in Baden-Württemberg. Reihe B: Forschungen 126). Stuttgart 1992.
GOTTHARD, Axel: Art. 4.0.3. Johann Friedrich, in: Lorenz, Mertens, Press, Das Haus Württemberg 142–146.
GRAF, Klaus: Lorch, Benediktiner, in: Zimmermann, Priesching, Klosterbuch 328–330.
GRAFF, Paul: Geschichte der Auflösung der alten gottesdienstlichen Formen in der evangelischen Kirche Deutschlands. Bd. I–II. Göttingen² 1937 (Nachdruck Waltrop 1994).
GREINER, Siegfried: Von der Benediktinerabtei zur evangelischen Prälatur und Klosterschule (1556–1569), in: Hirsau St. Peter und Paul 1091–1991 II. Geschichte, Lebens- und Verfassungsformen eines Reformklosters, hg. vom Landesdenkmalamt Baden-Württem-

berg (Forschungen und Berichte der Archäologie des Mittelalters in Baden-Württemberg 10/2). Stuttgart 1991, 395–413.

GRETHLEIN, Christian, SCHWIER, Helmut (Hg.): Praktische Theologie. Eine Theorie- und Problemgeschichte (APrTh 33). Leipzig 2007.

GRETHLEIN, Christian: Praktische Theologie. Berlin, Boston 2012.

GROSS, Werner: Das Wilhelmsstift Tübingen 1817–1869. Theologenausbildung im Spannungsfeld von Staat und Kirche (Contubernium 32). Tübingen² 1984.

GRUBE, Walter: Altwürttembergische Klöster vor und nach der Reformation, in: BDLG 109. 1973, 139–150.

GÜNTHER, Rudolf: Brenzens Anschauung vom Gottesdienst und sein Einfluß auf die Gottesdienstordnung der lutherischen Kirchen Südwestdeutschlands, in: Monatsschrift für Gottesdienst und kirchliche Kunst 6. 1901, 45–143.

GÜTERMANN, Sven: Die Stuhlbrüder des Speyerer Domstifts. Betbrüder, Kirchendiener und Almosener des Reichs (Bensheimer Forschungen zur Personengeschichte 2). Frankfurt am Main 2014.

HAAG, Simon M. (Hg.): Die Lorcher Chorbücher. Aufsätze zur Sonderausstellung „500 Jahre Lorcher Chorbücher" im Kloster Lorch vom 13.09. bis 14.10.2012. Heidelberg, Ubstadt-Weiher, Basel 2016.

HAAG, Simon M.: Lorch an der Wende vom Mittelalter zur Frühen Neuzeit, in: Haag, Chorbücher 49–84.

HAAS, Irmgard: Leben im Kollegiatstift St. Blasii in Braunschweig. Die liturgischen Stiftungen und ihre Bedeutung für Gottesdienst und Wirtschaft (Braunschweiger Werkstücke 113/A 54). Braunschweig 2011.

HÄUSSLING, Angelus Albert: Mönchskonvent und Eucharistiefeier. Eine Studie über die Messe in der abendländischen Klosterliturgie des frühen Mittelalters und zur Geschichte der Meßhäufigkeit (LQF 58). Münster 1973.

HÄUSSLING, Angelus Albert: Christliche Identität aus der Liturgie. Theologische und historische Studien zum Gottesdienst der Kirche, hg. von Martin Klöckener, Benedikt Kranemann und Michael B. Merz (LQF 79). Münster 1997.

HÄUSSLING, Angelus Albert: Liturgiereform. Materialien zu einem neuen Thema der Liturgiewissenschaft (1989), in: Häussling, Identität 11–45.

HÄUSSLING, Angelus Albert: Luther und das Stundengebet (1988), in: Häussling, Identität 231–240.

HÄUSSLING, Angelus Albert OSB: Tagzeitenliturgie in Geschichte und Gegenwart. Historische und theologische Studien. Hg. von Martin Klöckener (LQF 100). Münster 2012.

HÄUSSLING, Angelus Albert OSB: Tagzeitenliturgie, in: Häussling, Tagzeitenliturgie 24–34.

HÄUSSLING, Angelus Albert OSB: Stundengebet, in: Häussling, Tagzeitenliturgie 35–43.

HAHN, Elena: Die Reformation im Kloster Alpirsbach, in: Rückert, Freiheit 282–287.

HAHN, Joachim, MAYER, Hans: Das Evangelische Stift in Tübingen. Geschichte und Gegenwart – Zwischen Weltgeist und Frömmigkeit. Stuttgart 1985.

HAHN, Joachim: Baugeschichtlicher Abriß, in: Hahn, Mayer, Das Evangelische Stift 226–275.

HALBAUER, Karl: Die Marienkirche in Upfingen und der Umgang mit ihrer vorreformatorischen Ausstattung, in: Rückert, Freiheit 151–166.

HALLINGER, Kassius: Gorze – Cluny. Studien zu den monastischen Lebensformen und Gegensätzen im Hochmittelalter 1–2 (StudAns 24–25). Rom 1951.

HAMM, Berndt, LENTES, Thomas, (Hg.): Spätmittelalterliche Frömmigkeit zwischen Ideal und Praxis (SuR.NR 15). Tübingen 2001.

HANKE, Gregor M. OSB: Vesper und Orthros des Kathedralritus der Hagia Sophia zu Konstantinopel. Eine strukturanalytische und entwicklungsgeschichtliche Untersuchung unter besonderer Berücksichtigung der Psalmodie und der Formulare in den Euchologien I–II (JThF 21). Münster 2018.

HARTER, Hans: Alpirsbach, in: Zimmermann, Priesching, Klosterbuch 170–172.

HAUER, Wolfram: Lokale Schulentwicklung und städtische Lebenswelt. Das Schulwesen in Tübingen von seinen Anfängen im Spätmittelalter bis 1806 (Contubernium 57). Wiesbaden, Stuttgart 2003.

HAUG-MORITZ, Gabriele: Art. 5.0.1. Carl Alexander, in: Lorenz, Mertens, Press, Das Haus Württemberg 254–256.

HAUG-MORITZ, Gabriele: Art. 5.0.3. Carl Eugen, in: Lorenz, Mertens, Press, Das Haus Württemberg 258–264.

HAUG-MORITZ, Gabriele: Art. 5.0.6. Ludwig Eugen, in: Lorenz, Mertens, Press, Das Haus Württemberg 266–268.

HAUG-MORITZ, Gabriele: Der Schmalkaldische Krieg (1546/47) – ein kaiserlicher Religionskrieg?, in: Brendle, Schindling, Religionskriege 93–105.

HAYE, Thomas (Hg.): Humanismus im Norden. Frühneuzeitliche Rezeption antiker Kultur und Literatur an Nord- und Ostsee (Chloe 32). Amsterdam, Atlanta 2000.

HECKEL, Martin: Das Problem der „Säkularisation" in der Reformation, in: Crusius, Säkularisation 31–56.

HEGEL, Eduard: St. Kolumba in Köln. Eine mittelalterliche Großstadtpfarrei in ihrem Werden und Vergehen (SKKG 30). Siegburg 1996.

HEIDRICH, Jürgen: „deütsch oder lateinisch nach bequemigkeit?" Zur Bedeutung der Volkssprache für die protestantische Vesperpraxis des 16. Jahrhunderts, in: KMJ 82. 1998, 7–20.

HEIDRICH, Jürgen: Protestantische Kirchenmusikanschauung in der zweiten Hälfte des 18. Jahrhunderts. Studien zur Ideengeschichte ‚wahrer' Kirchenmusik (Abhandlungen zur Musikgeschichte 7). Göttingen 2001.

HEIMING, Odilo: Zum monastischen Offizium von Kassianus bis Kolumbanus, in: ALw 7/1. 1961, 89–156.

HEINZER, Felix: Karwoche in Blaubeuren. Zur liturgischen Nutzung von Chor und Klosterkirche, in: Moraht-Fromm, Schürle, Kloster Blaubeuren 33–39; 247–248.

HEINZER, Felix: Reformliturgie: Ihre Bücher und ihr Raum. Grundsätzliche Überlegungen am Beispiel Blaubeurens, in: Moraht-Fromm, Kunst 101–111.

HEINZER, Felix: Klosterreform und mittelalterliche Buchkultur im deutschen Südwesten (MLST 39). Leiden 2008.

HEINZER, Felix: Der Hirsauer ‚Liber Ordinarius' (1992), in: Heinzer, Klosterreform 185–223.

HEINZER, Felix: Maulbronn und die Buchkultur Südwestdeutschlands im 12. und 13. Jahrhundert (1999), in: Heinzer, Klosterreform 409–436.

HEINZER, Felix: Reform und Reformation, Landesherr und Kloster – die Lorcher Chorbücher von 1511/12 und Herzog Ulrich, in: Rückert, Alte Christen 16–24.

HEINZER, Felix: Die Lorcher Chorbücher im Spannungsfeld von klösterlicher Reform und landesherrlichem Anspruch (2004), in: Heinzer, Klosterreform 523–549.

Helten, Leonhard, Lück, Heiner, Bünz, Enno (Hg.): Das ernestinische Wittenberg: Die Allerheiligenstifts-, Schloß- und Universitätskirche (1486–1547) (Wittenberg-Forschungen Band 5). Petersberg 2019.

Henrich, Rainer: Das württembergische Bilderdekret vom 7. Oktober 1537 – ein unbekanntes Werk Ambrosius Blarers, in: BWKG 97. 1997, 9–21.

Hermelink, Heinrich: Die theologische Fakultät in Tübingen vor der Reformation 1477 – 1534. Tübingen 1906.

Hertel, Gustav: Die Annahme der Reformation durch das Magdeburger Domkapitel. Magdeburg 1895.

Hesbert, AntS = Antiphonale Missarum Sextuplex. Éd. par René-Jean Hesbert d'après le Graduel de Monza et les Antiphonaires de Rheinau, du Mont-Blandin, de Compiègne, de Corbie et de Senlis. Bruxelles 1935. Nachdruck Rome 1967

Hesbert, CAO = René-Jean Hesbert, Corpus Antiphonalium Officii 1–6 (RED.F 7–12). Roma 1963–1979.

Hesse, Hermann: Unterm Rad. Erzählung (1906). Leipzig[5] 1986.

Heutger, Nicolaus C.: Das Nachleben der alten monastischen und stiftischen Formen in nachreformatorischer Zeit in Niedersachsen. Hildesheim 1961.

Heutger, Nicolaus: Das Kloster Loccum im Rahmen der zisterziensischen Ordensgeschichte. Zum 100. Geburtstag von Johannes XI. Lilje Abt zu Loccum und zur Expo 2000 (Forschungen zur niedersächsischen Ordensgeschichte 4). Hannover 1999.

Heutger, Nicolaus: Kloster Walkenried. Geschichte und Gegenwart (Studien zur Geschichte, Kunst und Kultur der Zisterzienser 27). Berlin 2007.

Hinz, Ulrich: Die Brüder vom Gemeinsamen Leben im Jahrhundert der Reformation. Das Münstersche Kolloquium (SuR.NR 9). Tübingen 1997.

Hoffmann, Birgit: Das Kloster zur Ehre Gottes in Wolfenbüttel. Anspruch und Wirklichkeit neuzeitlichen Stiftlebens, in: Otte, Klosterleben 281–297.

Holtz, Sabine: Schule und Reichsstadt. Bildungsangebote in der Freien Reichsstadt Esslingen am Ende des späten Mittelalters, in: Kintzinger, Lorenz, Walter, Schule 441–468.

Holtz, Sabine: Promotion erwünscht. Bildungsstandards der politischen Elite in Württemberg im 17. Jahrhundert. Ein Vergleich mit der sächsischen Bildungskonzeption, in: Flöter, Wartenberg, Landesschulen 195–212.

Holtz, Sabine: Tübingen, Kollegiatstift, in: Zimmermann, Priesching, Klosterbuch 474–475.

Holtz, Sabine: Legitimation von Reform durch Tradition. Die Württembergische Kirchenordnung von 1559 als autoritativer Maßstab für Bildungsreformen, in: Arend, Haag, Holtz, Kirchenordnung, 191–204.

Holzem, Andreas: Die Wissensgesellschaft der Vormoderne. Die Transfer- und Transformationsdynamik des ‚religiösen Wissens', in: Ridder, Patzold, Die Aktualität der Vormoderne 233–265.

Holzem, Andreas: Christentum in Deutschland 1550–1850. Konfessionalisierung – Aufklärung – Pluralisierung 1–2. Paderborn 2015.

Honemann, Volker, Palmer, Nigel F. (Hg.): Deutsche Handschriften 1100–1400. Oxforder Kolloquium 1985, Tübingen 1988.

Hori, Hidehico: „der gantz psalter Dauids" (1569) von Sigmund Hemmel. Tübingen 1991.

Jacobs, Eduard: Die Kleinodien und Paramente des Jungfrauenklosters Drübeck. Ornat und Kirchengebräuche nach der Kirchenreformation, in: ZHVG 4. 1871, 208–221.

Jarecki, Walter: Die Domprediger Huberinus (1569) und Rimphoff (1639) als Kanoniker des Verdener Andreasstifts und ihre Kritik am Stiftsleben, in: Otte, Klosterleben 153–164.

JASPERT, Bernd: Mönchtum und Protestantismus. Probleme und Wege der Forschung seit 1877.
   Band 1: Von Hermann Weingarten bis Heinrich Boehmer (RBS.S 11). St. Ottilien 2005.
   Band 2: Von Karl Heussi bis Karl Barth (RBS.S 15). St. Ottilien 2006.
   Band 3: Von Karlmann Beyschlag bis Martin Tetz (RBS.S 19). St. Ottilien 2007.
JEITNER, Christa-Maria: Der Textilbestand im Dom zu Brandenburg und seine Geschichte, in: Heilige Gewänder – Textile Kunstwerke. Die Gewänder des Doms zu Brandenburg im mittelalterlichen und lutherischen Gottesdienst. Begleitband zum Katalog Liturgische Gewänder und andere Paramente im Dom zu Brandenburg (Schriften des Domstifts Brandenburg 1). Regensburg 2005, 35–51.
JONAS, Michael: Mikroliturgie. Liturgische Kleinformeln im frühen Christentum (STAC 98). Tübingen 2015.
JOPPICH, Godehard: Die Bivirga auf der Endsilbe eines Wortes – Ein Beitrag zur Frage des Wort-Ton-Verhältnisses im Gregorianischen Choral, in: BzG 3. 1986, 73–95.
JÜRGENSMEIER, Friedhelm, SCHWERDTFEGER, Regina Elisabeth (Hg.), Orden und Klöster im Zeitalter der Reformation und katholischer Reform 1500–1700, Band 1 (KLK 65). Münster 2005.
JUNGMANN, Josef Andreas SJ (Hg.): Brevierstudien. Referate aus der Studientagung von Assisi 14.-17. September 1956. Trier 1958.
JUNGMANN, MS = Jungmann, Josef Andreas: Missarum Sollemnia. Eine genetische Erklärung der römischen Messe, 1–2. Wien, Freiburg, Basel^5 1962.
KADE, Otto: Auserwählte Tonwerke der berühmtesten Meister des 15. und 16. Jahrhunderts. Eine Beispielsammlung zu dem dritten Bande der Musikgeschichte von A. W. Ambros nach dessen unvollendet hinterlassenem Notenmaterial mit zahlreichen Vermehrungen (Geschichte der Musik 5). Leipzig^3 1911.
KAISER, Jochen: „Gefeierte Ökumene" im Widerstreit der Konfessionen. Eine Gegenthese zur Annahme einer gemischtkonfessionellen Stundenliturgie des Domkapitels in Halberstadt, in: ALw 56. 2014, 223–234.
KAUFMANN, Thomas: Geschichte der Reformation. Frankfurt am Main, Leipzig 2009.
KEYTE, Hugh, PARROT, Andrew (Eds.), The New Oxford Book of Carols. Oxford, New York^2 1994.
KINTZINGER, Martin, LORENZ, Sönke, WALTER, Michael (Hg.): Schule und Schüler im Mittelalter. Beiträge zur europäischen Bildungsgeschichte des 9. bis 15. Jahrhunderts. Köln 1996.
KITTELBERGER, Gerhard: Denkendorf, in: Zimmermann, Priesching, Klosterbuch 210–213.
KLAPER, Michael (Hg.): Luther im Kontext. Reformbestrebungen und Musik in der ersten Hälfte des 16. Jahrhunderts (Studien und Materialien zur Musikwissenschaft 95). Hildesheim 2016.
KLEMM, Hermann: Streiflichter aus der Bistumsgeschichte, in: Liebe, Klemm, Meissen 125–150.
KLÖCKENER, Martin, KRANEMANN, Benedikt: Eine evangelische Offiziumsordnung aus dem Herforder Damenstift St. Marien auf dem Berge vom Ende des 16. Jahrhunderts, in: Schirmeister, Frauen 247–260.
KLÖCKENER, Martin: Die Bulle „Quo primum" Papst Pius' V. vom 14. Juli 1570 zur Promulgation des nachtridentinischen *Missale Romanum*. Liturgische Quellentexte lateinisch-deutsch 2, in: ALw 48. 2006, 41–51.

KLUETING, Harm: Enteignung oder Umwidmung? Zum Problem der Säkularisation im 16. Jahrhundert, in: Crusius, Säkularisation 57–83.

KOCH, Eduard Emil: Geschichte des Kirchenlieds und Kirchengesangs mit besonderer Rücksicht auf Würtemberg 1: Die Dichter und Sänger. Stuttgart 1847. Digitalisat: https://reader.digitale-sammlungen.de/de/fs1/object/display/bsb10590699900460.html (3.2.2019).

KOCH, Ernst: Fürbitte für die ganze Christenheit. Zur Geschichte des Tagzeitengebetes im deutschsprachigen Raum bis zum Ende des 18. Jahrhunderts, in: JLH 45. 2006, 81–102.

KOCH, Lucia: „Eingezogenes stilles Wesen"? Protestantische Damenstifte an der Wende zum 17. Jahrhundert, in: Conrad, Frauen 199–230.

KÖPF, Ulrich: Protestantismus und Heiligenverehrung, in: Dinzelbacher, Bauer, Heiligenverehrung 320–344.

KÖPF, Ulrich: Aus den Anfängen der Tübinger Theologischen Fakultät, in: Lorenz, Bauer, Auge, Tübingen, 223–239.

KÖPF, Ulrich, LORENZ, Sönke, BAUER, Dieter R. (Hg.): Die Universität Tübingen zwischen Reformation und Dreißigjährigem Krieg. (Festgabe für Dieter Mertens zum 70. Geburtstag; Tübinger Bausteine zur Landesgeschichte 14). Ostfildern 2010.

KÖPF, Ulrich: Die Tübinger Theologische Fakultät zwischen Reformation und Dreißigjährigem Krieg, in: Köpf, Lorenz, Bauer, Universität 101–118.

KÖPF, Ulrich (Hg.): Die Universität Tübingen zwischen Orthodoxie, Pietismus und Aufklärung (Tübinger Bausteine zur Landesgeschichte 25). Ostfildern 2014.

KÖPF, Ulrich: Die Lehre an der Tübinger Theologischen Fakultät im Zeichen der Orthodoxie, in: Köpf, Universität 65–90.

KÖPF, Ulrich: Der Alpirsbacher Konvent zwischen Reform und Reformation, in: Rückert, Freiheit 288–294.

KÖPF, Ulrich: Das Tübinger Augustinereremitenkloster und die Anfänge der Universität Tübingen, in: Drecoll, Augustinerkloster 11–33.

KÖPF, Ulrich: Monastische Theologie und Protestantismus. Gesammelte Schriften. Tübingen 2018.

KOHLS, Ernst-Wilhelm: Ein Abschnitt aus Martin Bucers Entwurf für die Ulmer Kirchenordnung vom Jahr 1531, in: Blätter für württembergische Kirchengeschichte 60/61. 1969/1961, 177–213.

KOLB, Christoph: Die Geschichte des Gottesdienstes in der evangelischen Kirche Württembergs. Stuttgart 1913.

KOLDAU, Linda Maria: Frauen – Musik – Kultur. Ein Handbuch zum deutschen Sprachgebiet der Frühen Neuzeit. Köln, Weimar, Wien 2005.

KORTH, Hans-Otto (Hg.): Lass uns leuchten des Lebens Wort. Die Lieder Martin Luthers. Halle 2017.

KRANEMANN, Benedikt: Liturgien unter dem Einfluss der Reformation, in: Bärsch, Kranemann, Geschichte 425–479.

KREITZER, Beth: Reforming Mary. Changing Images of the Virgin Mary in Lutheran Sermons of the Sixteenth Century (Oxford Studies in Historical Theology). Oxford 2004.

KREMER, Joachim: Musikgeschichtliche Weichenstellungen der Reformation in Württemberg, in: Rückert, Freiheit 201–205.

KRENTZ, Natalie: Ritualwandel und Deutungshoheit. Die frühe Reformation in der Residenzstadt Wittenberg (1500–1533) (SMHR 74). Tübingen 2014.

KRENTZ, Natalie: Gottlos oder nützlich? Theologische und politische Reflexionen über Rituale in der frühen Wittenberger Reformation, in: Fugger, Kranemann, Lagaude, Ritual und Reflexion 35–54.
KÜPPERS, Kurt: Das Himmlisch Palm-Gärtlein des Wilhelm Nakatenus SJ (1617–1682). Untersuchungen zu Ausgaben, Inhalt und Verbreitung eines katholischen Gebetbuchs der Barockzeit (StPaLi 4). Regensburg 1981.
KÜSTER, Konrad: Musik im Namen Luthers. Kulturtraditionen seit der Reformation. Kassel^2 2017.
LANG, Gustav: Geschichte der württembergischen Klosterschulen von ihrer Stiftung bis zu ihrer endgültigen Verwandlung in Evangelisch-theologische Seminare. Stuttgart 1938.
LANSEMANN, Robert: Die Heiligentage besonders die Marien-, Apostel- und Engeltage in der Reformationszeit, betrachtet im Zusammenhang der reformatorischen Anschauungen von den Zeremonien, von den Festen, von den Heiligen und von den Engeln (Beihefte zur Monatsschrift für Gottesdienst und kirchliche Kunst, Sonderband 1). Göttingen 1939.
LAULE, Ulrike (Hg.): Das Konstanzer Münster Unserer Lieben Frau. 1000 Jahre Kathedrale – 200 Jahre Pfarrkirche. Regensburg 2013.
LEAVER, Robin A.: Luther's Liturgical Music. Principles and Implications (Lutheran Quarterly Books). Grand Rapids/Michigan 2007.
LEONHARDT, Jürgen: Der lateinische Stil in den Briefen des David Chytraeus, in: Haye, Humanismus 135–155.
LEPPIN, Volker: Theologischer Streit und politische Symbolik: Zu den Anfängen der württembergischen Reformation 1534–1538, in: ARG 90. 1999, 159–187.
LEPPIN, Volker: Die Reformation und das Heilige Römische Reich deutscher Nation, in: Arend, Haag, Holtz, Kirchenordnung, 13–29.
LEPPIN, Volker: Transformationen. Studien zu den Wandlungsprozessen in Theologie und Frömmigkeit zwischen Spätmittelalter und Reformation (SMHR 86). Tübingen 2015.
LEPPIN, Volker: Kirchenraum und Gemeinde. Zur Änderung einer semiotischen Beziehung im Zuge der Wittenberger Reformation, in: Leppin, Transformationen 487–505.
LEPPIN, Volker: Jakob Andreae, in: Drecoll, Baur, Schöllkopf, Stiftsköpfe 1–5.
LEUBE, Martin: Geschichte des Tübinger Stifts. Erster Teil: 16. und 17. Jahrhundert. Stuttgart 1921. Zweiter Teil: 18. Jahrhundert (1690–1770). Stuttgart 1930.
LEXERS, Matthias: Mittelhochdeutsches Taschenwörterbuch. Stuttgart^{37} 1986.
LEXUTT, Athina, MANTEY, Volker, ORTMANN, Volkmar (Hg.): Reformation und Mönchtum. Aspekte eines Verhältnisses über Luther hinaus (Studies in the late Middle Ages, Humanism and the Reformation 43). Tübingen 2008.
LIEBE, Paul, KLEMM, Hermann: Meissen. Der Dom und seine Geschichte. Berlin^4 1977.
LIEBMANN, Maximilian: Urbanus Rhegius und die Anfänge der Reformation. Beiträge zu seinem Leben, seiner Lehre und seinem Wirken bis zum Augsburger Reichstag von 1530 mit einer Bibliographie seiner Schriften (RGST 117). Münster 1980.
LITZ, Gudrun: Die reformatorische Bilderfrage in den schwäbischen Reichsstädten (SuR. NR 35). Tübingen 2007.
LOHSE, Bernhard: Mönchtum und Reformation. Luthers Auseinandersetzung mit dem Mönchsideal des Mittelalters. Göttingen 1963.
LORENZ, Sönke, MERTENS, Dieter, PRESS, Volker (Hg.): Das Haus Württemberg. Ein biographisches Lexikon. Stuttgart, Berlin, Köln 1997.
LORENZ, Sönke, AUGE, Oliver (Hg.): Die Stiftskirche in Südwestdeutschland: Aufgaben und Perspektiven der Forschung. Erste wissenschaftliche Fachtagung zum Stiftskirchen-

projekt des Instituts für Geschichtliche Landeskunde und Historische Hilfswissenschaften der Universität Tübingen (17.-19. März 2000, Weingarten) (Schriften zur südwestdeutschen Landeskunde 35). Leinfelden-Echterdingen 2003.

LORENZ, Sönke, BAUER, Dieter R., AUGE, Oliver (Hg.): Tübingen in Lehre und Forschung um 1500. Zur Geschichte der Eberhard Karls Universität Tübingen (Tübinger Bausteine zur Landesgeschichte 9). Ostfildern 2008.

LUMMA, Liborius Olaf: Die Komplet. Eine Auslegung des römisch-katholischen Nachtgebets. Regensburg 2017.

LURZ, Friedrich: Perspektiven einer ökumenischen Liturgiewissenschaft, in: de Wildt, Kranemann, Odenthal, Zwischen-Raum Gottesdienst 197–206.

MAGER, Inge: Die Konkordienformel im Fürstentum Braunschweig-Wolfenbüttel. Entstehungsbeitrag – Rezeption – Geltung (SKGNS 33). Göttingen 1993.

MANNSKLOSTER = … der rechte Gottesdienst gelehrt … Vom Mannskloster zur Knabenschule. 250 Jahre Klosterschule Bebenhausen 1556–1806. Tübingen 2006.

MÄRKER, Michael: Die protestantische Dialogkomposition in Deutschland zwischen Heinrich Schütz und Johann Sebastian Bach. Eine stilkritische Studie (Kirchenmusikalische Studien 2). Köln 1995.

MARSTALLER, Tilmann: Parce tuis ovibus. Die Peterskirche in Weilheim im Spannungsfeld der Reformation, in: Rückert, Freiheit 167–185.

MAURER, Helmut: Liturgische Handschriften des Konstanzer Münsters. Ein Fundbericht und ein Katalog, in: Schriften des Vereins für Geschichte des Bodensees und seiner Umgebung 93. 1975, 43–56.

MEHL, Oskar J.: Die Merseburger Ordnung und Statuten für die Metten und Vespern in der Stiftskirche, in: ZVKGS 31/32. 1936, 53–61.

MEHL, Oskar J.: Das „Vesperale et Matutinale" des Matthaeus Ludecus (1589), in: ThLZ 80. 1955, 265–270.

MERTEN, Werner: Die „Psalmodia" des Lucas Lossius. I. Gottesdienstordnung und liturgischer Aufbau, in: JLH 19. 1975, 1–18; II. Die liturgischen Texte und ihre musikalische Gestalt, in: JLH 20. 1976, 63–90; III. Die nicht textbedingten melodischen Änderungen. Die deutschen Gesänge – Anmerkungen zur liturgischen Praxis, in: JLH 21. 1977, 39–67.

MESSNER, Reinhard: Wortgottesdienst. Historische Typologie und aktuelle Probleme, in: Zerfass, Franz, Wort 73–110.

METTE, Norbert: ‚Kommunikation des Evangeliums' und ‚Katechese'. Ein Widerspruch?, in: Altmeyer, Bitter, Boschki, Katechese 115–124.

MEYER, Christian: *Vesperarum precum officia*. L'office des vêpres à l'époque de la Réforme, in: RHPhR 70. 1990, 433–448.

MEYER-BLANCK, Michael: Liturgiewissenschaft und Kirche. Ökumenische Perspektiven. Rheinbach 2003.

MEYER-BLANCK, Michael: Bilder der Liturgiegeschichte in der Ökumene, in: Gerhards, Kranemann, Dynamik 33–51.

MEYER-BLANCK, Michael: Das Gebet. Tübingen 2019.

MIERSEMANN, Wolfgang, BUSCH, Gudrun (Hg.): „Singt dem Herrn nah und Fern". 300 Jahre Freylinghausensches Gesangbuch (Hallesche Forschungen 20). Halle, Tübingen 2008.

MOLITOR, Stephan: Hirsau, in: Zimmermann, Priesching, Klosterbuch 279–282.

MORAHT-FROMM, Anna, SCHÜRLE, Wolfgang (Hg.): Kloster Blaubeuren. Der Chor und sein Hochaltar (Alb und Donau 31). Stuttgart 2002.

MORAHT-FROMM, Anna (Hg.): Kunst und Liturgie. Choranlagen des Spätmittelalters. Ihre Architektur, Ausstattung und Nutzung. Ostfildern 2003.

MÜLLER, Carl: Die Gottesdienste der Hofkirchen- und Klosterordnung Herzog Christophs und ihr Verhältnis zu denen der Gemeinen Kirchenordnung, in: BWKG 31. 1927, 1–27.

MÜLLER, Christoph Gregor, WILLMES, Bernd (Hg.): Thesaurus in vasis fictilibus – „Schatz in zerbrechlichen Gefäßen" (2 Kor 4,7). Festschrift für Bischof Heinz Josef Algermissen zum 75. Geburtstag (FuSt 22). Freiburg i. Br. 2018.

MÜLLER, Karl Ferdinand, BLANKENBURG, Walter (Hg.): Leiturgia. Handbuch des Evangelischen Gottesdienstes, Bd. 3: Gestalt und Formen des evangelischen Gottesdienstes II.: Der Predigtgottesdienst und der tägliche Gottesdienst. Kassel 1956.

MÜLLER, Markus: Officium divinum. Studien zur kodikarisch-rechtlichen Ordnung des kirchlichen Stundengebetes in der lateinischen Kirche (Adnotationes in ius canonicum 42). Frankfurt am Main 2007.

MÜLLER, Nikolaus: Zur Geschichte des Gottesdienstes der Domkirche zu Berlin in den Jahren 1540–1598, in: JBrKG 2/3. 1905, 337–549.

NEIDIGER, Bernhard: Das Dominkanerkloster Stuttgart, die Kanoniker vom gemeinsamen Leben in Urach und die Gründung der Universität Tübingen. Konkurrierende Reformansätze in der württembergischen Kirchenpolitik am Ausgang des Mittelalters (Veröffentlichungen des Archivs der Stadt Stuttgart 58). Stuttgart 1993.

NEUBURGER, Andreas: Konfessionskonflikt und Kriegsbeendigung im Schwäbischen Reichskreis. Württemberg und die katholischen Reichsstände im Südwesten vom Prager Frieden bis zum Westfälischen Frieden (1635 – 1651) (Veröffentlichungen der Kommission für geschichtliche Landeskunde in Baden-Württemberg Reihe B: Forschungen, 181. Band). Stuttgart 2011.

NIEMÖLLER, Klaus Wolfgang: Untersuchungen zur Musikpflege und Musikunterricht an den deutschen Lateinschulen vom ausgehenden Mittelalter bis um 1600 (Kölner Beiträge zur Musikforschung 54). Regensburg 1969.

NIEMÖLLER, Klaus Wolfgang: Luthers Reformation und ihre interkonfessionellen Auswirkungen auf Kirchenmusik und Musikkultur im 16. Jahrhundert (Nordrhein-Westfälische Akademie der Wissenschaften und der Künste, Geisteswissenschaften. Vorträge G 454). Paderborn 2018.

NOMAYO, Stephanie (Hg.): Cantica sacra veteris ecclesiae. Musikhandschriften des späten Mittelalters in Kitzingen. Ein Beitrag zur Makulaturforschung (Schriftenreihe des Städtischen Museums Kitzingen 9). Kitzingen 2013.

NOOKE, Christoph T.: Gottlieb Jakob Planck (1751–1833). Grundfragen protestantischer Theologie um 1800 (BHTh 170). Tübingen 2014.

OBERMAN, Heiko Augustinus: Via moderna – Devotio moderna: Tendenzen im Tübinger Geistesleben 1477–1516. Ecclesiastici atque catholici gymnasii fundamenta, in: Brecht, Theologen 1–54.

OBERMAN, Heiko Augustinus, SAXER, Ernst, SCHINDLER, Alfred, STUCKI, Heinzpeter (Hg.): Reformiertes Erbe (FS Gottfried W. Locher), Bd. 1 (Zwingliana 19,1). Zürich 1992.

OCHSENBEIN, Peter: Deutschsprachige Privatgebetbücher vor 1400, in: Honemann, Palmer, Handschriften 379–398.

ODENTHAL, Andreas: Die *Ordinatio Cultus Divini et Caeremoniarium* des Halberstädter Domes von 1591. Untersuchungen zur Liturgie eines gemischtkonfessionellen Domkapitels nach Einführung der Reformation (LQF 93). Münster 2005.

ODENTHAL, Andreas (Hg.): Das *Vesperale et Matutinale* des Matthaeus Ludecus von 1589. Nachdruck eines lutherischen Antiphonale aus dem Havelberger Dom (Monumenta Liturgica Ecclesiarum Particularium 1). Bonn 2007.

ODENTHAL, Andreas: Liturgie vom Frühen Mittelalter zum Zeitalter der Konfessionalisierung. Studien zur Geschichte des Gottesdienstes (Spätmittelalter, Humanismus, Reformation 61). Tübingen 2011.

ODENTHAL, Andreas: Pfarrlicher Gottesdienst vom Mittelalter zur Frühen Neuzeit. Eine Problemskizze aus liturgiewissenschaftlicher Perspektive, in: Odenthal, Liturgie 159–206.

ODENTHAL, Martin Luther = Andreas Odenthal, „… totum psalterium in usu maneat." Martin Luther und das Stundengebet, in: Odenthal, Liturgie 208–250.

ODENTHAL, Umgestaltung = Andreas Odenthal, „… matutinae, horae, vesperae, completorium maneant …". Zur Umgestaltung der Offiziumsliturgie in den Kirchen des frühen Luthertums anhand ausgewählter liturgischer Quellen, in: Odenthal, Liturgie 251–282.

ODENTHAL, Andreas: Die alten Gewohnheiten und Bräuche fortsetzen. Zur reformationszeitlichen Liturgiereform des Havelberger Domstiftes unter Matthäus Lüdtke, in: Odenthal, Liturgie 283–312.

ODENTHAL, Andreas: Gefeierte Ökumene. Zum nachreformatorischen Stundengebet des gemischt konfessionellen Domkapitels in Halberstadt, in: Odenthal, Liturgie 313–337.

ODENTHAL, Offiziumsliturgie = Andreas Odenthal, Die lutherische Umgestaltung der Offiziumsliturgie im Naumburger Dom. Zum „Psalterium Davidis" von 1720 und dem „Officium Divinum" des Antonius Sutorius von 1751, in: Odenthal, Liturgie 338–364.

ODENTHAL, Andreas, FRAUENKNECHT, Erwin: Der Liber Ordinarius des Speyerer Domes aus dem 15. Jahrhundert (Generallandesarchiv Karlsruhe, Abt. 67, Kopialbücher 452). Zum Gottesdienst eines spätmittelalterlichen Domkapitels an der Saliergrablege (LQF 99). Münster 2012.

ODENTHAL, Andreas: „De tuis donis ac datis": Die Eucharistiefeier als Gabe. Eine liturgiewissenschaftliche Skizze zum christlichen Kultparadox, in: JBTh 27. 2012, 401–421.

ODENTHAL, Andreas: „nach der alten gebeuchlichen Lateinischen Translation gelesen und gesungen". Zur Stundenliturgie in den Klöstern Württembergs nach Einführung der Reformation, in: Frank, Leppin, Reformation 327–361.

ODENTHAL, Andreas: Beharrungskraft und Wandel des mittelalterlichen Gottesdienstes bis ins 17. Jahrhundert. Das Beispiel der Stundenliturgie im Brandenburger Domstift, in: Bünz, Heimann, Neitmann, Reformationen 409–441.

ODENTHAL, Andreas: Zur evangelischen Stundenliturgie in den württembergischen Klöstern, in: Rückert, Freiheit 194–200.

ODENTHAL, Andreas: „In zerbrechlichen Gefäßen": Stationsliturgie im Kloster Fulda. Eine Skizze anlässlich der Edition des Registrum Chori des P. Michael Drisch von 1615, in: Müller, Willmes, Thesaurus 298–322.

ODENTHAL, Andreas: „Rituelle Erfahrung" – historisch. Ein praktisch-theologisches Paradigma im Kontext der Liturgiegeschichte, in: Gerhards, Kranemann, Dynamik 76–103.

ODENTHAL, Andreas: „Hier ist nichts anderes als das Haus Gottes und das Tor des Himmels" (Gen 28,17). Zur Genese der „Sakralität" mittelalterlicher Kirchenbauten, erscheint in einem von Mariano Delgado und Volker Leppin verantworteten Sammelband zur Reliquienverehrung.

OLDERMANN, Renate: Geistliches und soziales Leben im Jahrhundert nach der Reformation. Beispiele aus niedersächsischen Frauenklöstern und -stiften, in: Otte, Klosterleben 165–177.

OTTE, Hans (Hg.): Evangelisches Klosterleben. Studien zur Geschichte der evangelischen Klöster und Stifte in Niedersachsen (SKGNS 46). Göttingen 2013.

PAHL, Irmgard (Hg.): Coena Domini I. Die Abendmahlsliturgien der Reformationskirchen im 16./17. Jahrhundert (SpicFri 29). Freiburg/Schweiz 1983.

PALLAS, K.: Urkunden, das Allerheiligenstift zu Wittenberg betreffend, 1522–1526, in: ARG 12. 1915, 1–46; 81–131.

PARK, Jeung Keun: Johann Arndts Paradiesgärtlein. Eine Untersuchung zu Entstehung, Quellen, Rezeption und Wirkung (VIEG 248). Göttingen 2018.

PASCHER, Joseph: Das Stundengebet der römischen Kirche. München 1954.

PECHAČEK, Petra: Die Reformation im Kloster Maulbronn, in: Rückert, Freiheit 234–242.

PELIZAEUS, Ludolf: Der Aufstieg Württembergs und Hessens zur Kurwürde 1692–1803 (Mainzer Studien zur Neueren Geschichte 2). Frankfurt am Main 2000.

PFEIFFER, Götz J.: Tradition und Veränderung. Kunstwerke in Medingen als Zeugnisse der Klostergeschichte, in: Otte, Klosterleben 361–394.

PHILIPP, Klaus Jan: Pfarrkirchen – Funktion, Motivation, Architektur. Eine Studie am Beispiel der Pfarrkirchen der schwäbischen Reichsstädte im Mittelalter (Studien zur Kunst- und Kulturgeschichte 4). Marburg 1987.

PREDEL, Gregor: Vom Presbyter zum Sacerdos. Historische und theologische Aspekte der Entwicklung der Leitungsverantwortung und Sacerdotalisierung des Presbyterates im spätantiken Gallien (Dogma und Geschichte 4). Münster 2005.

PUZICHA, Michaela: Kommentar zur Benediktusregel. Mit einer Einführung von Christian Schütz. St. Ottilien[2] 2015.

QUARTHAL, Benediktinerklöster = Die Benediktinerklöster in Baden-Württemberg. Bearbeitet von Franz Quarthal in Zusammenarbeit mit Hansmartin Decker-Hauff, Klaus Schreiner und dem Institut für Geschichtliche Landeskunde und Historische Hilfswissenschaften an der Universität Tübingen (GermBen V). St. Ottilien[2] 1987.

RAUTENSTRAUCH, Johannes: Luther und die Pflege der kirchlichen Musik in Sachsen (14.–19. Jahrhundert). Ein Beitrag zur Geschichte der katholischen Brüderschaften, der vor- und nachreformatorischen Kurrenden, Schulchöre und Kantoreien Sachsens. Leipzig 1907, Neudruck Hildesheim 1970.

REDEKER, Raimund: Lateinische Widmungsvorreden zu Meß- und Motettendrucken der ersten Hälfte des 16. Jahrhunderts (Schriften zur Musikwissenschaft aus Münster 6). Eisenach 1995.

REINHARD, Wolfgang (Hg.): Humanismus im Bildungswesen des 15. und 16. Jahrhunderts (Mitteilungen der Kommission für Humanismusforschung 12). Weinheim 1984.

RESKE, Christoph: Die Buchdrucker des 16. und 17. Jahrhunderts im deutschen Sprachgebiet. Auf der Grundlage des gleichnamigen Werkes von Josef Benzing (BBBW 51). Wiesbaden 2007.

RIDDER, Klaus, PATZOLD, Steffen (Hg.): Die Aktualität der Vormoderne. Epochenentwürfe zwischen Alterität und Kontinuität (Europa im Mittelalter 23). Berlin 2013.

RÖMER, Christof: Das Kloster Berge bei Magdeburg und seine Dörfer 968–1565. Ein Beitrag zur Geschichte des Erzstiftes Magdeburg (VMPIG 30, StGS 10). Göttingen 1970.

RÖSSLER, Martin: Das Württembergische Gesangbuch in der Zeit zwischen 1580 und 1620, in: Württembergische Blätter für Kirchenmusik 39. 1972, 93–109; 127–139.

Rössler, Martin: 1583 – Das erste offizielle Kirchengesangbuch für Württemberg, in: Württembergische Blätter für Kirchenmusik 50. 1983, 155–167; 190–206.

Rössler, Martin: Württembergische Gesangbuch-Geschichte zwischen der Reformation und dem Dreißigjährigen Krieg, in: Blätter für wuerttembergische Kirchengeschichte 85. 1985, 28–82.

Roll, Christine, Pohle, Frank, Myrczek, Matthias (Hg.): Grenzen und Grenzüberschreitungen. Bilanzen und Perspektiven der Frühneuzeitforschung (Frühneuzeit-Impulse 1). Köln, Weimar, Wien 2010.

Roth, Hermann Josef: Die Zisterzienser, in: Jürgensmeier, Schwerdtfeger, Orden 73–97.

Rothenhäusler, Konrad: Standhaftigkeit der altwürttembergischen Klosterfrauen im Reformations-Zeitalter. Stuttgart 1884.

Rothenhäusler, Konrad: Die Abteien und Stifte des Herzogthums Württemberg im Zeitalter der Reformation. Stuttgart 1886.

Rudersdorf, Manfred: Lutherische Erneuerung oder Zweite Reformation? Die Beispiele Württemberg und Hessen, in: Schilling, Konfessionalisierung 130–153.

Rückert, Maria Magdalena: Schöntal, in: Zimmermann, Priesching, Klosterbuch 433–436.

Rückert, Maria Magdalena: Die Anfänge der Zisterzienserinnenkonvente im fränkisch-schwäbischen Raum und ihre frühen Bauten, in: von Ditfurth, Bienert, Architektur 97–125.

Rückert, Peter: Der Streit um die Reformation des Zisterzienserinnenklosters Rechentshofen (mit einer Edition der Klosterordnung von 1539), in: Himmelszeichen und Erdenwege. Johannes Carion (1499–1537) und Sebastian Hornmold (1500–1581) in ihrer Zeit. Ubstadt-Weiher 1999, 81–96.

Rückert, Peter, Planck, Dieter (Hg.): Anfänge der Zisterzienser in Südwestdeutschland. Politik, Kunst und Liturgie im Umfeld des Klosters Maulbronn (Oberrheinische Studien 16). Stuttgart 1999.

Rückert, Peter (Hg.): Alte Christen – neue Christen. Der Streit um die Reformation in Württemberg. Stuttgart 1999.

Rückert, Peter: Maulbronn, in: Zimmermann, Priesching, Klosterbuch 340–343.

Rückert, Peter (Bearb.): Freiheit – Wahrheit – Evangelium. Reformation in Württemberg. Beitragsband zur Ausstellung des Landesarchivs Baden-Württemberg, Hauptstaatsarchiv Stuttgart. Ostfildern 2017.

Rückert, Peter: Württembergische Reformationsgeschichte und ihre Überlieferung, in: Rückert, Freiheit 15–21.

Rückert, Peter: Die Reformation des Zisterzienserinnenklosters Rechentshofen, in: Rückert, Freiheit 301–312.

Saarinen, Risto: God and the Gift. An Ecumenical Theology of Giving. Collegeville 2005.

Sabisch, Alfred: Der Meßcanon des Breslauer Pfarrers Dr. Ambrosius Moibanus. Ein Beitrag zur Geschichte des protestantischen Gottesdienstes in Schlesien in den ersten Jahrzehnten der Glaubensspaltung, in: ASKG 3. 1938, 98–126.

Salmon, Pierre: Die Verpflichtung zum kirchlichen Stundengebet. Geschichtliches und Liturgisches, in: Jungmann, Brevierstudien 85–116.

Schatz, Helmut: Historische Bilder zum Evangelisch-Lutherischen Gottesdienst. Eine Dokumentation. Ansbach 2004.

Scheck, Friedemann: Johannes von Fridingen, Abt von Bebenhausen, zwischen Selbstbehauptung und Reformation, in: Rückert, Freiheit 269–273.

SCHEIBLE, Heinz: Melanchthon. Vermittler der Reformation. München 2016.
SCHILLING, Heinz (Hg.): Die reformierte Konfessionalisierung in Deutschland – Das Problem der „Zweiten Reformation". Wissenschaftliches Symposion des Vereins für Reformationsgeschichte 1985 (SVRG 195). Gütersloh 1986.
SCHILLING, Johannes: Klöster und Mönche in der hessischen Reformation (QFRG 67). Gütersloh 1997.
SCHIRMEISTER, Olaf (Hg.): Fromme Frauen und Ordensmänner. Klöster und Stifte im heiligen Herford. Herford 2000.
SCHLAICH, Klaus: Die Neuordnung der Kirche in Württemberg durch die Reformation, in: ZEvKR 29. 1984, 355–378.
SCHLECHTER, Armin: Der Buchdruck in Württemberg im frühen 16. Jahrhundert, in: Rückert, Freiheit 88–95.
SCHLEMMER, Karl: Gottesdienst und Frömmigkeit in der Reichsstadt Nürnberg am Vorabend der Reformation (FFKT). Würzburg 1980.
SCHLEMMER, Karl (Hg.): Heilige als Brückenbauer. Heiligenverehrung im ökumenischen Dialog (Andechser Reihe 1). St. Ottilien 1997.
SCHLOTHEUBER, Eva: Klostereintritt und Bildung. Die Lebenswelt der Nonnen im späten Mittelalter. Mit einer Edition des ‚Konventstagebuchs' einer Zisterzienserin von Heilig-Kreuz bei Braunschweig (1484–1507) (SuR.NR 24). Tübingen 2004.
SCHLOTHEUBER, Eva: „Gelehrte Bräute Christi". Geistliche Frauen in der mittelalterlichen Gesellschaft (SMHR 104). Tübingen 2018.
SCHMIDT, Albert: Zusätze als Problem des monastischen Stundengebetes im Mittelalter (BGAM 36). Münster 1986.
SCHMIDT, Eberhard: Der Gottesdienst am kurfürstlichen Hofe zu Dresden, in: Gerhards, Schneider, Gottesdienst 105–112.
SCHMIDT, Hans-Joachim: Brüder vom Gemeinsamen Leben, in: Jürgensmeier, Schwerdtfeger, Orden 199–215.
SCHMIDT-CLAUSING, Fritz: Zwingli als Liturgiker. Eine liturgiegeschichtliche Untersuchung (VEGL 7). Göttingen 1952.
SCHMITZ, Philibert O. S. B.: Geschichte des Benediktinerordens 3: Die äußere Entwicklung des Ordens vom Wormser Konkordat (1122) bis zum Konzil von Trient. Ins Deutsche übertragen und hg. von Raimund Tschudy O. S. B. Einsiedeln, Zürich 1955.
SCHNITKER, Thaddäus A.: Die Taufvesper am Ostersonntag. Ein wiedergewonnenes Stück Tradition, in: LJ 31. 1981, 120–123.
SCHÖLLKOPF, Wolfgang: Johann Reinhard Hedinger, in: Drecoll, Baur, Schöllkopf, Stiftsköpfe 56–61.
SCHÖNTAG, Wilfried: Zwischen Stift, Kloster und gelehrter Gemeinschaft. Scheiterten die Kanoniker vom gemeinsamen Leben in Württemberg?, in: Lorenz, Auge, Stiftskirche, 199–209.
SCHÖNTAG, Wilfried: St. Peter auf dem Einsiedel, in: Zimmermann, Priesching, Klosterbuch 429.
SCHÖNTAG, Wilfried: Tübingen, Kanoniker vom gemeinsamen Leben, in: Zimmermann, Priesching, Klosterbuch 476.
SCHONATH, Wilhelm: Ein unbekannter Druck lateinischer Liturgie für den protestantischen Gottesdienst der „Schola Culmbachiana", in: GutJb (41). 1966, 220–226.
SCHREINER, Klaus: Art. Alpirsbach, in: Quarthal, Benediktinerklöster 117–124.
SCHREINER, Klaus: Art. Hirsau, in: Quarthal, Benediktinerklöster 281–303.

SCHREMS, Theobald: Die Geschichte des Gregorianischen Gesanges in den protestantischen Gottesdiensten. Freiburg (Schweiz) 1930.
SCHRENK, Psalmodia: siehe unter Psalmodia 1561.
SCHUKRAFT, Harald: Art. 4.2.1. Julius Friedrich, in: Lorenz, Mertens, Press, Das Haus Württemberg 191–193.
SCHULER, Manfred: Ein Pfründen- und Altarverzeichnis vom Konstanzer Münster aus dem Jahr 1524, in: FDA 88. 1968, 439–451.
SCHULZ, Frieder: Die Ordnung der liturgischen Zeit in den Kirchen der Reformation, in: LJ 32. 1982, 1–24.
SCHULZ, Frieder: Luthers liturgische Reformen. Kontinuität und Innovation, in: ALw 25. 1983, 249–275.
SCHULZ, Frieder: Mit Singen und mit Beten. Forschungen zur christlichen Gebetsliteratur und zum Kirchengesang. Gesammelte Aufsätze mit Nachträgen 1994, hg. von Alexander Völker. Hannover 1995.
SCHULZ, Frieder: Psalmengesang in der Gemeinde nach lutherischer Tradition. Geistlich – musikalisch – liturgisch (1993), in: Schulz, Mit Singen und mit Beten 316–341.
SEHLING, Kirchenordnungen = Die evangelischen Kirchenordnungen des XVI. Jahrhunderts, begründet von Emil Sehling, Institut für evangelisches Kirchenrecht der Evangelischen Kirche in Deutschland zu Göttingen, fortgeführt von der Heidelberger Akademie der Wissenschaften, hg. von Gottfried Seebaß und Eike Wolgast, 1–18. Leipzig-Tübingen 1902–2006.
- Kirchenordnungen 1.1.: Sachsen und Thüringen, nebst angrenzenden Gebieten 1: Die Ordnungen Luthers. Die Ernestinischen und Albertinischen Gebiete. Leipzig 1902.
- Kirchenordnungen 6.I. 1.: Niedersachsen: Die Welfischen Lande 1: Die Fürstentümer Wolfenbüttel und Lüneburg mit den Städten Braunschweig und Lüneburg. Tübingen 1955.
- Kirchenordnungen 6.I. 2.: Niedersachsen: Die Welfischen Lande 2: Die Fürstentümer Calenberg-Göttingen und Grubenhagen mit den Städten Göttingen, Northeim, Hannover, Hameln und Einbeck. Die Grafschaften Hoya und Diepholz. Anhang: Das Freie Reichsstift Loccum. Tübingen 1957.
- Kirchenordnungen 11.I.: Bayern I: Franken. Tübingen 1961.
- Kirchenordnungen 16.II.: Die evangelischen Kirchenordnungen des XVI. Jahrhunderts 16: Baden-Württemberg II. Herzogtum Württemberg, bearbeitet von Sabine Arend. Markgrafschaft Baden, Grafschaft Limpurg, Herrschaft Kinzigtal, Herrschaft Neckarbischofsheim, bearbeitet von Thomas Bergholz. Tübingen 2004 (hier zitiert als: Arend, Kirchenordnungen 16.II.)
- Kirchenordnungen 17.III.1: Die evangelischen Kirchenordnungen des XVI. Jahrhunderts 17: Baden-Württemberg III. Südwestdeutsche Reichsstädte 1. Teilband: Schwäbisch Hall, Heilbronn, Konstanz, Isny und Gengenbach, bearbeitet von Sabine Arend. Tübingen 2007 (hier zitiert als: Arend, Kirchenordnungen 17.III.1).
SÉJOURNÉ, Paul (Hg.): L'ordinaire de S. Martin d'Utrecht (Bibliotheca liturgica sancti Willibrordi 1). Utrecht 1919–1921.
SELLNER, Harald: Klöster zwischen Krise und *correctio*. Monastische ‚Reformen' im hochmittelalterlichen Flandern (Klöster als Innovationslabore 3). Regensburg 2016.
SETZLER, Wilfried: Bebenhausen, in: Zimmermann, Priesching, Klosterbuch 184–187.
SIEMANN, Wolfram: Art. 6.0.3. Friedrich II/I., in: Lorenz, Mertens, Press, Das Haus Württemberg 289–292.

SIMON, Wolfgang: Die Messopfertheologie Martin Luthers. Voraussetzungen, Genese, Gestalt und Rezeption (SuR.NR 22). Tübingen 2003.

SITZMANN, Manfred: Mönchtum und Reformation. Zur Geschichte monastischer Institutionen in protestantischen Territorien (Brandenburg, Ansbach/Kulmbach, Magdeburg) (EKGB 75). Neustadt an der Aisch 1999.

SPEHR, Christopher: Der Gottesdienst bei Martin Luther. Facetten eines theologischen Grundbegriffs, in: LuJ 79. 2012, 9–37.

SPROLL, Johann Baptist: Verfassung des Sankt Georgen=Stifts zu Tübingen und sein Verhältnis zur Universität in dem Zeitraum von 1476–1534, in: FDA.NF 3. 1902, 105–192; 4. 1903, 1–57.

STENZIG, Philipp: Die Chronik des Klosters Lüne über die Jahre 1481–1530. Hs. Lüne 13 (SMHR 107). Tübingen 2019.

STIEVERMANN, Dieter: Die württembergischen Klosterreformen des 15. Jahrhunderts. Ein bedeutendes landeskirchliches Strukturelement des Spätmittelalters und ein Kontinuitätsstrang zum ausgebildeten Landeskirchentum der Frühneuzeit, in: Zeitschrift für Württembergische Kirchengeschichte 44. 1985, 65–103.

STIEVERMANN, Dieter: Landesherrschaft und Klosterwesen im spätmittelalterlichen Württemberg. Sigmaringen 1989.

STIEVERMANN, Dieter: Art. 4.0.1. Friedrich I., in: Lorenz, Mertens, Press, Das Haus Württemberg 139–142.

STIEVERMANN, Dieter: Art. 4.0.40. Eberhard Ludwig, in: Lorenz, Mertens, Press, Das Haus Württemberg 169–172.

SYDOW, Jürgen: Die Auflösung des Zisterzienserklosters Bebenhausen, in: Festschrift für Hermann Heimpel 1, hg. von den Mitarbeitern des Max-Planck-Instituts für Geschichte (VMPG 36/I). Göttingen 1971, 698–717.

SYDOW, Jürgen: Die Zisterzienserabtei Bebenhausen (Das Bistum Konstanz 2; GermSac NF 16,2). Berlin, New York 1984.

TACKE, Andreas: Quellenfunde und Materialien zu Desideraten der Berliner Kirchengeschichte des 16./17. Jahrhunderts. Mit Anmerkungen zu dem Hallenser Vorbild des Kardinals Albrecht von Brandenburg, in: BThZ.ThViat.NF 5. 1988, 237–248.

TAFT, Robert S. J.: The Liturgy of the Hours in East and West. The Origins of the Divine Office and Its Meaning for Today. Collegeville 1986.

TALKNER, Katharina: „horas mit andacht singen". Das evangelische Stundengebet in den Calenberger Klöstern (MusikOrte Niedersachsen 1). Hannover 2008.

TALKNER, Katharina: Das aktive Liedrepertoire in den Lüneburger Frauenklöstern, in: Otte, Klosterleben 257–272.

TAYLOR, Larissa (Hg.): Preachers and People in the Reformations and Early Modern Period. Leiden, Boston, Köln 2001.

TETZ, Martin: Zum Psalterverständnis bei Athanasius und Luther, in: LuJ 79. 2012, 39–61.

TIETZ, Claudia: Johann Winckler (1642–1705). Anfänge eines lutherischen Pietisten (AGP 50). Göttingen 2008.

TIGGEMANN, Hildegard: *Psalterium Davidis*. Ein evangelisches lateinisches Brevier (1564) von Paul Eber aus dem Stift Obernkirchen, in: JLH 44. 2005, 42–62.

TRAUB, Andreas, MIEGEL, Annekathrin (Bearb.): Musikalische Fragmente. Mittelalterliche Liturgie als Einbandmakulatur (Katalog zur Ausstellung). Stuttgart 2011.

TRENNERT-HELWIG, Mathias: Kathedrale – Konzilsaula – Pfarrkirche. Die wechselvolle Liturgiegeschichte des Konstanzer Münsters, in: Laule, Konstanzer Münster 54–59.

VAN HULST O. F. M., Caesarius: De antiphona „Salve Regina" impugnata et defensa in prioribus reformationis lutheranae annis, in: EL 59. 1945, 322–333.

VD 16 = Verzeichnis der im deutschen Sprachbereich erschienenen Drucke des XVI. Jahrhunderts (www.vd16.de).

VD 17 = Verzeichnis der im deutschen Sprachbereich erschienenen Drucke des XVII. Jahrhunderts (www.vd17.de).

VEIT, Patrice: Das Kirchenlied in der Reformation Martin Luthers. Eine thematische und semantische Untersuchung (VIEG 120). Stuttgart 1986.

VOLKHARDT, Ulrike (Hg.): Historia von dem Leiden und Sterben unsers Herren Jesu Christi. Matthäuspassion (Musik aus Norddeutschen Klöstern und Kirchenbibliotheken, St. Marien Barth). Hildesheim 2015.

VON DITFURTH, Julia, BIENERT, Vivien (Hg.): Architektur für Kanonissen? Gründungsbauten und spezifische Veränderungen von Frauenkonventskirchen im Mittelalter (Veröffentlichungen für Frauenstiftsforschung 1). Köln 2018.

WACKERNAGEL, Philipp: Bibliographie zur Geschichte des deutschen Kirchenliedes im XVI. Jahrhundert. 2. unveränderter Nachdruck der Ausgabe Frankfurt am Main 1855. Hildesheim, Zürich, New York 1987.

WALDENMAIER, Hermann: Eine lutherisch-schweizerische Mischagende aus dem Jahre 1560. Ein Beitrag zur Geschichte des evangelischen Gottesdiensts im 16. Jahrhundert, in: MGKK 18. 1913, 90–95.

WALDENMAIER, Hermann: Die Entstehung der evangelischen Gottesdienstordnungen Süddeutschlands im Zeitalter der Reformation (SVRG 34, Nr. 125–126). Leipzig 1916.

WALLMANN, Johannes: Pietismus-Studien. Gesammelte Aufsätze II. Tübingen 2008.

WALLMANN, Johannes: Johann Arndt (1555–1621), in: Wallmann, Pietismus-Studien 67–87.

WALLMANN, Johannes: Herzensgebet oder Gebetbuch?, in: Wallmann, Pietismus-Studien 284–307.

WALLMANN, Johannes: Prolegomena zur Erforschung der Predigt im Zeitalter der lutherischen Orthodoxie, in: ZThK 106. 2009, 284–304.

WALTER, Leodegar: Die Cisterzienserklöster in Württemberg zur Zeit der Reformation, in: SMGB.NF 7. 1917, 268–287.

WEGMANN, Rob C.: Luther's Gospel of Music, in: Klaper, Luther 175–199.

WEISSENBERGER, Paulus: Lorcher Handschriften in Neresheim, in: ThQ 140. 1960, 304–320.

WENDEBOURG, Dorothea: Der gewesene Mönch Martin Luther – Mönchtum und Reformation, in: KuD 52. 2006, 303–327.

WENDEBOURG, Dorothea: Essen zum Gedächtnis. Der Gedächtnisbefehl in den Abendmahlstheologien der Reformation (BHTh 148). Tübingen 2009.

WENDEBOURG, Dorothea: Lust und Ordnung. Der christliche Gottesdienst nach Martin Luther, in: Brademann, Thies, Liturgisches Handeln, 111–122.

WENDEBOURG, Dorothea: Reformation und Gottesdienst, in: ZThK 113. 2016, 323–365.

WENDEBOURG, Dorothea: Kultboom. Die Wittenberger Schloßkirche vor der Reformation, in: Helten, Lück, Bünz, Wittenberg, 209–223.

WERNER, Heinrich: Wo wurde die erste evangelische Klosterschule Württembergs eröffnet?, in: BWKG 55. 1955, 65–67.

WERNICKE, Michael Klaus: Ursprünge des Augustiner-Eremitenordens und die Niederlassung in Tübingen, in: Drecoll, Augustinerkloster 1–10.

WIECKOWSKI, Alexander: Evangelische Beichtstühle in Sachsen. Beucha 2005.

WIESSNER, Heinz: Das Bistum Naumburg 1,1 und 1,2: Die Diözese (GermSac NF 35,1 und 35,2). Berlin, New York 1997 und 1998.
WILHELM, Johannes: Die Wandmalereien im Kloster Maulbronn zur Zeit der Reformation, in: Rückert, Freiheit 251–257.
WILLBURGER, August: Das Collegium illustre zu Tübingen. Tübingen 1912.
WINKLER, Gabriele: Über die Kathedralvesper in den verschiedenen Riten des Ostens und Westens, in: ALw 16. 1974, 53–102.
WOLF, Hubert: Art. Württemberg, in: LThK 10, 1326–1328.
WOLLASCH, Joachim: Neue Methoden der Erforschung des Mönchtums im Mittelalter, in: HZ 225. 1977, 529–571.
WOLLNY, Peter: Studien zum Stilwandel in der protestantischen Figuralmusik des mittleren 17. Jahrhunderts (Forum Mitteldeutsche Barockmusik 5). Beeskow 2016.
ZAHND, Urs Martin: Chordienst und Schule in eidgenössischen Städten des Spätmittelalters. Eine Untersuchung auf Grund der Verhältnisse in Bern, Freiburg, Luzern und Solothurn, in: Kintzinger, Lorenz, Walter, Schule, 259–297.
ZEEDEN, Ernst Walter: Katholische Überlieferungen in den lutherischen Kirchenordnungen des 16. Jahrhunderts (KLK 17). Münster 1959.
ZERFASS, Alexander, FRANZ, Ansgar (Hg.): Wort des lebendigen Gottes. Liturgie und Bibel (PiLi 16). Tübingen 2016.
ZERFASS, Alexander: „In die Zeit hineingeschrieben". Liturgiewissenschaftliche Fragen zur Tagzeitenliturgie und ihren Gesängen, in: BzG 67. 2019, 47–63.
ZIELSDORF, Dorlies: Luther, die Schulmusik und die Adjuvantenkultur, in: Klaper, Luther 201–209.
ZIMMERMANN, Wolfgang, PRIESCHING, Nicole (Hg.): Württembergisches Klosterbuch. Klöster, Stifte und Ordensgemeinschaften von den Anfängen bis in die Gegenwart. Ostfildern 2003.
ZINSMAIER, Paul: Eine unbekannte Quelle zur Geschichte der mittelalterlichen Liturgie im Konstanzer Münster, in: Schriften des Vereins für Geschichte des Bodensees und seiner Umgebung 93. 1975, 52–104.
ZINSMEYER, Sabine: Von ‚halsstarrigen papistischen' Jungfrauen und solchen, die sich ‚christlich' verhielten. Klosterordnungen weiblicher Gemeinschaften in der Reformationszeit, in: Bünz, Heimann, Neitmann, Reformationen 312–323.
ZSCHOCH, Hellmut: Reformatorische Existenz und konfessionelle Identität. Urbanus Rhegius als evangelischer Theologe in den Jahren 1520 bis 1530 (BHTh 88). Tübingen 1995.

10.3. Internetquellen

Neben den im Literaturverzeichnis oder in der Liste evangelischer Stifte etc. (Kapitel 9.2) bereits verzeichneten Internetquellen wurden folgende benutzt:

www.cantusindex.org
www.vd16.de
www.vd17.de
www.vd18.de

Register

A solis ortu 88, 102, 105
Ad te levavi 88
Adelberg, Klosterschule 60–61, 64
Ades pater supreme 120
Adiaphora 37
Adorate Deum 89
Albrecht von Brandenburg 157
Allein zu dir Herr Jesu Christ 119
Alleluja 90
Allstedt 179
Alpirsbach, Kloster 26, 58, 59, 60–61, 195
– Hausordnung (1554) 39–40, 79, 171
Altenburg, Stift St. Georg 180
Ambrosius von Mailand 35–36, 77, 81, 104, 105, 118, 124
Amen amen dico vobis 90
Andreae, Jacob 121
Andreä, Johann Valentin 63
Angenendt, Arnold 1, 2, 13, 14, 15, 20, 26, 50, 141, 157, 158
Anhausen, Klosterschule 60–61
Annaberg 180
Ansbach 180
Arius 36
Arndt, Johann 67, 68, 70, 74, 178
Athanasius 45, 80, 104
Audistis quia dictum 91
Aufer immensam Deus aufer iram 105
Auferstehungsvigil (Jerusalem) 17
Augsburg
– Bistum 23
– Interim 34–35, 143, 150
Augustinus von Hippo 35, 36, 77, 80, 104, 118, 124

Baden-Durlach, Markgrafschaft 87
Barsinghausen, Stift 180
Barth, St. Marien 180
Bassum, Stift 180
Bayreuth 180
Bebenhausen, Zisterzienserabtei 10, 14, 23, 25, 27, 61, 62, 63, 64, 65, 67, 69, 71, 78, 98, 144, 165, 178, 181
– Statuta particularia (1726) 65, 78, 178
Beichte 34
Bene omnia fecit 92
Benedicamus Domino 17, 18, 102, 106, 124, 125, 131, 132, 133, 134
Benedicta semper 91
Benedicta (sit) semper 91, 101, 104
Benedictus 17, 29, 46, 53, 54, 57, 87, 96, 101, 104, 108, 117, 118, 124, 125, 133
Benediktsregel 14–19, 74–75, 115–116, 155–156
Bengel, Albrecht 69
Berge, Benediktinerkloster 8, 113–116, 181
Berlin
– Domstift 181
– St. Marien 181
– St. Nicolai 181
Bernhard von Clairvaux 67
Biberach 181
Biel, Gabriel 142
Blarer, Ambrosius 26, 27, 32, 74, 143
Blaubeuren, Benediktinerkloster 2, 10, 14, 27, 47, 60–61, 63, 64, 65, 70, 72, 181
Börstel, Stift 181
Brandenburg, Domstift 8, 182
Braunschweig, St.-Blasii-Stift 108, 113, 127–128, 175, 182
Brecht, Martin 5, 23, 24, 36, 147
Brenz, Johannes 26, 32–33, 35, 36, 37, 38, 42, 44, 55, 74, 108
Breslau 182
Breviarium Romanum (1568) 96–98

Brüder vom Gemeinsamen Leben 139–144
Bugenhagen, Johannes 121
Bußleistungen 25

Caecus magis 89
Caeli Deus sanctissime 102, 106
Calenberg 182
Cantate 90
Cantica sacra
– Franciscus Eler (1588) 132–135, 175
– (1613) 123–126
– choralia Magdeburg (1618) 86–98, 175–176
Carl Alexander, Herzog 65
Carl Eugen, Herzog 65
Christ der du bist der helle Tag 119
Christ ist erstanden 152
Christe der du bist Tag und Licht 119
Christe qui lux es 89, 102, 105, 120
Christenlich Gesangbuch (1559) 87
Christoph, Herzog von Württemberg 1, 13, 34, 35, 39, 48, 55, 64, 70, 74, 163
Christus resurgens 152
Chronicon Walkenredense 117–122
Chyträus, David 59, 133
Circumdederunt me gemitus 89
Cluny
– Messesystem 1, 15, 25, 16, 157
– Observanz 12
Coburg 182
Conditor alme 88, 102, 105
Confessio Augustana 43
Confessio Virtembergica (1552) 34–36, 77, 80
Cum vocatus fueris 92
Cursus monasticus 19
Cursus romanus 19, 21

Da pacem 92, 101, 104, 106
Dahlen 182
Daschner, Dominik 96
De quinque panibus 89, 93
Deetjen, Werner-Ulrich 24, 26–27, 30
Deficiente vino 89
Denkendorf, Klosterschule 60–61, 62, 64, 70, 71
Dettingen 140

Deus creator omnium 102, 106
Deus in adiutorium 16–18, 67, 87, 92, 93, 101, 105, 124, 125, 151
Deus in loco sancto 92
Dicit Dominus 92, 93
Dicite invitatis 92
Dico autem vobis 91, 97
Dies est laetitiae 101, 104
Dixit Dominus paralytico 92
Dixit Dominus villico 91
Domine ad quem ibimus 120
Domine in tua misericordia 91
Domine labia mea 124, 125
Domine ne longe 90
Domine non sum dignus 89
Domine nonne bonum 89
Dominus fortitudo 91
Dominus illuminatio mea 91
Dominus nobiscum 102, 106, 108
Domus mea 91
Dreißigjähriger Krieg 63
Dresden, Hofkirche 182
Drübeck, Damenstift 182
Dum clamarem 91

Eberhard III., Herzog 62, 63, 99
Eberhard im Bart, Graf 140–143
Eberhard Ludwig, Herzog 63, 64
Eberl, Immo 41
Ebsdorf, Kloster 183
Ecce Deus adiuvat me 91
Ecce Dominus veniet 88
Ego sum pastor bonus 90
Ehmer, Hermann 36, 58, 59
Einbeck, Stift 183
Eler, Franz 132–133
Elevata est 90
Erant autem qui 91
Erat quidem Regulus 92
Erfurt 183
Erhalt uns Herr bei deinem Wort 120
Essen, Stadt 183
Esto mihi 89
Estote ergo misericordes 91, 97
Estote fortes 93
Exaudi Domine 90, 91

Factus est Dominus 91

Faix, Gerhard 140
Ferdinand, König 62
Figel, Matthias 9
Figuralmusik 108–110
Francke, August Hermann 65
Franke, Hans Michael 141
Frauenkonvente 30–31
Freylinghausen, Johann Anastasius 65, 67
Friedrich II., Herzog/König 70, 71
Friedrich Carl, Administrator 63, 99
Fulda, Kloster 13, 156

Gaudete 88
Gebetsverbrüderungen 13
Gesangbuch (1583) 84
Gloria Patri 100, 101
Görlitz 183
Goltzen, Herbert 6
Gorze, Abtei 12
Goslar 183
Graff, Paul 6, 161
Grates nunc omnes 101, 104
Gregor der Große 101
Gregorianischer Choral 38, 76, 109–110, 136, 163

Haec dies 152–153
Häussling, Angelus A. 6, 12, 161
Halberstadt, Domstift 7, 79, 183
Halle
– Pädagogium 65
– Stift 183
Hallinger, Kassius 12
Hallisches Gesangbuch 65
Hamburg, Pfarrkirchen 113, 132–137, 183–184
Hannover 184
Havelberg, Domstift 8, 59, 69, 133
Hedinger, Johann Reinhard 69
Heidelberg, Heilig-Geist-Stift 142
Heilbronn 184
Heinrich Julius, Bischof von Halberstadt 79
Heinzer, Felix 14, 83
Helmstedt 184
Hemmel, Sigmund 84, 87, 147, 151, 153, 181
Herbord von Holle 117

Herford, Bergerstift 184
Hermelink, Heinrich 142
Herr Christ der einige Sohn Gottes 119
Herr Gott erhalt uns für und für 119, 120
Herrenalb, Zisterzienserabtei 10, 61
– Statuten (1556) 40–41, 79, 145–146
Hesse, Hermann 73
Hirsau, Abtei 10, 14, 25, 61, 64
Hodie apparuit 104
Hof, Sadt 184
Hofkirchenordnung (1560) 26
Horen, Kumulation 125–126
Hostis Herodes 88

Immense coeli conditor 102, 106
In excelso throno 89
In voluntate tua 92
Inclina Domine 92
Instruktion der niederen Seminarien 72, 178
Invocavit me 89
Ite et vos in vineam 89

Jakob, Abt zu Alpirsbach 39
Jesu nostra redemptio 102, 105
Jesuiten 144, 150
Jesus haec dicens 89
Johann Friedrich, Herzog 62, 86
Johannes autem 88
Jubilate 90
Judica me Deus 89
Julius Friedrich, Herzog 62
Justus es Domine 92

Kaufmann, Thomas 4
Kirchengesangbuch (1616) 87
Kirchenordnungen
– Basel (1526) 32
– Braunschweig (1528) 121
– Hofkirchenordnung 149–152, 174
– Kastenordnung (1536) 24
– Württemberg (1536) 32–34, 171
– Württemberg (1553) 36–39, 85, 86, 171
– Württemberg (1559) 39, 40, 55–60, 62, 65, 74, 79, 94, 146–147, 173
– Württemberg (1582) 60, 83
Kline, Melchior 80

Klosterordnung
- Braunschweig (1569) 51
- Frauenklöster (1556) 48–55, 172–173
- Hausordnung zu Alpirsbach 39–40
- Männerklöster (1556) 42–48, 55–56, 74, 75, 146, 172
- Rechentshofen (1539) 48–49
- Statuten Herrenalb 40–41, 55, 56, 173
- Württemberg (1535) 24–31, 47, 73,75, 94, 136–137, 171
- Württemberg (1556) 40, 41–55, 74, 94, 137
Königsbronn, Klosterschule 60–61
Kolb, Christoph 8, 9, 32, 36, 70, 84, 97, 98
Komm Heiliger Geist Herre Gott 119
Kommunikation des Evangeliums 159, 163
Konkordie, Stuttgarter (1534) 32
Konkordienformel 121
Konstanz, Bistum 23, 62, 141
Konzil
- Basel 142
- Trient 35, 96, 109
- II. Vatikanisches 4
1 Kor 14 50, 51
Korrekturprogramm, karolingisches 20
Kuhn, Thomas S. 161–162
Kulmbach 185
Kurbrandenburg 185
Kursachsen 185
Kutten in den Klosterschulen 70
Kyrie 93, 102, 106

Laetare Ierusalem 89
Laetemur in Christo 130
Lang, Gustav 9, 29, 43, 44, 47, 48, 55, 56, 58, 59, 60, 61, 62, 63, 65, 66, 67, 68, 69, 70, 71, 73, 77, 78, 84, 98, 99, 148
Lasso, Orlando di 110
Lectio continua 46, 54
Leipzig 185
- St. Nikolai 185–186
- St. Thomas 186
Leo X., Papst 142
Leppin, Volker 1, 2, 26, 32, 121, 161, 163
Liber Ordinarius
- Utrecht 141

- Windesheimer Kongregation 141
Lichtenstern, Kloster 49
Lk 5,1–11 97
Lk 6,36–42 97
Lk 14,24 97
Loccum, Zisterzienserabtei 8, 186
Lorch, Abtei 10, 27, 60–61, 65
Lossius, Lukas 59, 115, 128–132, 135, 174
Lucis Creator optime 102, 105
Ludecus, Matthäus 59, 130
Ludwig Eugen, Herzog 65
Ludwig Friedrich, Herzog 61
Lüne, Kloster 186
Lüneburg
- Michaeliskloster 117, 186
- Pfarrkirchen 113, 128–132, 186
- Ursulatag 129–130
Lützel, Abtei 62
Lurz, Friedrich 2
Luther, Martin 4, 7, 26, 28, 78, 109, 118, 119, 128

Magdeburg
- Domstift 79–80, 113, 123–126, 186
- Kloster Unserer Lieben Frau 186
Magister quid faciendo 92
Magister quod est 92
Magister scimus 92
Magnae Deus potentiae 102, 106
Magnificat 18, 29, 46, 54, 57, 58, 87, 94, 96, 101, 104, 108, 117, 118, 124, 125, 131, 134
Mainz, Kirchenprovinz 141
Mandat
- für das Kloster St. Georgen 24
- zur Entfernung von Altären und Anschaffung deutscher Bibeln 1
- zur Entfernung von Sakramentshäuschen 1
Mariensee, Kloster 186
Marienwerder 187
Maulbronn 1, 10, 13, 14, 23, 27, 34, 35, 47, 58, 60, 61, 63, 64, 70, 71, 72, 83, 165, 187
Medingen, Stift 187
Meißen, Domstift 187
Melanchthon, Philipp 105, 129, 162
Merseburg, Domstift 187

Meyer-Blanck, Michael 65, 161, 162, 163
Michaelstein, Kloster 187
Mihi autem 93
Misericordia Domini 90
Miserere mihi 92
Möllenbeck, Stift 187
Mömpelgard 34
Mönchtum (in Rom) 11, 156–157
Morgen- und Abendandachten auf alle Tage 70
Müller, Georg Heinrich 70
Murrhardt, Klosterschule 60–61

Nakatenus, Wilhelm SJ 67
Naumburg, Domstift 8, 187–188
Neresheim, Abtei 65, 83
Neuburger, Andreas 60
Neunjähriger Krieg 64
Niemöller, Klaus Wolfgang 6, 9, 109, 110, 129
Nimbschen, Kloster 188
Non in solo pane 89
Non potest arbor 91
Nürnberg 188
– St. Egidien 188
– St. Sebald und St. Lorenz 188
Nürtingen, St. Laurentius, Turmbibliothek 98
Nunc dimittis 18, 46, 54, 57, 87, 101, 104, 108, 117, 124, 125, 131, 134

O admirabile commercium 88
O Emmanuel 88
O lux beata Trinitas 91, 102, 105
O mulier magna 89
Obernkirchen, Stift 188
Oberstenfeld, Stift 189
Oculi 89
Omnes gentes 91
Omnia quae fecisti 92
Omnis terra 89
Ordnung für Männerklöster (1556) 29
Ordo Romanus 50, 152
Osiander, Lukas 47, 84
Ostervesper, altrömisch 152

Pairis (Elsass) 35
Pange lingua gloriosi 101, 104

Paradiesgärtlein von Johann Arndt 67, 68, 70, 178
Paradigmenwechsel 161–164
Passauer Vertrag 62, 63
Pater iuste 90
Pater noster 17, 18, 56, 58, 102
Patzold, Steffen 12
Pegau, Stadtpfarrkirche 189
Pensionsbriefe der Mönche 25
Perikopenordnung 37, 46, 96–98, 107
Pforta, Zisterzienserabtei 42
Pietismus 65, 74
Pirna, Stadtkirche 38
Pius V., Papst 96
Planck, Gottlieb Jakob 9
Plasmator hominis 102, 106
Populus Sion 88
Praeceptor per totam noctem 91
Prädikantengottesdienst 9, 34
Prager Frieden 60, 63
Propheta magnus 92
Proprium
– de Sanctis 46–47, 83, 95, 115, 122, 126, 129, 133
– de tempore 46–47, 96–98, 115
Protector noster 92
Psalmen
– 1–19: 18
– 1–108: 19, 126
– 1 106, 107, 131
– 2 103, 131
– 3 16, 106, 107, 131
– 4 106, 107, 124, 131
– 6 106, 107
– 8 103
– 11 106, 107
– 12 106, 107
– 13 106, 107
– 14 106, 107
– 15 106, 107
– 16 106, 107
– 17 106, 107
– 19 106, 107
– 20 18
– 24 103
– 27 103
– 30 124
– 31 131

- 33 103
- 50 17
- 54 103
- 66 17, 103
- 85 103
- 90 (91) 124, 131
- 94 16
- 96 (95) 87, 93
- 109 (110) 18, 87, 93, 103, 116
- 109–147 19, 126
- 112 93, 103
- 113 (114) 87, 93
- 115 103
- 117 103, 106, 107
- 118 14, 18, 20, 116
- 119–127 18
- 120 106, 107
- 121 103, 106, 107
- 123 106, 107
- 124 106, 107
- 125 106, 107
- 126 106, 107
- 127 106, 107
- 128 106, 107
- 129 103, 106, 107
- 131 106, 107
- 132 103
- 133 124, 131
- 134 106, 107
- 147 103
- 148–150 17

Psalmodia
- Berge, Kloster 114–116, 174
- Braunschweig, St. Blasii (1597) 127–128, 175
- Lüneburg, Lukas Lossius (1561) 128–132, 174
- Württemberg (1658 und 1686) 98–110, 178

Psalter
- kleine Bibel 45
- Sigmund Hemmel 84, 87, 147, 151, 153, 181

Puer natus est 88

Qua emulier habens 91
Quaerite primum regnum 92
Quasimodo geniti 90

Quedlinburg, Damenstift 189
Qui non colligit mecum 89
Qui verbum Dei 89
Quicumque vult 18, 46, 57, 59, 108

Ratzeburg, Domstift 189
Ravensburg 189
Rechentshofen, Zisterzienserinnenabtei 31, 189
Reliquien als Liturgie generierend 156–157
Reminiscere 89
Resonat in laudibus 101, 104
Respice Domine 92
Respice in me 91
Restitutionsedikt 62, 86, 144
Resurrexi 90
Rex Christe factor omnium 105
Rhau, Georg 129
Rhegius, Urbanus 130
Rom, Alt St. Peter 156
Röm 12 50
Rössler, Martin 84–85
Roth, Hermann Josef 27
Rothenburg 189

Salem, Abtei 62
Salus populi 92
Salva nos 89
Salve Iesu Christe 47
Salve Regina 47
Salve Rex misericordiae 119
Schlotheuber, Eva 51, 76
Schmalkaldischer Krieg 34
Schmaltzing, Georg 53
Schnepf, Erhard 26, 32, 35, 36, 74
Schöntal, Schule 71–72
Secundum multitudinem 93
Sedulius 105
Serva Deus verbum tuum 102, 105
Serve nequam 92
Servite Domino 91
Si iniquitates 92
Si tetigero 93
Sindelfingen, Augustinerchorherrenstift 141
Sixtus IV., Papst 142
Speyer, Bistum 23

Spiritus Domini 90
Sproll, Johann Baptist 142
St. Georgen, Kloster 24, 60–61
St. Peter auf dem Einsiedel 143
Stans a longe 92
Stationsliturgie 25
Statuta particularia von Bebenhausen 65, 78, 178
Statuten der Alumnorum (1757) 68–69, 78
Statuten der Zöglinge (1836) 72
Stendal 189
Steudlin, Johann, Pfarrer zu Alpirsbach 58
Stifte 19–22, 126–128
Straßburg, Bistum 23
Stundenliturgie
– Frauenkonvente 48–55
– kathedral/monastisch 11–19, 21
– Komplet 15, 40, 45, 55, 93, 127, 131
– Laudes 15–17, 44–46, 57, 93
– Lern-Zeiten 29, 158–161
– Matutin/Mette 40, 52, 54, 99, 106, 121, 124–126, 127, 131–132, 133–134
– Non 15, 17, 39, 126, 127
– Offizium 155–156, 160–161
– Pfarrkirchen 19–22
– Prim 15, 17, 30, 45–46, 57, 126, 127
– und Reliquien 156–157
– Sext 15, 17, 39, 45, 127
– Stiftskirchen 19–22, 126–128
– Suffragien 47
– Tagesplan, monastisch 14–19
– Terminologie 5
– Terz 15, 39, 126, 127
– Totengedenken 15, 150, 157–158
– Vesper 16, 18, 30, 38, 40, 45, 57–58, 64, 65–66, 93, 99, 106, 117–118, 121, 124–126, 127, 131–132, 134–135, 150–151
– Vigilien 14, 16–17
Stuttgart 189
– Residenzstift (Hofkirche) 150–152
– Stiftskirche 149–150
Surgens Jesus imperavit 89
Surrexit Christus Dominus 101, 104
Suscepimus Deus 91
Symbolum
– Apostolicum 101, 104, 106, 119

– Athanasii 101, 104, 106 (s. auch *Quicumque vult*)
– Nicaenum 93, 101, 104, 106

Te Deum laudamus 101, 104, 106, 118, 124, 125, 130, 132, 134
Te deum patrem 41, 56, 121, 146
Te invocamus 91
Te lucis ante terminum 105
Tecum principium 88
Telluris ingens conditor 102, 106
Tenebrae factae sunt 125
Totengedenken 15, 150, 157–158
Tübingen
– Augustinerkloster 144, 147, 153
– Collegium illustre 149
– devotes Stift 140–141
– evangelisches Stift 144–149
– Franziskanerkloster 149
– Statuten 147–148
– Stipendiatenordnung 146
– Universitätsstift 141–144
Tulerunt lapides 89

Ulrich, Herzog von Württemberg 1, 13, 24, 26, 31, 32, 35, 36, 39, 48, 163
Unus autem 92
Urach
– Amandusstift 139–140, 145
– Seminar 72
Usquemodo non petistis 90

Vado ad eum 90
Vannius, Valentin 27
Veni Creator Spiritus 90, 102, 105
Veni domine 88
Veni maxime Spiritus 101, 105
Veni redemptor 88, 102, 105
Veni sancte Spiritus 90, 101, 104
Verden, Domstift 189
Victimae paschali laudes 90, 152
Visionem quam vidistis 93
Vita sanctorum 90
Vocem iucunditatis 90

Walkenried, Zisterzienserabtei 116–122, 176–178, 189
Walsrode, Stift 189

Weimar 190
Weiß, Konrad, Abt von Herrenalb 61
Wendebourg, Dorothea 4, 29, 32, 68, 69, 96, 114, 119, 143, 148, 158, 160
Wenningsen, Kloster 190
Westfälischer Frieden 60, 62, 63, 86, 144
Widmann, Ambrosius, Kanzler 143
Wienhausen, Kloster 190
Wilhelm I., König 71
Wilhelm Ludwig, Herzog 63, 99
Windesheimer Kongregation 140–141
– Liber Ordinarius 141

Wittenberg, Stift 4, 190
Wolfenbüttel 190
Wollasch, Joachim 12
Wülfinghausen, Kloster 190
Würzburg, Bistum 23
Wunstorf, Stift 190
Wurzen 190

Zahn, Christian Jakob 69
Zion noli timere 88
Zisterzienserabtei, Tagesplan 169-171
Zürcher Prophezei 5, 26-27, 119

Spätmittelalter, Humanismus, Reformation

Studies in the Late Middle Ages, Humanism and the Reformation

herausgegeben von Volker Leppin (Tübingen)

in Verbindung mit

Amy Nelson Burnett (Lincoln, NE), Johannes Helmrath (Berlin)
Matthias Pohlig (Berlin), Eva Schlotheuber (Düsseldorf)

Die Reihe *Spätmittelalter, Humanismus, Reformation* (SMHR) ist dem Zeitraum vom späten 13. Jahrhundert bis zum 17. Jahrhundert mit den beiden Epochen des Spätmittelalters und der Frühen Neuzeit gewidmet. Dabei richtet sich der Blick besonders auf die religiösen Impulse, wie sie etwa in den Kirchenreformbewegungen und der Reformation hervortraten. Darüber hinaus aber gilt das Interesse dem gesamten Spektrum der kulturgestaltenden Kräfte, für die stellvertretend der epochenübergreifende Humanismus des Renaissance-Zeitalters genannt wird. Die Reihe wird federführend von Volker Leppin (Professor für Kirchengeschichte mit Schwerpunkt Mittelalter und Reformationsgeschichte an der Eberhard Karls Universität Tübingen) herausgegeben, in Verbindung mit Amy Nelson Burnett (Professorin für Renaissance, Reformation and Early Modern History an der University of Nebraska-Lincoln, USA), Johannes Helmrath (Professor für Mittelalterliche Geschichte II an der Humboldt-Universität zu Berlin), Matthias Pohlig (Juniorprofessor für die Geschichte der Frühen Neuzeit an der Westfälischen Wilhelms-Universität Münster) und Eva Schlotheuber (Professorin für Mittelalterliche Geschichte an der Heinrich-Heine-Universität Düsseldorf).

ISSN: 1865-2840
Zitiervorschlag: SMHR

Alle lieferbaren Bände finden Sie unter *www.mohrsiebeck.com/smhr*

Mohr Siebeck
www.mohrsiebeck.com